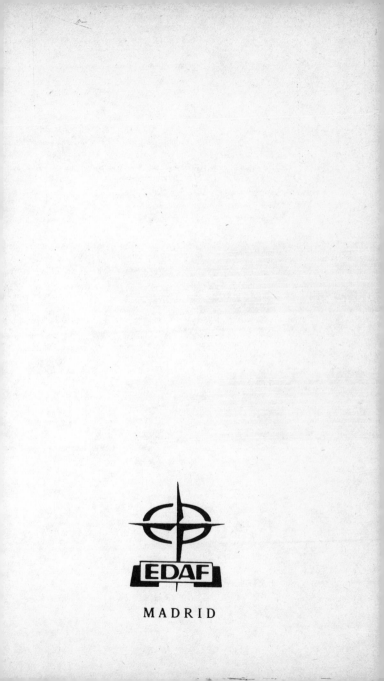

EDAF

MADRID

MARTÍN ALONSO

DICCIONARIO DE SINÓNIMOS EXPLICADOS

MATIZACIÓN, ACLARACIÓN, ANTÓNIMOS Y FRASES

© Martín Alonso, 1984
© EDAF, Ediciones-Distribuciones, S. A.
   Jorge Juan, 30. Madrid, 1984

D.P.L.: M-20227-1987
I.S.B.N.: 84-7166-944-7

PRINTED IN SPAIN   IMPRESO EN ESPAÑA

Imprime COFAS Polígono Callfersa Fuenlabrada (Madrid)

ABREVIATURAS
MÁS USADAS EN ESTE DICCIONARIO

abla.	ablativo	cult.	cultismo
acep., aceps.	acepción, acepciones	d.	diminutivo
acus.	acusativo	DER.	Derecho
adj.	adjetivo	despect.	despectivo
adj. f.	adjetivo usado como sustantivo femenino.	desus.	desusado
		ECON.	económico
adj. m.	adjetivo usado como sustantivo masculino	ej., ejs.	ejemplo, ejemplos
		f.	sustantivo femenino
adv.	adverbio	fam.	familiar
adv. l .	adverbio de lugar	fig.	figurado
adv. m.	adverbio de modo	FILOL.	Filología
adv. t.	adverbio de tiempo	FILOS.	Filosofía
amb.	sustantivo ambiguo	fr., frs.	frase,frases
AMÉR.	América	fr.	francés
AMÉR. C.	América Central	fut.	futuro
AMÉR. M.	América Meridional	galic.	galicismo
And.	Andalucía	gén.	género
ANT.	Antónimos	genit.	genitivo
AR.	Aragón	GEOL.	Geología
art.	Artículo	ger.	gerundio
Ast.	Asturias	gr.	griego
aum.	aumentativo	imperat.	imperativo
BOL.	Bolivia	IMPR.	Imprenta
BOT.	Botánica	indic.	indicativo
COL.	Colombia	infinit.	infinitivo
com.	de género común	ingl.	inglés
Cfr.	Véase	intens.	intensivo
comp.	comparativo	interj.	interjección
compl.	complemento	intr.	intrasitivo
conj.	conjunción	inus.	inusitado
C. RICA	Costa Rica	irreg.	irregular

ital.	italiano	prep.	preposición
lat.	latino	pron.	pronombre
lit.	literario	prnl.	verbo pronominal
loc.	locución	p.u.	poco usado
LOG.	Lógica	ref., refs.	refrán, refranes
m.	sustantivo masculino	Relig.	Religión
m y f.	masculino y femenino	RET.	Retórica
m. adv.	modo adverbial	S.E.	sinónimos explicados
m. conj.	modo conjuntivo	sing.	singular
m. pl.	masculino plural	sub.	subjuntivo
MAR	marítimo	suf.	sufijo
MED.	Medicina	sup.	superlativo
MÉX.	México	t.	tiempo
MIL	militar	TAUR.	Tauromaquia
Mús.	Música	tr.	transitivo
MONT.	montería	Ú o ú.	úsase
p.	participio	ú.t.c. pron.	úsase también como
p.a.	participio activo		pronominal
p.ej.	por ejemplo	v.	verbo
p.f.	participio de futuro	VENEZ.	Venezuela
p.f.p.	participio futuro pasivo	vocat.	vocativo
p.p.	participio pasivo	vulg.	vulgarismo

ADVERTENCIA PRELIMINAR

Este Diccionario de Sinónimos Explicados está concebido con paciencia, con amor fecundo a nuestro idioma y con la sana intención de ser un instrumento útil y casi indispensable para el escritor.

La Sinonimia forma una parte de la Semántica. Estudia las palabras semejantes por su significado. Esta semejanza es relativa y está sujeta a los diversos matices, más o menos distantes del vocablo. **Síntoma** *tiene en su haber sinonímico estos términos: señal, indicio, signo. Puedo decir: su conducta es indicio de la buena fe. Sólo en sentido figurado, y no con mucha propiedad, es intercambiable por esta otra; su conducta es un síntoma de su buena fe. Analicemos sus definiciones: Indicio es la acción o señal que da a conocer lo oculto; síntoma, en su primer aspecto, procede de la Medicina y es el fenómeno revelador de una enfermedad.* **Ultimar** *y* **terminar** *son sinónimos, pero con diversos matices; se dice: aquí termina el barrio de Vallecas, pero no, se ultima.*

La Sinonimia absoluta o de completa identidad se da pocas veces, casi nunca. Cada vocablo comparado con otro, aunque sea de la misma familia, contiene un sinnúmero de matices diferenciados. Volvamos a los ejemplos: **Prevención** *es sinónimo de* **cautela.** *La prevención es una especie de premonición procedente de la prudencia. La cautela deriva de la astucia o sagaci-*

dad de una persona. La prevención intenta preservarnos de un peligro que nos acecha; la cautela piensa más en la agresión o el ataque. En la primera interviene la reserva; en la segunda, el disimulo.

El escritor admite estas dos palabras como intercambiables o sinónimos, pero con sus distingos correspondientes.

Por estas razones de buen lenguaje analizado, hemos creído necesario redactar un DICCIONARIO DE SINÓNIMOS EXPLICADOS, donde se aclaran las matizaciones, los antónimos, las frases usuales con sus más útiles referencias, anteponiendo a cada explicación la sigla S.E. (sinónimos explicados).

En la nomenclatura de las ideas afines entran en juego estos tres conceptos: polisemia, homonimia y paronimia. La polisemia consiste en la pluralidad de significados. Resulta una de las excelencias más originales del idioma español. Así, **entereza** cuenta con esta variedad de afinidades: constancia, fortaleza, energía, voluntad férrea, valor, resistencia, aguante, intrepidez, aplomo, decisión, firmeza, carácter, inexorabilidad, hombría, hombradía, equidad, ataraxia y ecuanimidad. Y algunas más.

Se dicen términos homónimos los que son iguales de forma y tienen distinta significación. Así: la palabra **atajo** es homónimo de **hatajo**. El primero significa el camino más corto; el segundo «hato pequeño de ganado».

La paronimia se aplica a los vocablos que tienen entre sí comunidad de origen o semejanza de pronunciación: **espirar** y **esperar**.

Por fin añadamos la palabra **disemia,** circunstancia de tener una palabra, con la misma forma, dos o más significados distintos; **Chispa** admite estas acepciones muy distanciadas: partícula pequeña y encendida que salta, diamante pequeño, gota de lluvia menuda, borrachera y en sentido figurado: donaire, viveza de ingenio.

En la antigüedad y en el siglo en que vivimos se dan los DICCIONARIOS DE SINÓNIMOS. Podemos remontarnos a Roma, donde escritores como Aulo Gelio, Varrón y el gran orador romano Cicerón en su libro Los Tópicos, atisbaron la importancia de las sinonimias.

Marco Tulio Cicerón afirma que «la diferencia objetiva de las cosas interviene en la diversidad de los significados».

El conquense Juan Valdés, que vivió en el siglo XVI con un gran prestigio de humanista, en su famosa obra El Diálogo de la Lengua nos pondera la importancia del enriquecimiento de las sinonimias.

Fue Francia, en la Edad Moderna, la nación que concedió toda su valoración a las sinonimias. Sus escritores clásicos deslindaron con acierto la distinción entre lo correcto y lo incorrecto. En la época clasicista, Descartes, el filósofo que definió el pensamiento como una correlación entre el sujeto pensante y el objeto pensado, creó en la filosofía un vocabulario de sinonimias y creciente significación.

En la lengua inglesa, a principios del siglo XIX, Grabb publicó su famoso English Synonymes Explained, ampliado con términos nuevos y definiciones modernas.

Gottsched da a conocer en Leipzig (1758) las Observaciones sobre el uso y abuso de varios términos de la lengua alemana.

En lengua española han sido frecuentes los libros de esta materia, sobre todo en los tres últimos siglos. Merecen nuestra atención. En la centuria XVIII hemos de citar el Examen de la posibilidad de fixar la significación de los sinónimos de la lengua castellana (título ampuloso que sigue el gusto de la época), de José López Huerta (Viena 1789). Hay otra edición de la Imprenta Real de 1799. Existe una adición a esta obra, redactada por N. Alvarez Cienfuegos, que apareció en los años 1830 y 1835. Salió otra adición al libro de López Huerta con la Pequeña Colección de Sinónimos, de José March (Barcelona, 1834).

Del siglo XIX son, así mismo, los Diccionarios de sinónimos de Olive, Madrid 1838; del Conde de la Cortina, México, 1845; Joaquín de la Mora, Madrid 1855 (con prólogo de Hartzenbusch), Roque Barcia, Madrid, 1890 y Benot (final de siglo).

Los lexicógrafos, buscadores de sinonimias del siglo XX son, entre otros, Benjamín Monroy, Homero Seris, Amós López Bejarano, Casto Peña (con un prólogo de José María Salaverría), Julio Casares autor del Diccionario ideológico de la lengua española, precedido de un plan general de clasificación ideológica, Antonio Zamora (Buenos Aires, 7.ª ed. 1974) y Federico Sainz de Robles (8.ª ed. y séptima reimpresión, 1981). Nosotros probamos, así mismo, fortuna con nuestro Diccionario ideoconstructivo, dentro de la obra en dos volúmenes Ciencia del Lenguaje y arte del estilo, 12.ª ed., cuarta reimpresión, 1982, págs. 277-727, Martín Alonso.

Diccionarios sugeridos de asociaciones e imágenes, seguidas por un cortejo de sinonimias, analogías, antítesis, referencias, homónimos, parónimos y antónimos, que alumbran con perspectivas inmensas la obra del escritor.

MARTÍN ALONSO
Madrid, octubre 1983

A

ABABOL. m. Amapola, ababa, adormidera. ‖ fig. Simple, mentecato, papanatas, imbécil.

ABACERÍA. f. Tienda de comestibles, Ultramarinos, abarrotes, colmado, puesto de comidas.

ABACERO, RA. m. y f. Tendero de una abacería, abarrotero, lonjista, vendedor de comestibles.

ABACIAL. adj. Monacal, monástico, clerical, conventual, abadengo.

ÁBACO. m. Tablero, tabla, cuadro, marco, tanteador, computador. ‖ Capitel, remate, coronamiento.

ABAD. m. Superior de monasterio o abadía, prior, rector, prelado, prepósito, regente, ministro, custodio, capellán.

ABADEJO. m. Bacalao, bacalada, (pez). ‖ Reyezuelo, régulo (pájaro). ‖ Carreleja, cantárida (insecto).

ABADESA. f. Superiora, prelada, rectora.

ABADÍA. f. Abadiato, monasterio, convento, rábida. ‖ S.E. Convento y monasterio son más generales que *abadía*. Es-

ta se aplica al monasterio presidido por el abad o la abadesa. Toda abadía es convento o monasterio, pero no se pueden invertir los términos, pues no todo convento es abadía.

ABAJO. adv. l. Debajo, bajo, hipo-, sub-, boca abajo, de bruces. ‖ S.E. Abajo se contrapone a arriba; debajo se opone a encima. *Debajo* y *abajo* son advs. de inferioridad en la colocación, y tienen: el primero sentido absoluto; *debajo* necesita que otra palabra lo determine con la prep. de: *debajo de la mesa.*

ABALANZAR. tr. Equilibrar, igualar, contrapesar. ‖ Arrojar, impeler, lanzar. ‖ prnl. Abalanzarse, arrojarse, precipitarse, echarse. ‖ S.E. prnl. son idea de lucha, arremeter, atacar, cerrar, embestir, tirarse. ‖ ANT. Subirse, enaltecerse, exaltarse.

ABALAR. tr. Agitar, aballar, mover, zarandear, tremolar, blandir.

ABALDONAR. tr. Baldonar, baldonear, afrentar, injuriar, envilecer, denigrar, avergonzar. ‖ prnl. Envilecerse, avergonzar-

se. || ANT. Dignificarse, enno-
blecerse, enaltecerse.

ABALORIO. m. Lentejuela,
quincalla, oropel. || F.C. Cuan-
do se trata de cuenta gruesa se
llama «rocalla».

ABANDERADO. m. Portaestandarte, portaenseña, alférez,
confaloniero. || Paladín, protec-
tor.

ABANDERAR. tr. Acaudillar,
amparar, proteger, encabezar,
dirigir, cobijar. || Matricular, au-
torizar, nacionalizar, acoger
bajo una bandera.

ABANDONADO, DA. adj. Solo,
desvalido, desamparado, inde-
fenso, desatendido. || Dejado,
desaliñado, descuidado, desidioso, apático, abúlico, negligente, perezoso, sucio, adán,
desastroso. || Despoblado, de-
sierto, vacío, yermo. || ANT.
Amparado, protegido, cuidadoso, diligente, limpio, aseado, habitado.

ABANDONAR. tr. Dejar, renun-
ciar, abjurar. || Marcharse, au-
sentarse, irse, largarse. || Desa-
tender, desabrigar, desampa-
rar, desasistir. || ANT. Cuidar,
asistir, abrigar, defender.

ABANDONO. m. Desamparo,
negligencia, desaliño, desidia,
apatía, desaseo, dejadez, incuria, abulia, soledad, desvali-
miento. || Dejación, renuncia,
deserción, defección, huida. ||
ANT. Amparo, diligencia, cui-
dado, buen gobierno. || Acep-
tación, defensa, compañía,
convivencia. || Abrigo

ABANICO. m. Abanillo, abano,
ventalle, soplillo, baleo, paipai
flabelo, pericón. || Brisa, céfiro,
aura.

ABARATAMIENTO. m. Baratu-

ra, rebaja, depreciación, deva-
luación, saldo. || ANT. Valora-
ción, alto precio, encarecimiento.

ABARATAR. tr. Rebajar, despreciar, bajar, desencarecer, des-
valorizar, disminuir, saldar, de-
valuar. || ANT. Subir el precio,
encarecer, aumentar, valorizar, apreciar.

ABARCAR. tr. Abrazar, ceñir, ro-
dear. || Agregar, añadir, aunar,
comprender, englobar, contener, incluir, incorporar, juntar,
implicar, constar de, cubrir, alcanzar.

ABARRAGANAMIENTO. m.
Amancebamiento, apaño,
arreglo, concubinato, entretenimiento, lío.

ABARRAGANARSE. prnl.
Amancebarse, apañarse, liarse, entenderse, amontonarse,
juntarse, conchabarse, arreglarse, casarse por detrás de la
Iglesia.

ABARRANCAR. intr. y prnl. Encallar, varar, embarrancar, detener.

ABARROTAMIENTO. m. Satu-
ración, plenitud, colmo, abundancia, atiborramiento, satura-
ción.

ABARROTAR. tr. Atestar, colmar, llenar, atiborrar, cargar
hasta los topes, llenar. || prnl.
Atiborrarse, colmarse, cargarse, llenarse.

ABASTECEDOR. adj. y m. Pro-
veedor, aprovisionador, suministrador, municionero, ad-
ministrador. || S.E. *Proveedor*
se puede dar en pequeñas o
grandes cantidades; en cambio *abastecedor, aprovisionador* y *suministrador* suelen referirse al comercio al por ma-

yor. ‖ En Cuba se dice *abastero*.

ABASTECER. tr. Proveer, avituallar, surtir, aprovisionar, suministrar, abastar, distribuir, facilitar, equipar, dotar, fardar. ‖ prnl. Satisfacerse, contentarse. ‖ S.E. *Proveer* y *surtir* son términos generales de la misma limitación significativa que *abastecer*, cuando se refieren a grandes cantidades o de servicios al por mayor; *avituallar* alude más bien a víveres.

ABASTECIMIENTO. m. Abasto, aprovisionamiento, suministro, provisión, dotación, avituallamiento, distribución. Cuando se trata de víveres se dice «avituallamiento». Acción de abastar o abastarse, de abastecer o bastecerse, abundancia, acopio, almacenamiento.

ABATIDO, DA. adj. Desanimado, decaído, postrado, desalentado, agotado, extenuado, humillado. ‖ Derribado, tumbado. ‖ Abyecto, bajo, ruin, despreciable. ‖ Desvalorizado, desvirtuado, desbaratado, desvalido.

ABATIMIENTO. m. Decaimiento, descaecimiento, debilidad, relajamiento, impotencia, postración, desfallecimiento, inanición, desánimo, desaliento, marasmo, agotamiento, languidez, enflaquecimiento, agobio, extenuación, cansancio, aplanamiento. ‖ Humillación, acobardamiento, apocamiento, descorazonamiento. ‖ S.E. El *decaimiento* y el *descaecimiento* afectan al alma y al cuerpo; son totalmente físicos el *agotamiento* y *desfalleci-*

miento: el *aplanamiento* y la *postración* intensifican estas cualidades y afectan lo mismo a lo físico que a lo moral. ‖ ANT. Nobleza, energía, honra, lealtad, estimación, animación, hidalguía.

ABATIR. tr. Bajar, hacer bajar lo que estaba izado, derrumbar, derrocar, derribar, tumbar, desalmenar, desmantelar, desarmar, volcar, hundir, hacer caer, desmontar. ‖ Humillar, postrar, desalentar, desanimar, descorazonar, agobiar, vilipendiar, rebajar. ‖ S.E. Una persona *descaece y se abate por la mucha edad, la mala fortuna o una enfermedad.* Se *abate o desmonta* una tienda de campaña. Se humilla o abate con palabras orgullosas. Uno *desfallece* cuando disminuyen sus fuerzas; *se postra* cuando le falta la energía necesaria. ‖ prnl. *Abatirse*: descender una cosa que está en el aire, como un avión; ceder, obligarse, rendirse. ‖ Desanimarse, abrumarse, achicarse, acobardarse, agotarse desanimar, desesperanzar, desfallecer, desnervarse, caer el alma a los pies; cayó hecho migas, hecho unos zorros. ‖ ANT. Levantarse, animarse, confortarse, esforzarse, alentarse.

ABDICACIÓN. f. Dimisión, renunciamiento, cesación, renuncia, dejación, cesión. ‖ S.E. *Abdicación* es el acto de renunciar a una dignidad o empleo; *renuncia* es la dejación voluntaria de un derecho o unas ideas; *dimisión* es el renunciamiento a un cargo público, empleo o comisión; la *cesión* suele hacerse en favor de otro.

ABDICAR. tr. Renunciar, ceder, dimitir, resignar. ‖ S.E. Se abdica cuando se abandona una dignidad de soberanía; se traspasa la dignidad al soberano o otra persona. Impropiamente se dice: no puede abdicar de los ideales de toda su vida; se renuncia a una herencia; ceder supone hacer un servicio en favor de alguien. ‖ Frs. *El Gobierno ha dimitido; resignó el mando de la provincia.*

ABDOMEN. m. Vientre, tripa, panza, barriga. ‖ Andorga, bandullo, mondongo. ‖ S.E. *Abdomen* es término técnico; *barriga, panza* y *tripa* de uso corriente, y burlescamente se usa andorga, intestinos.

ABECE. m. Abecedario, alfabeto, silabario. ‖ Catón, primeras letras o nociones.

ABEJA. f. Insecto, ápido, reina, abeja obrera, enjambre, colmena, panal miel, alvéolo, abejón, zángano.

ABELLACADO, DA. adj. Pervertido, canalla, rufián, envilecido, truhán, sinvergüenza.

ABELLACARSE. prnl. Envilecerse, rebajarse, avillanarse, degradarse, abribonarse.

ABERRACIÓN. f. Extravío, descarrío, apartamiento del camino, anomalía, anormalidad, disparate. ‖ Error, equivocación, engaño, ofuscación, absurdo. ‖ ANT. Acierto, destreza, habilidad, tino, tiento.

ABERTURA. f. Apertura, acción de abrir, comienzo, iniciación, ‖ Hendidura, orificio, agujero, boquete, hueco, raja, grieta, resquicio. ‖ Franqueza, sinceri-

dad, campechanía, comunicación. ‖ Valle ancho, ensenada.

ABIERTAMENTE. adv. m. Francamente, sinceramente, claramente. ‖ Lealmente, paladinamente, patentemente, manifiestamente, sin reservas, sin rodeos. ‖ ANT. Encubiertamente, ocultamente.

ABIERTO, TA. adj. Despejado, desembarazado, llano, raso, amplio. ‖ Sincero, leal, franco, campechano. ‖ Terreno y paisaje *abierto*. ‖ ANT. Oscuro, cerrado, oculto, hermético.

ABIGARRADO, DA. adj. Bigarrado, barroco, sobrecargado, multicolor, policromo, heterogéneo, mezclado, inconexo. ‖ Chillón (aplicado a los colores). ‖ ANT. Homogéneo, sobrio, sencillo.

ABISMAR. tr. Sumergir, hundir, sumir. ‖ prnl. *Abismarse*, ensimismarse, abstraerse. Tiene menos intensidad que abstraerse: abismarse en la lectura, en su dolor.

ABISMO. m. Precipicio, sima, profundidad, despeñadero, barranco, fosa, inmensidad. ‖ Infierno, averno, tártaro, orco. *Los abismos insondables del espíritu: abismo de maldad.*

ABJURACIÓN. f. Acción de abjurar, retractación, apostasía, deslealtad, renunciación. ‖ ANT. Lealtad, firmeza, fidelidad, apego, perseverancia, honradez, cumplimiento.

ABJURAR. tr. Renegar, apostatar, desdecirse, retractarse, traicionar, apartarse con juramento de algo, convertirse. ‖ S.E. Abandonar solemne o públicamente una creencia, sobre todo religiosa; *retractarse* lleva consigo una declaración de algo anteriormente prometido; *reniega* el que cambia de religión; apostatar es el caso del emperador Juliano: supone hostilidad y desestimación: El misionero consiguió convertir muchos al cristianismo.

ABLANDAR. tr. Suavizar, molificar, dulcificar, relajar, mitigar. ‖ Enmollecer, reblandecer. ‖ prnl. *Ablandarse*, desenfadarse, enternecerse, conmoverse, desencolerizarse. ‖ S.E. En sentido figurado, el hombre se desenfada o se desenoja y se enternece: el tiempo se mitiga o se templa y el vientre se relaja o se molifica.

ABLUCIÓN. f. Lavatorio, purificación, lavamanos, baño, remojo, enjuague.

ABNEGACIÓN. f. Sacrificio, altruismo, desinterés, generosidad, renunciamiento, desprendimiento, negación de sí mismo. ‖ ANT. Personalismo, egoísmo, egolatría, egotismo.

ABNEGARSE. prnl. Renunciarse, mortificarse; renunciar a los gustos y comodidades, sacrificarse. ‖ S.E. *Abnegarse* supone la forma más digna de generosidad y desprendimiento. El acto de *sacrificarse* procede de la voluntad y del renunciamiento de los afectos.

ABOCETAR. tr. Diseñar, esbozar, bosquejar, emborronar, pintarrajear, tomar apuntes.

ABOCHORNAR. tr. Sonrojar, avergonzar, ruborizar, sofocar, azarar, humillar, afrentar, confundir, ridiculizar. ‖ prnl. *Abochornarse*, ruborizarse, sofocarse, avergonzarse.

ABOGADO. m. Letrado (en AMÉR., licenciado), jurista, defensor, legista, jurisperito. ‖ Leguleyo, picapleitos. ‖ S.E. Protector de algunas personas o comunidades: San José es patrono o abogado de los carpinteros, y St. Lucía patrona de la vista. ‖ Abogado del Estado, Jurista y jurisconsulto interpretan el derecho y determinan el sentido de la ley. ‖ Leguleyo, picapleitos, rábula y tinterillo son términos despectivos.

ABOGAR. tɒ Interceder, patrocinar, defender, hablar en favor de alguien: *El orador abogó por un reparto más equitativo de los impuestos.*

ABOLENGO. m. Linaje, origen, alcurnia, estirpe, genealogía, pergaminos, antepasados, ascendencia, casta, condición, familia, raza, sangre, patrimonio.

ABOLIR. tr. Anular, abrogar, suprimir, revocar, cancelar, invalidar, rescindir, romper, suprimir, extinguir, deshacer. ‖ S.E. Abolir es el término de sentido más universal que los otros sinónimos: puede abolirse una ley, orden, convenio, y también una moda o una costumbre. *Abrogar* y *derogar* son voces legales; *revocar* significa dejar sin efecto una orden o disposición; *cancelar* significa extinguir una obligación o deuda; *rescindir* es igual que dar por nulo un contrato.

ABOMINABLE. adj. Detestable, execrable, aborrecible, odioso, vituperable, repudiable, condenable, vitando, ominoso. ‖ S.E. En lo *abominable* existen grados; abominable es lo malo en sumo grado, dice más que *detestable* y *execrable*, apunta más alto que abominable; apunta a lo moral y religioso: *Esa doctrina es execrable. Aborrecible* y *odioso* anotan un significado general. Una comida y un poema pueden ser *detestables*.

ABOMINACIÓN. f. Aversión, odio, aborrecimiento, execración, repulsión, horror, espanto.

ABOMINAR. tr. Condenar algo con energía, odiar, execrar, aborrecer, maldecir, renegar, mostrarse descontento, decir pestes, detestar. *Sólo me replica para abominar de su suerte.* ‖ S.E. En el ejemplo puesto antes se emplea abominar como intr. con la prep. de. También se usa la frase *revolverse contra.*

ABONAR. tr. Calificar una cosa por buena, garantizar (su hermano le abona), acreditar, mejorar. ‖ Fertilizar, abonanzar. ‖ Pagar, satisfacer, responder, avalar, respaldar, tomar en cuenta, asentar en el haber. ‖ prnl. *Abonarse*: tomar un abono, inscribirse, estar abonado. ‖ S.E. También se usa la fr. *salir fiador por uno.*

ABONO. m. Fertilizante, estiércol, humus. ‖ Aval, garantía, salvoconducto, pase. ‖ Pago, asiento en el haber, suscripción, abonaré, pagaré.

ABORDAR. tr. MAR. Atracar, topar, sacudir. ‖ Interpelar, afrontar, acometer, emprender.

ABORIGEN. m. Autóctono, originario, natural, indígena, nativo, vernáculo. ‖ Frs. *Raza autóctona* (adj.). Se dice *indígena* de los pueblos de inferior cultura.

ABORRASCARSE. prnl. Encapotarse, oscurecerse, nublarse, cubrirse, cargarse. ‖ S.E. De todos estos términos, *aborrascarse* tiene un significado más intenso, sobre todo si nos referimos al tiempo. En sentido fig. ponerse una persona enfadada o de mal humor.

ABORRECER. tr. Sentir o tener aversión, abominar, detestar, desamar. ‖ Aburrir, fastidiar, despreciar. ‖ S.E. En las frs. tomarla con uno, tenerle manía, tener entre ceja y ceja.

ABORRECIMIENTO. m. Aversión, odio, manía, rencor, antipatía, repugnancia, animosidad, ojeriza. ‖ S.E. *Aborrecimiento* supone un sentimiento más pasajero que *odio*, aplicado a personas. En *aborrecimiento* hay antipatía física; en el *odio*, moral.

ABORTAR. tr. Malparir, fracasar, frustrar, mover. ‖ intr. Malograrse, frustrarse, perder, defraudar.

ABORTO. m. Parto prematuro, abortamiento, engendro, monstruo, feto, mal parto. ‖ Fracaso, malogro, frustración.

ABOTAGARSE. prnl. Abotargarse, congestionarse, hincharse, inflarse. ‖ Alelarse, entontecerse.

ABOTONAR. tr. Abrochar, ajustar, ceñir, sujetar, pasar un botón por el ojal, prender. Ú.t.c. prnl.

ABRA. f. Ensenada, paso, abertura entre montañas, bahía, puerto, desfiladero.

ABRASADOR, RA. adj. Ardiente, ígneo, caliente, caluroso, tórrido. ‖ Acalorado, seco, yermo; incinerado, agostado. ‖ S.E. Ardiente y abrasador son términos intensivos de *caliente*; *caluroso* se aplica al tiempo, la mayor parte de los sinónimos pueden referirse figuradamente a las pasiones y afectos.

ABRASAR. tr. Quemar, incendiar, arder, chamuscar, carbonizar. ‖ Secar, agostar, marchitar. ‖ S.E. Cuando se aplica este verbo a las pasiones, se dice: enardecer, encender, acalorar. ‖ Si se trata de plantas, secar, agostar. En sentido figurado, consumir: *la impaciencia le abrasa. Abrasarse en deseos de estudiar* (prnl.).

ABRAZADERA. f. Cerco, abrazo, cuchillero, zuncho, grapa. ‖ Anillo, sujetador, ceñidor, brazo.

ABRAZAR. tr. Rodear con los brazos, ceñir, estrechar, enlazar, envolver. ‖ Admitir, aceptar, seguir, adoptar, enrolarse, acariciar. ‖ prnl. *Abrazarse*, constar de. ‖ S.E. Seguir y adoptar se usan cuando se trata de una religión o doctrina, partido, etc.

ABREVIAR. tr. Resumir, compendiar, reducir, sintetizar, aligerar, apresurar, acelerar. ‖ S.E. Hacer que se diga con menos palabras una cosa. Si tratamos de libros, discursos y doctrinas, *resumir, compendiar*. Se abrevia suprimiendo un período del discurso; se compendia reduciendo a pocas ideas o palabras su contenido. La duración del tiempo se mide con los verbos acele-

rar y apresurar. Se pueden abreviar los razonamientos y los trámites de una cosa. ‖ Acortar, apoquecer.

ABRIGAR. tr. Arropar, cubrir, resguardar, tapar, cobijar, embozar, liar. ‖ Proteger, amparar, auxiliar, defender. *Las montañas abrigan el valle de los vientos. Este hombre abriga malas intenciones.*

ABRIGO. m. Gabán, sobretodo, pardesú, capa, frazada, manta, cobertor, gabardina, paletó, macferlán, capote, chubasquero, tabardo, pelliza, poncho, redingote, mantón, toquilla. ‖ Amparo, resguardo, refugio, cobijo, protección, hospitalidad.

ABRILLANTAR. tr. Pulir, bruñir, pulimentar, labrar, dar brillo, dar más aspecto a una cosa. ‖ Iluminar, esplender, refulgir, esmerilar.

ABRIR. tr. Descubrir, destapar. ‖ Taladrar, hender, agrietar, rajar, rasgar, cuartear, cascar, escindir. ‖ Destapar, despejar, descubrir, rasgar. ‖ Separar, desplegar, extender. ‖ Inaugurar, comenzar, principiar, iniciar. ‖ S.E. Se despliega un abanico o un paraguas. Se serena o despeja el tiempo. Se abre una frontera o una carretera al tránsito. Se desabotona o se desabrocha una prenda de vestir, como un chaleco. Se corta un melón, se abre un estamento y se descorcha una botella. ‖ prnl. Abrirse: Despejarse, desplegarse, extenderse, ofrecerse a la vista, lesionarse y franquearse.

ABROCHADOR. m. Abotonador, sujetador, encorchetador, ceñidor, ajustador.

ABROGAR. tr. Abolir, derogar, revocar, anular, cancelar, invalidar.

ABRONCAR. tr. Enojar, fastidiar, avergonzar, aburrir. ‖ Insultar, gritar, injuriar, abuchear, escarnecer.

ABRUMADO, DA. adj. Agobiado, agotado, aplanado, alicaído, hastiado, molesto, fatigado, apesadumbrado.

ABRUMAR. tr. Agobiar, hastiar, oprimir, aplanar, incomodar, apesadumbrar, atosigar, angustiar, acongojar, anonadar, aplastar, derrotar, intimidar, humillar. ‖ S.E. Algunos sinónimos muestran un significado de menos intensidad, como molestar, fastidiar, aburrir, importunar.

ABRUPTO, TA. adj. Quebrado, escarpado, áspero, fragoso, fuerte, montañoso, rocoso, salvaje. ‖ Accidentado, agrio, bravo, breñoso, cerril, cebrero, difícil.

ABSCESO. m. Infección, tumor, purulencia, ántrax, apostema, llaga, úlcera, furúnculo. ‖ S.E. Si está abierto se llama úlcera o herida.

ABSOLUCIÓN. f. Perdón, acción de absolver (del juez o el confesor), indulto, remisión, liberación, descargo, amnistía, emancipación, redención.

ABSOLUTO, TA. adj. Ilimitado, total, autoritario, totalitario, omnímodo, definitivo, general, despótico, dominante. ‖ Arbitrario. ‖ S.E. Con las palabras imperioso y dominante se califican las conductas e idiosincrasia de los hombres: *Recibi-*

mos una orden en términos imperiosos.

ABSOLVER. tr. Perdonar, eximir, exculpar, rehabilitar, liberar, libertar, sobreseer, condonar, satisfacer. ‖ S.E. y frs. Declarar libre de culpa o no culpable. Dar la absolución. Descargar de sus deudas. ‖ Religar, satisfacer.

ABSORBER. tr. Chupar, aspirar. ‖ Empapar, embeber, humedecer, impregnarse. ‖ Captar, atraer, cautivar, hechizar. ‖ Asimilar, digerir. ‖ S.E. La esponja absorbe el agua y las plantas el oxígeno. El mercado municipal absorbe para sí toda la producción. La lectura le absorbe.

ABSORTO, TA. adj. Concentrado, enajenado, pasmado, admirado, atónito, suspenso, cautivado, maravillado. ‖ S.E. Abismado, ensimismado, abstraído, absorto y concentrado proceden del interior de la persona, como efectos del estudio y meditación; los demás suponen un agente de fuera como un suceso, una noticia o un espectáculo.

ABSTENERSE. prnl. Impedirse a sí mismo, intervenir en una cosa. Él va a abstenerse de fumar. Renunciar, privarse, inhibirse, refrenarse, contenerse, mortificarse, sacrificarse. ‖ S.E. Nos abstenemos de lo que está cerca de nosotros; nos privamos de los gustos y cosas propias. ‖ frs. *Guardarse mucho de molestar a alguno; tentarse la ropa; andar con cuidado.*

ABSTINENTE. adj. Que guarda abstinencia o templanza. ‖ Frugal, moderado, templado, sobrio, comedido, que practica la temperancia. || Continente, ayunador, casto, puro.

ABSTRAERSE. prnl. Concentrarse, ensimismarse, reconcentrarse, enfrascarse, engolfarse, entregarse, embelesarse, embabiarse, meditar. || S.E. *Abstraerse* es quitar la atención de lo que nos rodea. Con el participio se dice: *es un hombre abstraído*, se concentra en su pensamiento.

ABSTRUSO, SA. adj. Incomprensible, recóndito, confuso, difícil, inasequible, ininteligible.

ABSURDO, DA. adj. Desatinado, incoherente, irracional, disparatado, extravagante. || Ilógico, estrafalario, bobo, necio, mentecato. || ANT. Legítimo, razonable, comprensible, posible.

ABUELO, LA. m. y f. Anciano, viejo, ascendiente, antepasado, antecesor, vejestorio, chocho. || Nana, anciana, yaya, vieja. || Frs. *Este no necesita abuela o no tiene abuela. ¡Que se lo cuenten a su abuela!*

ABULTADO, DA. p.p. de abultar. Gordo, voluminoso, grueso. || fig. Tratándose de noticias: Desmesurado, exagerado, extremado, hiperbólico. || ANT. Liso, delgado, disminuido.

ABULTAR. tr. fig. Encarecer, exagerar, extremar, ponderar, fantasear una noticia o alabanza. || Hinchar, inflar, dilatar, acrecentar, aumentar, agrandar. || ANT. Adelgazar, disminuir.

ABUNDANCIA. f. Gran cantidad, copia, cantidad, profusión, riqueza, abundamiento, fertilidad, plétora, frondosidad. || S.E. Cuando la cosa es muy grande: Exuberancia, superabundancia. Vivir en la abundancia. Nadar en la abundancia.

ABUNDANTE. adj. Copioso, cuantioso, numeroso, profuso, pletórico, abundoso. || Rico, opulento, fértil, fecundo, óptimo, pingüe.

ABURRIMIENTO. m. Hastío, desgana, malhumor, fastidio, tedio, disgusto, cansancio, aversión, tabarra, rollo.

ABURRIR. tr. Hartar, hastiar, estomagar, cargar, cansar una cosa porque no le interesa, exasperar, fastidiar, incordiar. || S.E. La acción expresada por *aburrir* es más concreta y enojosa que la de fastidiar. Si algo me fastidia es que me cansa la paciencia. Lo agradable prolongado demasiado *fastidia*; pero no decimos que lo agradable *aburre*. Se aburre el que lucha con la fortuna adversa y con las calamidades continuas. Fastidiar es más desagradable que *hastiar*. || ANT. Divertir, entretener, solazar. || Frs. *Me aburre con sus quejas. Me aburre el fútbol: me consume, me exaspera. Me aburre o fastidia la enfermedad.*

ABUSAR. intr. Violar, forzar, extralimitarse, excederse, seducir, aprovecharse. || De significado más intenso son: violar, forzar, atropellar y pasar por encima. || Frs. *No abuses de la bebida, ni de tus fuerzas.* || ANT. Moderarse, atemperarse, refrenarse, ajustarse.

ABUSO. m. Exceso, demasía, atropello, injusticia, alcaldada, desvergüenza, escándalo, tragedia, sinrazón, atrocidad, atentado, desafuero. ‖ ANT. Moderación, sobriedad, templanza.

ABYECCIÓN. f. Cosa abyecta, vileza, bajeza, degeneración, envilecimiento, servilismo, indignidad.

ABYECTO, TA. adj. Vil, degenerado, envilecido, innoble, mezquino, rastrero, ruin, despreciable.

ACABADO, DA. adj. Consumido, gastado, malparado, destruido, viejo, rematado, arruinado.

ACABAR. tr. Terminar, concluir, agotar, finalizar, consumar, cumplir, rematar, ultimar, fenecer, dar fin, cerrar. ‖ prnl. *Acabarse*: Extinguirse, agotarse, concluirse, fallecer, fenecer, morirse, gastarse. ‖ S.E. Con preposición: *Acabará por ceder. Acabó por cogerle antipatía.* ‖ Con la prep. de: *no acaba de gustarme.* Con gerundio: *con paciencia y cortesía acabará cediendo.* ‖ Frs. *Dar la puntilla. ¡Hemos acabado! Para acabar de arreglarlo. ¡Y se acabó!*

ACAECER. intr. Ocurrir, suceder, pasar, acontecer, sobrevenir. ‖ Acaecer es término literario.

ACAECIMIENTO. m. Suceso, acontecimiento, sucedido, caso, hecho, ocurrencia.

ACALORAMIENTO. m. Acción de acalorar o acalorarse, arrebato, fogosidad, exaltación, entusiasmo. ‖ Sofocación, ardor, fatiga, sofoco, febrilidad, sofloma, acaloro.

ACALORARSE. prnl. fig. Exaltarse, enardecerse, entusiasmarse, perder la calma, apasionarse, estimularse, alentarse, animarse, avivarse, encenderse, fatigarse, agitarse. ‖ ANT. Entibiarse, amortiguarse, enfriarse.

ACAPARAR. tr. Acopiar, acumular, retener, almacenar, centralizar, monolizar. MÉX. abarcar.

ACARAMELADO, DA. adj. Tierno, solícito, rendido, caramelizado, enamorado, melifluo, galante, dulzón, meloso, azucarado, obsequioso, cariñoso. ‖ Fr. *Ponerse acaramelado.*

ACARICIAR. tr. Mirar con ojos tiernos, mimar, agasajar, halagar, arrullar, rozar suavemente, lisonjear, atraer, complacerse, lagotear, hacer carantoñas o mimos.

ACARREAR. tr. Portar, conducir, transportar, llevar. ‖ Ocasionar, producir, causar. ‖ Carricar.

ACARREO. m. Transporte, conducción, porte, traslación, traslado, camionaje.

ACATAMIENTO. m. Sumisión, obediencia, respeto, acato, veneración, pleitesía.

ACATAR. tr. Tributar, sumisión o respeto, respetar, someterse, cumplir órdenes, venerar, reverenciar, obedecer, observar. ‖ Fr. *Acato su orden, pero no la cumplo.*

ACAUDALADO, DA. adj. Rico, poseedor de dinero, adinerado, pudiente, opulento. Un acaudalado propietario, Creso, Rotschild, Rockefeller. ‖ S.E.

Rico y opulento se aplican a personas y cosas: un director *rico*, una comarca *rica* y *opulenta; acaudalado* y *adinerado* califican sólo a las personas.

ACAUDALAR. tr. Enriquecerse, atesorar, acumular, adinerarse, reunir.

ACAUDILLAR. tr. Capitanear, dirigir algo o a alguien, encabezar, guiar, preceder, abanderar, conducir, mandar.

ACCEDER. intr. Condescender, consentir, convenir, autorizar, permitir, ceder, aceptar, transigir, plegarse, alcanzar, conformarse, mostrarse conforme, contemporizar. ‖ Fr. *Accedió a venir con su amigo.* ‖ ANT. Renunciar, rehusar, esquivar, rehuir.

ACCESIBLE. adj. Asequible, alcanzable, abordable, cercano, próximo. ‖ Sencillo, llano, franco, dúctil, flexible, amable, complaciente, maridazo, tratable, afable. ‖ S.E. Aplicado a lugares, *transitable;* si se dice de personas, *tratable, franco, amable, sencillo;* si se refiere a acciones, *comprensible, inteligible.* ‖ ANT. Inaccesible, inasequible, intratable.

ACCIDENTAL. adj. Accesorio, secundario, complementario, contingente. ‖ Interino, provisional, eventual, fortuito, ocasional, imprevisto, circunstancial, impensado. ‖ ANT. Esencial, fundamental.

ACCIDENTALMENTE. adv. m. Fortuitamente, casualmente, incidentalmente. ‖ Secundariamente, interinamente, provisionalmente, imprevistamente.

ACCIDENTE. m. Eventualidad, contingencia, imprevisión. ‖ Contratiempo, desgracia, percance, contrariedad, peripecia, revés, avería, infortunio, siniestro, daño. ‖ Soponcio, desmayo, vahído, vértigo.

ACCIÓN. f. Hecho, acto, operación, actuación, conducta. ‖ Movimiento, gesto, ademán. ‖ Juicio, proceso, pleito, sumario. ‖ MIL. Combate, escaramuza, gesta, batalla, encuentro. ‖ Iniciativa, práctica, ocupación, hazaña. ‖ pl. ECON. Acciones: títulos, bonos, obligaciones, valores, participaciones, cupón. ‖ Acción fea, indecente o buena, noble, laudable. ‖ *a. de gracias, a. de guerra, a. dramática. Entrar en a. Emitir acciones.*

ACECHAR. tr. Observar cautelosamente, espiar, atisbar, observar, vigilar, curiosear, escudriñar, husmear, avizorar, aguaitar. ‖ Frs. *Seguir los pasos, estar a la que salta, estar al husmo.*

ACECHO. m. Acechanza, espionaje, vigilancia, asedio, espera, trampa. ‖ MONT. Rececho.

ACEITE. m. Óleo, unto, grasa, oleaza, alpechín, oleína, lípido, crisma. ‖ fig. Paz, tranquilidad, sosiego. ‖ S.E. *a. de anís, a. esencial, a. de hojuela, a. de hígado de bacalao, a. de vitriolo.*

ACEITOSO, SA. adj. Grasiento, graso, oleaginoso, grasoso, untuoso, seboso, lipoideo. ‖ S.E. *Oleaginoso* se dice de la planta o fruto que contiene aceite; *untuoso* y *graso* se refiere a las cosas cubiertas de aceite.

ACELERAR. tr. Aumentar la velocidad, apresurar, aligerar, activar, apurar, estimular, despabilar. ‖ S.E. *Se activan* o *aligeran* los negocios; se *acelera* un coche o una máquina.

ACENDRADO, DA. adj. Puro, depurado, limpio, purificado, acrisolado, impecable.

ACENTO. m. Tilde, vírgula, deje, entonación, espíritu, apóstrofe, dejillo, dejo, tono, tonillo, acentuación, pronunciación. ‖ S.E. a. de cantidad o prosódico, a. fonético o de sonido, a. ortográfico, a. métrico o rítmico (en poesía), a. enfático, de énfasis o de ponderación. ‖ Frs. *Lo dijo con acento conmovedor. ¡Escucha mis acentos!*

ACENTUAR. tr. Poner acento sobre las palabras, pronunciarlas con acento, remarcar, recalcar, marcar, hacer hincapié, apoyar, subrayar. ‖ prnl. Acentuarse: aumentar, crecer, tomar cuerpo: *Se acentúan mis sospechas. Se acentúa la tendencia a la baja* (en la bolsa).

ACEPCIÓN. f. Sentido, significado, significación, matiz, alcance, extensión.

ACEPTABLE. adj. Admisible, tolerable, pasable, pasadero, apto. ‖ S.E. *Admisible* y *aceptable* suponen una idea de grado; *pasadero* y *tolerable* añaden cierta reserva.

ACEPTACIÓN. f. Aprobación, aplauso, admisión, tolerancia, acogida, placet, pláceme, éxito, divulgación.

ACEPTAR. tr. Admitir, aprobar, acceder, tomar, recibir, aplaudir, abonar, consentir, ratificar. ‖ Frs. *Mostrarse conforme, dar la conformidad; aceptó su res-*

ponsabilidad, aceptó la invitación o el desafío, aceptó la penitencia, aceptó la voluntad divina.

ACERBO, BA. adj. Amargo, desabrido, áspero, despacible, cruel, agrio, ácido, acre, desagradable, severo, intransigente. ‖ Riguroso, doloroso.

ACERCAR. tr. Aproximar, arrimar, avecinar, juntar, unir, pegar, adosar, tomar contacto. ‖ prnl. Acercarse, aproximarse, apropincuarse, arrimarse. ‖ ANT. Apartar, retirar, desviar, alejarse, ahuyentar. ‖ S.E. Dos ideas distantes, una material y otra espiritual, se incluyen en *acercar*; la primera está representada por el verbo *arrimar* físicamente una silla a la mesa; la otra por el verbo *aproximarse*. Ej. Aproximarse a la verdad divina o la doctrina del Santo Tomás. *Arrimar*, pone a dos objetos en contacto material. En sentido fig., *aproximar* es verbo más docto y acerca dos ideas o dos almas.

ACERTADO, DA. adj. Apropiado, adecuado, conveniente, idóneo, oportuno, clavado, certero, conseguido, hecho con acierto o sensatez. ‖ ANT. Desacertado, inadecuado, inconveniente, inoportuno. ‖ Fr. *Una medida acertada.*

ACERTAR. tr. irrg. Atinar, dar en el clavo, acertó con la casa, dar en el busilis, poner el dedo en la llaga, dar en el quid, entrar con el pie derecho, enfocar, adivinar, toparse, averiguar. ‖ ANT. Desacertar, equivocarse, errar. ‖ Fr. *Acertar los resultados de las quinielas.*

ACIAGO, GA. adj. Desgraciado,

desafortunado, desdichado, funesto, nefasto, infausto, infeliz, malaventurado, malhadado, desventurado. ‖ ANT. Feliz, afortunado, venturoso, dichoso.

ACICALAR. tr. Bruñir una cosa, afiligranar, adornar, alifar, ataviar, repulir. ‖ Aderezar, componer, perfilar, emperejilar, maquillarse. ‖ Fr. *Acicalaron al burro para llevarle a la feria.*

ÁCIDO, DA. adj. Acre, agrio, acedo, acedado, avinagrado, acetoso, acidulado. ‖ a. acético, a. barbitúrico, a. bórico, a. carbónico, a. cianhídrico, a. cítrico, a. clorhídrico, a. láctico, a. nítrico, a. prúsico, a. silícico, a. tartárico, a. úrico. ‖ Si se trata del sabor, *agrio*.

ACIERTO. m. Tino, tiento, vista, pulso, tacto, habilidad, buena mano, buen ojo, ojo clínico.

ACLARAR. tr. Clarear, alumbrar, amanecer, clarificar, despejar, disipar, iluminar, elucidar. ‖ Espaciar, ilustrar, explicar, poner en claro, dilucidar. ‖ prnl. Aclararse, explicarse, demostrarse, descubrirse, declararse. ‖ S.E. *Los focos aclaran o iluminan la habitación. Se aclara o explica una proposición oscura. Una doctrina se ilustra con ejemplos y notas. Ilustrar e iluminar suponen mayor luz. Se aclara el tiempo. Amanece de día.*

ACLARACIÓN. f. Explicación, comentario, escolio, exégesis, interpretación, elucidación.

ACLIMATARSE. prnl. Naturalizarse, adaptarse, acostumbrarse, arraigarse, habituarse. ‖ Una moda y una costumbre se aclimatan.

ACOBARDAR. tr. Causar temor, intimidar, meter miedo, atemorizar, desanimar, desalentar, arredrar. ‖ Amilanar, achantar, acoquinar, aterrar, descorazonar. ‖ S.E. *Acobardar, quitar los ánimos.* ‖ Frs. *Le acobarda verse enfermo. Le acobarda salir al campo.* Con prep. *Acobardarse (prnl) ante los peligros.*

ACOGER-SE. tr. prnl. Admitir, recibir, proteger, hospedar, arrimarse a, atender, amparar, socorrer, asilar. ‖ prnl. Ampararse, asilarse, refugiarse, cobijarse, arrimarse, apoyarse. ‖ Frs. *Se acogió a la protección del rey. Se arrimó a la generosidad de su pariente. El que huye del peligro se refugia en él. El que busca protección se acoge. No supimos dónde refugiarnos.*

ACOGIDA. f. Recibimiento, recepción, admisión, aceptación, acogimiento, hospitalidad.

ACOMETEDOR, RA. adj. Emprendedor, decidido a la empresa. ‖ Arremetedor, agresivo, belicoso, impetuoso, dinámico, pendenciero, agresor, violento.

ACOMETER. tr. Dirigirse con furia contra alguien, agredir, atacar, asaltar, embestir, abalanzarse, arrojarse. ‖ Emprender, comenzar una empresa, iniciar. ‖ Frs. Se embiste con furia, se acomete con brío. Se embiste en la batalla. Acometer supone una acción mediata y menos impetuosa.

ACOMODADO, DA. adj. Pudiente, rico, adinerado, burgués, rentista. ‖ Apropiado, adecuado, apto, conveniente, oportuno, arreglado.

ACOMODAMIENTO. m. Comodidad, conveniencia. ‖ Transacción, arreglo, ajuste, acuerdo, concierto, conciliación, convenio. ‖ ANT. Desacuerdo, desajuste, desarreglo.

ACOMODAR. tr. Poner las cosas o personas en el sitio conveniente, preparar, disponer una cosa, ajustar, amoldar, adaptar, armonizar, acondicionar, ordenar, conciliar, aprestar, asimilar, convenir, ensamblar, corresponder, cuadrar, hermanar, sincronizar. ‖ Frs. *Venir como anillo al dedo, hacer al caso, hacer buenas migas, hacer coincidir,* transigir, concordar. ‖ ANT. Desacomodar, desajustar, desordenar, rebelarse, sublevarse, desobedecer.

ACOMODATICIO, CIA. adj. Acomodadizo, dúctil, elástico, complaciente, asociable, contemporizador, transigente, conformista, eventual, facticio, pancista, vividor.

ACOMODO. m. Colocación, puesto, ocupación, empleo, cargo, destino. ‖ Conveniencia, arreglo, convenio, acuerdo, ajuste.

ACOMPAÑAMIENTO. m. Comitiva, corte, cortejo, séquito, escolta, comparsa, compañía. ‖ S.E. *Acompañamiento* puede suplir a las demás ideas semejantes. *Comitiva, séquito, escolta,* significa la distinción del personaje o corporación acompañados. *Escolta* dice relación con lo militar, y *comparsa* pertenece al teatro.

ACOMPAÑAR. tr. Seguir, formar cortejo, hacer el camino juntos, ir con alguien, asistir, cortejar, llevar escolta, tomar parte en un sentimiento, ser compañero de camino. ‖ S.E. *Escoltar* es acompañar a una persona para protegerla; *cortejar* es acompañar a la novia para galantearla y obsequiarla o formar comitiva en una ceremonia; *conducir* es servir de guía. ‖ Juntar, añadir, asociar, agregar. ‖ Mús. Tocar el acompañamiento de una melodía. Tocar para que un solista ejecute su parte.

ACOMPASAR. tr. Compasar, mensurar, proporcionar, arreglar, acomodar (los gastos a los ingresos).

ACONDICIONAR. tr. Preparar, adecuar, arreglar, amoldar, ajustar, disponer.

ACONGOJAR. tr. Angustiar, congojar, hacer sentir angustia, afligir, atribular, aquejar, apenar, entristecer, desconsolar, apesadumbrar.

ACONSEJAR. tr. Amonestar, recomendar, exhortar, advertir, sugerir, indicar, interpretar, prevenir, avisar, encaminar, asesorar, apercibir, dar parecer.

ACONTECER. (terciopersonal) intr. Acaecer, ocurrir, pasar, suceder. ‖ S.E. *Acaecer* pertenece al uso literario. Producirse un hecho espontáneamente.

ACONTECIMIENTO. m. Hecho, ocurrencia, suceso, acaecimiento, caso. ‖ S.E. El acontecimiento es casual, feliz o desgraciado; La boda fue un acontecimiento en la ciudad. *Suceso* es más concreto y susceptible de muchos matices. *Sucedido* (m) se opone a lo imaginado. En esta línea están *hecho y caso*. Suceso imprevisto son *evento* y *eventualidad*.

ACOPIO. m. Provisión, acopiamiento, acaparamiento, acumulación, almacenamiento, depósito. En los dos últimos casos se trata de la retención de mercancías por fines comerciales.

ACOPLAR. tr. Ajustar, juntar una cosa con otra, combinar, unir, aplicar, adaptar, *acoplar* (un motor a una barca).

ACORDAR. tr. Ponerse de acuerdo, convenir, pactar, quedar en, aliarse, ajustarse, concordar, armonizar, concluir, conchabarse, conformar. ‖ Recordar, traer a las mientes, venir a la memoria. ‖ Pactar, tratar, reconciliar, resolver, determinar, decir amén.

ACORDE. adj. Conforme, coincidente, que piensa lo mismo, de acuerdo, en consonancia. ‖ ANT. Desacorde.

ACORTAR. tr. Abreviar, reducir, minorar, aminorar, mermar, disminuir, achicar, truncar, mutilar, cortar, hacer más corto algo. ‖ Limitar restringir, cercenar, coartar. ‖ ANT. Agrandar.

ACOSAR. tr. Perseguir, hostigar, estrechar, fatigar. ‖ Importunar, vejar. ‖ MÉX. Acosijar.

ACOSTARSE. prnl. Echarse, tumbarse, encamarse, tenderse, recogerse, meterse en cama, yacer.

ACOSTUMBRAR. tr. prnl. Es el más corriente entre los sinónimos: habituar, avezar, soler, estilar, usar. ‖ Enseñar, familiarizarse. ‖ Fr. *Ahora se estila mucho eso.*

ACRECENTAR. tr. Aumentar, agrandar, acrecer, engrandecer, agrandar, dilatar, extender, crecer. ‖ Frs. *Acrecentó el patrimonio.* Lo hizo en cantidad o en calidad. ‖ ANT. Disminuir.

ACREDITAR. tr. Atestiguar, demostrar la verdad, asegurar la autenticidad, justificar, probar, reputar. ‖ Decir bien de, afamar, hablar en favor de, consagrar, dar buena fama. ‖ Abonar en cuenta, asentar en el haber.

ACRÓBATA. m. Volatinero, titiritero, saltimbanqui, gimnasta, titerista, volteador. ‖ Equilibrista, histrión, funámbulo, contorsionista. ‖ S.E. Se llaman equilibrista y funámbulo si hacen ejercicios de habilidad sobre una cuerda. Cuerda floja, vuelta de carnero.

ACTITUD. f. Postura, posición, disposición, porte, plante, gesto, continente, ademán. ‖ S.E. Se ha dicho que la *actitud* es de ataque, de defensa, de fuga, de temor o de mando. Es más artística que la postura. Estar de pie, de rodillas o sentado son actitudes.

ACTIVIDAD. f. Movimiento, trajín, movilidad, solicitud, diligencia. ‖ Eficacia, eficiencia, presteza, agilidad. ‖ S.E. Con la actividad se hacen muchas cosas, con la diligencia se hace mucho y bien. ‖ ANT. Pasividad, inactividad, inacción, abulia.

ACTIVO, VA. adj. Operante, diligente, enérgico, eficaz, dinámico, emprendedor, solícito, rebajado. ‖ ANT. Abúlico, apático, parado, holgazán, platónico, sedentario.

ACTOR-ACTRIZ. m. y f. Comediante, representante, cómico, intérprete, ejecutante, histrión, máscara, farsante, galán, caricato. ‖ Fr. *Es un actor consumado.* ‖ Disimulador. Dama joven, estrella.

ACTUAL. adj. Presente, efectivo, existente, contemporáneo, del momento, real, in situ, de moda, en voga. ‖ ANT. Pasado, antigualla, inactual, inexistente. ‖ S.E. lo *actual* es más determinado que lo *presente*, que a su vez supone una esfera más amplia que lo actual.

ACTUALMENTE. adv. t. Hoy, ahora, al presente, en este momento. ‖ adv. m. Realmente, verdaderamente.

ACTUAR. intr. Conducirse de cierta manera, comportarse, ejercer, proceder, intervenir, gastárselas, moverse, ocuparse, tramar, negociar. ‖ Fr. *Actuar de mediador.*

ACUDIR. intr. Venir, sobrevenir, ir, presentarse, acudir, comparecer, concurrir, personarse, atender, dedicar, su atención. ‖ Apelar, recurrir. ‖ Fr. *Acudir algo a la memoria.*

ACUERDO. m. Arreglo, concierto, convenio, pacto, tratado. ‖ Unión, armonía, conformidad, compenetración, consonancia. ‖ Decisión, determinación, resolución. ‖ Frs. *Volver a su acuerdo, estar en su acuerdo, de común acuerdo, poner de acuerdo a dos.*

ACUMULAR. tr. Acaparar, acopiar, allegar, almacenar, amontonar, juntar, reunir, aglomerar. ‖ Frs. *Acumular los intereses al capital; acumular cargos y preocupaciones.*

ACURRUCARSE. prnl. Ponerse doblado y encogido, acorrucarse, aovillarse, contraerse, engurruñarse, hacerse un ovillo, encogerse.

ACUSACIÓN. f. Inculpación, delación, denuncia, recriminación, insinuación, murmuración, querella, reproche, cargo, reprensión, improperio. ‖ S.E. Si la acusación se hace secretamente y con cautela, es *soplo*.

ACUSADOR, RA. adj. Acusetas, acusete, acusica, acusón, chivato, delatador, denunciante, soplón, inculpador, fiscal. ‖ S.E. Si tiene el vicio de acusar es *soplón*. Entre los niños se dice *acusica, acusique*.

ACUSAR. tr. Inculpar, denunciar, imputar, culpar, delatar, achacar, atribuir, notar, chatar, encartar, empapelar, expedientar, censurar, reprochar. ‖ prnl. Acusarse: confesarse, notarse, reprobarse.

ACHACAR. tr. Imputar, aplicar, atribuir, acusar, culpar.

ACHAQUE. m. Denuncia hecha con intención, ocasión, pretexto, excusa, efugio, disculpa, motivo. ‖ Vicio, defecto, tacha. ‖ Indisposición, dolencia, mal, padecimiento, transtorno, alifafe, enfermedad crónica. ‖ Frs. *En achaque de, en asunto de, con achaque o pretexto.*

ACHICAR. tr. Hacer una cosa más pequeña, disminuir, empequeñecer, amenguar, menguar, acortar, encoger. ‖ prnl. Achicarse: Intimidarse, humillarse, acoquinarse, acobardarse, amansarse, hacerse poca cosa, achantarse, apabullarse, bajar el gallo. ‖ ANT. Aumentar, medrar.

ACHICHARRAR. tr. Quemar, tostar, chicharrar, freír. ‖ fig. Molestar, mortificar.

ACHUCHAR. tr. Azuzar, empujar, dar empujones, dar achuchones, acorralar, embestir, estrujar.

ADÁN. m. Descuidado, desastrado, sin arreglo personal, dejado, desarreglado, haraposo, sucio, apático, negligente.

ADAPTAR. tr. Acomodar, adecuar, conformar, ajustar, acoplar. ‖ prnl. *Adaptarse*: avenirse, aclimatarse.

ADECUADO, DA. adj. Acomodado, apto, armonioso, conveniente. ‖ Conducente, conforme, correcto, digno, ductivo, idóneo, exacto, preciso, pertinente, pintiparado. ‖ Fr. *Como anillo al dedo.*

ADEFESIO. m. Disparate, inútil, absurdo, extravagante. ‖ Prenda de vestir ridícula, mamarracho, persona ridícula, despropósito, extravagante, esperpento, espantajo.

ADELANTAMIENTO. m. Anticipación, anticipo, adelanto. ‖ Civilización, cultura, evolución, progreso.

ADELANTAR. tr. Ir hacia adelante, avanzar, anticipar, preceder. ‖ Progresar, alargar, ganar terreno, aprovechar, ganar tiempo, aventajar, rebasar, pasar delante, mejorar.

ADELGAZARSE. prnl. Ponerse delgado, amojamarse, apergaminarse, chuparse, demacrarse, desengrasarse, desnutrirse, desmadrarse, enflaquecer-

se, espigarse, secarse, sutilizarse.

ADEMÁN. m. Actitud, gesto, melindre, manoteo, aspaviento, contorsión, remilgo, desgaire, postura, porte. ‖ pl. Formas, maneras, modales, modos, visajes, muecas, mohínes, ceños, guiños.

ADEMÁS. adv. y conj. Equivale a: *encima de, tras de*: además de ser caro es muy malo; *además de que* (tiene mucho dinero). Forma expresiones conjuntivas y prepositivas. ‖ También, encima, así mismo, con exceso: *Le dieron además una buena propina.*

ADENTRO. adv. l. Se usa con verbos de movimiento. Designa un sitio: *vamos adentro*: *dentro* se usa con verbos de situación, *las llaves están dentro de la caja.* ‖ Fondo, interior, interioridad. ‖ En vez de «con exceso» significa *por demás, sobremanera.*

ADEREZAR. tr. Componer, adornar, hermosear, acicalar, ataviar. ‖ Disponer, prevenir, apretar. ‖ Tratándose de vestido: arreglar, remendar, zurzir, limpiar, cepillar. ‖ Si hablamos de comidas: guisar, condimentar, adobar, aliñar, sazonar. ‖ Guiar, encaminar, adiestrar.

ADEUDAR. tr. Deber, no haber pagado, estar gravado por un impuesto. ‖ Anotar una partida, cargar en cuenta. ‖ Emparentar con alguien. ‖ prnl. Entramparse, endeudarse.

ADHERENCIA. f. Adhesión, cohesión, glutinosidad, viscosidad, pegadura. ‖ Conexión, enlace, unión, liga, parche, pegatina, esparadrapo, untuosidad. ‖ ANT. Rotura, fractura, quebradura.

ADHERENTE. adj. Adhesivo, aglutinante, pegajoso, pegadizo, pegante, viscoso, gelatinoso. ‖ Unido, coherente, anexo, cohesivo, plástico. ‖ Compacto, tenaz. ‖ adj. y m. AMÉR. Adepto, partidario, afiliado, adicto. ‖ Adjunto, complemento, añadidura, componente.

ADHERIR. tr. Pegar, unir, ayudar. ‖ prnl. *Adherirse*: suscribir, sumarse, mostrar la conformidad, allegarse, afiliarse, entrar en un partido, apegarse, solidarizarse, reunirse.

ADHESIÓN. f. Acción de adherirse, cualidad de adicto, cohesión, adherencia, apego, partidismo. ‖ conformidad, solidaridad, aprobación, aceptación, concordia, consentimiento, afección, asenso, consenso. ‖ ANT. Desunión, desapego, diferencia, discrepancia.

ADICIONAR. tr. Añadir, sumar, aumentar, agregar, incrementar. ‖ANT. Disminuir, substraer, restar, quitar.

ADICTO, TA. adj. Adepto, adherido, leal, partidario, afecto, afiliado, amigo, incondicional. ‖ ANT. Enemigo, desunido, desleal, desafecto, adversario, hostil.

ADIVINANZA. f. Acertijo, enigma, adivinación, augurio, adivinaje (fam.), quiromancia, horóscopo, crucigrama.

ADIVINAR. tr. Pronosticar, predecir, raticinar, auspiciar, augurar, presagiar, acertar, atisbar, anunciar, descifrar. ‖ S.E. Si se refiere al futuro, se dirá: *profetizar* y *adivinar* (éste tiene sentido pagano); *auspiciar* y *agorar* son de corte supersticioso. Augurar es propio del augur o adivino romano que predecía por el canto de las aves; agorar es predecir el futuro o una desgracia.

ADIVINO. m. Profeta, augur, agorero, vate, agorador, anabí, cohen, arúspice, logogrifo, hechicero, mago, prodigiador, provicero, vidente, zahorí. ‖ Pitonisa, sibila, hechicera.

ADJETIVAR. tr. Calificar, aplicar, decir, llamar, clasificar, determinar, tratar de. ‖ Expresiones adjetivales.

ADJUDICAR. tr. Conceder algo a alguno, ceder, asignar, atribuir, conceder, conferir, entregar, dar, otorgar. ‖ prnl. *Adjudicarse*: apoderarse, apropiarse, retener, tomar para sí.

ADMINISTRACIÓN. f. Agencia, gestión, acción de administrar, economía, régimen, dirección, gobierno. ‖ S.E. Dirección y gobierno son términos generales. Para los asuntos particulares usaremos: *gestoría, gerencia y gestión*. ‖ ANT. Desgobierno, desorden, corruptela, desconcierto.

ADMINISTRAR. tr. Gobernar, regir, dirigir, cuidar, hacer tomar, aplicar, regentar. ‖ Dar, propinar, suministrar.

ADMIRACIÓN. f. Asombro, sorpresa, pasmo, estupefacción. ‖ S.E. Para una cosa inexperada, sorpresa. Con significado de intensidad: *maravilla, estupor, asombro*. ‖ Prodigio, portento, encanto, éxtasis, fanatismo.

ADMIRAR. tr. Asombrar, deslumbrar, extrañar, aturdir, embobar, encantar, fascinar, ofuscar, pasmar. ‖ S.E. Términos admirativos: ¡ah!, ¡Anda!, ¡Atiza!, ¡Cáscaras!, ¡Vivir para ver!, ¡La Órdiga!, etc.

ADMITIR. tr. Aceptar, acoger, mostrarse de acuerdo, adoptar, aprobar, tomar, conformarse, acceder, ceder, permitir, transigir. ‖ Frs. Ser admitido, tomar la alternativa. ‖ ANT. Rechazar, rehusar, oponerse.

ADOBAR. tr. Condimentar, guisar, aliñar, aderezar. ‖ Componer, apañar, arreglar, remendar, reparar.

ADORAR. tr. Rendir culto a Dios, rendir adoración, tributar culto a la Virgen, querer, amar. ‖ Reverenciar, glorificar, orar, venerar. ‖ S.E. Idolatrar es un intensivo de amar.

ADORMECER. tr. Hacer caer en un estado de somnolencia, calmar, acallar, sosegar, dormir. ‖ prnl. *Adormecerse*: Quedarse dormido, adormilarse, amodorrarse, azorrarse, aletargarse.

ADORNAR. tr. Ornar, hermosear, engalanar, acicalar, ataviar, embellecer, exornar, quillotrar. ‖ prnl. Emperifollarse, guarnecerse. ‖ S. E. *Se acicala* uno o *se atavía* para salir a la calle. Exornar es literario; engalanar y hermosear suponen una gran riqueza en el adorno.

ADORNO. m. Galanura, atavío, gala, realce, ornamento, compostura. ‖ Ornato, exorno, decorado y decoración. ‖ Afeite, perifollo. ‖ Frs. *Hecho un cielo o un sol, de tiros largos.*

ADQUIRIR. tr. Conseguir, alcanzar, obtener, lograr, procurarse, proporcionarse, señorear. ‖

Frs. *Hacerse el dueño, hacerse el amo, echar el gancho, levantarse con el santo y la limosna.*

ADQUISICIÓN. f. Logro, ganancia, obtención, conquista, prescripción, botín, presa, trofeo.

ADUEÑARSE. prnl. Apropiarse, enseñorearse, apoderarse, posesionarse, ocupar, alcanzar, alzarse con.

ADULACIÓN. f. Halago, lisonja, lagotería, alabanza, zalamería, candonga, mimo, carantoña, garatusa, cirigaña, jabón, pelotilla, coba, servilismo. ‖ S.E. La *lisonja* puede ser indirecta, la *adulación* va siempre al bulto. *Pelotilla* y *coba* son familiares.

ADULADOR, RA. adj. m. Adulón, pelotillero, servil, cobista (para las personas), zalamero, lisonjeador, alabancero, adulador y lisonjero (para personas y cosas). ‖ Alzafuelles, tira y levitas, lavacaras, quitapelillos, zirigaña, jonjabero, incensador, coreador, panegirista.

ADULAR. tr. Halagar, lisonjear, roncear, incensar, acariciar, mimar, enjabonar, requebrar. ‖ Frs. *Bailar el agua, dar bombo, dar coba, dar jabón, hacer la barba, hacer coro, reír las gracias, regalar el oído, hacer la pelotilla.* ‖ S.E. El que *lisonja* promete, festeja, evita cualquier disgusto; el que *adula* exagera y miente.

ADVERSARIO, RIA. adj. Enemigo, contrario, cotendiente, contrincante, competidor, adverso, desfavorable, rival, opuesto, hostil, antagonista, oponente, contrapuesto, discrepante.

ADVERSIDAD. f. Desgracia, infortunio, desdicha, desventura, calamidad, desastre, fatalidad, contratiempo, infelicidad, mala suerte. ‖ S.E. La *adversidad* presupone un estado de cierta duración. *Infelicidad* y *desventura* se oponen a prosperidad. A fulano le ocurrió una desgracia no una adversidad. La *adversidad* sucede al estado de prosperidad.

ADVERTIR. tr. Avisar, prevenir, aconsejar, sugerir, insinuar, asesorar, informar, aleccionar, explicar, indicar. ‖ Ver, notar, reparar, observar, percatarse, darse cuenta. ‖ S.E. *Advertir* hace alusión al pasado y al presente; *avisar* es para el futuro.

AFABLE. adj. Amable, atento, simpático, sencillo, cortés, afectuoso, acogedor, cariñoso, tratable, sociable, expresivo. ‖ S.E. El hombre *amable* se distingue por la suavidad de su carácter: el *afable* por su llaneza y su disposición al trato agradable.

AFABLEMENTE. adv. m. Amablemente, afectuosamente, cariñosamente, cortésmente, acogedoramente.

AFÁN m. Ardor, empeño, fervor, actitud de interés, ansia, anhelo, coraje, brío, decisión, interés, entusiasmo. ‖ Hablando del trabajo: ahínco, solicitud, fatiga, codicia, aspiración.

AFEAR. tr. Reprender, tachar, censurar, vituperar, censurar, reprobar, desfavorecer, deformar.

AFECTACIÓN. f. Amaneramiento, rebuscamiento, estudio, fingimiento, disimulo, dobles, presunción. ‖ Artificio, actitud afectada, aspaviento, contoneo, coquetería, empaque, mojigatería, melindre, figurería, remilgo, preciosismo. ‖ S.E. El amaneramiento y el artificio son falta de naturalidad. El fingimiento y el disimulo hacen creer lo que no es.

AFECTADO, DA. adj. Amanerado, rebuscado, estudiado, fingido, forzado, aparente, cursi, ñoño, pedante, remilgado, repulido, hipócrita. ‖ Molesto, apenado, afligido, aquejado, impresionado.

AFECTAR. tr. Aparentar, simular, fingir, mostrar un sentimiento o una actitud. ‖ Concernir, atañer, referirse a, tocar a, concernir, influir. ‖ Perjudicar, dañar, producir un efecto en algo (esta medicina afecta al riñón), aquejar, influir. ‖ Conmover, impresionar, emocionar. ‖ MED. Interesar, alterar. ‖ Agregar. ‖ Frs. Sólo se *conmueve* el que siente los males ajenos. Nos *afecta* la vista de una catástrofe. Nos *conmueve* un rasgo de perdón, de ayuda o de misericordia.

AFECTO. m. Cariño, apego, interés, afición, amistad, inclinación, simpatía, voluntad, amor. ‖ Frs. *Carne y uña, con los brazos abiertos.* ‖ ANT. Desafecto, desapego, enemistad. ‖ S.E. El *amor* llega hasta el sacrificio, el *afecto* y el *cariño*, emplean esfuerzos y halagos. ‖ adj. *Afecto*: adicto, unido, anexo, adscrito, agregado. ‖ Estimado, grato, apreciado.

AFECTUOSO, SA. adj. Afable, cariñoso, cordial, amable, amistoso, efusivo, amoroso, jovial, grato.

AFEITARSE. prnl. Rasurarse, arreglarse, raparse, desbarbarse, barbirraparse, acicalarse.

AFEMINADO, DA. adj. Pisaverde, adamado, amujerado, maricón, sodomita, sarasa, feminoide, fileno, marica, barbilucio, invertido, ahembrado, barbilindo, cacorro, cazolero, débil.

AFICIÓN. f. Inclinación, apego, disposición de ánimo, gusto, manía, cariño, afecto. ‖ Ahínco, afán, empeño.

AFICIONARSE. prnl. Encariñarse, inclinarse, enamorarse, adquirir, afición, prendarse, engolosinarse.

AFILAR. tr. Aguzar, amolar, dar filo, afinar, vaciar, cabruñar, suavizar, apuntar.

AFÍN. adj. Semejante, parecido, análogo, parejo, cercano, congénere, pariente, contiguo, próximo.

AFINAR. tr. Suavizar, alisar, poner algo fino, adelgazar, purificar, acordar, concertar, entonar, templar.

AFIRMAR. tr. Asentir, decir que sí, asegurar, aseverar, atestiguar, certificar, decir, confirmar, garantizar, hacer hincapié, insistir, mantener, dogmatizar, protestar.

AFLICCIÓN. f. Pena, amargura, pesar, pesadumbre, congoja, desconsuelo. ‖ S.E. *Formas intensivas*: Tribulación, abatimiento, desolación, angustia, dolor, tormento.

AFLIGIR. tr. Acongojar, apesarar, contrariar, apenar, apesadumbrar, entristecer, desconsolar, mortificar, amargar, contristar, consternar. ‖ *Intensivos*: Desolar, abatir, atribu-lar. ‖ prnl. Afligirse, acongojarse, desconsolarse, apenarse, compungirse, angustiarse.

AFLOJAR. tr. Poner algo flojo, soltar, ceder, disminuir, decaer, soltar, desapretar, hacer una cosa con menos afán, entregar dinero. ‖ Fr. *Tendrás que aflojar la pasta.* ‖ prnl. Debilitarse, moderarse.

AFLUENCIA. f. Copia, abundancia, aflujo, acceso, aluvión, balumba, chorroborro, concurso, concurrencia, diluvio, flujo, lluvia, ola, oleada, racha, río, riolada, romería, torrente.

AFLUIR. intr. Concurrir, acudir, agolparse, aglomerarse, reunirse, confluir, llegar, venir a parar, arremolinarse. ‖ Desaguar, verter, desembocar, descargar, desbocar.

AFORTUNADAMENTE. adv. m. Dichosamente, felizmente, venturosamente, privilegiadamente, gracias a Dios, con buena estrella, con fortuna, esplendidamente.

AFORTUNADO, DA. adj. Dichoso, feliz, venturoso (fausto sólo para sucesos), beneficiado, bienafortunado, bienandante, bienhadado, suertero, tiñoso, acertado, oportuno, bien dotado, con suerte.

AFRENTA. f. Deshonra, deshonor, agravio, ofensa, vergüenza, ultraje, injuria, oprobio, vilipendio, bochorno, ignonimia, insulto. ‖ Fr. *Este chico es una afrenta para la familia.*

AFRENTAR. tr. Agraviar, vilipendiar, deshonrar, ofender, ultrajar, injuriar, vejar, mofarse.

AFRONTAR. tr. Provocar, enfrentar, hacer frente, arrostrar, carear, desafiar, resistir, dar el pecho.

AGACHARSE. prnl. Bajarse, inclinarse, encogerse, agazaparse, acurrucarse, esconderse, ocultarse.

AGARRADA. f. Altercado, disputa, riña, contienda, porfía, pendencia, reyerta.

AGARRADO, DA. adj. Mezquino, miserable, avaro, tacaño, roñoso, cicatero, miserable.

AGARRAR. tr. Coger, asir, tomar, retener, no dejar pasar, sujetar, capturar, atrapar, pillar, conseguir, adquirir, pescar, arraigar. || prnl. Asirse, reñir, pelearse, cogerse.

AGARROTAR. tr. Oprimir, comprimir, apresar, apretar, inmovilizar. || prnl. Entumecerse, atascarse.

AGASAJAR. tr. Hacer regalos, regalar, obsequiar, atender, prodigar, halagar, festejar.

AGASAJO. m. Obsequio, regalo, halago, fineza, convite, festejo, presente, homenaje, rendibú.

AGAVILLAR. tr. Hacer gavillas, engavillar, agarbillar. || Capitanear, atropar, acuadrillar, reunir gente en cuadrilla.

AGAZAPARSE. prnl. Agacharse, pegarse al suelo, encogerse, doblarse, alebrarse, acurrucarse, alebrestarse, esconderse, achantarse, disimularse.

AGENCIAR. tr. Solicitar, buscar, procurar, intentar, obtener, conseguir, lograr, alcanzar. || S.E. *Agenciar* supone maña y habilidad. || prnl. Procurarme, obtener, componérselas.

ÁGIL. adj. Ligero, veloz, expedito, pronto, vivo, rápido, listo, activo, diligente, desenvuelto.

AGILIDAD. f. Actividad, prontitud, diligencia, destreza, viveza, rapidez, velocidad, listeza.

AGITACIÓN. f. Turbación, tráfago, movimiento, inquietud, intranquilidad, conmoción, perturbación, excitación, trajín, emoción intensa, sacudida, brega, bulla, trasteo.

AGITADOR, RA. adj. Revolucionario, revoltoso, persona inquieta, perturbador, demagogo, faccioso.

AGITAR. tr. Turbar, perturbar, producir agitación, sacudir, remover, conmover, intranquilizar, impedir algo, batir, blandir, desasosegarse, desazonarse, inquietar, desenfrenarse.

AGLOMERACIÓN. f. Amontonamiento, conjunto de cosas aglomeradas, hacinamiento, acopio, apretura, avispero, barullo, embotellamiento, concentración, hervidero. || Gentío, muchedumbre, multitud, pelotón, sinnúmero, torbellino, tropel.

AGLOMERAR. tr. Acumular, amontonar, hacinar, juntar, reunir sin orden, acopiar, conglomerar. || prnl. *Aglomerarse*: Juntarse, hacinarse, conglomerarse, agolparse, apelotonarse, apiñarse, apeñuscarse, arracimarse, arremolinarse, embotellarse. || ANT. Separar, desunir, dividirse.

AGLUTINAR. tr. Adherir, conglutinar, unir, pegar, encolar, juntar, fijar, conglomerar.

AGOBIAR. tr. Atosigar, abrumar, oprimir, encorvar, pesar excesivamente una cosa sobre uno. || Abatir, ahogar, apenar, molestar, fastidiar, y con menos intensidad, cansar, fatigar.

AGOBIO. Cansancio, fatiga, opresión, atosigamiento, sofocación, angustia, abatimiento, pesadumbre, pena, fastidio.

AGOLPARSE. prnl. Aglomerarse, reunirse, apiñarse, amontonarse, acumularse, hacinarse.

AGONÍA. f. Lucha, combate, exasperación, extertor, trance, expiración, desenlace, angustia.

AGONIZAR. tr. Estar muriéndose, luchar con la muerte, expirar, morirse, extinguirse, acabar.

AGORAR. tr. Vaticinar, pronosticar, predecir desgracias, presagiar, ominar, augurar, profetizar.

AGORERO, RA. adj. m. y f. Adivino, agorador, vate, profeta, augur. ‖ S.E. Cuando se mira el futuro religioso se dice profeta, vate (cristiano y pagano), *adivino* fue en la antigüedad de caracter religioso, lo mismo que *augur*, el agorero predice infortunios. El médico pronostica o predice una enfermedad.

AGOTAMIENTO. m. Cansancio, extenuación, enflaquecimiento, debilidad, consunción, depauperación.

AGOTAR. tr. Extraer totalmente el agua, desaguar, desecar. ‖ fig. Terminar, consumir, apurar, debilitar, extenuar, enflaquecer. ‖ prnl. *Agotarse*: consumirse, debilitarse, extenuarse.

AGRADABLE. adj. Delicioso, placentero, aplaciente, deleitoso, atractivo, atrayente, grato, placible, ameno.

AGRADAR. tr. Complacer, aplacer, atraer, contentar, camelar, encantar, distraer, divertir, entretener, gustar, hechizar, cuadrar, halagar, ilusionar, hacer gracia, dar gusto, deleitar. ‖ S.E. Nos agradan una mujer guapa y el trato de una persona culta; nos complace el que nos sirve bien y nos obsequia; nos gustan el mérito de las cualidades de otro.

AGRADECER. tr. Dar las gracias, reconocer, corresponder, retribuir, estar a la recíproca, gradecer, sentirse obligado, estar reconocido. ‖ Fr. *Dios te lo pague y te lo premie*.

AGRADECIMIENTO. m. Gratitud, reconocimiento, bendición, correspondencia, retribución, *Te Deum*, exvoto, ofrenda, Acción de gracias, obligación. ‖ ANT. Desagradecimiento.

AGRADO. m. Placer, seducción, amabilidad, afabilidad, complacencia, encanto, gusto, atractivo.

AGRANDAR. tr. Aumentar, ampliar, acrecer, acrecentar, engrandecer, abultar, agigantar, alargar, amplificar, desorbitar, ensanchar, extenderse. ‖ S.E. *Se agranda* la extensión y el volumen. El territorio se agranda. La biblioteca se *agranda* y los libros *aumentan*.

AGRAVIO. m. Ofensa, insulto, injuria, afrenta, oprobio, ultraje, vilipendio, deshonra. ‖ S.E. La *afrenta* produce deshonor y descrédito y añade al *agravio* el desprecio.

AGREDIR. tr. Acometer, atacar, dañar, herir, arremeter, cerrar, asaltar, arrollar, irrumpir.

AGREGAR. tr. Añadir, sumar, adicionar, juntar, adjuntar, asociar, unir, anexionar, aumentar.

AGRESIÓN. f. Acción de agredir, ataque, acometimiento, embestida, acometida, arremetida, asalto. ‖ La agresión presupone una injusticia y es antisocial y contra derecho.

AGRESTE. adj. Campestre (terrenos y caminos), silvestre, salvaje (plantas y animales), escabroso, inculto, áspero, rudo, grosero, no cultivado, no domesticado.

AGRIAR. tr. Acidular, acedar, acidificar (tecnicismo), avinagrar, alterar, deteriorar. ‖ fig. Exasperar, irritar. ‖ prnl. Revenirse, agriarse, apuntarse, volverse.

AGRICULTOR, RA. m. y f. Agrónomo, campesino, aperador, arador, arboricultor, bracero, cahicán, campirano, capataz, caporal, cavero, collazo, colono, cultivador, cosechero, destripaterrones, floricultor, sembrador, regador, segador, granjero, horticultor, hortelano, labrador, labriego, manigero, mayoral, mozo, pegujalero, ranchero, yuntero, viticultor. ‖ S.E. Cultivan más comúnmente la tierra el *labrador*, el *cultivador*, el *arador* y el *labriego.*

AGRIO, A. adj. Acedo, ácido, acre, avinagrado, áspero, acerbo, desapacible, acidulado. ‖ S.E. Para los metales se dice: quebradizo, frágil. Aplicado a personas, adusto, malhumorado. Si se habla en tono crítico, *acre, violento, agresivo;* en tono de castigo: *cruel* o *duro.* Si es una pintura *falta del colori-*

do, falto de entonación armoniosa.

AGUA. f. Linfa, acuosidad, zumo, jugo, infusión, lluvia, agua pluvial, llovizna, rocío, gota, chorro, corriente, contracorriente, hilero, oleaje, rebalaje, recejo, remolino, tromba, vorágine. ‖ Algibe, arca de agua, cacimba, botijo, cisterna, embalse, inundación, pantano, rebalsa, tanque, chaparrada.

AGUACERO. m. Nubada, chubasco, chaparrón, precipitación, chaparrada, manga de agua, diluvio, aluvión, catarata, caudal, balsa, arroyo, cascada.

AGUANTABLE. adj. Tolerable, soportable, llevadero, sostenible, frenable, permisible, apechugable, comportable, conllevable, conformable. ‖ ANT. Insufrible, insostenible.

AGUANTAR. tr. Tener aguantaderas, tener aguante, apechugar, sostener, resistir, sufrir, soportar, sobrellevar, tolerar, conllevar, apechar, chincharse, comportar. ‖ Frs. *Tragar quina, cargarse de razón, tener buenas tragaderas, sentarse en el banco de la paciencia.* ‖ prnl. Reprimirse, contenerse, jorobarse.

AGUARDAR. tr. Esperar, estar sin hacer cosa alguna, conceder cierto plazo, confiar, abrigar, permanecer, prorrogar, postergar, creer, tener fe, dar por cierto. ‖ Frs. *El avión no aguarda, estar esperando el autobús, nos aguarda una mala noche, te aguardaré unos días.*

AGUDEZA. f. Ingenio, sutileza,

gracia, perspicacia, penetración, sagacidad, prontitud, vivacidad, viveza, presteza, sutileza, talento, intuición. || Ocurrencia, chiste, chispa, salero.

AGUDO, DA. adj. Puntiagudo, sutil, perspicaz, sagaz, penetrante, ingenioso, ocurrente, gracioso, donoso, garboso, chistoso, picante, mordaz. || Delgado, afilado, puntiagudo. || Vivo, intenso, breve (dolor agudo), alto, penetrante. || Momento agudo.

AGÜERO. m. Pronóstico, augurio, presagio, predicción, Lo que anuncia buena a mala suerte. || S.E. En el verbo agorar predomina un matiz de desgracia. En agorero no consta.

AGUIJÓN. m. Punta de hierro, acúleo, estoque, guincho, puya, rejo, pincho, punta, guizque, púa, espina. || fig. Acicate, cierta espuela, incitación, estímulo, aliciente, incentivo.

AGUIJONEAR. tr. Estimular con la aguijada, aguijar, picar, pinchar, avivar, aguzar, espolear, agujonar, agujar. || fig. Estimular a obrar, apremiar, apurar, incitar, animar.

AGUJA. f. MAR. Brújula, saeta, compás, saetilla, manecilla (del reloj), acerico, alfiletero, punzón. || Obelisco, remate fino y gótico. || Carne de costillas, riel, pastel de hojaldre. *Aguja de bitácora: a. magmática, a. de marear.*

AGUJERO. m. Abertura redonda, abertura, agujal, boquete, brecha, cavidad, cala, coladero, buzón, embocadero, escotadura, forambre, huraco, ho-

rado, gatera, grieta, ojal, ojete, ojo, hoyo, urna, perforación, respiradero, taladro, tronera, trepa, orificio, perforación.

AGUZAR. tr. Hacer punta a una cosa, afilar, afinar, adelgazar. || fig. Aguijar, excitar, avivar (el entendimiento, la vista o el oído), incitar, estimular.

AHÍNCO. m. Afán, actitud de esfuerzo e interés, empeño, insistencia, intensidad, fervor, tesón, perseverancia, entusiasmo, eficacia, diligencia. || ANT. Desinterés, flojedad, ligereza.

AHÍTO, TA. adj. Harto, saciado, lleno, hastiado, repleto, empachado, apipado, empalagado, empapuzado.

AHOGAR. tr. prnl. En su sentido primario: ahogar, asfixiar, sofocar. Refiriéndose al ardor de la pasión o de una actividad: apagar, extinguir, reprimir, dominar, liquidar, sofocar. || Fatigar, angustiar, apurar, oprimir, acongojar. || prnl. Sentir ahogo, anegarse, extinguirse. || Frs. *Apagar la calma; me ahoga esta atmósfera; ahogar el dolor o un incendio.*

AHOGO. m. Asfixia, sofoco, sofocación, opresión, fatiga. || Apuro, aprieto, agobio. || Apremio, penuria, pobreza, necesidad, aflicción, miseria.

AHONDAR. tr. Penetrar hasta muy dentro, profundizar, cavar hasta una profundidad, zahondar, excavar. || fig. Sondear, penetrar, investigar, escudriñar, progresar, estudiar o examinar seriamente.

AHORA. adv. t. Hoy, ya, en este instante, en este momento, *hac hora,* (en esta hora), el momento en que estamos, el día de hoy, hoy día. ‖ Hoy por hoy, al presente, dentro de poco, por el presente. ‖ S. E. Momento inmediatamente antes, poco ha, en la actualidad. ‖ Frs. *Ahora vendrá, ahora mismo. ¡Ahora!, ¡Ahora bien! Ahora si que, de ahora en adelante, por ahora.*

AHORCAR. tr. Agarrotar, acogotar, colgar, enforcar, guindar, ejecutar.

AHORRADOR, RA. adj. Ahorrativo, económico, aprovechado, arreglado, guardoso, frugal, sórdido, mezquino. ‖ ANT. Gastador, derrochador, cicatero, manirroto, disipador.

AHORRAR. tr. Economizar, reservar, escasear, escatimar, juntar, recoger, reunir, entalegar ‖ fig. Aprovechar, evitar, librar, impedir. ‖ S. E. Si se trata de dinero o bienes de fortuna, economizar, guardar. Si de esfuerzos o compromisos; excusar, evitar, reservar. ‖ ANT. Disipar, dilapidar, derrochar, despilfarrar.

AHORRO. m. Frugalidad, reserva, previsión, economías, sagacidad, prudencia, aguante, tesoro.

AHUECAR. tr. Dejar algo hueco, esponjar, ablandar, mullir, inflar, hinchar. ‖ Frs. *¡Ahueca de ahí!, Ahuecar el ala. Irse con viento fresco. Tomar las de Villadiego, marcharse.*

AIRADO, DA. adj. Irritado, iracundo, furioso, enojado, encolerizado, violento, ardoso, enfurecido. ‖ Frs. *Salió dando un portazo, hecho una fiera, como un tigre.*

AIRARSE. prnl. Irritarse, encolerizarse, desasosegarse, exasperarse, enfurecerse, indignarse.

AIRE. m. Viento, atmósfera, ambiente, elementos, éter, aliento. ‖ fig. Aspecto, apariencia, porte, palmito, figura. ‖ Garbo, brío, viveza, decisión, gracia, gallardía, apostura.

AIREAR. tr. prnl. Orear, ventilar, higienizar, purificar. ‖ prnl. Orearse (airearse al aire libre), oxigenarse (respirando libremente). ‖ Resfriarse, acatarrarse.

AIROSO, SA. adj. Apuesto, gallardo, decidido, brioso, gracioso, galán, arrogante.

AISLADO, DA. adj. Solo, retirado, solitario, anacoreta, apartado, singular, desvinculado, simple, soledoso.

AISLAMIENTO. m. Retraimiento, retiro, clausura, desconexión, apartamiento, separación, incomunicación.

AISLAR. tr. prnl. Incomunicar, apartar, separar, acordonar, dejar solo, confinar, abandonar, retirar, arrinconar, desconectar, encerrar. ‖ prnl. Retirarse, arrinconarse, retraerse, apartarse, meterse en su concha, desconectarse, huir de la gente, incomunicarse.

AJAR. tr. Quitar lozanía o juventud, arrugar, chafar, marchitar, maltratar, sobar, desflorar, deslucir, deslutar , deteriorar, enlaciar, manosear, rozar, violar. ‖ prnl. Estropearse, humillarse, vejarse, maltratarse, marchitarse, chafarse.

AJEDREZADO, DA. adj. Escaqueado, cuadriculado. ‖ Si se refiere al blasón: equipolado, escacado; entablado, enrocado, enrejado, cogido al paso.

AJENO, NA. adj. Extraño, inadecuado, impropio, libre, diferente, distante, diverso, lejano.

AJETREARSE. prnl. Afanarse, fatigarse, zarandearse, azacanearse, trajinar, agitarse, andar de acá para allá, aporrearse, aperrearse, atosigarse, azacanarse, ir de cabeza, ir de la ceca a la meca.

AJETREO. m. Agitación, jaleo, tráfago, trajín, actividad intensa, afán, atosigamiento, agitación.

AJUAR. m. Menaje, equipo, conjunto de ropas, muebles y alhajas, enseres de una casa, mueblaje.

AJUSTAR. tr. prnl. Acomodar, adaptar, encajar, acoplar. || Concertar, tratar, convenir, contratar, casar, reconciliar. || Frs. *a. la cincha del caballo; a. un traje o las ruedas.* || IMPR. Compaginar. || Prnl. Amoldarse, ajustarse, adaptarse, conformarse.

ALA. f. Extremidad del ave, élitro, remo, aleta, alón, plano, alerón. || Frs. Agitar, mover o batir las alas. || Flanco, fila, grupo, tropa. || *a. abierta, explayada, extendida. Ahuecar las alas o el ala, dar alas a alguien.*

ALABAR. tr. Elogiar, encarecer, encomiar, ensalzar, engrandecer, glorificar, celebrar, enaltecer, honorar, incesar, bendecir, jalear, ponderar. || Frs. *Dar bombo, contar y no acabar, decir bien, poner hasta los cuernos de la luna, dar jabón, levantar hasta las nubes, contar maravillas.* || S.E. Entre elogiar, celebrar, encomiar y encarecer, hay una graduación

de eficacia e intención en lo que se dice. Lo que se celebra es mejor que lo que se alaba.

ALAMBICADO, DA. adj. Destilado. || Sutil, complicado, agudo, preciso, justo, exquisito, afectado.

ALARDEAR. intr. Presumir de, vanagloriarse, jactarse, exhibir con vanidad una cualidad, gloriarse, alabarse, preciarse de algo. || Fr. *Alardea de conquistador.*

ALARGAR. tr. prnl. Hacer larga una cosa, prolongar, dilatar, expandir, ensanchar. || prnl. Estirarse, extenderse, conceder, largarse, desviarse, alejarse. || S.E. Se alarga un discurso; se estiran los brazos; se prolonga una calle, se prorroga el tiempo.

ALARMA. f. Voz que avisa de un peligro, aviso, espanto, susto, sobresalto, rebato (si es repentina), intranquilidad, zozobra, temor, inquietud (si es más o menos duradera).

ALARMAR. tr. Producir alarma, asustar, sobresaltar, tocar a rebato, intranquilizar, inquietar, atemorizar. || prnl. Asustarse, inquietarse, atemorizarse, angustiarse.

ALBAÑIL. m. Obrero que hace paredes, alarife, albañí, añacalero, enlucidor, estucador, estuquista, jalbegador, jornalero, peón, oficial, revocador, tabiquero, solador, tapiador.

ALBARDA-ALBARDILLA. f. Aparejo, albardón, cincha, montura, silla, enjalma, jalma, basta, basto, lomillo, palomilla, encañadura, ataharre, debajero, sobrenjalma. || *Albardilla:* almohadilla, silla para montar potros, caballete, tejadillo, hilera de piedra, mojinete, caballón, caballete o lomo, masa de barro, lonja de tocino.

ALBEDRÍO. m. Arbitrio, voluntad, determinación, gusto, elección. ‖ Apetito, antojo, capricho.

ALBERGAR. tr. intr. Alojar, cobijar, servir de albergue, dar albergue o asilo, aposentar, acoger, admitir, amparar, dar amparo, asilar, dar asilo. ‖ prnl. Alojarse, hospedarse, refugiarse.

ALBERGUE. m. Cobijo, refugio de viajeros o excursionistas, hospedaje, alojamiento, asilo de niños. ‖ S.E. Guardería es alojamiento de niños mientras sus padres están en el trabajo. Para animales, cubil, guarida.

ALBOR. m. Alba, aurora, amanecer, alborada. ‖ m. pl. Principios, comienzos: *los a. de la libertad.*

ALBOREAR. intr. Clarear, amanecer, asomar la primera luz. ‖ fig. Aparecer los primeros síntomas. ‖ Alboreaba la paz, rayar el día, reír el alba, quebrar el alba, albear, aclarar.

ALBOROTAR. tr. Agitar, excitar, causar desorden o agitación, causar excitación, escandalizar, vocear, cascabelear, sublevar, perturbar. ‖ Frs. *No paran de alborotar; alborotarse los pelos.*

ALBOROTO. m. Algarabía, bulla, algazara, gritería, escándalo, guirigay, ruido, jaleo, vocerío. ‖ Frs. *Armar, mover, levantar, remover un alboroto.* ‖ S.E. *Alboroto* es un jaleo ruidoso; *revuelta* y *tumulto* son actos rebeldes contra la autoridad; *asonada* y *motín* son tumultos organizados previamente; las *revoluciones* comienzan por motines y revueltas callejeras.

ALBOROZO. m. Regocijo, algazara, demostración ruidosa de alegría, risa ruidosa, entusiasmo, optimismo, contento, satisfacción, júbilo, albricias, hilaridad, exultación.

ALCAHUETE, TA. m. y f. Tercero, mediador en amoríos y encubridor, burladero, celestina, cobertera, cohen, comadre, corredera, madrina, proxeneta, trotaconventos, zurcidor.

ALCALDADA. f. Atropello, abuso de autoridad, exceso, extralimitación, acto de desconsideración, polacada, desafuero, arrebato, tropelía, arbitrariedad, injusticia.

ALCANCE. m. Seguimiento, distancia mayor o menor a que alcanza una acción, echadura, tiro, correo para alcanzar a otro, persecución, noticia sin importancia, cantidad de dinero disponible, cantidad de un deudor. ‖ m. pl. Capacidad, inteligencia, talento, importancia, transcendencia, *alcances.* ‖ Frs. *Dar alcance, al alcance de la mano.*

ALCANZADO, DA. adj. Adeudado, empeñado, entrampado, comprometido, retasado. ‖ Escaso, falto, estrecho, necesitado, corto, insuficiente, limitado. ‖ Frs. *a. de recursos; voy muy a. esta temporada.*

ALCANZAR. tr. Obtener, conseguir, lograr (con deseo de llegar al fin), alcanzar y llegar (suponen un esfuerzo). ‖ Entender, comprender, saber, penetrar, descubrir, averiguar.

ALCÁZAR. m. Castillo, ciudadela, fortaleza, recinto fortificado, palacio, residencia real.

ALCURNIA. f. Sobrenombre, apellido famoso, ascendencia, linaje, estirpe, abolengo. ‖ S.E. Alcurnia y prosapia se refieren a la nobleza. ‖ Cuna, casta, cepa, origen, genealogía, nobleza.

ALDABA. f. Aldabón, llamador, picaporte, pieza de hierro para llamar en las puertas, balda, aro, anilla. ‖ f. pl. Influencia, recomendación, valimiento, protección, amigos, protectores, padrinos.

ALDEANO, NA. adj. De aldea, campesino, campestre, rural, rústico, labrador, lugareño, destripaterrones, pueblerino, paleto, palurdo, del pago o caserío.

ALECCIONAR. tr. Enseñar, instruir, dar lecciones , dar consejos o instrucciones, adiestrar, amaestrar, aconsejar, sugerir, ejercitar, preparar, guiar, asesorar. ‖ ANT. Ignorar.

ALEGAR. tr. Aducir, invocar, presentar méritos, acogerse, citar ejemplos, argüir, traer, citar. ‖ S.E. Se invoca o se alega un artículo de la ley. Se alegan razones. Los filósofos alegan sutileza.

ALEGORÍA. f. Símbolo, representación de una idea abstracta, metáfora continuada, apólogo, fábula, parábola, figura, imagen, ficción, comparación, marca, enseña, personificación.

ALEGRAR. tr. Regocijar, contentar, celebrar, congratular, divertir, deleitar, jubilar, letificar, echar las campanas al vuelo, no caber en el pecho. ‖ S.E. *Se aplican a personas;* animar, letificar, placer, alborotar, regocijar, alborozar. *Y a cosas:* avivar, hermosear, recrear, animar. ‖ prnl. alegrarse, animarse, solazarse, contentarse, regocijarse, complacerse.

ALEGRE. adj. Como chico con zapatos nuevos, como unas castañuelas, jovial, contento, jocoso, jaranero, correntón, decidor, festivo, genial, jacarero, optimista, risueño, satisfecho, vivaracho, zaragatero. ‖ Frs. *De buen temple, satisfecho de la vida, gente de bronce.*

ALEGRÍA. f. Contento, satisfacción, júbilo, alborozo, albuérbola, animación, broma, caraba, cascabeleo, diversión, el delirio, esparcimiento, godeo, fiesta, holgorio, guasanga, jarana, jolgorio, juerga, quitapesares, regocijo, alacridad, deleite, delicia, euforia. ‖ S.E. Son términos intensivos; *alborozo, júbilo y regocijo.* Se usan para festejos y alegrías colectivas.

ALEJAR. tr. prnl. Apartar, separar, distanciar, desviar, retirar, poner o llevar lejos, ahuyentar, quitar del pensamiento, disuadir, rechazar desunir, aislar, rehuir. ‖ prnl. Alejarse: ahogarse, marcharse, irse, apartarse, separarse, desviarse y ahuyentarse, perderse de vista.

ALENTADO, DA. adj. Alentoso, bizarro, animoso, valiente, valeroso, animado, esforzado, brioso.

ALENTAR. intr. Tener vida, respirar, estimular, animar. ‖ Reanimar, confortar, excitar, invitar.

ALERO. m. Borde del tejado, alar, cornisa, rafe, tejaroz, ala, guardabarros, chaperón. ‖ Fr. *Estar en el alero*.

ALEVE. adj. Alevoso, infiel, felón, traidor, pérfido, desleal, hecho con alevosía, infiel.

ALEVOSÍA. f. Traición, infidelidad, perfidia, deslealtad, ingratitud, felonía, prodición.

ALFABETO. m. Abecé, abecedario, cartilla, letra. ‖ Frs. Alfabeto fonético, alfabeto Morse (Sistema de puntos).

ALFARERO. m. Alcaller, ceramista, botijero, cantarero, lañador, ollero.

ALFOMBRA. f. Tela gruesa para cubrir el suelo, alcatifa, moqueta, almofalla, alhombra, zofra, tapiz.

ALGARABÍA. f. Grifería, confusión, greguería, bulla, vocerío, algazara, enredo, jaleo, jolgorio.

ALGARADA. f. Algara, correría de gente de guerra, animación, gresca, bullanga, bullicio, juerga.

ALGUIEN. pron. indef. Alguno. ‖ S.E. Alguien se refiere sólo a personas; *alguno* a personas, animales y cosas. Se dice algunos de estos y no alguien de estos. Vario, cierto.

ALIANZA. f. Acción de aliarse, reunión, aconchabamiento, ansa, anfitrionía, coalición, capillita, compadraje, compadrazgo, contubernio, federación, liga, lianza, unión, tacto de codos.

ALIENTO. m. Posibilidad de respirar, respiración, vaho, aire espirado, huelgo, hálito, soplo.

ALIGERAR. tr. Hacer algo más ligero, atenuar, suavizar, disminuir el peso, quitarle materia, aliviar. ‖ Acelerar, apresurar. ‖ Frs. *a. un libro de citas, un vestido de adornos*.

ALIMENTAR. tr. Servir de alimento, nutrir, mantener, sustentar, pegar al riñón. ‖ Asimilar, digerir.

ALIMENTO. Comida, alimentación, puchero, vianda, yantar, pitanza, pábulo, pasto, pan, sustento, sostén. ‖ Fomento, ánimo, esfuerzo.

ALIÑAR. tr. Condimentar, añadir el condimento, limpiar, salpimentar, sazonar, adobar. ‖ Componer, ataviar, ocicalar, adornar, apañar, arreglar. ‖ prnl. Aliñarse, ataviarse, acicalarse, componerse.

ALIÑO. m. Conjunto de condimentos, salsa, aderezo, adobo, condimento. ‖ Aseo, arreglo, pulcritud, compostura.

ALISAR. tr. Pulimentar, pulir, afilar, igualar, allanar, bruñir, enrasar, acepillar, lijar. ‖ Desarrugar.

ALISTAR. tr. prnl. Incluir en una lista, anotar, listar, apuntar, inscribir, matricular. ‖ prnl. *Alistarse*: sentar plaza en el ejército, engancharse. ‖ Prevenir, disponer, aparejar.

ALIVIAR. tr. Disminuir una carga, aligerar el peso o una actividad, suavizar, mitigar. ‖ S.E. Si se refiere a un peso, *descargar, aligerar*. Si a una enfermedad o fatiga, *moderar, suavizar, endulzar, mitigar, mejorar, reponerse, recobrarse, recuperarse, sanarse*.

ALIVIO. m. Consuelo, descanso, desahogo, calmante, bálsamo, lenitivo, paliativo, refrigerio, paño de lágrimas, respiro, sedante, remedio, epítima, sedativo. ‖ Fr. *Del mal el menos.*

ALMA. f. Espíritu, ánima, adentros, aliento, ánimo, demiurgo, conciencia, inteligencia, interior, principio vital, psiquis, sensibilidad, sujeto, voluntad, yo. ‖ S.E. Ánimo es *aliento, energía, esfuerzo.* Persona equivale a *individuo, habitante:* pueblo de 3.000 almas. Ánima (en pl.) se refiere a los difuntos del purgatorio. ‖ Frs. *Alma de cántaro, alma viviente, como alma en pena, con el alma en un hilo. Con alma y vida, poner el alma en algo.*

ALMACENAR. tr. Poner cosas en el almacén, reunir, acumular, guardar, acopiar, juntar, allegar.

ALMENDRA. f. Allozo, alloza, almendruco, arzolla, peladilla, piñonate, turrón, drupa, amígdala, pistacho, saladilla. ‖ Sopa de almendras, almendra garrapiñada, almendrolón.

ALMIBARADO, DA. adj. Empalagoso, meloso, melifluo, dulzón. ‖ fig. Excesivamente atento, amanerado.

ALMIREZ. m. Mortero, almofariz, triturador, molcajete. ‖ S.E. En los laboratorios se dice mortero y en la cocina, almirez.

ALMOHADA. f. Cojín, cabezal, aceruelo, almohadilla, edredón, cabecera, cervigal, almohadón, agarrador, cuadrante, cojinete, colchoneta, compresa, faceruelo, almadraque, transportín, travesaño.

ALMONEDA. f. Subasta, licitación, venta pública, saldo, comercio, puja, remate, compraventa. ‖ S.E. Si la almoneda se anuncia a bajo precio es *saldo.* Subasta de bienes, muebles.

ALMUERZO. m. Comida de media mañana, bocadillo, medias noches, piscolabis, tente en pie.

ALOCUCIÓN. f. Discurso breve, perorata, oración, peroración, soflama, plática, sermón.

ALOJAR. tr. Aposentar, albergar, hospedar, dar alojamiento o posada, acantonar, acuartelar. ‖ prnl. Alojarse, hospedarse, cobijarse, residir, domiciliarse, albergarse, guarecerse.

ALOJAMIENTO. m. Hospedaje, albergue, posada, cobijo, aposento, casa, habitación, vivienda, refugio.

ALQUILAR. tr. Arrendar, contratar, rentar, tomar en arriendo. ‖ S.E. Se alquila la vivienda o una bicicleta; se arrienda una huerta o unos servicios.

ALQUILER. m. Arriendo, arrendamiento, cesión, traspaso, locación, inquilinato, transmisión.

ALREDEDOR. adv. l. En torno, junto a, cerca de. ‖ adv. cant. Poco más o menos, aproximadamente, a ojos.

ALTANERÍA. f. Altivez, arrogancia, soberbia, orgullo, desdén, petulancia.

ALTERACIÓN. f. Mudanza, cambio, variación, perturbación, irritación, inquietud, impresión, indignación, intranquilidad, jaleo, marejada, paroxismo, pasión. ‖ S.E. La *alteración* se aplica al orden; *cambio* y *mudanza* es la transformación de una cosa en otra; *variación* es un cambio accidental; *tras-*

torno y *sobresalto* es una alteración violenta. ‖ Fr. Una ensalada de palos o de pópulo bárbaro.

ALTERAR. tr. Mudar, transformar, variar (se aplica sobre todo al orden y colocación de las cosas), irritar, desasosegar, excitar, inquietar. ‖ prnl. Alterarse, irritarse, ponerse nervioso, alborotarse, asustarse, aturdirse, aterrorizarse.

ALTERCADO. m. Riña, alteración, agarrada, disputa, cuestión, bronca, pelotera, polémica.

ALTERNAR. tr. Turnar, relevarse, sucederse (en el espacio o en el tiempo) cambiar. ‖ Tratarse, codearse.

ALTERNATIVA. f. Disyuntiva, opción, elección, alternación, servicio de turno, dilema, posibilidad, solución, una de dos, dar la alternativa (TAUR.)

ALTISONANTE. adj. Altísono, grandilocuente, hinchado, campanudo, pomposo, rimbombante.

ALTITUD. f. Altura, elevación, ápice, cabeza, cenit, cima, cumbre, cúspide, fastigio, hastial, pico, picota, pináculo, prominencia, pingorota, sumidad, remate. ‖ ANT. Llanura, llanada.

ALTIVEZ. f. Altanería, orgullo, altanez, soberbia, altiveza, engreimiento, desprecio, desdén, encopetamiento, petulancia, desplante. ‖ ANT. Humildad, llaneza, sencillez.

ALTIVO, VA. adj. Orgulloso, altanero, engreído, soberbio, arrogante, despreciativo, envanecido, encrestado, desdeñoso. ‖ ANT. Humilde, llano, sencillo, sumiso, dócil.

ALTO, TA. adj. Crecido, talludo, elevado, espigado, alzado, descollante, gigantesco, enorme, excelente. ‖ m. parada, descanso, detención, espera.

ALTURA. f. Monte, terreno elevado, altitud, elevación. ‖ Encumbramiento, pináculo, corona. ‖ Pico, cumbre, cima, cúspide, altiplanicie, alto, loma, altonazo, montículo.

ALUCINACIÓN. f. Alucinamiento, ofuscamiento, ofuscación, acción de alucinarse, deslumbramiento, confusión, espejismo, desvarío, obnubilación, visión.

ALUCINAR. tr. prnl. Confundir, ofuscar, embaucar, desvariar, atraer la atención de algo, seducir, engañar. ‖ S.E. Las esperanzas y las ilusiones engañadoras *alucinan.* Lo que es indefinido *ofusca.* El entendimiento se *confunde,* la imaginación se *deslumbra,* la razón *se ofusca.*

ALUDIR. intr. Referirse encubiertamente, citar, mencionar, mentar. ‖ S.E. Se nombra expresamente cuando se menciona o se mienta. La graduación es ésta: *aludir, mencionar, citar.*

ALUMBRAR. tr. Dar luz, lucir, iluminar, encender. ‖ intr. Parir, dar a luz. ‖ prnl. Embriagarse, emborracharse.

ALUMNO. m. Discípulo, colegial, oyente, seminarista, estudiante, escolar, bolonio, cadete, educando, galonista, novato, obispillo.

ALUSIÓN. f. Cita, referencia, mención, indicación, sugerencia, hablilla, chisme, ambigüedad.

ALZAMIENTO. m. Levantamiento, sublevación, sedición, rebelión, puja en una subasta.

ALZAR. tr. Levantar, quitar algo, sostener en alto, ensalzar, realzar, soalzar, dirigir hacia arriba. ‖ Remangar, construir, fundar. ‖ Amotinar, sublevar, ‖ prnl. Rebelarse, amotinarse, pronunciarse, insubordinarse, erguirse, encaramarse. ‖ DER. Apelar. ‖ ANT. Descender.

ALLÁ-ALLÍ. adv. Allá es más impreciso que allí. Los dos indican lugar alejado del que habla. ‖ Más allá, tan allá. ‖ adv. t. Allá por el 1960; allá en mi juventud; allí fue el reír de la gente. ‖ Entonces, en tal momento. ‖ *El más allá: de acá para allá*. No muy allá (no muy bueno), hasta allá, hasta allí, allá vesemos. Allí fue Troya.

ALLANAR. tr. prnl. Explanar, aplanar, igualar, arrellanar, nivelar. ‖ fig. Superar, vencer, zanjar, resolver, decidir, determinar. ‖ prnl. Aplanarse, hundirse, conformarse, ceder, someterse, permitir o aceptar cierta acción, resignarse, amoldarse, sujetarse.

ALLEGAR. tr. prnl. (hoy ant.) Arrimar, acercar, aproximar. ‖ Recoger, acopiar, reunir. ‖ Aproximarse.

AMA. f. Dueña, señora, propietaria, patrona, nodriza, aya o maestra. ‖ Frs. a. de casa; a. de cría; a. de llaves o de gobierno; ama seca.

AMABLE. adj. El que o lo que inspira amor, afable, amigable, asequible, sociable, acogedor, accesible, atento, bondadoso, campechano, cariñoso, complaciente, comunicable, congraciante, cordial, condescendiente, cortés, educado, deferente, efusivo, expresivo, expansivo, agradecido, fino, llano, obsecuente, sencillo, servicial, obsequioso, simpático.

AMAESTRAR. Adiestrar, enseñar a los animales, aleccinar, instruir, amansar, domesticar.

AMAGAR. tr. Amenazar, haber señales de lo que va a ocurrir, haber síntomas, mostrar intención de algo, dar muestras de ir a hacer algo, conminar. ‖ Fr. *Amagar y no dar*.

AMAINAR. intr. Recoger las velas, disminuir, debilitarse o moderarse la violencia, ceder, aflojar, calmar, moderar. ‖ fig. *Hablaré cuando amaine su furia o sus pretensiones*.

AMANCEBARSE. prnl. Amigarse, amontonarse, acollararse, arrejuntarse, poner casa, encanallarse.

AMANECER. intr. Clarear, rayar o romper el alba, despuntar la aurora. ‖ m. Alba, madrugada, aurora, albor, amanecida, abrir el día, crepúsculo matutino, las primeras horas, las primeras luces, antes del día, entre dos luces. ‖ Fr. *Los amaneceres de la humanidad*.

AMANSAR. tr. Hacer manso a un animal, domar, desbravar, quitar la violencia, domesticar, desembravecer.

AMAR. tr. S.E. Es un verbo abstracto, sentir amor por alguien: *amar a Dios, al prójimo y a los niños*. Para los actos concretos se emplea «Querer» o tener cariño; Se usa también amar para las cosas transcendentes de la vida; *amar la patria, la libertad y la justicia.* En sentido literario aplicamos el verbo «gustar». Le gusta mucho el mar y le gustan las comodidades. ‖ Querer, adorar, idolatrar, piropear, apreciar, exaltar, reverenciar, enamorar, chalarse por. ‖ Conquistar, seducir, arrullar, requerir, solicitar la mano, coquetear, galantear.

AMARGAR. tr. Saber de modo amargo, comunicarlo, ahelear, rehelear. ‖ fig. Disgustar, afligir, apesadumbrar, atormentar, apenar.

AMARGURA. f. Amargor, sentimiento de pena, aflicción, pesar, pena, tristeza, tribulación, disgusto, sufrimiento, angustia, mortificación, desconsuelo.

AMARRAR. tr. Sujetar una embarcación, atar, sujetar, empollar, asegurar, trincar, encadenar. ‖ Estudiar intensamente anudar, liar, empalmar, unir, afianzar.

AMASAR. tr. Apretar una masa hasta su consistencia, masar, mezclar, heñir, bregar, malaxar, maznar, repastar, amalgamar, apretar, friccionar. ‖ prnl. Amasarse, heñirse, masarse.

AMASIJO. m. Porción de harina amasada, amasadura, tarea de amasar, argamasa. ‖ fg. Mezcla de cosas inconexas, intriga, chanchullo. ‖ Amasamiento, revoltijo, confusión.

AMBICIÓN. f. Codicia, afán, anhelo, ansia, apetencia, avaricia, codicia, meta, objetivo, pretensiones, sed, sueño dorado, deseo apasionado, aspiración, ideal.

AMBICIONAR. tr. Codiciar, ansiar, anhelar, querer, apetecer, colmar, coronar, encalabrinar, llenar, saciar, cumplir, tener, realizar, satisfacer. ‖ Fr. Levantar los cascos.

AMBIENTE. m. Aire, atmósfera, ámbito, círculo, esfera, escenario, fondo, marco, mundillo, mundo, medio, perímetro, contorno, conjunto de circunstancias; *estar uno en su ambiente.*

AMBIGÜEDAD. f. Calidad de ambiguo, equívoco, anfibología, incertidumbre, doble sentido, vaguedad.

ÁMBITO. m. Contorno, conjunto de límites que encierran un espacio, extensión, espacio, campo, círculo, conjunto de cosas y personas, perímetro, superficie, circunstancia.

AMBOS-AMBAS. adj. pl. Entrambos, los dos, uno y otro, ambos a dos. ‖ Fr. *Soy amigo de ambos hermanos.*

AMEDENTRAR. tr. S.E. Verbos intensivos: atemorizar, amedrentar, intimidar, arredrar, acoquinar, acobardarse. El verbo *acoquinar* es fam. y *achantar* verbo vulg.

AMENAZAR . tr. Anunciar con palabras o gestos un daño, amagar, avisar, apercibir, bravear, bravuconear, conminar, enseñar los colmillos, enfadarse, intimar, intimidar, tener en jaque, jurarlas, enseñar los dientes, alzar la mano, enseñar las uñas.

AMENGUAR. tr. Disminuir, menguar, aminorar, menoscabar, mermar. ‖ fig. Deshonrar, denigrar, difamar.

AMENO, NA. adj. Agradable, deleitable, placentero, grato, delicioso, deleitoso, encantador, entrevariado, entretenido, divertido, con encantos naturales, gracioso, variado, alegre.

AMIGABLE. adj. Amistoso, amable, afable, leal, íntimo, sincero, cariñoso, afectuoso, inseparable.

AMIGABLEMENTE. adv. m. Afablemente, amistosamente, sinceramente, cariñosamente, inseparablemente.

AMIGO, GA. adj. Compañero, camarada, inclinado, encariñado, partidario, aficionado, amigacho, amigote.

AMISTAD. f. Afecto, inclinación, unión, trato amigable, camaradería, compañerismo, apego, cariño, fidelidad, amor, confraternidad. ‖ ANT. Enemistad, desapego, deslealtad.

AMILANARSE. prnl. Acobardarse, intimidarse, abatirse, postrarse, aterrarse, atemorizarse.

AMNISTÍA. f. Indulto, perdón decretado, remisión , absolución. ‖ S.E. *Amnistía* es olvido de faltas cometidas. No supone acción de Tribunales. El *indulto* no borra la mancha.

AMO. m. Dueño, señor, propietario, patrón, cabeza de familia, ayo, superior, jefe principal.

AMODORRARSE. prnl. Dormirse, adormilarse, adormecerse por la fiebre, aletargarse, azorrarse.

AMOLARSE. prnl. Aguantarse, fastidiarse, molestarse, aburrir-

se, soportar un daño, cansarse. ‖ *¡Que se amuele!*

AMOLDAR. tr. Acomodar, ajustar, adaptar, adecuar, apropiar, atemperar, ceñir, conformar.

AMONESTACIÓN. f. Admonición, advertencia, exhortación, regaño, reprimenda, consejo, reproche. ‖ pl. *Amonestaciones:* publicaciones, pregones, proclamas, *amonestaciones matrimoniales.*

AMONESTAR. tr. Reprender sin mucha violencia, avisar, advertir, conminar, reprender, exhortar.

AMONTONAR. tr. Reunir, acopiar, juntar, acaparar, acumular, almacenar, allegar, atesorar, recoger. ‖ prnl. Aglomerarse, acumularse, arracimarse, apilarse, apiñarse, apeñuscarse. ‖ Cebarse, amigarse. ‖ Irritarse, enfadarse, encolerizarse.

AMOR. m. Afecto, cariño, admiración, adhesión, adoración, afición, bienquerencia, apego, amistad, celo, compasión, cordialidad, dilección, devoción, entusiasmo, estimación, idilio, ilusión, querer, querencia, quillotro, ternura, simpatía, voluntad, veneración, respeto. ‖ Frs. *En amor y campaña, con mil amores, por amor de Dios, requerir en amores.*

AMOROSO, SA. adj. Tierno, simpático, cordial, cariñoso, aficionado, apegado, amistoso, estimado.

AMORTIGUAR. tr. Deja a uno como muerto, mitigar, aminorar, atenuar, paliar, moderar, quitar violencia.

AMORTIZAR. tr. Pagar parte o toda la deuda, redimir un censo, recuperar el capital, liquidar, saldar, desembolsar, finiquitarse, satisfacer.

AMOSCARSE. prnl. Sentirse alguno ofendido, enfadarse, escamarse, mosquearse, picarse, requemarse.

AMOTINAR. tr. prnl. Sublevar, soliviantar, levantar, alzar, incitar, insubordinar, insurreccionar.

AMPARAR. tr. Proteger al débil, asistir, preparar, pedir algo prestado. ‖ prnl. Cobijarse, valerse, acogerse.

AMPARO. m. Protección, defensa, cobijo, refugio, asilo, abrigo. ‖ fig. Favor, apoyo, auxilio, resguardo.

AMPLIAR. tr. Aumentar, desarrollar, ensanchar, desenvolver, generalizar, agrandar, amplificar.

AMPLIO, A. adj. Extenso, espacioso, ancho, anchuroso, vasto, capaz, dilatado, desahogado, holgado, despejado, desembarazado, desenvuelto, ampuloso, expedito, libre, lato, grande.

AMPLITUD. f. Espacio disponible, extensión, desahogo, anchura, holgura. ‖ fig. Amplitud del saber.

AMPULOSO, SA. adj. Redundante, exagerado, grandilocuente, enfático, engolado, pomposo, retórico, hinchado, pretencioso, retumbante, rimbombante, afectado, altisonante.

AMULETO. m. Talismán, mascota, fetiche, superstición, superchería. ‖ S.E. El talismán no se lleva encima comúnmente; el amuleto sí; la mascota es una persona, animal u objeto

a los que se atribuye un poder misterioso. ‖ AMÉR., Guayaca.

AMURRIARSE. prnl. Amorrarse, amurriñarse, tener comalia o morriña, entristecerse, afligirse.

ANACORETA. m. Cenobita, eremita, ermitaño, solitario, monje, santón, estilita, sarabaíta.

ANALECTAS. f. pl. Crestomatía, colección de trozos, antología, florilegio, selectas.

ANÁLISIS. m. Descomposición, examen, estudio, observación, distinción, separación en partes. ‖ S.E. Clasificación; *a. gramatical; a. clínico, cualitativa, cuantitativa; a matemático.*

ANALIZAR. tr. Descomponer, distinguir, examinar, comparar, separar, aislar, investigar, observar.

ANALOGÍA. f. Similitud, semejanza, parecido, relación entre cosas análogas, afinidad, correlación.

ANÁLOGO, GA. adj. Similar, semejante, parecido, correlativo, parejo, parigual, equivalente.

ANARQUIA. f. Desorden, desgobierno, acracia, confusión, falta de poder, anarquismo, nihilismo, terrorismo.

ANÁRQUICO, CA. adj. Desorganizado, ácrata, libertario, desgobernado, desbarajustado, confuso.

ANATEMATIZAR. tr. Maldecir, excomulgar, reprobar, execrar, someter a anatema.

ANCIANIDAD. f. Vejez, senectud, vetustez, decrepitud, longevidad, chochez, chochera, senilidad.

ANCHO, CHA. adj. Espacioso, extenso, amplio, abierto, alargado, desahogado, dilatado, desbocado, espacioso, holgado, rechoncho, lato, libre de agobios. ‖ m. Anchura, amplitud.

ANCHURA. f. Latitud, ancho, amplitud, capacidad, espacio, extensión, envergadura, holgura, hueco. ‖ Libertad, soltura, desahogo, ensanche, comodidad, desembarazo, huelgo, manga, vastedad.

ANDADOR, RA. adj. Andariego, andarín (que andan mucho o con rapidez), capaz de andar mucho, andante, ruante, transeúnte, escotero, tragaleguas, andorrero.

ANDAR. intr. Recorrer, caminar, deambular, callejear, circular, divagar, discurrir, marchar, pasar. ‖ S.E. *Ir* y *venir* tiene la idea de dirección, *andar* alude al movimiento en sí mismo. ‖ ANT. Quedarse, apearse.

ANDRAJO. m. Colgajo, harapo, estraza, jirón, pendajo, piltrafa, pingajo, cilpe, trapajo, zarria, desgarrón.

ANDRAJOSO, SA. adj. Astroso, desastrado, desharrapado, estropajoso, harapiento, haraposo, trapiento, zancajoso, zarrapastrón, zancajiento, piltrafoso.

ANÉCDOTA. Relato breve interesante, historieta, chascarrillo, suceso, cuento, intriga, relación.

ANEGAR. tr. prnl. Ahogar, sumergir, inundar, cubrir de agua, encharcar, embalsar. ‖ Abrumar, molestar, apenar. ‖ prnl. Irse a pique, hundirse, inundarse, encharcarse, zozobrar. ‖ S.E. Referido a una *per-sona* se dice ahogar; si es de un terreno, *inundar*.

ANESTESIAR. tr. Insensibilizar, dormir, cloroformar, acorchar, dejar insensible, impasible.

ANEXIÓN. f. Agregación, unión, incorporación, dependencia, vínculo, conexión, acoplamiento.

ANFIBOLOGÍA. f. Ambigüedad, equívoco, doble sentido, figura retórica, indeterminación, oscuridad.

ANFITRIÓN. Huésped, invitado, convidado, convidante, dueño, amo, hospedador.

ÁNGEL. m. Mensajero, querubín, serafín, querube, espíritu celeste, coro, jerarquía, angelología.

ANGOSTO, TA. adj. Estrecho, escaso, justo, apretado, reducido, ceñido, constreñido, disminuido.

ANGUSTIA. f. Ansia, ansiedad, malestar, nerviosismo, opresión, aflicción, dolor, tristeza, agonía, desconsuelo, inquietud.

ANHELAR. tr. Ansiar, desear, querer, ambicionar, suspirar, desvivirse. ‖ Jadear, respirar.

ANHELO. m. Afán, aspiración, ansia, deseo, ambición, deseo vehemente, antojo, sed.

ANILLO. m. Sortija, alianza, argolla, ajorca, arandela, arete, armella, barzón, cáncamo, vilera, vilorta, zarcillo, zuncho. ‖ Anillo de boda; a. pastoral.

ANIMACIÓN. f. Actividad, viveza, ánimo, elación, exaltación, agitación, concurso, concurrencia, movimiento, alegría.

ANIMADO, DA. adj. Concurrido, divertido, movido, agitado, rexultado. ‖ Alentado, confortado, animoso, reanimado, acalorado, excitado, activo, vivaz, bullicioso, contento.

ANIMADVERSIÓN: f. Desapego, antipatía, ojeriza, desafecto, enemistad, hostilidad, animosidad, tirria, hincha.

ANIMAL. adj. Bestias, bruto, alimaña, bicharraco, bicho, cojijo, irracional, res. ‖ Torpe, ignorante, grosero, zafio, patán, ordinario, tosco, rústico, salvaje, basto. ‖ El hombre en zoología es animal, pero no bruto y bestia.

ANIMAR. tr. Alentar, reanimar, confortar, esforzar, excitar. ‖ Alegrar, letificar, mover. ‖ prnl. Decidirse, determinarse, alegrarse, ponerse alegre, confortarse, atreverse.

ÁNIMO. m. Valentía, valor, aliento, atrevimiento, ardor, empuje, coraje brío, entusiasmo, euforia, fibra, grandeza de ánimo, impulso, ímpetu, nervio, vigor. ‖ S.E. El *ánimo* se define por el esfuerzo de mantener un propósito; *valentía* es el ejercicio de *valor* y éste la disposición natural de despreciar el peligro.

ANIMOSIDAD. f. Desafecto, animadversión, aversión, hostilidad, repugnancia, inquina, ojeriza, tirria, enemistad.

ANIMOSO, SA. adj. Atrevido, brioso, vigoroso, alentado, denodado, esforzado, intrépido, valiente, impetuoso, impulsivo, osado. ‖ S.E. Se llama *animoso* al impaciente por acometer; *valeroso* al que mantiene la lucha con energía; el animoso avanza, el valiente se expone y el intrépido se sacrifica.

ANIÑADO, DA. adj. Que tiene aspecto de niño, infantil, pueril, candoroso, ingenuo.

ANIQUILAR. tr. Exterminar, desbaratar, arruinar, destruir, anihilar, anonadar, deshacer, asolar, exterminar, talar, hundir, arrasar, confundir, derrotar. ‖ S.E. *Aniquilar* equivale a reducir a la nada; *exterminar* se refiere a seres vivos. Se desbarata cuando se destruye al contrario.

ANOCHECER. intr. Llegar la noche, oscurecer, oscurecerse. ‖ m. Anochecida, crepúsculo.

ANODINO, NA. adj. Insignificante, ineficaz, nimio, fútil, baladí, insulso, soso, trivial, insípido.

ANONADAR. tr. Humillar, confundir, postrar, abatir, aniquilar, deshacer, dejar, derrotar. ‖ S.E. *Aniquilar* se refiere a las cosas; *anonadar* adquiere un sentido moral: el hombre se anonada ante Dios; *se humilla* o *se somete* al contrario.

ANÓNIMO, MA. adj. Sin nombre, no famoso, incógnito, desconocido, enigmático, ignorado.

ANORMAL. adj. Irregular, anómalo, contranatural, raro, extraordinario, enano, gigante, monstruo.

ANORMALIDAD. f. Anomalía, irregularidad, estado de excepción, e. de guerra, e. de sitio, paradoja.

ANOTAR. tr. Apuntar, poner una nota, escribir, asentar, comentar, acotar, alistar, consignar, llevar la cuenta, marcar, marginar, tomar razón, matricular, registrar, empadronar. ‖ S.E. Un alumno *anota, apunta* o *comenta* las explicaciones;

un comerciante *asienta* una partida.

ANSIA. f. Anhelo, afán, deseo, aspiración, ambición, añoranza, avidez, avaricia, ansiedad, codicia, sed, inaflicción, zozobra, angustia, congoja, tribulación. ‖ pl. Náuseas.

ANSIAR. tr. Aspirar, ambicionar, anhelar, apetecer, codiciar, consumirse desalmarse. ‖ Frs. Arder en deseo; irse la vista tras; comerse con los ojos; irse los ojos tras.

ANTECEDENTE. adj. Anterior, precedente, preliminar, antepasado, base, condición, ejemplo, fundamento, hipótesis. ‖ Noticia, dato, referencia informe. ‖ pl. Antecedentes penales; estar en antecedentes.

ANTECEDER. tr. Preceder, preparar, ser precursor, ir por delante, anticipar, aventajar, predominar, presidir, anteponer.

ANTEDICHO, CHA. adj. Predicho, profetizado, anunciado. ‖ Sobredicho, aludido, dicho ya, nombrado, mencionado.

ANTELACIÓN. f. Anticipación, prioridad, preferencia, anterioridad. ‖ Antelación es voz literaria.

ANTEPASADOS. m. pl. Abuelos, antecesores, ascendientes, mayores, padres, predecesores, progenitores.

ANTEPONER. tr. Aventajar, preferir, preponer. Dar más importancia, señalar, honrar.

ANTERIOR. adj. Antecedente, precedente, previo, delantero, preliminar, primicerio, próximo pasado. ‖ S.E. Lo anterior sólo precede en el tiempo; previo es lo necesariamente

anticipado, nace de una necesidad, de un requisito.

ANTICIPACIÓN. f. Adelanto, antelación, anticipo, preferencia, prelación. ‖ Antelación es voz literaria.

ANTÍDOTO. m. Contraveneno, antitóxico, correctivo, teriaca, triaca, revulsivo.

ANTIGUAMENTE. adv. t. En otro tiempo, en lo antiguo, otras veces, antaño, antes, añejamente.

ANTIGUO, GUA. adj. Vetusto, viejo, añoso, arcaico, remoto, antidiluviano, anticuado, chapado a la antigua, añejo, apolillado, cosa del otro jueves, desusado, envejecido, inmemoriable.

ANTIPATÍA. f. Aborrecimiento, desafecto, ojeriza, hincha, tirria, animadversión, repulsión, manía, fila, fobia, prevención, rabia, hostilidad, roña, mala voluntad, odio.

ANTÍTESIS. f. Contradicción, contraste, oposición, incompatibilidad, contrariedad, antagonismo.

ANTÓNIMO. m. Otro nombre que expresa lo contrario, opuesto, diferente, dispar, antagónico.

ANUDAR. tr. Juntar, unir, asegurar, ligar, atar, enlazar, liar. ‖ Continuar, reanudar. ‖ prnl. Enmudecer.

ANULAR. tr. Suprimir, revocar, invalidar, borrar, tachar, abolir, abrogar, caducar, cancelar, derogar, dar contraorden, desautorizar, desdecirse, desligarse, desvituar. ‖ Incapacitar. ‖ prnl. anularse: acoquinarse, acobardarse, desautorizarse, amilanarse.

ANUNCIAR. tr. Pronosticar, predecir, presagiar, pregonar, preludiar, notificar, hacer saber, dar a conocer, promocionar. ‖ Noticiar, avisar, advertir, informar.

ANUNCIO. m. Pronóstico, augurio, presagio, agüero, auspicio, aviso, bando, cartel, letrero, notificación, muestra, participación, parte, premonición. ‖ Noticia, advertencia.

AÑADIDURA. Añadido, aditamento, complemento, postizo, accesorio, addenda, adición, aumento, ajilimójilis, anexo, aplicación, postdata, apéndice, aumento, apostilla, coleta, colmo, ñapa, post scríptum.

AÑADIR. tr. Adicionar, sumar, agregar, incorporar, aumentar, acumularse, adhibir, allegar, anexionar, ayuntar, encimar, incorporarse, interpolar, yuxtaponer, sobreponer. ‖ S.E. El *aumentar* es una consecuencia de la adición o suma; lo que se añade es parte integradora de aquello a que se añade. *Incorporar* es añadir formando cuerpo.

AÑEJO, JA. adj. Viejo, añoso, antiguo, vino añejo, curado, no fresco, conservado, de mucho tiempo.

AÑO. m. Abraxas, abriles, hierbas, navidades, primaveras, bienio, centuria, década, decenario, decenio, hebdómada, lustro. ‖ Añada, lapso, espacio, tiempo, ciclo, intervalo. ‖ Frs.; *a. bisiesto, a. de jubileo, a. de gracia, el año de la nana, año Santo, a. sidéreo, año de nieves año de bienes; no hay mal que cien años dure, entrado en años.*

AÑORANZA. f. Nostalgia, morriña, ansión, ausencia, falta, acción de añorar, evocación, recuerdo.

APABULLAR. tr. Aplastar, estrujar, chafar, confundir, dominar, achicar, anonadar, dominar, humillar, intimidar, vencer. ‖ fig. Avergonzar, atolondrar, aturullar.

APACENTAR. tr. Pastorear, apastar, dar pasto, pacer, ramonear. ‖ Instruir, adoctrinar, enseñar.

APACIBLE. adj. Placentero, plácido, bonachón, dulce, pacífico, reposado, plácido, de buen carácter, sufrido, tranquilo, de buena pasta, una malva. ‖ Bonancible, en calma.

APACIGUAR. tr. Poner en paz, aplacar, tranquilizar, pacificar, departir, sosegar, aquietar, calmar.

APADRINAR. tr. Patrocinar, auspiciar, proteger, adoptar, prohijar, apoyar, acoger.

APAGAR. tr. Extinguir, sofocar, ahogar, matar, morir, dominar, asfixiar, contener. ‖ Rebajar, amortiguar, debilitar (sin el verbo se refiere al brillo o a los colores).

APALABRAR. tr. Tratar, pactar, convenir, concertar, conciliar, arreglar, acordar, establecer, ajustar.

APALEAR. tr. Golpear (con palo), vapulear, azotar, sacudir, varear, palear (con pala), zumbar, zurrar.

APAÑADO, DA. adj. Hábil, diestro, mañoso, competente, experto. ‖ Arreglado, ataviado, preparado, compuesto, aderezado. ‖ Capaz, habilidoso, diestro, despabilado, adecuado.

APAÑARSE. prnl. Ataviarse, arreglarse, componerse, recogerse, guardarse ‖ Adueñarse, atrapar.

APAÑO. m. Arreglo, compostura, remiendo. ‖ Maña, habilidad, hurto, alijo, contrabando, lío, embrollo.

APARATO. m. Utensilio, dispositivo, artefacto, mecanismo, artilugio, sistema, instrumento, armatoste, útil, fausto, pompa, solemnidad, boato, ostentación, ceremonia, magnificencia, esplendor, teléfono, jaleo, grandiosidad.

APARATOSO, SA. adj. Ostentoso, solemne, pomposo, magnificante, grandioso, jactancioso, teatral.

APARECER. intr. prnl. Dejarse ver, mostrarse, manifestarse, salir a la cara, anunciarse. ‖ Abrirse, aflorar, surgir, brotar, apuntar, amanecer, asomar, sacar la cabeza, salir en la colada. ‖ Hallarse, encontrarse, estar, salir, dar señas, figurar, entreverse, formarse, dar en los ojos, descubrirse.

APAREJO. m. Disposición, pertrecho, artefacto, polipastro. ‖ Imprimación (pint.). ‖ pl. Herramientas, instrumental, utensilios. ‖ Arreos. ‖ Mástiles, arboladura, cordaje, jarcia, cabos.

APARENTAR. tr. Simular, fingir, afectar, mostrar un sentimiento que no tiene, figurar, falsear.

APARICIÓN. f. Fantasma, duende, espectro, sombra, visión, fantasmón, imagen, trasgo, alma en pena.

APARIENCIA. f. Forma, aspecto, fenómeno, ficción, simulación, bambolla, aparato, cara de buen efecto, efecto, empaque exterior, facha, fachada, fachenda, oropel, relumbrón. ‖ Verosimilitud, probabilidad.

APARTADO, DA. adj. Lejano, distante, alejado, retirado, remoto, solitario, aislado.

APARTAR. tr. prnl. Ahuyentar, aislar, alejar, rechazar. ‖ Separar, escoger, seleccionar, distanciar, desunir, dividir, desviar, quitar, arrumbar, desechar. ‖ Distraer, disuadir, rehuir.

APARTE. adv. l. Lejos, separadamente, por separado, con omisión, aisladamente, distanciadamente. ‖ S.E. Fórmulas adverbiales: ¡Déjame! ¡Déjeme! ¡Déjate! ¡Déjese! ¡Fuera! ¡Quita! ¡Quítese!

APASIONADAMENTE. adv. m. Con apasionamiento, vehementemente, amorosamente, ardientemente, delirantemente.

APASIONAR. tr. Excitar, arder, calentarse, entusiasmar, exaltar, inflamar, rehervir, palpitar. ‖ prnl. Excitarse; entusiasmarse, enamorarse de alguien, exaltarse, inflamarse.

APATÍA. f. Cachaza, flema, cachorra, asadura, desgana, holgazanería, indolencia, apagamiento, atonía, desánimo, dejadez, abandono, abulia.

APÁTICO, CA. adj. Indolente, perezoso, falto de actividad, desanimado, desganado, inactivo, insensible.

APEARSE. prnl. Descabalgar, desmontar, descender, bajarse de un vehículo. ‖ Disuadir, convencer, desaconsejar.

APECHUGAR. intr. Apechar, cargar, apencar, sufrir, aguantar por fuerza, soportar, transigir, tolerar.

APELAR. intr. Recurrir, acudir, interponer, reclamar, invocar, demandar, requerir, revisar, pedir.

APENAR. tr. prnl. Causar pena, entristecer, afligir, contristar, contrariar, sentir, llorar. ‖ prnl. *Apenarse:* Acongojarse, afligirse, desconsolarse, descorazonarse, apesadumbrarse, apurarse, atribularse, consternarse.

APENAS. adv. m. y c. Con dificultad, casi no, escasamente, luego que, al punto que, no le vi apenas, apenas llegué a casa (con frases negativas el verbo detrás y con las afirmativas delante).

APÉNDICE. m. Suplemento, prolongación, cola, antena, ápice, agregado, agarradero, asa, asidero, extremidad, garra, bao, cabeza, cresta, espiga, mango, nariz, oreja, pata, pezón, pitorro, rabillo, pivote, tirilla, varilla, uña.

APERCIBIR. tr. Prevenir, preparar, disponer, avisar, advertir, hacer saber, amenazar, reprender.

APERTURA. f. Inauguración, inicio, comienzo, principio, combinación de jugadas de ajedrez. ‖ S.E. *Apertura e inauguración* revisten siempre cierta solemnidad.

APESADUMBRAR. tr. Causar pesadumbre, apenar, disgustar, entristecer, afligir, apesarar, atribular.

APESTAR. tr. Heder, oler mal, contagiar, inficionar, viciar, corromper. ‖ Fastidiar, hastiar, importunar, cansar, molestar.

APESTOSO, SA. adj. Fétido, hediondo, corrompido, pestilente, apestado. ‖ Fastidioso, molesto, insufrible, insoportable.

APETECER. tr. fig. Antojarse, dar dentera, desear (se desea lo que gusta), anhelar, querer, codiciar, ansiar, suspirar.

APIPARSE. prnl. Hartarse, empiparse, atracarse, llenarse, empaujarse, atiborrarse, saciarse, henchirse.

APISONAR. tr. Apretar, pisonar, repisar, aplastar, asentar y lisar, comprimir, nivelar, enrasar.

APLACAR. tr. Mitigar, amansar, suavizar, aliviar, calmar, amortiguar, moderar. ‖ S.E. Moderar y suavizar, mitigar y amansar son verbos contra la violencia, como la ira, la tempestad, la enemistad; calmar y sosegar miran al sentimiento de dolor, temor y desesperación.

APLACIBLE. adj. Grato, ameno, agradable, deleitable, deleitoso, contento, delicado.

APLANAR. tr. Allanar, abatir, igualar, aplastar, machacar, explanar, prensar. ‖ Debilitar, deprimir, extenuar.

APLASTAR. Machacar, despachurrar, comprimir, chafar, estrujar, apabullar, apelmazar, apretar una cosa con otra, aplanar, apisonar, asentar. ‖ fig. Humillar, confundir, abatir, avergonzar.

APLAUDIR. tr. Palmear, palmotear, ovacionar, vitorear, dar palmadas, glorificar, celebrar.

APLAUSO. m. Palmoteo, ovación, aclamación, glorificación. ‖ Alabanza, loa, elogio, encomio, panegírico.

APLAZAR. tr. Dejar una cosa

para hacerla, retrasar, demorar, prorrogar, diferir. ‖ S.E. *Retrasar* y *diferir* aluden al tiempo; *postergar* y *posponer*, se refieren a la situación.

APLICACIÓN. f. Adaptación, uso, empleo, superposición, apósito, capa, mano, práctica, manejo. ‖ Esmero, estudio, asiduidad, afán, diligencia. ‖ Colocación, atención, perseverancia.

APLICAR. tr. prnl. Emplear, usar, superponer, adaptar. ‖ Destinar, adjudicar, adherir, arrimar, atribuir, imputar, achacar, fijar, sujetar, pegar. ‖ prnl. Esmerarse, estudiar, atender, perseverar.

APLOMO. m. Verticalidad, equilibrio, seguridad, gravedad, serenidad, sensatez, lastre, dominio, tranquilidad, circunspección, mesura, flema, confianza, desembarazo.

APOCADO, DA. adj. Pusilánime, tímido, encogido, achicado, de poco carácter, cobarde, cohibido, poca cosa, corto, cuitado, pobre diablo, desventurado, pobre de espíritu, como gallinas en corral ajeno, pobre hombre, parado, pobretón, pobrete, apretado.

APOCAMIENTO. m. Timidez, calidad de apocado, cobardía, encogimiento, pobreza de espíritu.

APOCAR. tr. prnl. Acobardar, limitar, mermar, reducir, achicar, someter. ‖ prnl. *Apocarse*: encogerse, intimidarse, acobardarse, achicarse, retraerse, acoquinarse, avergonzarse.

APÓCRIFO, FA. adj. Falso, espurio, ficticio, fingido, supuesto, fabuloso (casi todos los sinónimos se refieren a los libros).

APODERAR. tr. prnl. Dar poderes, delegar, representar, comisionar, administrar. ‖ prnl. Adjudicarse, adueñarse, apropiarse, adquirir, alzarse con, hacerse el amo, usurpar.

APODO. m. Mote, alias, apelativo, por mal nombre, sobrenombre, seudónimo, remoquete.

APOGEO. m. Auge, esplendor, plenitud, florecimiento, culminación, cenit, cima, cumbre, cúspide, fastigio, fuerza, furor, máximo, momento agudo, ápice, pináculo, momento culminante, magnificencia, señorío, punto culminante, súmmum, vigor, lo más fuerte.

APOLOGÍA. f. Defensa de la fe, panegírico, alabanza de algo, elogio, encomio, justificación.

APÓLOGO. m. Fábula, ficción, cuento, alegoría, parábola, relato alegórico, enseñanza moral.

APOLTRONARSE. prnl. Hacerse poltrón, abandonarse, arrellanarse, emperezarse, apandongarse, dejar de ser activo, gandulear, haraganear, repanchingarse.

APORREAR. tr. Golpear, zurrar, tundir, sacudir. ‖ fig. Machacar, importunar, lisiar, molestar. ‖ prnl. Fatigarse, afanarse, ahincarse, atarearse, agotarse, aperrearse.

APORTAR. tr. Aducir, llevar ciertos bienes, exponer ciertas pruebas, participar, cooperar, contribuir, pagar, llevar, dar, proporcionar. ‖ Arribar, llegar.

APOSENTAR. tr. Albergar, hospedar a alguien, alojar a las tropas, acomodar. ‖ Ocupar, vivir.

APOSENTO. m. Habitación, cuarto, estancia, apartamento, pieza, alcoba, sala, morada, vivienda.

APOSTAR. tr. Envidiar, estipular, poner, jugar, pactar, casar. ‖ prnl. Apostarse, situarse, colocarse, apostárselas con uno.

APOSTASÍA. f. Retractación, abjuración, repudio, deserción, negación, renuncia, repulsa.

APOSTATAR. intr. Abjurar, renegar, retractarse, desertar, ser traidor, o transfuga, negar.

APOSTILLAR. tr. Poner apostillas, postillar, marginar, poner notas al margen, acotar, anotar.

APÓSTOL. m. Discípulo de Cristo (los doce apóstoles), propagandista, propagador, los cuatro evangelistas, misionero, catequista, evangelizador, predicador, San Pablo, apóstol por antonomasia.

APOSTURA. Gentileza, garbo, orden y buena disposición, gallardía, aspecto hermoso de una persona, arreglo, afeite, adorno, gesto y actitud, donaire, belleza, hermosura, palmito.

APOTEGMA. m. Aforismo, sentencia, máxima, dicho y norma de conducta, sentencia, refrán. El apotegma se refiere a la antigüedad clásica.

APOTEOSIS. f. Exaltación del héroe, final brillante, espectáculo grandioso, júbilo, delirio, entusiasmo, frenesí, gran cuadro de brillante teatral, culminación, glorificación.

APOYAR. tr. Estribar, gravitar,

sostener, cargar, acodarse, asentar, arrimar, fundar, descansar, insistir, posar, refirmar. ‖ fig. Ayudar, favorecer, adherirse, apadrinar, proteger, patrocinar, amparar, defender, ponerse del lado de, contar con, secundar, dar el pie.

APOYO. m. Soporte, sostén, sustentáculo, puntal, columna, pilar, rodrigón. ‖ Ayuda, amparo, favor, auxilio, protección. ‖ Apoyadero, antepecho, ménsula, barandilla, bastón.

APRECIABLE. adj. Considerable, digno de afecto, actitud de aprecio, perceptible, observable, sensible, estimable, querido, apreciado, amable, amigable.

APRECIACIÓN. f. Valoración, evaluación. ‖ Parecer, opinión, dictamen, sentir, juicio, criterio.

APRECIAR. tr. Estimar, valuar, tasar, justipreciar, valorar, evaluar, asignar un precio, sentir afecto, querer, adorar, distinguir, reputar. ‖ Considerar, preciar, percibir.

APRECIO. m. Estima, estimación, afecto, consideración, actitud del que aprecia. ‖ Mostrar aprecio.

APREMIAR. tr. Apretar, oprimir, acuciar, insistir, compeler, coaccionar imponer un apremio, urgir. ‖ ANT. Aborrecer, desestimar, descalificar, devaluar.

APREMIO. m. Prisa, coacción, acción de obligar, procedimiento judicial, urgencia, premura, necesidad.

APRENDIZ. m. Principiante, meritorio, novicio, novato, novel, catecúmeno, alumno, oyente. ‖

S.E. *Novicio* se aplica a las órdenes religiosas; *meritorio* a los despachos u oficinas.

APRENSIÓN. f. Escrúpulo, recelo, desconfianza, temor, perjuicio, repugnancia, ojeriza, tirria, resistencia, recelo, miedo, asco, aversión, fantasía, figuración, ilusión, manía, monomanía, prejuicio, imaginación, obsesión, preocupación, prevención, quimera, sospecha.

APRENSIVO VA. adj. Receloso, resistente, repugnante, ilusivo, miedoso.

APRESAR. tr. Prender, capturar, aprehender, cazar, atrapar, detener, coger, echar el guante, raptar, secuestrar, trincar, apiolar, encarcelar, caer en manos de, encerrar, recluir. ‖ S.E. Matices de algunos verbos; *se prende* sólo a personas; *se captura* a personas, animales o cosas; *se apresan* cosas o animales, no a personas. *Aprisionar* es reducir a presión. ‖ ANT. Saltar, libertar, liberarse, chafarse.

APRESTAR. tr. Preparar, disponer, prevenir, aparejar, arreglar, poner algo en situación. ‖ S.E. *Se apresta* o *apareja* lo necesario para un viaje; *se prepara* un discurso; *se arregla* una lavadora; *se dispone* lo necesario para merendar.

APRESTO. m. Preparación, aderezo. Poner apresto en las telas. ‖ Preparativo, prevención.

APRESURAR. tr. prnl. Acelerar, aguijonear, meter prisa, aligerar, activar, apurar, atosigar, acosar, correr, despachar, avivar, apremiar, acuciar. ‖ prnl. Afanarse, apurarse, avivarse, acuciarse, atropellarse, moverse, menearse. ‖ ANT. Sosegar, pararse, tardar.

APRETADO, DA. adj. fig. Arduo, difícil, apurado, peligroso, peliagudo. ‖ Tacaño, agarrado, mezquino, cicatero, roñoso, avaro, miserable. ‖ ANT. Generoso, liberal, dadivoso, obsequioso.

APRETAR. tr. Estrechar, comprimir, prensar, ajustar, agarrotar, amazacotar, apelmazar, apañuscar, apisonar, apelotonar, apretujar, empaquetar, embotellar. ‖ ANT. Liberar, relajar.

APRETÓN. m. Aprieto, apuro, apretura, conflicto, ahogo, brete, carrera rápida y corta, dificultad, apisonadora, calza, torniquete.

APRISA. adv. m. Deprisa, con rapidez, a todo correr, pronto, rápidamente, aceleradamente.

APRISIONAR. tr. Prender, apresar, sujetar, retener con hierros, enrejar, enjaular, esposar, coger, maniatar, capturar, atrapar, atar, maniatar, encarcelar, aherrojar.

APROBACIÓN. f. Aceptación, aplauso, autorización, aureola, asenso, asentimiento, anuencia, aquiescencia, beneplácito, consentimiento, conformidad, plácet, prebiscito, exequatur.

APROBAR. tr. Dar por bueno, asentir, confirmar, permitir, aceptar, acceder, alabar, aplaudir. ‖ S.E. Exclamaciones aprobatorias: ¡Ajá! ¡Hurra! ¡Olé! ¡Víctor! ¡Viva!

APROPIADO, DA. adj. Acomodado, bueno, adaptado, propio, oportuno. ‖ Fr. *Ese traje no es a. para la fiesta.*

APROPIAR. tr. prnl. Aplicar,

ajustar, acomodar, acoplar, encajar. ‖ prnl. Apoderarse, adueñarse, atribuirse, arrogarse.

APROVECHADO, DA. adj. Estudioso, aplicado, diligente. ‖ Ventajista, aprovechadito, ganguista, gorrista, gorrón, fresco, desaprensivo (tomados en mal sentido), ahorrador, allegador, apañado, araña, hormiguita, abeja, argumentoso, ahorrativo (tomados en buen sentido). ‖ Provechoso, útil, limpio de polvo y paja.

APROVECHAR. tr. Sacar provecho, sacar punta o baza, ponerse las botas, arrimar el ascua a su sardina, pescar a río revuelto, no perder ripio. ‖ Utilizar, ser útil, tener cuenta, cundir, lucir, prestar, valer, servir, rendir. ‖ ANT. Derrochar, desprovechar, desperdiciar.

APROVISIONAMIENTO. m. Provisión, abastecimiento, almacenamiento, avituallamiento, suministro, dotación, munición, pertrecho, racionamiento, retén, reserva, viático, vituallas, víveres.

APROVISIONAR. tr. prnl. Abastecer, suministrar, proveer, acomodar, avisar, avituallar, bastecer, armar, equipar, municionar, pertrechar, prevenir, sutir, habilitar.

APROXIMADAMENTE. adv. m. Poco más o menos, casi, alrededor de, por poco, por ahí, con corta diferencia, con proximidad, proximamente, mal tanteo, a ojo, en buen cálculo.

APROXIMADO, DA. adj. No exacto, parecido, que se aparta poco del original, cercano, lindante, vecino, aproximativo.

APROXIMAR. tr. prnl. Arrimar, acercar, atracar, caer por, rayar, rozar, juntar, tocar, venir. ‖ prnl. Andarle cerca, frisar, acercarse, arrimarse, faltarle poco, avecinarse, rozarse.

APTITUD. f. Idoneidad, disposición, desempeño, habilidad, especialidad, eficacia, buena madera, capacidad, suficiencia, destreza, genio, facilidad, eficiencia, competencia, maña.

APTO, TA. adj. Idóneo, útil, dispuesto, suficiente, capaz, calificado, diestro, competente, dotado, eficaz, hábil, habiliddoso, eficiente, persona de recursos, susceptible. ‖ S.E. Se usan para personas: útil idóneo, capaz, suficiente; para personas o cosas, competente. Es apto para la carrera y capaz de formar un plan. ‖ ANT. Inepto, incapaz, inhábil.

APUESTO, TA. adj. Gentil, arrogante, esbelto, de buena figura o facha, galán, gallardo, brioso, airoso, garboso, bizarro, juncal, buen mozo, bien plantado, tipazo, elegante, guapo. ‖ Ataviado, adornado. ‖ ANT. Desapuesto.

APUNTADOR, RA. m. y f. Transpunte, consueta, anotador, asentador, sugeridor, acotador.

APUNTALAR. tr. Sostener, asegurar, reforzar con puntales, consolidar, apoyar, afirmar.

APUNTAR. tr. Anotar, asentar, marcar, puntuar, señalar, indicar, advertir, sugerir, insinuar, soplar. ‖ Asestar, encañar, encarar. ‖ Pretender, proponer, conseguir algo. ‖ prnl. Marcarse, señalarse, agriarse, acedarse insinuarse, iniciarse.

APUNTE. m. Nota, indicación, advertencia, insinuación, anotación, registro. || Boceto, tanteo, esbozo.

APURADO, DA. adj. Alcanzado, aporreado, afligido, arrastrado, atrasado, apretado, pobre, escaso, necesitado. || Peligroso, dificultoso, arduo, díficil. || Preciso, exacto.

APURO. m. Apretura, aprieto, escasez, brete, berenjenal, atolladero, compromiso, conflicto, jaleo, dificultad, trance, lío, situación, ahogo, aflicción.

AQUEJAR. tr. Afligir, afectar un padecimiento, acongojar, angustiar, atribular, apenar, apesadumbrar.

AQUÍ. adv. l. y t. Acá, junto a, en este sitio, al lado. || Frs. *Aquí el señor pregunta, de aquí para allí, aquí de mi ingenio, aquí mismo, de aquí que..., ¡Largo de aquí!, Hasta aquí*. Con carácter prenominal demostrativo equivale a *éste, ésta* y designa personas.

AQUIETAR. tr. Tranquilizar, poner tranquilo o quieto, aliviar, apaciguar, pacificar, serenar, calmar, sosegar.

AQUILATAR. tr. Medir los quilates, acendrar, acrisolar, perfeccionar, afinar, alambicar.

ARÁCNIDO, DA. adj. y m. Arácneo, ácaro del queso, ácaro de la sarna, arador, araña peluda, arañuela, capulina, alacrán, escorpión, garrapata, segador, tarántula, falangia.

ARANDELA. f. Anillo, disco, rodaja, rueda, platillo, corona, herrón, vilorta, volandera.

ARAÑAR. tr. Rascar, rasguñar, arpar, escarbar, raspar, rozar, escarificar, herir, hacer arañazos.

ARAÑAZO. m. Rasguño, rascuño, uñada, uñarada, araño, zarpazo, arañamiento, arañadura, rasponazo.

ARBITRAJE. m. Resolución, juicio, arbitramiento, dictamen, decisión, peritaje, sentencia, fallo.

ARBITRAR. tr. Decidir la contienda, discurrir, encontrar recursos, allegarlos, preparar, reunir.

ARBITRARIEDAD. f. Acción arbitraria, sin razón, prejuicio, favoritismo, voluntariedad, desafuero, atropello, injusticia, despotismo, ilegalidad.

ARBITRARIO, RIA. adj. Caprichoso, discrecional, inmotivado, infundado, injusto, irracional, ilegal.

ÁRBOL. m. Arbusto, arbolillo, leña, madera, parque, bosque, pimpollo, rama, retoño, alameda, soto, vivero.

ARCA. f. Caja, cofre, arcón, arqueta, arquibanco, tambarillo. || a. de caudales; a. de agua; a. de la alianza; a. de Noé.

ARCANO, NA. adj. Secreto, misterioso, oculto, recóndito, reservado. || Los arcanos de la ciencia.

ARCO. m. Curva, curvatura, arcada, arquería, cúpula, arranque, clave, archivolta, arbotante, imposta.

ARDER. intr. Encender, deflagar, abrasarse, consumirse, incendiar, abrasar, chamuscar, incinerar, apasionar.

ARDID. m. Artificio, maña, amaño, treta, añagaza, astucia, artimaña, argucia, artería, malas artes, estratagema, evasiva, fullería, granujería, lazo, habilidad, martingala, maturranga, ñagaza, trampa, trágala, pretexto, triquiñuela, roña, ratonera.

ARDIENTE. adj. Encendido, hirviente (para los líquidos). ‖ fig. Cachondo, calentón, lujurioso, bationdo. ‖ Ferviente, fervoroso, férvido, vehemente, ardoroso, fogoso, apasionado.

ARDIMIENTO. m. Acción de arder, valentía, valor, intrepidez, ardentía, denuedo, vigor, ardor, fervor.

ARDITE. m. Moneda de poco valor, bledo, comino, pito, pitoche, rábano, maravedí, ochavo, cornada. ‖ Con los verbos *importa, valer*: no me importa, no vale un ardite, un bledo, un comino, etc.

ARDOR. m. fig. Quemazón, viveza, afán, ánimo, entusiasmo, actividad, empeño, entusiasmo, fervor.

ARDOROSO, SA. adj. Ardiente, encendido, vigoroso, vehemente, férvido, impetuoso, fogoso, apasionado.

ARDUO, A. adj. Dificultoso, difícil, apretado, apurado, espinoso, esforzado, de mucho esfuerzo.

ARENA. f. Sablón, sábulo, arenal, bajo, bajío, duna, glera, médano, playa. ‖ fig. Liza, palenque, campo, plaza, estadio. ‖ Ruedo, redondel (en las plazas de toros).

ARENGA. f. Alocución, peroración, discurso (del jefe a los soldados), soflama, perorata, prédica (sentido despectivo).

ARGOT. m. Jerga, jerigonza,

germanía, lenguaje gitano, galimatías, algarabía.

ARGUCIA. f. Sutileza, falacia, sofisma, argumento falso, ardid, mentira, pretexto, simulación.

ARGÜIR. tr. Aducir, argumentos, probar, ergotizar, impugnar, redargüir, mostrar, discutir, replicar.

ARGUMENTAR. tr. Argüir, aducir argumentos, deducir, ergotizar, impugnar, redargüir, refutar, retorcer, silogizar, razonar, responder, oponer, reparos, objetar, replicar.

ARGUMENTO. m. Razonamiento, réplica, razón, prueba, señal, demostración. ‖ Acción, asunto, materia, revista, tema, trama, resumen, anagnórisis, discusión, motivo, tesis, libreto.

ARIDEZ. f. Sequedad, esterilidad, improductividad, infecundidad, rigor, aspereza, aburrimiento.

ÁRIDO, DA. adj. Estéril, seco, infecundo, desprovisto de vegetación, sediento, desolado, yermo. ‖ Aburrido, fastidioso, monótono, cansado, áspero, infructuoso, tedioso, hastioso.

ARISCO, CA. adj. Áspero, intratable, cardo, chichilasa, huraño, esquivo, esquinado, brusco, insociable. ‖ S.E. Se aplican a personas, hosco, huraño, huidizo; a los animales y a los hombres, bravío, montaraz y cerril.

ARMA. f. Artefacto, aparato, adminículo, alcancía, bomba, ballesta, granada, dardo, flecha, jabalina, saeta, saetón, tiradera, tragacete, venablo. ‖ Arco, cerbatana, guaraca, honda, perigallo, tirabeque, tirachinas, tirador, tiragomas. ‖ a. blanca y arrojadiza; a. de fuego.

ARMADA. f. Escuadra, flota de guerra, conjunto de barcos, marina, convoy, escuadrilla, buques, naves.

ARMADURA. f. Armas, arnés, coraza, brigantina, coracina, coselete, cota, gramalla, loriga, lorigón, panoplia, peto, almete, capacete, casco, montura, armazón, esqueleto, casquete, morrión, yelmo, guantelete, manopla.

ARMAR. tr. prnl. Amartillar, montar (armas de fuego), apuntar, asestar, cargar, cebar, desatacar, desmontar, disparar, encañonar, figuear, tirar.

ARMARIO. m. Estante, alacena, anaquel, aparador, bargueño, casillero, chinero, cómoda, entredós, escaparate, escritorio, plúteo, tabla, especiero, fichero, guardarropa, musiquero, vitrina.

ARMISTICIO. m. Suspensión, tregua de hostilidades, suspensión de la lucha, paz, pacto.

ARMONÍA. f. Consonancia, conformidad, concordia, acuerdo, concierto, paz, equilibrio, euritmia, proporción, simetría, avenencia, compañerismo, buen entendimiento, conformidad.

ARO. m. Anillo, alcatraz, jaro, jarillo, sarrillo, tragontina, yaro, raro (jaro).

AROMA. m. Perfume, esencia, fragancia, bálsamo, agua de colonia, pachulí, pebete, argalia, alhucema, almizcle, ambar, civeto, espliego, estoraque, incienso, mirra, trementina.

AROMÁTICO, CA. adj. Perfumado, fragante, arimoso, oloroso, embalsamado, bienoliente, odorante, odorífero, balsámico, sahumado, aromado. ‖ ANT. Maloliente, sucio, cochambroso.

AROMATIZAR. tr. Embalsamar, aromar, perfumar, sahumar, mirlar, oler bien, odorar, balsamizar.

ARPADURA. f. Arañazo o rasguño, jirón, trozo, araño, raspón, rasgadura, uñada, uñarada.

ARPAR. tr. Arañar, escarpar, carpir, rascar, raspar, esclarificar, escarbar, herir, hacer harañazos.

ARQUETIPO. m. Tipo ideal, modelo, prototipo, espécimen, ejemplo, espejo, suma, compendio.

ARRACADA. f. Pendiente, zarzillo, arete, arillo, candonga, pinjante, joya, colgante, perendengue.

ARRACIMARSE. prnl. Racimarse, apiñarse, enracimarse, aglomerarse, reunirse en forma de racimo.

ARRAIGAR. tr. prnl. Agarrar, asir, coger, encepar, prender, enraizar, raigar, radicar, brotar. ‖ prnl. *Arraigarse*: enceparse, echar raices en un sitio, establecerse, enfincarse, radicarse.

ARRANCADA. f. Arranque, empujón, acto de emprender la marcha, estrepada, acometida, embestida, avulsión, rancajada, remesón.

ARRANCAR. tr. Erradicar, quitar, separar una cosa de algo, extirpar, extraer, mesar, pelar, descepar, raer, descuajar, desenganchar, despalmar, despegar, desenclavar, sacar. ‖ Partir. ‖ Provenir, proceder.

ARRANQUE. m. Ímpetu, arrebato, impulso, roturación, avulsión, extirpación, pujanza, prontitud. ‖ Preámbulo, acelerador. ‖ Comienzo, principio, energía, decisión, acometida violenta, cosa ingeniosa o graciosa.

ARRAS. f. pl. Prenda, garantía, señal, trece monedas del matrimonio, fianza, aval, bienes, aportación, dote.

ARRASAR. tr. Allanar, alisar, enrasar, asolar, exterminar, arruinar, desvastar, destruir, talar.

ARRASTRADO, DA. adj. Pobre, desastrado, mísero, arruinado, acarreado, aporreado, menesteroso. ‖ Pillo, pícaro, bribón, tunante, tuno, taimado, villano, granuja, astuto.

ARRASTRAR. tr. Tirar, empujar, impeler, arramblar, barrer, absorber, atoar, llevarse por delante.

ARREBATADO, DA. adj. Precipitado, impetuoso, ardoroso, fogoso. ‖ Violento, inconsiderado, enfurecido.

ARREBATAR. tr. Arrastrar, llevarse al, atraer poderosamente, quitar, arrancar. ‖ prnl. Irritarse, enfurecerse, encolerizarse.

ARREBATO. m. Arranque, pronto, ímpetu, rapto, desmayo, indisposición, arrechucho, obcecación, llamarada, taranta, ataque, pérdida del dominio, furor, cólera, enajenamiento, éxtasis.

ARREDRAR. tr. Intimidar, amedrentar, acobardar, atemori-

zar, apartar, asustar. ‖ prnl. Amedrentarse.

ARREGLADO, DA. adj. Ordenado, dispuesto, moderado, organizado, minucioso, metódico, detallista, morigerado, cuidadoso, regulado, equilibrado. ‖ Compuesto, aderezado, aliñado.

ARREGLAR. tr. Acomodar, ordenar, disponer, conformar, ajustar, supeditar, organizar, concertar, conciliar, aviar, reformar, avenir. ‖ Reparar, apañar, remendar, componer, ‖ Registrar.

ARREGOSTARSE. prnl. fam. Aficionarse, engolosinarse, acostumbrarse, regostarse, empicarse, tomar gusto.

ARRELLENARSE. prnl. Arrepanchigarse, repanchigarse, arrellanarse, apoltronarse, rellenarse, repantigarse, sentarse, desahogarse, aclocarse, retreparse.

ARREMANGAR. tr. prnl. Remangar, recoger las mangas, las faldas o los pantalones, levantar, sofaldar, arrufaldarse, regazar, regacear, refaldar. ‖ Disponerse a una decisión importante.

ARREMETER. tr. Atacar, acometer con ímpetu, cerrar, embestir, asaltar una plaza.

ARREMETIDA. f. Acometimiento, ataque, agresión, acometida, embestida, colisión, asalto.

ARRENDADOR, RA. adj. Arrendatario, rentero, colono, casero, inquilino, locatorio, subarrendador, alijarero, aparcero, herbajero, huertano, masovero, quintero, mediero, terrazguero.

ARRENDAR. tr. Alogar, alquilar,

fletar, llevar locación, realquilar, subarrendar. ‖ ANT. Desalquilar, desarrendar.

ARREPENTIDO, DA. adj. Contrito, humillado, compungido, pesaroso, contristado, afligido.

ARREPENTIMIENTO. m. Compunción, contrición, atrición, dolor de corazón, golpe de pecho, escrúpulo, remordimiento.

ARREPENTIRSE. prnl. Dolerse, contristarse, compungirse, llorar las faltas, lamentar, morderse las lágrimas, pesar, sentir, deplorar, apesararse, disgustarse, rectificar.

ARRIBA. adv. l. A vista de pájaro, hacia arriba, en lo alto, en posición elevada. ‖ Frs. *¡Arriba los corazones! No tiene arriba de 30 años. Aguas arriba. Boca arriba, hacerse cuesta arriba, poner las cartas boca arriba. De arriba* (De Dios). *¡Manos arriba!*

ARRIBAR. tr. MAR. Llegar al puerto, refugiarse en un puerto, abordar, atracar, fondear, tomar puerto, andar, girar el buque, llevar, conducir, dejarse ir con el viento.

ARRIBO. m. Llegada, logro, consecución, arribada, recalada, anclaje, atracada, presencia.

ARRIENDO. m. Arrendamiento, alquiler, locación, inquilinato, renta, subarriendo, cesión.

ARRIESGADO, DA. adj. Atrevido, expuesto, peligroso, aventurado, audaz, osado, arriscado, temerario.

ARRIESGAR. tr. Comprometer, exponer, aventurar, afrontar, echarse al agua, peligrar, animarse, empeñarse, emprender, meterse en la boca del lobo, desafiar, enredarse, poner el cascabel al gato, probar fortuna, liarse la manta, jugarse el todo por el todo, quemar las naves.

ARRIMAR. tr. prnl. Aproximar, acercar, unir, juntar, dar, pegar, dejar, poner a un lado. ‖ prnl. Juntarse, pegarse, acogerse, ampararse, apoyarse. ‖ ANT. Desunirse, depararse, apartarse.

ARRIMO. m. Sostén, apoyo, arrimadero, ayuda, favor, amparo, auxilio, protección. ‖ Afición, apego.

ARRINCONADO, DA. adj. Apartado, separado, retirado, perseguido, acosado, acorralado. ‖ Olvidado, postergado.

ARRINCONAR. tr. prnl. Apartar, aislar, retirar, separar, acosar, acorralar. ‖ Olvidar, aislarse, retirarse.

ARRODILLARSE. prnl. Postrarse, hincarse, ponerse de hinojos, humillarse, prosternarse, doblar la rodilla.

ARROGARSE. prnl. Apropiarse, atribuirse, adjudicarse, achacarse, inculparse, imputarse.

ARROJADO, DA. adj. Intrépido, resuelto, temerario, valiente, audaz, osado, decidido, atrevido.

ARROJAR. tr. prnl. Echar tierra, despedir, expulsar, exharlar, echar brotes, atacar, iniciar una pelea, arremeter, empujarse, agredir. ‖ Frs. a. por la borda; a. el guante. ‖ prnl. Lanzarse, tirarse, precipitarse, abalanzarse.

ARROJO. m. Resolución, valor, osadía, intrepidez, atrevimiento, arrestos, teneridad, audacia.

ARROLLAR. tr. Rollar, enrollar, envolver, allanar, atropellar, no pararse en barras, pasar por encima. ‖ fig. Derrotar, vencer, aniquilar, batir.

ARROPAR. tr. Abrigar, cubrir, arrebujar, tapar, amantar, liar, tapujar, embozar.

ARROSTRAR. tr. Hacer frente, acometer, emprender, hacer cara, desafiar, resistir.

ARROYO. m. Arroyada, avenida, torrente, barranco, crecida, arroyuelo, riachuelo.

ARRUINAR. tr. Destruir, demolar, arrasar, devastar, desmantelar, hundir, abatir. ‖ Empobrecerse.

ARRULLAR. tr. Acariciar el macho a la hembra, decir palabras cariñosas, cortejar, agasajar, deleitar y adormecer a alguien, galantear, requebrar, canturrear.

ARRUMBAR. tr. Apartar, arrinconar, separar, aislar, abandonar, desechar, embarazarse, esconder, hurtar, quitar del paso o de la vista, quitar de delante o del medio, retirar.

ARTE. m. Arquitectura, escultura, pintura, música, cultura, poesía, danza, dibujo, cerámica, literatura, rejería, repujado, teatro, folklore, abstracto, barroco, churrigueresco, clásico, cuatrocentista, cubista, dadista, decadente, expresionista, figurativo, flamígero, primitivo, realista, manuelino, funcional, futurista, neoclásico, ojival, parnasiano, plateresco, renacentista, rococó, romántico, cimbolista, surrealista. ‖ Estudio, estilo, alegoría, metáfora.

ARTERO, RA. adj. Mañoso, astuto, malintencionado, falso, hábil, taimado, tramposo, traidor, bellaco.

ARTESANÍA. f. Astucia, falsía, engaño, trampa, ardid, amaño, sagacidad, treta, maña, añagaza.

ARTESANO, NA. adj. Menestral, artífice, laborante, trabajo manual, operario, obrero, asalariado.

ARTICULACIÓN. f. Juntura, junta, juego, gozne, unión de dos piezas, coyuntura, artejo, nudillo. ‖ Pronunciación.

ARTICULAR. tr. Unir, trabar, coordinar, enlazar, conyuntuar, juntar, pronunciar. ‖ ANT. Desarticular, descoyuntar, descuadernar.

ARTÍFICE. com. m. Artista, creador, autor, escritor, juglar, prestidigitador. ‖ Operario, obrero, artesano, virtuoso.

ARTIFICIAL. adj. Postizo, falso, fingido, ficticio, artificiado, artificioso, innatural, adulterado.

ARTIFICIO. m. Habilidad, arte, ingenio. ‖ Disimulo, astucia, doblez, treta, ardid, truco, artimaña.

ARTIFICIOSO, SA. adj. Cauteloso, disimulado, ingenioso, habilidoso, complicado, quimérico. ‖ Fingido, disimulado, ficticio, astuto, engañoso, artero, taimado, afectado.

ARTILUGIO. m. Armatoste, mecanismo, artificio. ‖ fig. Engaño, enredo, trampa, artimaña.

ARTILLERÍA. f. ant. Tormentaria. ‖ Algadara, almajaneque, máquina de guerra, ariete, ballesta, catapulta, mandrón, trabuquete, ametralladora, bastarda, bombarda, tanque, lanzallamas, lanzatorpedos, morterete, antiáereo, antitanque, andana, batería, contrabatería, cañón, proyectil, torpedo, zambombazo, brecha, pieza de artillería.

ARTIMAÑA. f. Trampa, treta, truco, ardid, astucia, disimulo, engaño, artilugio, maniobra, añagaza.

ARTISTA. com. Actor, ejecutante, comediante, escritor, creador, estrella, galán, dama, pintor, dramaturgo, poeta, escultor, artesano.

ASALARIADO, DA. adj. m. Trabajador, empleado, pagado, asoldadado, mercenario, ganapán, peón.

ASALTAR. tr. Acometer, saltear, penetrar violentamente, arremeter, embestir, atracar, salir al camino, atacar. ‖ Sobrevenir, acudir, agredir, abalanzarse. ‖ Impugnar, contradecir.

ASALTO. m. Arremetida, combate, despojo, ataque, atraco, embestida, agresión, hurto. ‖ Carro de a.

ASAMBLEA. f. Junta, congreso, ágora, aljama, anfictionía, ayuntamiento, cabildo, cámara alta, cámara baja, comicios, concilio, cónclave, municipio, duma, generalidad, parlamento, senado.

ASAR. tr. Tostar, dorar, poner al horno, rostir, enhornar, soasar, sobreasar, soflamar. ‖ fig. Importunar, asaetear, molestar.

ASAZ. adj. y adv. Mucho, bastante, suficiente, harto, muy mucho, abundante. ‖ Hoy no se usa asaz, sino en redaccio-nes literarias. Voz anticuada.

ASCENDENCIA. f. Linaje, estirpe, alcurnia, descendencia, antepasados, ascendientes, origen, cuna.

ASCENDER. intr. Subir, elevarse, ir hacia arriba, importar, remontarse, alcanzar, hacer, montar, sumar, mejorar, encaramarse, encumbrarse, pujar, escalar, trepar, auparse, progresar.

ASCENDIENTE. adj. Antepasado, antecedor, ascendencia, autoridad, influencia, prestigio, valimiento, fuerza moral, crédito. ‖ Progénito, precursor, mayor, abuelo, pariente.

ASCENSIÓN. f. Elevación al cielo, asunción, exaltación, encumbramiento, ascenso, adelanto, subida, avance, encumbramiento.

ASECHANZA. f. Perfidia, engaño, trampa, procedimiento para atraer al daño, asecho, insidia.

ASECHAR. tr. Acechar, espiar, avizorar, embaucar, engañar, maquinar, conspirar, observar, sorprender.

ASEDIAR. tr. Cercar, bloquear, sitiar, rodear al enemigo. ‖ Insistir con preguntas, obligar a contestar, importunar.

ASEDIO. m, Sitio, cerco, dispositivo con que se cerca, bloqueo, acorralamiento. ‖ Molestia, fastidio.

ASEGURAR. tr. Afianzar, reforzar, consolidar, fijar, apoyar, fortalecer, fundamentar, fundar, apuntalar, asentar, entesar, entibar, estribar, inmovilizar, remachar, rematar, reafirmar.

ASEMEJARSE. prnl. Semejarse, parecerse, ser una cosa parecida, asimilarse, tener un aire.

ASENTADO, DA. adj. Asegurado, afianzado, reforzado, afirmado, anotado, registrado, acordado, establecido.

ASENTAR. tr. prnl. Colocar, asegurar, poner en el trono, fijar, apoyar, instalar. ‖ prnl. Asentarse, instalarse, depositarse, posarse los líquidos, estar situado, posar.

ASENTIMIENTO. m. Asenso, anuencia, aprobación, aquiescencia, consentimiento, venia, permiso, beneplácito, afirmación, convenio, conformidad, acuerdo, adhesión, compromiso.

ASENTIR. tr. Aprobar, convenir, consentir, afirmar, acordar, adherirse, permitir, decir amén, mostrarse de acuerdo o conforme, seguir el humor, admitir, autorizar, acceder.

ASEO. m. Limpieza, pulcritud, curiosidad, esmero, cuidado, arreglo, adorno, apostura. ‖ Cuarto de aseo.

ASEQUIBLE. adj. Alcanzable, conseguible, accesible, posible, susceptible, llano, al alcance de la mano.

ASESTAR. tr. Apuntar, dar, dirigir un arma, atizar, descargar, descerrajar, pegar, propinar, sacudir, zumbar.

ASEVERACIÓN. f. Aserto, afirmación, confirmación, ratificación, anuncio, declaración.

ASEVERAR. tr. Decir que sí, afirmar, asegurar, declarar, confirmar, testificar, garantizar, ratificar.

ASIDUO, DUA. adj. Frecuente, constante, que se hace con frecuencia, habitual, incesante, puntual.

ASIENTO. m. Silla, banqueta, banquillo, arrimadero, banco, butaca, cama turca, cadiera, canapé, cátedra, diván, dormilona, escabel, escaño, hamaca, lecho, litera, mecedora, tresillo, meridiana, otomana, palanquín, poyal, poyo, reclinatorio, sitial, sofá, solio, taburete, tajuela, trapontín, triclinio, trípode, trono, tendido, paraíso, traspuntín. ‖ Cordura, sensatez, prudencia, madurez, juicio.

ASIGNACIÓN. f. Sueldo, remuneración, paga, retribución, estipendio, beca, cuota, pensión, apunte, marca, concesión, honorarios, gratificación, cantidad, renta.

ASIGNAR. tr. Señalar, fijar, determinar, catalogar, clasificar, destinar, atribuir, encartar, encasillar, encuadrar, situar, adjudicar, juzgar.

ASILO. m. Refugio, retiro, sagrado, inmunidad. ‖ Consuelo, ayuda, protección, amparo, apoyo.

ASIR. tr. Tomar, coger, agarrar, sujetar, empuñar, atrapar, trabar, alcanzar, atenazar.

ASISTIR. tr. Concurrir, estar, ir, presenciar, estar presente, ser testigo, socorrer, favorecer.

ASNO. m. Burro, borrico, rucio, jumento, pollino, rozno, ruche. ‖ Torpe, grosero, corto, rudo.

ASOCIACIÓN. f. Sociedad, alianza, ateneo, casino, círculo, club, coalición, compañía, confederación, congregación, cooperativa, entidad, equipo, grupo, fratría, gremio.

ASOCIAR. tr. prnl. Agrupar, juntar, reunir, adherirse, aconchabarse, afiliar, colaborar, coligar, aliar, darse de alta, cooperar, coordinar, federar, mancumunar, ingresar, sindicar. || *Asociarse*: aliarse, gremiarse, agruparse, confederarse, coligarse, confabularse, conjurarse, incorporarse, adherirse, sindicarse, organizarse, mancomunarse.

ASOLAR. intr. Arrasar, destruir, desolar, devastar, arruinar, tumbar, echar al suelo, aniquilar.

ASOMAR. tr. Dejar entrever, aparecer, manifestarse, sacar la cabeza, aflorar, apuntar, descubrirse, despuntar, empezar, insinuarse, apitonar, salir, sacar, exhibirse.

ASOMBRAR. tr. Extrañar, sorprender, admirar, pasmar, hacerse cruces, llevarse las manos a la cabeza, quitar el hipo, dar el golpe. || prnl. *Asombrarse*: quedarse con la boca abierta, caerse de espaldas, santiguarse, pasmarse, sorprenderse, admirarse.

ASOMBRO. m. Espanto, susto, cosa rara, nunca visto, pasmo, portento, prodigio, maravilla, sorpresa, admiración, estupefacción, turbación, desconcierto.

ASOMBROSO, SA. adj. Desconcertante, pasmoso, sorprendente, portentoso, peregrino, insólito, inusitado, increíble, inconcebible, maravilloso, impresionado, fabuloso, fantástico.

ASOMO. m. Indicio, señal, amago, barrunto, atisbo, sospecha, presunción, apunte, brote, insinuación.

ASPAVIENTO. m. Alharaca, demostración exagerada, aparato, cuento, espaviento, hazañería, parajismo.

ASPECTO. m. Apariencia, cara, aire, semblante, cariz, catadura, actitud, apostura, estampa, exterioridad, semblante, pinta, color, conformación, fachada, figura, físico, forma, pelaje, porte.

ÁSPERO, RA. adj. Tosco, rugoso, rasposo, escabroso, bronco, hoscoso, granuloso, anguloso, abrupto, carrasposo, granoso, desapacible, desabrido, acre. || fig. Rígido, rudo, riguroso, ceñudo.

ASPIRACIÓN. f. Acción se aspirar, pretensión, deseo, anhelo, tendencia, espiritual, pronunciación aspirada, espacio menor que la pausa. || Fin, fin último, ideal, finalidad, intención, objetivo, proyecto, sueño dorado, ansia, empeño, voluntad, afán, ambición.

ASPIRANTE. adj. Pretendiente, candidato, solicitante, postulante, demandante.

ASPIRAR. tr. Pedir, rogar, pretender, postular, instar, solicitar, anhelar, ambicionar, proyectar, absorber, inhalar, echar el ojo, pensar en, tender, soñar, picar alto, trabajar por.

ASQUEROSO, SA. adj. Intensivo de sucio. || Repugnante, repelente, nauseabundo, repulsivo, puerco.

ASTA. f. Fuste, palo de la bandera, vástago, mango, astil, regatón, cuerno, aspa, virga pequeña.

ASTRINGIR. tr. Astriñir, restriñir, restringir, producir desecación, apretar.

ASTRÓLOGO, GA. m. y f. Planetista, vaticinador, dedicado a la astrología, nigromante, mago, brujo.

ASTRONOMÍA. f. Cosmografía, astrofísica, uranometría, ciencia astral, astrología, cábala.

ASTUCIA. f. Sutileza, sagacidad, picardía, procedimiento engañoso, ardid, cautela, cazurrería, chalanería, cuquería, conchas, disimulo, habilidad, gramática parda, zorrería, maquiavelismo, trastienda, marrullería, treta, maña, agudeza, zalagarda, diplomacia.

ASTUTO, TA. adj. Lince, ladino, sagaz, pícaro, cazurro, cuco, marrullero, zorro, marrajo, matrero, pájaro de cuenta, taimado, redomado, travieso, mosquita muerta, artero, pícaro, perillán, tunante, truchimán.

ASUETO. m. Fiesta acostumbrada, descanso, vocación, recreo, esparcimiento, holganza, reposo.

ASUNTO. m. Cosa que interesa, cuestión, argumento, actividad, materia, negocio, extremo, eje, cuidado, incumbencia, leitmotiv, ocupación, punto, problema, tópico, trama, orden del día.

ASUSTADIZO, ZA. adj. Miedoso, espantadizo, asombradizo, gazmoño, cobarde, medroso, meticuloso, melindroso, ñoño, mojigato, timorato, tímido, remilgado, pusilánime, pudibundo, azarado.

ASUSTAR. tr. prnl. Atemorizar, espantar, amedrentar, acobardar, aterrorizar, acochinar, horripilar. ‖ prnl. *Asustarse*: espantarse, atemorizarse, arredrarse, achicarse, alterarse, acobardarse. ‖ S.E. *Asustar* es de significado pasajero y menos fuerte que espantar. A unos asusta el trueno y a casi todos espantan un gran delito o un suplicio inhumano. ‖ ANT. Animar, alentarse.

ATACAR. tr. Acometer, arremeter, agredir, embestir, lanzarse contra alguien, insultar, censurar, amenazar, cerrar, asaltar, combatir, entrar a degüello, hostigar, hostilizar, irrumpir.

ATAJAR. tr. Adelantar, hacer más corto el camino, interrumpir, cortar, parar, separar, dividir. ‖ Reconocer el terreno. ‖ prnl. Atajarse: cortarse, turbarse, emborracharse.

ATAJO. m. Vereda, senda, trocha, alcorce, vericueto, sendil, acortamiento, hijuela, camino.

ATALAYA. f. Torre-vigía, observatorio, faro, roqueta, mirador, hachero, posición para vigilar al enemigo, almena.

ATAQUE. m. Asalto, agresión, arremetida, lucha, acometida, acto de hostilidad, arrebato, acceso, carga, correría, embate, incursión, irrupción, ofensiva, salida, embestida. ‖ Altercado, polémica, arrechucho, pataleta, patatús, colapso, desmayo. ‖ a. de nervios.

ATAR. tr. Amarrar, liar, ligar, ajustar, asegurar, aprisionar, sujetar, ceñir, rodear, empalmar, encapillar, engarrotar, enlazar, ensogar, lacear, maniatar, trabar, troncar, unir, vincular. ‖ ANT. Desatar, soltar.

ATAREADO, DA. adj. Muy ocupado, afanado, aturdido, espantado, inquieto, bullicioso, agobiado, ajetreado, apurado, aperreado, atosigado, ocupado.

ATAREARSE. prnl. Trabajar mucho, afanarse, agobiarse, atosigarse, azacanarse, bregar. ‖ Frs. *Sudar la gota gorda, echar los bofes.* ‖ ANT. Andar desocupado, vaguear.

ATASCAR. tr. prnl. Atrancar, obstruir, impedir, tapar, cegar, atorar. ‖ prnl. Atascarse: atrancarse, atollarse, atorarse, atajarse, atarugarse, embarrancarse, encajarse, encasquillarse.

ATASCO. m. Obstrucción, atascamiento, atranco, atolladero, callejón, lodazal, paular. ‖ fig. Dificultad, impedimento.

ATAÚD. m. Féretro, caja mortuoria, caja, cajón, andas.

ATAVIARSE. prnl. Componerse, adornarse, acicalarse, vestirse, arreglarse, engalanarse, hermosearse.

ATEMORIZAR. tr. Amedrentar, intimidar, acobardar, asustar, espantar, achantar, acoquinar, aterrar. ‖ ANT. Envalentonar, animar, alentar, esforzar.

ATENCIÓN. f. Cuidado, vigilancia, esmero, solicitud, diligencia, interés, miramiento. ‖ pl. *Atenciones*: cuidados, miramientos, negocios, ocupaciones, quehaceres.

ATENDER. tr. Advertir, observar, curiosear, mirar, ver, escuchar, estar en todo, fijarse. ‖ Frs. *Estar a la mira; tomar buena nota; aguzar el oído; ser todo oídos; no perder de vista; andar con cien ojos; sorber las palabras.* ‖ ANT. Desatender, olvidar.

ATENERSE. prnl. Adherirse, arrimarse, amoldarse, remitirse, ajustarse, sujetarse, no alterar las declaraciones.

ATENTO, TA. adj. Fino, cortés, amable, considerado, afable, deferente, cuidadoso, educado, galante. ‖ S.E. Es de buena crianza mostrarse cortés y atento. El cortés es correcto, sin afectación, el hombre atento nos abruma con sus atenciones. El cortés añade agrado y complacencia.

ATENUAR. tr. Adelgazar. ‖ Aliviar, calmar, moderar, amortiguar, debilitar, disimular, disminuir, suavizar. ‖ ANT. Aumentar, acrecentar, ampliar, vigorizar, robustecer.

ATERRAR. tr. Aterrorizar, intimidar, espantar, escalofriar, horripilar, horrorizar, abatir.

ATESTIGUAR. tr. Testimoniar, testificar, afirmar, abonar, refrendar, rubricar, atestar.

ATILDAR. tr. Poner tildes, tildar, censurar, tachar, poner algo arreglado, componer, asear, acicalar.

ATISBAR. tr. Vislumbrar, adivinar, observar, acechar, vigilar, tener atisbos, apreciar, notar, alcanzar, columbrar, descubrir, entrever, oler, traslucir, sospechar, aparecer.

ATISBO. m. Atisbadura, barrunto, sospecha, indicio, vislumbre, iniciación, nota, apreciación.

ATIZAR. tr. Avivar la lumbre, encandilar, asestar, dar una bofetada, activar. ‖ fig. Fomentar, estimular. *Atizar* es intensivo de pegar, dar, propinar.

ATMÓSFERA. f. Aire, agentes naturales, ambiente, ámbito, esfera, éter, espacio, intemperie, aerosfera, estratosfera, ionosfera, mesosfera, ionosfera, troposfera, envoltura gaseosa.

ATOLONDRADO, DA. adj. Aturdido, precipitado, atontado, achicado, distraído, confuso, botarate.

ATOLONDRARSE. prnl. Aturdirse, precipitarse, achicarse, distraerse, quitar la tranquilidad.

ATOLLADERO. m. Atasco, atascadero, lugar cenagoso. ‖ fig. Apuro, situación incómoda, impedimento, dificultad, abarrancadero, lodazal, fangal, paular. ‖ Aprieto, embarazo.

ATÓNITO, TA. adj. Estupefacto, asombrado, pasmado, maravillado, suspenso, desconcertado, aturdido.

ATONTADAMENTE. adv. m. Neciamente, tontamente, indiscretamente, imprudentemente, patosamente.

ATONTAR. tr. Atolondrar, aturdir, atortolar, entontecer, alelar, embobar, poner tonto, pasmar.

ATRACTIVO, VA. adj. Atrayente, adorable, cautivador, arrebatador, encantador, guapo, hechicero, interesante, retrechero, seductor, simpático, vampi (vampiresa). ‖ m. Gracia, encanto, hechizo, imán, interés incentivo, libídine, libido, seducción, magia, simpatía, sortilegio. ‖ ANT. Antipatía, desafecto, inquina.

ATRAER. tr. Captar, arrebatar, seducir, agradar, cautivar, conquistar, enamorar, fascinar, engolosinar, gustar, encantar, sorber, tirar. ‖ ANT. Desagradar, disgustar, enfadar.

ATRAPAR. tr. Pillar, coger, conseguir por suerte, obtener, conseguir, engañar, engatusar.

ATRÁS. adv. l. Dirección hacia la parte posterior, detrás, a las espaldas, a la zaga. ‖ adv. t. Antes, anteriormente, seis días atrás, lejos. ‖ ANT. Adelante, en el futuro.

ATRASADO, DA. adj. Retrasado, no reciente, rezagado. ‖ Inculto, incivilizado.

ATRASAR. tr. prnl. Retrasar, demorar, llevar una marcha lenta, fijar una fecha posterior, relegar, postergar. ‖ prnl. *Atrasarse*: retrasarse, retroceder, llegar tarde, demorarse, dilatarse.

ATRASO. m. Retraso, atrasamiento, retardación, demora, dilación, postergación. ‖ Incultura, ignorancia, tontería.

ATRAVESAR. tr. Pasar, filtrarse, taladrar, salvar, transfretar. ‖ S.E. *Atravesar* y *pasar* es penetrar un cuerpo de parte en parte; *a. con la espada*.

ATREVERSE. prnl. Arriesgarse, afrontar, aventurarse, arrostrar, denodarse, encarar, enfrentarse, osar, hacer frente. ‖ Frs. Dar la cara, pone el cascabel al gato, llevar el gato al agua.

ATREVIDO, DA. adj. Arriesgado, arriscado, arrojado, audaz, bragado, barbián, decidido, emprendedor, intrépido, osado, resuelto, sacudido, temerario, templado, valiente. ‖ Arriesgado, aventurado, expuesto, peligroso. ‖ Insolente, descarado, fresco, desvergonzado.

ATREVIMIENTO. m. Osadía, audacia, arrojo, ánimo, brío, descaro, desenvoltura, irreverencia, insolencia, descoco, desvergüenza, tupé, desfachatez, avilantez. ‖ S.E. El *atrevimiento* requiere decisión de la voluntad, *la osadía*, desprecio de las dificultades o riesgos; *atrevimiento, osadía y audacia*, arrostrar una acción arriesgada.

ATRIBUCIÓN. f. Facultad, poder, autoridad, jurisdicción, potestad. ‖ pl. Facultades, poderes.

ATRIBUIR. tr. Achacar, aplicar, atribuirse, imputar, colgar, asignar, calcular, endilgar, cargar, conceder, estimar. ‖ prnl. *Atribuirse*: arrogarse, apuntarse, apropiarse. ‖ Frs. *Hacer cargos, echar la culpa, echar el muerto.*

ATRIBULAR. tr. Desconsolar, angustiar, acongojar, afligir, atormentar, apenar, apesadumbrar.

ATRIBUTO. m. Cualidad, facultad, señal, emblema, insignia, símbolo, experiencia, autoridad.

ATRINCHERARSE. prnl. Instalarse en trincheras, defenderse, detrás de algo, fortificarse, cubrirse.

ATROCIDAD. f. Inhumanidad, salvajada, demasía, brutalidad, sinrazón, violencia, crueldad, barbarie. ‖ Enormidad, necedad, burrada, temeridad, imprudencia.

ATRONAR. tr. Perturbar con ruido, aturdir, ensordecer, asordar, resonar, retumbar.

ATROPELLADO, DA. adj. Precipitado, irreflexivo, atolondrado, ligero de cascos, aturdido. ‖ ANT. Reflexivo, moderado, ileso.

ATROPELLAR. tr. Arrollar, empujar, coger, pillar, alcanzar, dar empujones, derribar, allanar, arrasar, hollar, maltratar. ‖ Frs. No pararse en barras, llevarse por delante.

ATROZ. adj. Cruel, inhumano, muy malo, bestial, bárbaro, salvaje, sanguinario. ‖ Grave, enorme, desmesurado.

ATUFARSE. prnl. Intoxicarse con el tufo, acedarse. ‖ Amoscarse, incomodarse, enfadarse, irritarse, amostazarse, enojarse.

ATUFO. m. Enojo, irritación, incomodidad, enfado, molestia, intoxicación, ira, fastidio.

ATURDIDO, DA. adj. Precipitado, atolondrado, irreflexivo, atontado, azarado, azorado, cortado, descompuesto, embrollado, abarullado, embarullado, liado, desenfrenado, impetuoso. ‖ S.E. *Aturdido* es irregular en sus movimientos; *atolondrado* (de conducta insensata y ridícula).

ATURDIMIENTO. m. Perturbación, turbación, barullo, embrollo, lío. ‖ Atolondramiento, aturullamiento.

ATURDIR. tr. Desconcertar, pasmar, turbar, perturbar, atolondrar, atarantar, atontecer, aturullar, azarar, azorar. ‖ prnl. Atolondrarse, atontarse, turbarse, desconcertarse, consternarse, pasmarse.

ATURULLARSE. prnl. Aturdirse, embarullarse, no poder desenvolverse y expresarse, azararse.

AUDACIA. f. Atrevimiento, osadía, valentía, arrojo, valor. ‖ Insolencia, descaro, desvergüenza.

AUDITORIO. m. Público, oyente, concurrencia, oyentes, senado, corro, concurso, conferencia.

AUGE. m. Crecimiento, acrecimiento, elevación, prosperidad, encumbramiento. || Apogeo, plenitud, cima, cúspide, punto culminante o de mayor intensidad, culminación, esplendor.

AUGURAR. tr. Predecir el augur, auspiciar, pronosticar, profetizar, presagiar, vaticinar, adivinar.

AUGURIO. m. Predicción, augurio, auspicio, profecía, presagio, pronóstico, agüero, vaticinio.

AUMENTAR. tr. Incrementar, añadir, sumar, adicionar, agregar, abultar, acrecer, agigantar, ampliar, agrandar, alargar, amplificar, completar, tomar cuerpo, crecer, medrar, engordar.

AUMENTO. m. Incremento, acrecentimiento, crecimiento, añadido, aditamento, propina, puja, plus, plusvalía, suplemento, nesga, ribete. || Adelantamiento, medro, avance.

AUNAR. tr. Juntar, unir, asociar, unificar, poner de acuerdo cosas distintas, confederar.

AUPAR. tr. Levantar, subir, ayudar a alguien, alzar. || prnl. Ensalzarse, enaltecerse. || S.E. Levantar y aupar, llevan compl. de persona; *aupar a un niño*, no aupar un costal.

AUREOLA. f. Corona, círculo luminoso, diadema, laureola, resplandor. || Gloria, fama, celebridad, renombre.

AUSPICIAR. tr. Predecir, augurar, adivinar, proteger, defender, pronosticar, vaticinar. || Apadrinar, favorecer, patrocinar. || ANT. Desfavorecer, desanimar, descorazonar.

AUSPICIO. m. Augurio, predicción, agüero, promesa, pronóstico, presagio, favor, patrocinio, suceso, circunstancia, iniciativa, impulso. || *Auspicios* en pl. es igual que señales o indicios que anuncian la solución de algún negocio.

AUSTERIDAD. f. Rigor, severidad, dureza, rigidez, aspereza, sobriedad, disciplina, integridad.

AUSTERO, RA. adj. Severo, riguroso, rígido, áspero, abstemio, ascético, puritano, recoleto, sobrio, virtuoso, acerbo. || S.E. Por el tenor de vida severo y riguroso.

AUTÉNTICO, CA. adj. Cierto, verdadero, genuino, real, positivo. || Autorizado, acreditado, legítimo, castizo, genuino, legal, fidedigno.

AUTOBÚS. m. Automóvil de viajeros, vehículo, carruaje, autocar, coche. || Frs. Coger el a., tomar el a., subirse al a.

AUTOCRACIA. f. Gobierno de una sola potestad, autarquía, despotismo, dictadura, cesarismo.

AUTÓGRAFO, FA. adj. m. Escrito por su propia mano, hológrafo (ológrafo cuando se trata de testamentos), firma, escrito, manuscrito. || Firma, rúbrica, signatura.

AUTOMÓVIL. m. Término general, coche; en AMÉR. Carro, auto, vehículo. || Autobús, berlina, camiones, camioneta, caravana, colectivo, convertible, autocar, rubia, taxi, descapotable, turismo.

AUTOR, RA. m. y f. Agente, causante, creador, coagente, coadyuvante, colaborador, compositor, copartícipe, ejecutante, factor, mano. || En la obra literaria, inventor, escritor.

AUTORIDAD. f. Facultad, potestad, poder, mando, superioridad, mano, soberanía. || Adalid, capitán, caporal, caudillo, amo, amín, arquisinagogo, autócrata, arraz, cabecilla, caciquear, conductor, corifeo, déspota, dictador, emir, gobernante, ductor, dux, guía, jefe, jeque, líder, mayor, ministro, tutor.

AUTORIZAR. tr. Consentir, dejar, permitir, facultar, conceder, dar derecho, garantizar, legitimar, legalizar.

AUXILIAR. tr. Ayudar, apoyar, socorrer, favorecer, amparar, pedir árnica, asistir, calmar, interponer, interpelar, invocar, acudir. || Voces de auxilio: ¡a mí! ¡Socorro! S.O.S. ¿Auxilio! ¡Valedme! ¡Válgame!

AUXILIO. m. Socorro, ayuda, favor, amparo, asistencia, opitulación, apoyo, interposición, refugio.

AVANCE. m. Anticipo, adelanto (de pesetas), paso, progreso, cosa conseguida, presupuesto, balance.

AVANZAR. tr. Adelantar, ir hacia adelante, progresar, rebasar, marchar, ascender.

AVARICIA. f. Codicia, avidez (afán de adquirir), ambición, mezquindad, tacañería, cicatería, miseria, sordidez, ruindad, miseria, egoísmo, usura. || Afán, codicia, deseo.

AVARO, RA. adj. Avariento, avaricioso, ruin, tacaño, mezquino, roñoso, miserable, usurero, acaparador, codicioso, urraca. || ANT. Derrochador, dilapidador, despilfarrador, desprendido, rumboso, dadivoso, espléndido.

AVASALLAR. tr. Dominar, oprimir, sojuzgar, subyugar, hacer obedecer a alguien.

AVE. f. Pájaro, alado, volátil, pajarraco, avechucho, volatería, palmípedas, rapaces, trepadoras.

AVECINARSE. prnl. Aproximarse, domiciliarse, establecerse, allegarse, radicarse.

AVEJENTAR. tr. Aviejar, envejecer, poner viejo, marchitarse, apergaminarse.

AVENIDA. f. Venida, llegada, llena, crecida. || f. Riada, arriada, alameda, bulevar, arroyada, torrentada. || Paseo, rambla.

AVENIRSE. prnl. Acomodarse, ponerse de acuerdo, adaptarse, amañarse, arreglarse, compenetrarse, hacer buena liga, llevarse bien, hacer buenas migas, estar en paz, estar a partir un piñón.

AVERGONZARSE. prnl. Abochornarse, acholarse, afrentarse, aturdirse, azorarse, azararse, ponerse colorado. || Frs. Salir los colores a la cara, correrse, cortarse, encogerse, embarazarse, enrojecerse, quedarse corrido, quedarse pegado, subirse el pavo, sofocarse. || S.E. *Abochornarse* y *avergonzarse* excitan un movimiento de malestar. ||ANT. Presumir.

AVERIGUAR. tr. Indagar, inquirir, buscar, investigar, dar en el clavo, deducir, descifrar, descubrir, despejar, enterarse, inquirir, inferir, traducir, sonsacar.

AVERSIÓN. f. Aborrecimiento, animadversión, inquina, fobia, fila, hincha, hostilidad, ojeriza, escrúpulo, malquerencia, incompatibilidad, asco, aprensión, animosidad.

AVIAR. tr. Prevenir, preparar, arreglar, disponer, aprestar. || S.E. Se usa en forma transitiva aunque no la admita la Academia. Formas familiares: despechar y apresurar. || prnl. *Aviarse*: arreglarse, vestirse, adornarse. Se usa mucho en formas imperativas.

AVISAR. tr. Amonestar, apercibir, advertir. || Frs. Hacer saber, poner sobre aviso, poner en guardia, hacer señas. || Notificar, prevenir, comunicar, anunciar, llamar, presagiar, indicar, informar. || ANT. Mentir, entretener, engañar.

AVISO. m. Noticia, anuncio, advertencia, notificación, prevención, amonestación, informe, prudencia, precaución. || Frs. ¡Atención! ¡Cuidado! ¡Hombre al agua! ¡Ojo!

AVITUALLAR. tr. Abastecer, proveer vituallas o municiones, suministrar, aprovisionar, proporcionar.

AVIVAR. tr. Activar, intensificar, reanimar, reavivar, atizar, encender, estimular, apresurar, urgir, acelerar, afinar, aguzar, agudizar.

AVIZORAR. tr. Atisbar, estar alerta o atento, acechar, espiar, vigilar, observar, incitar, enardecer.

AYUDA. f. Apoyo, favor, auxilio, protección, amparo, socorro, asistencia, alianza, asociación, beneficencia, cooperativa, influencia, subsidio, sufragio, subvención, mutualidad, hermandad.

AYUDAR. tr. Asistir, secundar, coadyuvar, cooperar, secundar, apoyar, contribuir, sostener, remediar, subvencionar, subvenir, socorrer. || Frs. Hacer bien, servir en bandeja, echar un capote, sacar de apuros. || S.E. *Ayuda* el que presta su cooperación: *auxilia* el que ayuda en los apuros; *socorre* el que remedia una necesidad. || ANT. Abandonar, despreciar, desamparar.

AYUNO. m. Dieta, abstinencia, mortificación, penitencia. || adj. Carente, falto, horro, ajeno, ignorante, inadvertido. || Frs. En ayunas, ayuno de instrucción.

AZADA. f. Azadilla, almocafre, azadón, batidera, binador, escardilla, ligón, ligona, piocha.

AZAR. m. Acaso, casualidad, contingencia, fortuna, suerte, eventualidad, destino, fatalidad, hado, sino. || ANT. Infabilidad, certeza, firmeza. || S.E. Al emprender una empresa, pensamos en sus contingencias y eventualidades.

AZARARSE. prnl. Turbarse, aturdirse, perturbarse, confundirse, azorarse, azararse, enfadarse.

AZOTAR. tr. Fustigar, golpear,

zurrar, flagelar, vapulear, vapular, pegar, apalear, dar una azotaina, batir, golpear violentamente. ‖ Fr. El viento me azota en la cara.

AZOTE. m. Golpe de poca violencia, azotazo, palmada, manotada. ‖ fig. Flagelo, plaga, calamidad, castigo, desgracia, látigo, vara, palo.

AZUZAR. tr. Espolear, hostigar, achuchar, comprometer. ‖ fig. Instigar, zumbar, castigar, encizañar.

B

BABA. f. Saliva que escurre, secreción viscosa, rebaba, babaza, secreción, espumarajo. ‖ Fr. *Caérsele la baba.* ‖ fig. Estar embelesado al oír al otro.

BABERO. m. Pechero, peto, babador, babera, servilleta, delantal.

BÁCULO. m. Bastón, palo, cayado, estaca, vara. ‖ S.E. Al referirse al báculo pastoral, no se puede decir más que báculo.

BACHE. m. Hoyo del camino, desigualdad, socavón, hundimiento, torco, rodada, rodera (de los carros), releje, carrillada, hoyo, excavación, hueco, badén, badina.

BAILAR. intr. Danzar, mover con ritmo, bailotear, zapatear, saltar, girar la trompa. ‖ Frs. b. el agua, b. en la cuerda floja.

BAILE. m. Danza, tripudio, bailoteo, zapateo, coreografía. ‖ Frs. Haber, dar, ofrecer, celebrarse un baile. ‖ Pantomima, brinco, sacudida, extremecimiento. ‖ Juez, magistrado.

BAJA. f. Descenso, disminución, caída, ausencia, decadencia, mengua, pérdida, anulación, quebranto. ‖ Fr. *Causar baja.* ‖ S.E. Referida a bienes materiales o de dinero: *merma, pérdida, quebranto.*

BAJAR. tr, intr. Como intr. *descender.* Como tr. menguar, decrecer, decaer. Para precios o dinero: *rebajar.* ‖ Descabalgar. ‖ fig. Humillar: *bajar los humos.*

BAJO, JA. adj. Pequeño, chico, menudo, menguado, disminuido, decrecido, liliputiense, menino, arrapiezo, cachigordete, calcillas, enano, achaparrado, personilla, pigmeo, rechoncho, regordete, retaco, semihombre, tozo, títere, tapón. ‖ Mezquino, indigno, rastrero, soez, despreciable. Humilde, inferior, poco (de poco precio). ‖ Frs. *Los bajos de la falda; con las cortinillas bajas; oro de baja ley; voz de bajo; hablar bajo o bajito.* ‖ S.E. Si se refiere al calor: *descolorido, apagado*; del sonido: *grave* y en sentido fig. abyecto, rastreo, indigno. ‖ prep. *Debajo de; el brasero está bajo o debajo de la camilla; su genio se ocultaba bajo falsas apariencias.*

BAJÓN. m. Disminución brusca, caída, descenso, desmejoramiento, baja, *merma*: un bajón en los precios, en la salud, o en los valores de bolsa. ‖ TAUR. Bajonazo (golletazo).

BALANCEAR. intr. prnl. Bascular, contrapesar, oscilar. ‖ Columpiar, acunar, mecer, dudar, titubear, vacilar. ‖ Arrullar, bambolear, blandir, brizar, cabecear, traquetear, tremolar, zarandear.

BALANCEO. m. Vaivén, contoneo, oscilación, movimiento, vacilación, columpiamiento. ‖ S.E. *Contoneo* se aplica a los movimientos de cuerpo. ‖ ANT. Quietud, reposo.

BALANZA. f. Utensilio para pesar, báscula romana, báscula automática (brazo, caja, fiel, platillos).

BALBUCEAR. intr. Balbucir, hablar con dificultad, o entrecortadamente, farfullar, tartamudear, titubear.

BALCÓN. m. Hueco, luz, antepecho, mirador, galería, ventana, palco, miradero, vistillas, balconada.

BALDÓN. m. Deshonra, deshonor, oprobio, vituperio, injuria, afrenta, vergüenza. ‖ Fr. *b. de ignominia.*

BALÓN. m. Fútbol, balompié, baloncesto, canasta, pelota, esférico, deporte. ‖ Vasija, botellón: balón de oxígeno.

BÁLSAMO. m. Resina aromática, linimento, ungüento, sahumerio, expectorante. ‖ fig. Consuelo, lenitivo, remedio, calmante, alivio, aliento, alegría. ‖ Cualquier cosa que alivie el dolor o la pena.

BANCAL. m. Tabla, cuadro de huerta, rellano, terraza, arriate, torna, albarrada, amelga, era.

BANCARROTA. f. Quiebra, cese de negocio, desastre, descrédito, apremio, suspensión de pagos, embargo. ‖ S.E. La bancarrota muestra a las claras una malversación de fondos. Hacer quiebra es dejar de pagar los plazos, no supone injuria; la *bancarrota* sí lo es; *tu vecino va a la b.*

BANCO. m. Banqueta, silla, asiento, escaño, cancana, graderío, poyo, sillete. ‖ Banca, establecimiento bancario, valores, bolsa, crédito. ‖ Bandada de peces, cardume.

BANDA. f. MAR. Costado, lado del barco. ‖ Faja, lista, tira, brazal. ‖ Partida, facción, pandilla, cuadrilla. ‖ MÚS. Charanga, chinchín, murga, escoleta, conjunto musical. ‖ Muchedumbre (de aves, peces o insectos). ‖ Frs. *Cerrarse en banda o a la banda*. Obstinarse.

BANDEJA. f. Recipiente plano para vasos, salvilla, plato, mancerina. ‖ Fr. *Servir algo en bandeja.*

BANDERA. f. Enseña, insignia, flámula, banderola, banderín, pabellón, estandarte, gallardete, gallardetón, confalón, grímpola, jirón, oriflama, pendón. ‖ Frs. Bandera a media asta; bandera blanca, bandera de paz, a banderas desplegadas; arriar la bandera (rendirse), dejar bien puesta la bandera.

BANDO. m. Bandera, gente de guerra, bandería, bandosidad, facción, parcialidad, guerrilla, partida, partido. Se usa con los verbos: estar, militar en... pertenecer a. ‖ Secta, clan, aviso, cartel.

BANDOLERO. m. Bandido, malhechor, salteador, facineroso, forajido, monfí, capitán, ladrón.

BANQUETE. m. Festín, ágape, convite, comilona, homenaje, agasajo, gaudeamus, franchela, cuchipanda.

BAÑO. m. Ducha, remojón, ablución, natación, inmersión, higiene, piscina, chapuzón, mojadura. || Balneario.

BAQUETEAR. tr. Molestar mucho, aperrear, brear, cansar, aburrir, achicharrar, golpear, freír, fatigar, zarandear, moler, marear. || Frs. Llevar como un zarandillo, llevar de acá para allá, traer al retortillo, hacer ir de Herodes a Pilatos.

BARAJAR. tr. Reñir, enemistarse, alzar, cortar, levantar, partir, apuntar, arrastrar, arravesar, doblar.

BARBARIDAD. f. Atrocidad, salvajada, bestialidad, dislate, ciempiés, disparate, brutalidad, desaliño.

BARBARISMO. m. Giro de lengua extranjera, extranjerismo, galicismo, anglicismo, germanismo, barbarie.

BÁRBARO, RA. adj. Fiero, atroz, salvaje, cruel, desalmado, vandálico, feroz, inhumano, imprudente, arrojado, alocado, inculto, rudo, cerril, tosco, grosero. || ANT. Manso, reposado, apacible.

BARCO. m. Buque, vapor, nave, navío, bajel, embarcación, nao, flota, armada, escuadra, balandro, acorazado, flotilla, balsa, barcaza, batel, bergantín, carabela, chalupa, embarcación.

BARRANCO. m. Quebrada, barranquera, barranca, torrentera. || fig. Dificultad, embarazo, impedimento.

BARRER. tr. Arrastrar los desperdicios con la escoba, dar un barrido, abalear, dar una escobada. || fig. Arrastrar, atropellar, arrollar, aniquilar, pisotear, dispersar, hacer desaparecer.

BARRO. m. Cieno, fango, lodo, mezcla de la tierra y el agua, légamo, limo, enruna, tarquín, aguaza, albañal, cenagal, chapatal, ciénaga, barrizal, lodazal, fangal.

BARROCO, CA. adj. Líneas curvas y profusión de adornos, borrominesco, recargado, churrigueresco, rococó, plateresco, complicado, charro, exuberante, pródigo, profuso, rebuscado.

BARRUNTAR. tr. Conjeturar, prever, presentir, sospechar, suponer, olfatear. || Si es algo peligroso, sospechar.

BARRUNTO. m. Corazonada, presentimiento, suposición, conjetura, indicio, atisbo, vislumbre, remusgo.

BARULLO. m. Barahunda, bulla, jaleo, confusión, desorden, batiburrillo, lío, anarquía, enredo, escándalo.

BASE. f. Fundamento, cimiento, sostén, apoyo, raíz, centro, origen, basa, radical, razón, génesis.

BASTANTE. adj. y adv. c. Suficiente, asaz, harto, satisfecho, sobrado, congruo, conveniente. || Suficientemente, sobradamente.

BASTAR. tr. Echar bastas. || Se usa mucho como tercio personal: Basta (me basta). || Abarcar, abastar, alcanzar, ser bastante, estar bien, cumplir, dar de sí, satisfacer, no sobrar.

BASTARDO, DA. adj. Ilegítimo, adúltero, innoble (Para personas); innoble, infame, vil, bajo, falso (Para cosas y personas). ‖ m. Serpiente, boa. ‖ En Salamanca, culebra grande.

BASTO, TA. adj. Tosco, rústico, grosero, ordinario, rudo, burdo. ‖ S.E. Casi todos estos sinónimos se aplican a las personas y a los actos humanos. ‖ Inculto, incivil, chabacano.

BASURA. f. Inmundicia, porquería, barreduras, suciedad, bazofia, cochambre, desperdicios, escombros, estiércol.

BATACAZO. m. Costalada, golpetazo, golpazo, porrada, porrazo. ‖ Fig. Fracaso, sopetón, malogro, fiasco. ‖ Frs. Caerse, darse, pegarse un b.

BATALLA. f. Combate, pelea, lucha, lid, contienda, refriega, acción de guerra, choque, colisión, sarracina, escaramuza, encuentro, zalagarda, guerra, milicia. ‖ S.E. En estas palabras existen matices: batalla es el encuentro entre dos ejércitos; *combate* más bien se identifica con pelea, lucha y lid. ‖ ANT. Junta, asamblea, congreso, armisticio. ‖ Loc. Batalla campal; caballo de batalla.

BATALLAR. intr. Luchar, pelear, combatir, lidiar, reñir, contender. ‖ fig. Altercar, disputar, criticar, porfiar, debatir, discutir, litigar, pugnar, cuestionar, controvertir.

BATIDA. f. Exploración, reconocimiento, báqueda, acoso, descubierta. ‖ Seguimiento, persecución, acorralamiento, rastreo, acometimiento, ojeo, cacería, montería, venación, sorpresa.

BATIR. tr. Agitar, mezclar, espesar, disolver. ‖ Azotar, golpear, percutir. ‖ Reconocer, explorar, registrar, rastrear, vencer, derrotar, arrollar, deshacer, dominar. ‖ Esperar, rebasar. ‖ prnl. Luchar, encontrarse con el enemigo. ‖ Vencer a alguien, derribar una fortaleza, batir las banderas. ‖ Batir el cobre.

BAUTIZAR. tr. Cristianar, acristianar (rust.) administrar el bautismo, batear, sacar de pila, poner nombre. ‖ Adulterar el vino o la leche, mojar a otro, aguar, mezclar.

BAZA. f. Partida, mano, juego, cartas ganadas. ‖ Frs. *No dejar meter b.; meter b.* (intervenir).

BEATITUD. f. Bienaventuranza, virtud. ‖ En lo temporal: felicidad, dicha, alegría, satisfacción, placidez, bienestar.

BEATO, TA. adj. Bienaventurado, feliz, justo, predestinado, elegido, virtuoso. ‖ En sentido peyorativo: mojigato, santurrón, gazmoño, hipócrita, beatón. ‖ Fervoroso, ferviente.

BEBER. tr. Tragar un líquido, sorber, libar, catar , abrevar, amorrarse, atizarse, chingar, ingerir, remojar, empinar, emborracharse, trincar, brindar. ‖ Frs. Empinar el codo, tomar unos chatos, tomar unas copas, echarse al coleto, matar el gusanillo, remojar la palabra, remojar el gaznate.

BEBIDA. f. Líquido, licor, agua, zumo, néctar, refresco, caldo, tisana, infusión, leche, vino, coñac, benedictino, aguardiente, caña, chato, vaso, cerveza, anisado, anisete, bíter, cóctel, curasao, manzanilla, marrasquino, mental, mistela, garnacha ginebra, ponche, ron, sangría, sidra, vermut, whisky, aguamiel, agua de selt, champola, gaseosa, limonada, naranjada, café, té.

BEBIDO, DA. adj. Achispado, chispo (no llega a borracho), embriagado, ebrio, agüista, bebedor, alambiquero, dipsómano, borracho, potador, tomador. ‖ ANT. Abstemio, reglado, abstinente.

BEFA. f. Escarnio, ludibrio, mofa, burla grosera, insulto, chufa, desdén, pitorreo, chunga. ‖ S.E. Ludibrio y escarnio se acercan a la befa y los tres términos son afrentosos.

BELDAD. f. Belleza, hermosura, ángel, un gozo, encanto, una maravilla, una monada, ninfa, perla, pimpollo, primor, preciosidad, ricura, serafín, un sueño, divinidad, ángel bueno, una idealidad.

BELLEZA. f. Hermosura, venustidad, estética, armonía, gusto, gracia, delicadeza, elegancia, euritimia, equilibrio, proporción, simetría, primor, encanto, guapura, gallardía, lindeza, desucución, dechado. ‖ S.E. Belleza y hermosura son conjunto de perfecciones. La hermosura habla a los sentidos y supone goce; la belleza nos causa admiración. No nos apasionamos de lo bello sino de lo hermoso, en cambio no se contempla lo bello sino lo hermoso.

BELLO, LLA. adj. Hermoso, agraciado, de mucha apariencia, bien apersonado, apuesto, arrogante, armonioso, de mucho aspecto, pulcro, pulido, bonito, atractivo, cuco, divino, brillante, encantador, esbelto, escultural, gallardo.

BENDECIR. tr. Mostrarse satisfecho de algo o agradecido, alabarlo con agradecimiento, invocar la bendición divina, conferir carácter sagrado, consagrar, honrar, impetrar. ‖ Ensalzar, elogiar, enaltecer, encumbrar, dar gracias. ‖ S.E. Fórmulas más frecuentes: ¡Bendigo la hora en que te conocí! ¡Bendito sea Dios! ¡Que Dios te bendiga, te guíe y te la depare buena! ‖ ANT. Maldecir, reprobar, infortunar.

BENEFICENCIA. f. Ayuda, auxilio, amparo, subvención, limosna, favor, servicio, humanidad. ‖ Altruismo, asistencia, beneficio, caridad, providencia, albergue, asilo, mejora, bien.

BENEFICIAR. tr. Hacer bien, favorecer, amparar, socorrer, respaldar, servir, ayudar. ‖ Frs. Hacer el caldo gordo, prestar buenos servicios. ‖ Aprovechar, explotar.

BENEFICIO. m. Bien, gracia, favor, merced, ganancia, utilidad, fruto, honra y provecho, ventaja, lucro. ‖ S.E. Por el *beneficio* socorremos una necesidad; por el *favor* prestamos un servicio; la *gracia* es un don *gratuito* y la *merced* a veces resulta una remuneración.

BENEFICIOSO, SA. adj. Fructuoso, útil, provechoso, ventajoso, saludable, benéfico, conveniente. ‖ S.E. Un negocio próspero es beneficioso (provechoso). El sol es benéfico o beneficioso para el invierno.

BENEPLÁCITO. m. Anuencia, aprobación, permiso, equiescencia, asentimiento, venia.

BENÉVOLO, LA. adj. Complaciente, afectuoso, indulgente, tolerante, benigno, bondadoso, propicio, magnánimo.

BENIGNO, NA. adj. Benévolo, bondadoso, blando, clemente, indulgente, comprensivo, condescendiente, considerado, humano, magnánimo, suave. ‖ ANT. Malévolo, severo, inconsiderado.

BERRINCHE. m. Rabieta, enfado, llantina, coraje, pataleo, berrenchín, corajina, enfado, disgusto, sofocación, morro. ‖ Frs. Coger, tener, llevarse, dar, tomar un b. ‖ S.E. Berrinche es un intensivo de enojo o coraje y se manifiesta exteriormente con gritos o gestos de enfado.

BESARSE. prnl. Comerse a besos, darse besos. ‖ Acariciar, mimar, besuquearse (despectivo), besucar. En los autores antiguos se decía: dar paz. Aplicar los labios juntos como saludo.

BESTIA. f. Animal, cuadrúpedo, burro, caballería, fiera, alimaña. ‖ fig. Bárbaro, bruto, incivil, grosero, rudo, ignorante, salvaje. ‖ Fr. Es una mala bestia (de malas intenciones).

BESTIALIDAD. f. Brutalidad, barbaridad, fiereza, crueldad, irracionalidad, animalidad, patochada.

BIBLIA. f. Libros Santos, Sagrada Escritura o simplemente escritura, Antiguo Testamento, Nuevo Testamento, Evangelio, Historia Sagrada, Palabra de Dios, Letras Divinas o Sagradas, exégesis, hermenéutica.

BIBLIOTECA. f. Librería, hemeroteca, sala de lectura, estantería, anaquel, archivo, fondos, catálogo.

BICOCA. f. Fortificación pequeña. ‖ Pequeñez, ganga, prebenda, nadería, fruslería, insignificancia, bagatela.

BICHA. f. Culebra (entre personas supersticiosas), bicho, alimaña, musaraña. ‖ fig. Persona malvada o perversa.

BIEN. Gracias, favor, beneficio, merced, don, donación. ‖ Ahorros, bolsa, capital, caudal, cuartos, dinero, erario, fisco, recursos, riqueza, aportación, dote, cesión, fortuna, economía, capitalismo. ‖ Frs. Hombre de bien. ¡Está bien! Estaría bien que... Bienes gananciales. Haz bien y no mires a quién.

BIENESTAR. m. Regalo, comodidad, beatitud, euforia, placer, felicidad, satisfacción, tranquilidad. ‖ Abundancia, riqueza, holgura, bienquerencia, ventura, recursos, dicha, felicidad. ‖ ANT. Malestar, desdicha.

BIENHECHOR. adj. Benefactor, protector, amparador, filántropo, mecenas, dadivoso, caritativo, compasivo.

BILIOSO, SA. adj. Lleno de bilis, colérico, intratable, irritable, atrabiliario, enconoso, malhumorado.

BILLETE. m. Tiket, vale, bono, boleto (AMÉR.), cupón, pápiro, pasaje, reserva, billetaje, carta, cédula de crédito, b. Kilométrico, b. de banco, cheque, papel moneda. ‖ Butaca, entrada, localidad, pase, talonario.

BINAR. intr. Arar por segunda

vez, revolver, cavar por segunda vez, doblar, mantornar, celebrar. || tr. Rendar, edrar, cruzar, repetir, duplicar.

BIOLOGÍA. f. Estructura de los organismos, desarrollo de la vida. || Anatomía, botánica, ecología, embriología, fisiología, microbiótica, medicina, ectoplasma, gen, germen, idioplasma.

BIRLAR. tr. Quitar algo con engaño, robar, hurtar, rapiñar, despojar, afanar, apandar, arrapar, distraer, escamotear, matar. || S.E. *Birlar:* supone astucia y enredo.

BIRRIA. f. Mamarracho, adefesio, facha, vestido risible, chapucería, desastre, fracaso. || En AMÉR. Perro, capricho, obstinación, cosa irracional.

BISBISAR. tr. Bisbisear (por onomatopeya), musitar, mistar, cuchichear, murmurar, susurrar, mascullar.

BIZARRÍA. f. Calidad de bizarro, gallardía, valor, arrojo, osadía, esfuerzo. || Generosidad, esplendidez.

BIZARRO, RRA. adj. Valiente, osado, denodado, esforzado, arrojado, bravo. || Generoso, espléndido, magnífico. || Gallardo, galán, elegante, arrogante, airoso, gentil, garboso.

BIZCOCHO. m. Bollo, galleta, pan sin levadura, bizcotela, budín, costrada, mantecada, pastel, pasta, dulce, tarta, pudding, mojicón, lengua de gato, barquillo, golosina, soletilla.

BLANCO, CA. adj. Suma del espectro, albar, albicante, albillo, albo, albino, armiño, blancuzco, blanquecino, blanquinos, candeal, nevado, níveo, cándi-

do, cano. || Frs. Dar en el blanco, dar, pegar en el b., errar el b., firmar en b., estar sin blanca.

BLANCURA. f. Blanco, albura, candor, albero, albinismo, albor, ampo, nube de ojo, canicie, nieve, albicie.

BLANDO, DA. adj. Tierno, suave, amoroso, blanducho, blandujo, dúctil, esponjoso, espumoso, flácido, flexuoso, fluido, fongoso, fofo, lacio, laxo, hueco, lene, maleable, modelable, moldeable, mollar, mórbido, muelle, mullido, pastoso, pocho, plástico, zorollo. || Benigno, templado. || fig. Flojo, perezoso, cobarde. || S.E. Maticemos algunos sinónimos: *Blando* no ofrece resistencia; *blandengue* es despectivo; *tierno* la ofrece muy pequeña al golpe o a la incisión. El buen asado ha de estar *tierno* y la cama *blanda*, no *tierna*.

BLANDURA. f. Cosa blanda al tacto, suavidad, molicie, blandeza, blandicia. || fig. Amabilidad, benignidad, lenidad, afabilidad, cobardía. || S.E. Veamos a algunos usos: *suavidad* en los afectos y el lenguaje; *lenidad* en el ejercicio del poder; *blandura* en el hombre que cede con facilidad; *afabilidad* en los modales y *benignidad* en el carácter.

BLANQUEAR. tr. Aclarar, emblanquecer, albear (lit.), emblaquear, decolorar, enlucir, encalar, enjabelgar, enyesar, pinta·.

BLASÓN. m. Aguilón, escudo, emblema, heráldica, armas, collar, insignia, leyenda, empresa, lema, mote, anulete, timbre. ‖ fig. Gloria, fama, linaje, motivo de orgullo.

BLOQUE. m. Trozo sin labrar de piedra o mármol, tapia, conjunto compacto, masa. ‖ Frs. b. de viviendas; b. de izquierdas.

BLOQUEAR. tr. Asediar, sitiar, cercar, rodear, circundar, acorralar. ‖ MAR. Incomunicar, inmovilizar.

BOBO, A. adj. Simple, tonto, simplicio, necio, mentecato, bobote, pazguato, bolonio, soso, zampabollos, tarugo, paparote, bodoque, cipote, cuitado, deficiente mental, idiota, lelo, insulso, majadero. ‖ S.E. *Bobo* se emplea como insulto, como falta de inteligencia o listeza. ‖ Fr. *Entre bobos anda el juego.*

BOCA. f. Abertura, fauces, hocico, jeta, pico, morro, bocaza, bocacha, tarasca, tragaderas. ‖ Frs. *b. de riego; b. de verdades; a pedir de boca; andar de boca en boca; boca abajo; b. de lobo; con la boca chica.*

BOCADILLO. m. Panecillo con jamón, queso, tortilla, etc., sandwich, medianoche, refrigerio.

BOCANADA. f. Buchada, buche, sorbo, racha, ráfaga, vaho, soplo, aliento, fumada (de humo).

BOCETO. m. Bosquejo, apunte, croquis, esbozo, proyecto, esquema, borrador, plano, trazos generales.

BOCINA. f. Tornavoz, claxon, trompeta, megáfono, trompa, caracola, trompeta, altoparlante.

BODEGA. f. Cillero, cava, sótano, subterráneo, despensa, silo, dock, depósito, despensa, bodegón.

BOFETADA. f. Cachetada, carrillada, galleta, chuleta, cate, guantada, guantazo, revés, voleo.

BOGA. f. Moda, gusto general, actualidad, reputación, propaganda, fama, auge, prosperidad.

BOLA. f. Globo, pelota, esfera, burbuja, borujo, canica, píldora. ‖ Trola, mentira, paparrucha, falsedad, embuste. ‖ Frs. b. del mundo, dejar que ruede la b.

BOLSA. f. Bolso, fardel, talego, alforja, estuche, faldriquera, saco, saquete, morral, mochila.

BOLSILLO. m. Bolsa, bolchaca, landre, cartera, monedero, portamonedas, estuche con monedas.

BOLLO. m. Abolladura, bulto, chichón. ‖ Cristina, ensaimada, suizo, media noche, bizcocho, roscón.

BOMBA. f. Artefacto de guerra, proyectil, barreno, granada, bala, explosivo, munición.

BOMBO. m. Caja esférica, tambor. ‖ Elogio exagerado, elogio, encomio, alabanza, reclamo, propaganda.

BONANZA. f. Calma, tranquilidad, serenidad, sosiego, escampada. ‖ Prosperidad, riqueza, ganancia.

BONDAD. f. Amabilidad, benevolencia, benignidad, afabilidad, cariño, simpatía, generosidad, magnanimidad. ‖ Apacibilidad, dulzura, blancura, amabilidad, mansedumbre. ‖ Frs. *Tenga la bondad* (Galicismo) en vez de: *haga usted el favor.*

BONITAMENTE. adv. m. Diestramente, mañosamente, disimuladamente, con maña, facilidad o disimulo, tranquilamente, tan ricamente. ‖ *La sacó bonitamente los billetes del bolsillo.*

BONITO, TA. adj. Bello, hermoso, agradable, cuco, decorativo, vistoso, delicado, divino, lindo, gracioso, mono, una idealidad, precioso. ‖ m. (pez) biza, bonítalo, melva, atún. ‖ S.E. *Hermoso* y *bello* suponen una cualidad más alta que bonito; *lindo* se refiere a una proporción y armonía en lo pequeño; *gracioso* en su andar o hablar.

BOQUILLA. Brocal, extremidad del cigarro, abertura, orificio, mechero, embocadura, boquera.

BORDAR. tr. A mano, a máquina, a realce, a punto de cruz. ‖ Embarcinar, labrar, briscar, marcar, recamar, adornar, coser, ornamentar, festonear, hacer un encaje, torchar.

BORDE. m. Orilla, extremo, canto, banda, lado, contorno, cantil, bajo, arista, labio, reborde, límite, marbete, festón.

BORRACHERA. f. Embriaguez, ebriedad, chinga, chispa, cogorza, filoxera, juma, jumera, melopea. ‖ S.E. Burlescos: mona, merluza, curda, loba, pítima, zorra, papalina, tajada. ‖ Frs. *Delirium tremens, dormir la zorra, dormir la mona o el vino.*

BORRACHO, CHA. adj. Beodo, ebrio, achispado, alegre, ahumado, ajumado, alumbrado, bebedor, bebido, embriagado, curda, curdela, calamocano, temulento, borrachín. ‖ Frs. *En-*

tre Pinto y Valdemoro, entre dos luces, hecho una cuba.* ‖ S.E. *Beodo* es el borracho habitual. Son términos cultos y eufemísticos: embriagado y ebrio, afumado y curdela son populares.

BORRAR. tr. Despintar, borrajear, esfumar, desvanecer, emborronar, enmendar, pasar la esponja, raspar, tachar, tildar, pasar la goma. ‖ prnl. Darse de baja, pedir la baja.

BORRASCA. f. Tempestad, tormenta, temporal (si dura tiempo), alteración, atmósfera. ‖ fig. Riña de palabra, altercado, discusión violenta, enfado, pelotera.

BORRÓN. m. Mancha, tachadura, raspadura, enmienda, chafarrinón. ‖ Mácula, imperfección, acción indigna.

BORROSO, SA. adj. Confuso, nebuloso, borrado, desdibujado, emborronado, tachado, ininteligible.

BOSQUE. m. Selva, parque, espesura, fosca, fragosidad, manigua, oquedal, robledal, monte. ‖ S.E. La selva es extensa y muy poblada de árboles e inculta; hay *monte* alto poblado de árboles y *bajo* con arbustos y matas. El parque depende de un palacio.

BOTÁNICA. f. Ciencia de los organismos vegetales, fitografía, herbolaria, flora, patología vegetal, jardín botánico.

BOTAR. tr. Hacer entrar en agua un barco recién construido. ‖ Rebotar, saltar, brincar (int.). ‖ S.E. Si se refiere a personas echar fuera a alguien , despedir; si de cosas: tirar, lanzar, arrojar una cosa. ‖ Fr. *Estar* *uno que bota.* Ponerse furioso o indignado.

BOTARATE. m. Hombre sin juicio ni formalidad, tararira, atolondrado, irreflexivo, badulaque, chisgarabís, chiquilicuatre, fantoche, gamberro, gaznápiro, idiota, estúpido, imbécil.

BOTÓN. m. Yema, brote de las plantas, broche, pieza que se oprime en el timbre, pomo, pieza de algunos instrumentos músicos. ‖ pl. Botones: muchacho para los recados.

BÓVEDA. f. Cúpula, domo, ábside, cimborrio, cupulino, luneta, arbotante, cimbra, clave, enjuta.

BOYANTE. adj. Feliz, rico, acomodado, afortunado, próspero, orondo, radiante, floreciente.

BRAMAR. intr. Mugir, rugir, emitir su voz el toro, emitir una persona sonidos fuertes de cólera o dolor violento, ulular, emitir el mar un ruido semejante a un bramido.

BRAVATA. f. Baladronada, bravuconada, brabuconería, dijes, fanfarronada, fanfarria, jactancia, valentonada.

BRAVO, A. adj. Valiente, emprendedor, animoso. ‖ S.E. Aplicado a personas y animales: montaraz, cerril, bagual, salvaje, bravío, feroz, colérico, violento, embravecido. Si se trata de un terreno agreste: abrupto, fragoso, bravío. ‖ Magnífico, notable, bravo, excelente.

BRAVUCÓN, ONA. adj. Baladrón, fanfarrón, valentón, chulo, matasiete.

BRAVURA. f. Valentía, valor, ánimo. ‖ Fiereza, ferocidad, braveza. ‖ Coraje, ímpetu, impavidez. ‖ S.E. Bravura equivale a veces a valor, esfuerzo, arrojo. Se dice la *bravura* del toro y la *braveza* del amor que es la fuerza puesta en movimiento.

BREVE. adj. Pequeño (sus pies breves), corto, conciso, fugaz, fugitivo, efímero, momentáneo, instantáneo, sucinto, sumario. ‖ S.E. *Corto* se relaciona con la cantidad y la duración. Se aplica más a la duración. Se dice: un discurso corto, la reunión fue corta o breve.

BRILLANTE. adj. Fúlgido (término lit.) Resplandeciente, fulgente, flamante, nítido, fulgurante, lustroso, luciente, rutilante, radiante, refulgente. ‖ fig. Admirable, sobresaliente, magnífico.

BRILLAR. intr. Brillear, espejear, centellear, coruscar, fulgir, lucir, relampaguear, titilar, rutilar, rielar. ‖ fig. Descollar, sobresalir, figurar, destacar, distinguirse.

BRILLO. m. Brillantez, esplendor, resplandor, lustre, fulguración, irisación, oriente, refulgencia.

BROCHE. m. Automático, botón, brochadura, cremallera, cierre, clip, corchete, hebilla, pasador.

BROMA. f. Algazara, bulla, diversión, risa, humor, jarana, gresca, alegría. ‖ Chasco, engaño, gansada, pulla, burla, chiste, chufla, chacota, chasco, mofa, guasa, chanza, chirigota, chunga, cuchufleta, donaire.

BROMEAR. intr. prnl. Chancearse, guasearse, jaranear, chicolear, chaquear, enredar. ‖ Frs. Tomar a broma, tomar a risa, no dar importancia, pitorrearse. ‖ ANT. Veras, exactitud, austeridad.

BROMISTA. adj. com. Guasón, burlón, chacotero, jaranero, chancero, ganso, animado, gracioso, jovial.

BRONCA. f. Discusión violenta, represensión, reyerta, agarrada, regañina, riña, abucheo, escándalo, protesta, jaleo.

BROTAR. intr. Asomar, echar brotes, encepar, entallecer, germinar, retoñar, salir, verdear, verdecer.

BROTE. m. Pimpollo, renuevo, retoño, chupón, cogollo, pámpano, plúmula, vástago, tallo, yema.

BROZA. f. Hojarasca, bálago, cieno, maleza, espesura, desperdicios, desecho, desagüe, cosa de relleno.

BRÚJULA. f. Aguja imantada, saeta, bitácora, calamita, capitel, estilo. ‖ Fr. Aguja de marear.

BRUJULEAR. intr. Intrigar, hacer gestiones con habilidad, manejarse, atisbar, descubrir.

BRUMA. f. Neblina, niebla, brumazón (si es espesa). ‖ S.E. Se dice *bruma* en el mar y *niebla* en la tierra.

BRUMOSO, SA. adj. Neblinoso, nebuloso, con bruma. ‖ fig. Confuso, oscuro, incomprensible, no claro.

BRUSCO, CA. adj. Adusto, arisco, áspero, bruto, grosero. ‖ fig. Desagradable, tosco, desapacible, imprevisto, repentino.

BRUTO-BRUTAL. adj. Necio, incapaz, brusco, cernícalo, grosero, torpe, bestial, burro, cafre, caníbal, gamberro, salvaje, desconsiderado. ‖ S.E. Brutal se añade a algunos sustivos de diversos matices, p. ej.; *una velocidad b.; una muchacha b.* (de hermosa).

BUENAMENTE. adv. m. Cómodamente, sencillamente, naturalmente, fácilmente, convenientemente, laudablemente, estimablemente, excepcionalmente, oportunamente. ‖ Voluntariamente.

BUENO, NA. adj. Amable, bondadoso, benévolo, caritativo, abnegado, alegre, de buen carácter, apto, dispuesto, dócil, digno, honrado, justo, buenazo, llano, sereno, virtuoso, tolerante. ‖ Frs. *b. acierto, buen aire, b. aldabas, a quien buen árbol se arrima buena sombra le cobija. ¡Estaría bueno! Lo bueno es que...; de buen corazón, buenos días.*

BUFÓN, NA. adj. Chocarrero, clown, payaso, tonto, gracioso, mimo, histrión. ‖ m. y f. Truhán.

BULTO. m. Volumen, tamaño. ‖ Burujo, chichón, grano, grumo, habón, hinchazón, montón, nudo, relieve.

BULLA. f. Algarabía, algazara, aquelarre, broma, bochinche, bolina, bullanga, bullicio, jaleo, jarana, jollín, jolgorio, asonada, maremágnum, juerga, mitote, rebullicio, griterío, escándalo.

BULLIR. intr. Pulular, agitarse, hormiguear, rebullir. ‖ Fr. Las ideas bullen en su mente. ‖ S.E. Si se refiere a líquidos:

hervir, burbujear. Si a una junta de animales: agitarse, hormiguear, pulular.

BURLA. f. Mofa, rechifla, pitorreo, abucheo, cachondeo, chacota, candonga, chasco, chirigota, chuzonería, coba, cuchufleta, escarnio, guasa, irrisión, inocentada, sarcasmo, parodia.

BURLAR. tr. prnl. Chasquear, engañar, frustar, zaherir, despreciar, zumbar, cantar la trágala, remedar, hacer mofa. ‖ prnl. Burlarse: mofarse, reírse, mantear, escarnecer, chancearse.

BUSCAR. tr. Rastrear, averiguar, cachear, andar a la caza de algo, inquirir, indagar, otear, explorar, examinar, procurar, perseguir, dar una batida, dar vueltas. ‖ Frs. *b. camorra; b. la aguja en un pajar; b. las cosquillas; buscarse complicaciones.*

C

CABALGAR. intr. Caminar sobre la caballería, ir a lomos de..., montar, jinetear, montarse a caballo.

CABALMENTE. adv. m. Justamente, acabadamente, perfectamente, correctamente, adecuadamente.

CABALLERO-CABALLEROSO, SA. adj. Hidalgo, noble, espléndido, señor, digno, respetable, gentilhombre, maestrante. || *Caballeroso:* cortés, galante, romántico, gentil, diplomático, delicado, fino. || S.E. Tratamiento antepuesto: *oiga, señor.* || C. cadete; c. legionario.

CABALLEROSIDAD. f. Hidalguía, nobleza, dignidad, lealtad, pundonor, generosidad, cortesía.

CABAÑA. f. Choza, vivienda tosca en el campo, rancho, barraca, chamizo, chabola, tugurio, cobijo.

CABELLO. m. Pelo, bozo, pelusa, hebra, crin. || Rizo, guedeja, mechón, onda, bucle, tirabuzón.

CABER. tr. Ser bastante ancho, coger, tener espacio suficiente, tener capacidad, englobar, reunir, ser algo posible o admisible, contener, entrar, encerrar, alcanzar.

CABEZA. f. Bautismo, calamocha, calamorra, casco, coca, cocota, mocha, crisma, mollera, molondrón. || S.E. Significados *jocosos:* calabaza, coca, chola; *figurados:* capacidad, talento, inteligencia, cerebro; *burlescos:* chirumen, cacumen, caletre; fig. Jefe, superior, director. || fig. Origen, principio, vértice.

CABIDA. f. Capacidad, espacio, volumen interior, área, extensión, superficie, privanza con alguien.

CABO. m. Extremidad, punta, remate, cuerda, hilo, amarra, extremo, porción que queda de la vela. || pl. Aparejos, jarcias, cable, filástica, mango, fin, final, promontorio, lengua de tierra. || Frs. *c. suelto; c. de escuadra; al cabo de los años; atar cabos; de cabo a rabo; llevar a cabo.*

CABRIOLA. f. Salto, brinco, pirueta, volvereta, títeres, acrobacia, equilibrio, habilidad, rebote.

CACHARRO. m. Vasija, pote,

olla, trasto, cachivache bártulo, utensilio, trebejo.

CACHAZA. f. Flema, calma, lentitud, asadura, pachorra, parsimonia, pesadez, asadura.

CACHETE. m. Bofetada; AMÉR. y CAN. cachetada. ‖ Cachetina, sopapo, soplamocos, pescozón, galleta.

CADÁVER. m. Cenizas, huesos, despojos, muerto, difunto, mortales, momia, finado, fiambre.

CADENA. f. Serie, dependencia, sucesión, enlace. ‖ Esposas, cadeneta, grilletes, leontina, ataduras, exclavitud.

CADENCIA. f. Medida, ritmo, compás, movimiento, armonía, acento, aire, danza, regularidad.

CAER. intr. prnl. Dar de bruces, bajar, descender. ‖ Frs. *Perder el equilibrio, romperse las narices, morder el polvo, dar en tierra, medir el suelo, venir abajo, besar la tierra.* ‖ fig. Desaparecer, perecer, morir, sucumbir, derrumbarse, despeñarse.

CAÍDA. f. Golpe, guarrazo, culada, costalada, porrazo, tumbo, talegada, prolapso. ‖ Bajada, descenso. ‖ fig. Falta, desliz.

CAJA. f. Arca, arqueta, arquimesa, bombonera, baúl, cofre, cartuchero, hucha, jaula, joyero, maletín, petaca.

CALABAZA. f. Acocote, ayote, caigua, calabacín, cidrayota, curugúa.

CALAÑA. f. Natural, índole, calidad, muestra, modelo, patrón, horma. Es buena y mala. ‖ S.E. Cuando no se califica lleva sentido despectivo: con gente de su calaña.

CÁLCULO. m. Cuenta, cómputo, ficha, tanto. ‖ Conjetura, suposición. ‖ Litiasis. ‖ pl. *Cálculos,* mal de piedra. ‖ S.E. Se dice la cuenta de la cesta de la compra y el cálculo de la distancia entre la luna y la tierra.

CALIDAD. f. Excelencia, bondad, clase, cualidad, perfección, virtud, eficacia, índole, propiedad, jaez, aptitud. ‖ S.E. Se define calidad como el conjunto de cualidades. Se llama calidad y no cualidad del buen vino, porque tiene solera, y clase, mejor todavía «bouquet» o aroma vinaria.

CÁLIDO, DA. adj. En esta forma es voz culta. ‖ Caliente, caluroso, ardoroso, tórrido. ‖ fig. Afectuoso, suave, amistoso, amoroso, amable. No se dice agua cálida para afeitarse, sino agua caliente.

CALIFICAR. tr. S.E. En el estilo corriente no se usa *cualificar, cualificación y cualitativo.* ‖ Adjetivar, apreciar, catalogar, clasificar, conceptuar, encasillar, estimar, enjuiciar, evaluar, motejar, notar, censurar. ‖ ANT. Descalificar, desestimar, devaluar.

CÁLIZ. m. Copa, vaso, grial, eucaristía. ‖ Fr. Apurar el cáliz de amargura.

CALLAR. intr. Enmudecer. ‖ tr. Omitir, acallar, ocultar, amordazar, atajar, silenciar, reservar, pasar, excluir. ‖ prnl. *Callarse.* Amordazarse, aguantarse, no chistar. ‖ Sigilar es literario.

CALLE. f. Vía, carrera, rúa, arteria, pasaje, calzada, travesía, zacatín, bulevar, ronda. ‖ Ejemplos: *Vía Apia, Rúa Mayor, Carrera de San Jerónimo.*

CÁMARA. f. Sala, salón, pieza, aposento, saleta. ‖ Parlamento, congreso, senado. ‖ Neumático.

CAMBIO. m. Alteración, cambalache, cambiazo, crisis, conmutación, desarrollo, enmienda, innovación, evolución, inversión, permuta, mudanza, modificación, novedad, revolución, trastrueque, vaivén, vuelta.

CAMINO. m. Vía, sendero, senda, rodeo, trocha, vereda, trayecto, ribazo. ‖ fig. Procedimiento, modo, manera. ‖ Viaje.

CAMPECHANO, NA. adj. Franco, llano, sencillo, alegre, abierto, campechanote, confianzudo, dadivoso, generoso.

CAMPEÓN. m. Vencedor, paladín, jefe, adalid, cabecilla, caudillo, héroe, finalista, defensor, sostenedor, esforzado en una causa. ‖ Primero, sobresaliente, triunfador, triunfante en el torneo o en el desafío.

CAMPESINO, NA. adj. Labrador, labriego, rústico, capipardo, charro, destripaterrones, isidro.

CAMPO. m. Capiña, labrantío, sembrados, cultivos, tierra, terreno, campaña, campamento.

CAMUFLAR. tr. Galicismo por disfrazar, enmascarar, encubrir, disimular, desfigurar.

CANAL. m. Estrecho, cauce, acequia, alcantarilla, atajea, azarbe, cacera, desaguadero, regata, regato, reguera, reguerón, caño, canalón, conducto, canalizado. ‖ Estría.

CANALLA. f. Gentuza, marrana-

lla. ‖ adj. ruin, bribón, bajo, miserable, pillo, sinvergüenza, mala bestia, mal bicho, felón, granuja, indeseable, malandrín, bandido, mal nacido.

CANASTA. f. Canasto, banasta, canastilla, cesto, cestilla, cuévano, cesta, lance del juego del baloncesto.

CANCELAR. tr. Anular, abolir, dejar sin valor, declarar el cese, saldar, pagar totalmente. ‖ S.E. Si se trata de una deuda: *saldar, extinguir.*

CÁNCER. m. Cuarta zona del zodíaco. ‖ Tumor grave, cangro, carcinoma, epitelioma, papiloma, sarcoma, tumor canceroso, tumor maligno, escirro, cefaloma.

CANDIDATO. m. Aspirante, pretendiente, solicitante, elegible, persona propuesta, papable.

CANDIDEZ. f. Sencillez, candor, ingenuidad, inocencia, blancura, pureza, credulidad. ‖ S.E. *Candor, ingenuidad e inocencia* están en una línea muy próxima de significados.

CÁNDIDO, DA. adj. Sencillo, candoroso y sincero (muestran su pureza de intención), simple, blanco, ingenuo, sin malicia, fácil de engañar, puro, crédulo, incauto, de buena fe.

CANJE. m. Cambio, trueque, permuta, vuelta, sustitución, trapicheo, intercambio.

CANJEAR. tr. Cambiar, trocar, permutar, sustituir, intercambiar, cambalachar, trapichear.

CANSANCIO. m. Fatiga, laxitud, hastío, aburrimiento, tedio, fastidio, desfallecimiento, desmayo, dejamiento, flogedad, saciedad, hartura, moledura, molimiento, agujetas.

CANSAR. tr. prnl. Fatigar, agotar, aburrir, fastidiar, desmadejar, hartar, moler, dejar molido, traer a mal traer, dejar hecho añicos, abrumar, agobiar, extenuar, destrozar. ‖ prnl. Cansarse, agotarse, fastidiarse, estar con la lengua fuera. ‖ Otras frs. no poder más, tener los huesos molidos, caerse a pedazos, no poder respirar, echar la lengua.

CANTADOR, ORA. m. y f. Cantante, cantaor, cantatriz, bayadera, corista, cupletista, chantre, juglar, rapsoda, seise.

CANTAR. tr. m. Modular, entonar, gorgoritear, jalear, salmodiar, corear, berrear, solfear, tararear, vocalizar, loar, elogiar, encomiar. ‖ m. Canción, copla, pieza, sinfonía, melodía, alborada, barcarola, canción de cuna, chacona, himno, nana, nocturno, tonada, tonadilla.

CANTIDAD. f. Cuantía, importe, suma, un tanto, porción, parte, porcentaje, dosis, raudal, abundancia. ‖ S.E. Cuantía lleva sentido ponderativo. ‖ ANT. Mezquindad, poquedad, miaja, pizca.

CANTO. m. Filo, borde (c. de una peseta), esquina, arista, orilla, margen, piedra, guijarro, pedazo (c. de pan). ‖ Canción, copla, tonada, cantar, trova, balada, poesía, melodía, cantilena, coro.

CAÑA. f. Mimbre, junco, bambú, vara, bejuco, carrizo, enea, cálamo, canuto, bengala.

CAÑADA. f. Vía de paso del ganado, colada, cordel. ‖ Vaguada, valle, hondonada, barranca, quebrada.

CAÑÓN. m. Tubo de las armas de fuego, máquina de guerra, mortero, obús, túnel, chimenea.

CAPA. f. Manteo, manto, pañosa, capote, túnica. ‖ Tonga, tongada, veta, franja. ‖ fig. velo, máscara, pretexto, excusa. ‖ GEOL. Estrato. ‖ En el pelo del caballo: pelo, pelaje.

CAPACIDAD. f. Almud, aforo, tonelaje, arroba, cahiz, cántara, celemín, cuartillo, fanega, codo, galón, hanega, litro, máquina, pamilla, pie, tinaja, tonelada, urna, aspilla.

CAPAZ. adj. Competente, apto, inteligente, idóneo, experto, suficiente. ‖ Espacioso, vasto, extenso, grande, ancho. ‖ ANT. Incapaz.

CAPCIOSO, SA. adj. Engañoso, insidioso, artificioso, falaz, embaucador, sofisticado, ilusorio.

CAPITAL. adj. m. Principal, fundamental, primordial, básico, cardinal, radical. ‖ m. Caudal, hacienda, patrimonio, bienes, fortuna, dinero. ‖ f. Urbe, cabeza, ciudad, metrópoli.

CAPITULACIÓN. f. Convenio, pacto, ajuste, concierto, entrega, rendición, sumisión, vasallaje. ‖ f. pl. Capitulaciones matrimoniales, capítulos.

CAPITULAR. intr. tr. Pactar, concertar, convenir rendirse, entregar, someter, ajustar. ‖ intr. Entregarse, rendirse, transigir, subordinarse, acatar, pacificar.

CAPÍTULO. m. Sección del cabildo, título, apartado, parte. ‖ Artículo, concepto, partida, renglón. ‖ pl. Capitulaciones, capítulos.

CAPRICHO. m. Antojo, gusto,

deseo, humorada, tema, fantasía, extravagancia, golondro, gustazo, maña, perra, obstinación.

CAPRICHOSO, SA. adj. Antojadizo, caprichudo, injustificado, inconstante, arbitrario.

CAPTAR. tr. Percibir, recoger, coger, aprehender. ‖ prnl. Atraerse, granjearse, conseguir, lograr, conciliarse, conquistarse, ganarse. ‖ ANT. Liberar, perser, rechazar.

CARA. f. Rostro, semblante. ‖ S.E. Despectivos: jeta, caradura, hocico; apreciativos: palmito, geme. Finura de estilo: rostro, faz, aspecto, continente, fisonomía, semblante, gesto, mohín, mueca, visaje.

CARÁCTER. m. Modo, manera de ser, genio, índole, temple, natural, condición, temperamento, idiosincrasia. ‖ Voluntad, firmeza, energía, entereza, inflexibilidad, rigidez. ‖ ANT. Calzonazos, infeliz, nadie, títere.

CARACTERÍSTICO, CA. adj. Peculiar, singular, propio, distintivo, caracterizado.

CÁRCEL. f. Prisión, chirona, gayola, trena, estaribel, correccional, penal, mazmorra, celda.

CARECER. intr. Faltar, no poseer, necesitar, estar falto o necesitado, estar en ayunas o en blanco.

CARENTE. adj. Falto, desprovisto, desabastecido, desguarnecido, despojado, desnudo, exhausto, desalajado, horro.

CARESTÍA. f. Falta, escasez, penuria, sobreprecio, alza, inflación, subida, encarecimiento. ‖ S.E. La carestía produce el encarecimiento o subida de precios o el alza.

CARETA. f. Máscara, mascarilla, antifaz (cuando es de tela), camuj, carátula. ‖ Frs. Quitarse la careta (desmascararse).

CARGA. f. Peso, fardaje, bagaje, impedimenta, flete, carretada, pacotilla, lastre, sobrecarga, sobrepeso. ‖ fig. Gravamen, censo, contribución, hipoteca, servidumbre, obligación. ‖ MIL. Embestida, ataque, acometida.

CARGAR. tr. Abarrotar, estibar, descansar, gravitar, agobiar, arrumar, embarcar, lastrar, recargar, sobrecargar. ‖ Apechugar, embestir, atacar. ‖ Achacar, culpar, imputar, atribuir. ‖ Fastidiar, enojar, molestar, irritar, importunar, aburrir, enfadar. ‖ Gravar, imponer.

CARGO. m. Acción de atribuir, inculpación, imputación. ‖ Plaza, puesto, empleo, destino.

CARICIA. f. Halago, fiesta, cariño, mimo, arrumaco, carantoña, beso, caroca, cucamona, gachonería, garatusa, lagotería, zanguana, zalema. ‖ Mamola, monada, palmada, ternura, zalamería. ‖ Gentileza, bondad, agasajo, abrazo. ‖ S.E. *Zalema* es cortesía fingida; la *lagotería* es adulación servil y *carantoña*, afán de lisonjear.

CARIDAD. f. Inclinación de ayudar al pobre, limosna, socorro, dádiva, humanidad, amor al prójimo, buena obra, beneficencia.

CARIÑO. Afecto, apego, afición, ternura, sentimiento amistoso, chifladura, chochez, chochera, debilidad, dilección, dulzura, ilusión, entrega, inclinación, pasión, ley, querencia, querer.

CARIÑOSO, SA. adj. Amable, afectuoso, afable, cálido, cordial, dulce, efusivo, expansivo, expresivo, meloso, tierno, amartelado. ‖ S.E. *Apelativos cariñosos:* alma de mi alma, de mi corazón, de mis entrañas, de mi vida, vida mía. ‖ ANT. Tacaño, inhumano, despiadado.

CARNAVAL. m. Mascarada, baile con disfraces, carnestolendas, antruejo, careta, antifaz, serpentina.

CARNE. f. Chicha, músculo, magro, chuleta, crioja, molla, vianda. ‖ Buey, caballo, carnero, cerdo, cordero, lechal, res, ternasco, ternera, toro, vaca, carnaza, carnada. ‖ Fr. En carne viva.

CARO, RA. adj. Costoso, dispendioso, encarecido, valioso, disparatado, excesivo, exorbitado. ‖ Amado, querido, estimado, bienquisto, idolatrado, inolvidable, apreciado.

CARRERA. f. Carrerilla, curso, pista, hipódromo, meta, trayecto, recorrido, camino, órbita, competición, canódromo. ‖ Frs. c. de galgos, (competición de velocidad). c. de automóviles, c. de bicicletas, c. de entalegados. ‖ Profesión.

CARRETERA. Camino ancho, calle, pista, vía, autopista, bache, badén, cuesta, meandro, pendiente, revuelta, vuelta, zigzag, calzada, avenida, carril, ronda, cruce, rodeo.

CARRUAJE. m. Vehículo, automóvil, cabriolé, calesa, calesín, carretela, carricoche, biga, carroza, carruca, cupé, diligencia, manuela, autobús, tartana, tílburi, quitrín, troica, landó, simón.

CARTA. f. Misiva, epístola, besalamano, circular, comunicación, encíclica, continental, escrito, mensaje, unas letras, cuatro letras, pastoral, pliego, postal, parte, oficio. ‖ pl. naipes.

CARTEL. m. Escrito o dibujo con anuncio, pancarta, rótulo, octavilla, edicto, proclama.

CARTERA. f. Portafolio, billetero, monedero, tarjetero, portapapeles, mochila, macuto. ‖ Negocio, carpeta, cabás. ‖ Manga, bocamanga. ‖ fr. c. de Estado; Ministro sin c.

CASA. f. Morada, hogar, vivienda, residencia, apartamento, mansión, alojamiento, barraca, cabaña, casuca, casucha, chabola, chalet, cuartel, escuela, habitación, palacete, hospedaje, cuchitril, tugurio. ‖ c. matriz; c. de locos; c. de maternidad; c. de modas; c. non sancta; c. de oración.

CASARSE. prnl. Llevar al altar, unirse, desposarse, tomar estado, llevar a la Iglesia, tomar mujer, dar el braguetazo.

CASCO. m. Trozo de vasija rota, almete, morrión, yelmo, celada, cimera, mentonera, blasón. ‖ S.E. En las caballerías: pezuña, suelo, vaso.

CASO. m. Suceso, acontecimiento, ocasión, lance, conyuntura, ocurrencia, casualidad, asunto, cuestión. ‖ c. de conciencia.

CASTA. f. Raza, herencia, familia, estirpe, generación, linaje, progenie, prosapia, ralea. ‖ S.E. *Casta y raza* se dice de animales y hombres. Son términos de nobleza: *estirpe y prosapia; ralea* es despreciativo.

CASTIGAR. tr. Sancionar, penar, arrestar, atormentar, atenazar, azotar, colgar, crucificar, degradar, decapitar, atizar, golpear, lapidar, desterrar, ejecutar, confinar, excomulgar, fustigar, fusilar. ‖ Frs. Meter en cintura, pasar por las armas, sacudir el polvo, sacar a la vergüenza, mandar a galeras. ‖ S.E. Si se trata de escritos, *corregir, enmendar.*

CASTIGO. m. Sanción, punición, corrección, correctivo, confiscación, degradación, destierro, escarmiento, excomunión, condena, fusilamiento. ‖ S.E. Punición viene de *punire* (lat), castigo es el acto de imponer una pena. ‖ fig. Aflicción, mortificación, angustia, pesadumbre.

CASTIZO, ZA. adj. Genuino, auténtico, puro, propio, correcto (del lenguaje), de gracia desenfadada.

CASTO, TA. adj. Honesto, puro, continente, inocente, púdico, purodoso, recatado, virgen, virtuoso.

CASUAL. adj. Fortuito, accidental, eventual, aleatorio, imprevisto, imprevisible, inesperado.

CASUALIDAD. f. Acaso, coincidencia, lance, fortuna, chiripa, chamba, carambola, azar, suerte.

CATAPLASMA. f. Emoliente, revulsivo, bizma, emplasto, embrocación, fomento, apósito, tópico, linaza, mostaza.

CATEGORÍA. f. Condición, clase, esfera, consideración, estado, grado, graduación, jerar-

quía, importancia, laya, linaje, pelaje, posición, rango, prestigio, ralea.

CATEGÓRICO, CA. adj. Terminante, imperioso, absoluto, concluyente, decisivo, apodíctico, contundente, dogmático, rotundo, tajante. ‖ Fr. *Lo dijo Blas punto redondo.*

CATÓLICO, CA. adj. Universal (etimolog.), cristiano, fiel, nazareno, ortodoxo, papista, romano.

CAUCE. m. Álveo, cuérnago, acequia, arroyo, arroyada, azarbe, agüera, badén, canal, caz, reguera.

CAUDAL. m. Caudaloso, afluente, cantidad de agua. ‖ Capital, bienes, tesoro, dinero, hacienda. ‖ fig. Abundancia, copia.

CAUSA. f. Motivo, móvil, materia, pábulo, por qué, quid, principio, destino, pretexto, origen. ‖ Pleito, proceso. ‖ S.E. A causa de, a consecuencia, de, por razón o efecto de.

CAUSAR. tr. Acarrear, arrastrar, decidir, desencadenar, desatar, producir, originar, determinar, dar lugar, motivar, provocar, traer, ocasionar, provocar, dar origen.

CAUTELA. f. Prevención, circunspección, moderación, cuidado, disimulo, prudencia, reserva, sigilo, tiento, transtienda. ‖ Astucia, maña, engaño. ‖ S.E. La *precaución* procede de la prudencia y la *cautela* de la astucia. En la cautela hay *disimulo*, en la precaución *reserva.*

CAUTIVAR. tr. Aprisionar, apresar, capturar, prender. ‖ fig. Seducir, atraer la atención, la simpatía, o el amor, embelesar. ‖ Frs. *Cautivar con su gracia o con su palabra.*

CAUTIVERIO. m. Estado de cautivo, cautividad, esclavitud, falta de libertad. ‖ S.E. La *cautividad* hace pensar en su duración (c. de Babilonia), el *cautiverio* en su condición.

CAUTIVO, VA. adj. Prisionero, sumiso, preso, encarcelado. ‖ fig. Atrayente, seductor, seducido, retenido. ‖ S.E. Los poetas han usado en sentido figurado cautivo, cautiverio y cautividad.

CAUTO, TA. adj. Cauteloso, prudente, receloso, previsor, precavido, circunspecto. ‖ Hábil, astuto, fino, taimado.

CAVAR. tr. Remover la tierra, abrirla con la azada, socavar, labrar, desterronar, binar, entrecavar, excavar, mullir.

CAVIDAD. f. Hueco, concavidad, seno, vacío. ‖ Abismo, alvéolo, barranco, cárcava, excavación, grieta, caverna, cripta, hundimiento, oquedad, hendedura, hoya, pozo.

CAVILAR. tr. intr. Pensar, preocuparse, rumiar, quebrarse la cabeza, repensar, dar vueltas.

CAZADOR, RA. m. y f. Ojeador, montero, alimañero, batidor, buitrero, venador, lacero, acechador.

CAZAR. tr. Pillar, atrapar, pescar, coger, acosar, acechar, batir, buitrear, ojear, venar, palomear.

CAZURRO, RRA. adj. Aparentemente sumiso, taimado, ladino, zorro, socarrón, astuto, marrajo, hipócrita.

CEDER. intr. Someterse, doblegarse, acceder, cejar, replegarse, flaquear, conceder, abdi-

car, desprenderse, resignarse, prescindir. ‖ Frs. *Cantar la palinodia, hincar el pico, ponerse en razón, darse por vencido.*

CELEBRAR. tr. Festejar, solemnizar, conmemorar, dar una fiesta. ‖ Congratularse, lisonjearse, alegrarse de algo grato.

CELEBRIDAD. f. Nombre, nombradía, persona célebre, notoriedad, fama, reputación, gloria, boga, aceptación, celebración, festejos, ceremonias, renombre, popularidad, nombría, crédito, aplauso.

CELERIDAD. f. Rapidez, prontitud, velocidad, presteza, actividad.

CELESTE. adj. Celestial, paradisíaco, glorioso, empíreo. ‖ Cósmico, astral, lunar, planetario, azul claro.

CELO. m. Esmero, cuidado, diligencia, ardor, entusiasmo, afán, primor, ahínco, sensualidad, concupiscencia.

CENSURA. f. Desaprobación, vituperio, impugnación, alfilerazo, crítica, diatriba, disfavor, repulsa, tacha, tilde. ‖ ANT. Alabanza, encomio, loor.

CENSURAR. tr. Desaprobar, reprobar, tachar, zurrar, impugnar, vituperar, criticar, murmurar, afear, atacar, condenar, desacreditar, desalabar, fustigar, flagelar, motejar. ‖ Fr. *Señalar con el dedo.*

CENTRALIZAR. tr. Concentrar, reunir, reconcentrar. ‖ S.E. *Reconcentrar* es un verbo intensivo, de *concentrar. Se centralizan* el correo y los negocios. ‖ Fr. *Se concentra* a los afiliados de un partido.

CEÑIR. tr. Ajustar, cercar, apretar, rodear, cinchar. ‖ Amoldar, fajar, atar. ‖ prnl. Ceñirse, amoldarse, limitarse, atemperarse.

CERCA. f. Cercado, valla, verja, tapia, empalizada, vallado, estacada, seto, cerco, corona, gloria, halo, cinturón, corrillo, bloqueo, asedio, brocal, ribete, clausura, corraliza, aprisco.

CERCAR. tr. Circuir, rodear, ceñir, tapiar, vallar, acotar. ‖ S.E. Para heredades, vallar, murar; para ciudades con asedio: asediar, sitiar.

CERCO. m. Alambrada, redil, cercado, clausura, corraliza, barrera, cercamiento, cierre, estacada, enrejado, horma, muro, pared, tapia, valla, cerca, ara, aureola, nimbo.

CERDO. m. Cocho, chancho, cochino, gocho, gorrino, guarro, marrano, puerco, sute, mondongo, magro.

CEREBRO. m. Meollo, sesada, sesos, bulbo raquídeo, cerebelo, encéfalo. ‖ fig. Inteligencia, capacidad, intelecto, talento, mente.

CEREMONIA. f. Acto público, aniversario, apertura, bendición, besamanos, boda, primera comunión, cumpleaños. ‖ Petición de mano, sesión solemne, procesión, velada. ‖ Fausto, cortejo, protocolo, gala, etiqueta.

CERRAR. Abotonar, abrochar, afianzar, atrancar, encajar, clausurar, tapar, entornar, condenar, juntar, lacrar, sellar, trancar, echar la llave. ‖ Obturar, cegar, incomunicar, obstruir, ocluir, interceptar. ‖ Cicatrizar. ‖ intr. Embestir, atacar, acometer, arremeter. ‖ ANT. Abrir, descerrajar.

CERTEZA. f. Certidumbre, evidencia, seguridad, convencimiento, manera de saber. ‖ S.E. Uso con verbos; *adquirir, tener la c.* Certinidad.

CESAR. intr. Dejar de hacer, suspender, darse de baja, acabar, desaparecer, caer, destituir. ‖ Frs. *Darse de baja, cortarse la coleta.*

CESIÓN. f. Renuncia, entrega, abandono, donación, traspaso, herencia, dádiva, concesión.

CIEGO, GA. adj. fig. Obstinado, ofuscado, alucinado, obcecado, desorientado, obsesionado, insensible, turbado.

CIELO. m. Mansión de los justos o bienaventurados, edén, gloria, paraíso, empíreo, patria celestial, reino de los cielos. ‖ Campos Elíseos, nirvana, valhala, corte celestial. ‖ Esfera celeste, espacio, éter, firmamento, intemperie, de tejas arriba. ‖ Frs. *Gozar de Dios, salvarse, llovido del c., clamar al cielo, remover el cielo y la tierra,* ¡*Cielo mío!*

CIENCIA. f. Gaya ciencia (poesía), sabiduría, saber, conocimiento, investigación. ‖ ANT. Incultura. ‖ Fr. *A ciencia y paciencia.*

CIERTO, TA. adj. Indudable, positivo, seguro, real, auténtico, averiguado, axiomático, científico, positivamente, absolutamente, verdadero, efectivo, evidente, histórico, seguro. ‖ ANT. Incierto, inseguro, dubitable, problemático. ‖ S.E. *Cierto* es lo que existe.

CIFRA. f. Número, guarismo. ‖ Escritura cifrada, clave, monograma, compendio, resumen, suma.

CIGARRO. m. Puro o cigarro puro, veguero, coracero, habano, emboquillado, panetela, pitillo, cigarrillo, tagarnina. ‖ S.E. El pitillo es de papel, el veguero de una sola hoja.

CIMA. f. Altura, ápice, cabeza, cúspide, cumbre, alto, teso, picacho, pico, pingorota, culmen, punta.

CINE. m. Cinema, cinematógrafo, salón proyector, cámara, claxon, tomavistas, película, cinta.

CINISMO. m. Desvergüenza, impudor, procacidad, impudicia, descaro, desfachatez, carota, caradura, desaprensión, descoco, inverecundia, impudor, frescura, falta de escrúpulos.

CINTURA. f. Talle, cinto, palmito, estrechamiento del cuerpo. ‖ Fr. Meter a uno en cintura.

CIRCO. m. Pista, tramoya, carabana, estadio, arena, espina, acróbata, titiritero, payaso, clown.

CÍRCULO. m. Redondel, circo, corro, disco, rolde, ruedo, corona, cuadrante, hemiciclo, corrillo.

CIRCUNSPECTO, TA. adj. Cuerdo, prudente, discreto, mirado, mesurado, comedido, digno, distante, cauto, grave, gravedoso, parco, mirado, considerado, ponderado, cuerdo, recatado, seco.

CIRCUNSTANCIA. f. Adjunto, ambiente, escenario, medio, accidente, clase, condición, detalle, manera, modo, momento, ocasión, disposición, pormenor, situación, particularidad, requisito, estado.

CITA. f. Acuerdo, mención, alusión, nota, citación, entrevista, encuentro, arreglo, noticia.

CITAR. tr. Mencionar, mentar, aludir, nombrar, convocar, pedir hora, enumerar, hacer referencia.

CIUDAD. f. Urbe (si es muy populosa), capital, afictionía, acrópolis, población. ‖ C. eterna, Roma; c. Santa, Jerusalén.

CIVILIZACIÓN. Cultura, civismo, ciudadanía, desenvolvimiento, de la humanidad, progreso, refinamiento. ‖ S.E. La civilización depende, en gran parte, de la autoridad y las clases dominantes.

CLAMAR. intr. Dar voces, gritar, quejarse con gritos, quejarse, dolerse, exclamar, gemir, lamentarse.

CLAMOR. m. Grito con esfuerzo, lamentación, lamento, gemido, vocerío, griterío, gritería, bulla.

CLARAMENTE. adv. m. Distintamente, fácilmente, lúcidamente, abiertamente, inteligiblemente, manifiestamente, francamente, patentemente, notoriamente.

CLARIDAD. f. Fulgor, iluminación, luz, luminosidad, diafanidad, transparencia. ‖ fig. Lucidez, sinceridad, franqueza.

CLARO, RA. adj. Visible, patente, perspicuo, palpable, lúcido, luminoso, cristalino, diáfano, fácil. ‖ fig. Inteligible, comprensible, manifiesto, indudable, indubitable. ‖ Insigne, ilustre, preclaro, famoso.

CLASE. f. Jerarquía, condición, categoría, arte, calidad, calaña, jaez, índole, guisa, laya, linaje, naturaleza, nivel, suerte, tipo, escala, graduación, agrupación, aula, colegio, familia, orden modo de ser.

CLASIFICAR. tr. Ordenar, coordinar, arreglar, dividir un conjunto, agrupar, ajustar, organizar, catalogar, archivar.

CLÁUSULA. f. Oración, frase, período, artificio, disposición, norma, estipulación, condición.

CLAVAR. Introducir un clavo, hincar, hundir, remachar, enclavar, sujetar, fijar, asegurar.

CLAVE. f. Cifra, contracifra, lista, solución, signo, jeroglífico, respuesta, quid, desenlace, resultado.

CLAVO. m. Escarpia, alcayata, punta, alfiler, hembrilla, chinche, perno, chincheta, tachuela.

CLEMENCIA. f. Actitud clemente, indulgencia, piedad, misericordia, perdón, compasión.

CLEMENTE. adj. Inclinado a juzgar sin rigor, compasivo, benévolo, indulgente, piadoso, misericordioso. ‖ ANT. Inclemente.

CLÉRIGO. m. Tonsurado, presbítero, sacerdote, mosén, abate, cura, eclesiástico, capellán, párroco, fraile.

COALICIÓN. f. Alianza, liga, confederación, unión, federación, concordia, pacto, compromiso.

COBARDE. adj. Apocado, afeminado, asustado, acobardado, miedoso, asustadizo, encogido, caco, blando, tímido, medroso, pusilánime, acoquinado, gallina, cagueta, irresoluto.

COBERTIZO. m. Techado, teja-

vana, cubierta, porche, tapadizo, marquesina, tinglado, cobijo.

COBRADOR, RA. m. y f. Recaudador, habilitado, cajero, factor, aduanero, exactor, peajero, alcabalero.

COBRAR. tr. Percibir, recaudar, devengar, ejecutar, pasar la cuenta, reembolsar, llevar el recibo.

COCINAR. tr. Guisar, asar, tostar, aderezar, sazonar, aliñar, adobar, freír, cocer, condimentar.

COCHE. m. Automóvil, auto, carruaje, vehículo, carroza, carro, biga, vagón, tranvía, autobús, autocar.

CODICIA. f. Avidez, afán, egoísmo, avaricia, ansia, ambición, apetencia, interés, sordidez, ruindad.

CODICIAR. tr. Apetecer, ambicionar, ansiar, anhelar, apasionarse, afanarse, envidiar, suspirar.

CODICIOSO, SA. adj. Ansioso, codiciable, ávido, anhelante, afanoso, interesado, acucioso, deseoso.

COGER. Asir, agarrar, tomar, apresar, apuñar, aferrar, alcanzar, capturar, aprisionar, sujetar.

COHABITAR. intr. Tener trato carnal, o abuso deshonesto, fornicar, poseer, entregarse.

COHIBIR. tr. Refrenar, reprimir, sujetar, atar, atenazar, coercer, coartar, comprimirse. ‖ prnl. Contenerse, reprimirse, sentirse cohibido.

COINCIDIR. intr. Concordar, convenir, casar, concurrir, converger, encontrarse, juntarse, unirse, venir bien, acomodarse, coordinar, corresponder, relacionarse, ajustarse, encajar.

COLA. f. Extremidad, apéndice, hopo, rabo (en los cuadrúpedos), rabadilla, cauda, rebotada, rabón, raboteo, rabillo, coletilla, fila. ‖ fig. Fin, final, remate. ‖ Resultas, consecuencias.

COLABORACIÓN. f. Cooperación, contribución, ayuda, participación, apoyo, alianza, concurso.

COLABORAR. intr. Cooperar, participar, contribuir, coadyuvar, asistir, ayudar, escribir junto con otro.

COLARSE. prnl. Deslizarse, meterse, escurrirse, pasar sin ser notado, sin hacer cola. ‖ Errar, equivocarse, cometer un error, cometer una pifia, confundirse, engañarse.

COLECCIÓN. f. Analectas, antología, selecciones, florilegio, miscelanea, muestrario, centón, complicación, crestomatia, floresta.

COLEGIAL, LA. m. y f. Escolar, alumno, educando, persona inexperta, becario, estudiante, aprendiz, universitario.

COLEGIO. m. Escuela, academia, internado, pensionado, establecimiento privado.

COLIGAR. tr. Pender, suspender, estar pendiente, guindar, ahorcar, emperchar. ‖ Atribuir, imputar, achacar.

COLISIÓN. f. Choque, encontronazo, encuentro, topada, lucha entre dos grupos, oposición, conflicto.

COLMAR. tr. Llenar, abarrotar, atiborrar, saturar, rellenar. ‖ Cumplir, satisfacer.

COLOCAR. tr. Poner en su sitio, acomodar, acoplar, ajustar, acondicionar, amoldar, apilar, aplicar, asentar, depositar, arrimar, estacionar, exponer.

COLONO. m. Que habita una colonia, agricultor, colonizador, emigrante, campesino, arrendatario, arrendador, casero, rentero (en Vasconia).

COLOQUIO. m. Conversación, diálogo, charla, plática, conferencia, entrevista, discusión, parlamento.

COLOR. m. Capa, esmalte, matiz, metal, pelaje, colorido, tinte, tono, gama, tonalidad, irisación, espectro.

COLOSAL. adj. Inmenso, muy grande, muy bueno, hiperbólico, magnífico, ciclópeo, herculeo, titánico.

COLUMNA. f. Pilar, pilastra, poste, balaustre, columnata, peristilo, apoyo, sostén, soporte, pedestal, plinto, podio.

COLUMPIARSE. prnl. Mecerse, balancearse, moverse, oscilar, acunarse, contonearse.

COLLADO. m. Alcor, cerro, colina, montículo, monte, cota, otero, altozano.

COMARCANO, NA. adj. Cercano, próximo, contiguo, circunvecino, comarcal, confinante, limítrofe, fronterizo.

COMBATE. m. Lucha, conflicto, refriega, pelea, encuentro, batalla, asalto, duelo, desafío, trance de armas. ‖ S.E. La refriega y la pelea, son menos importantes; la batalla y el combate son para los ejércitos.

COMBATIR. intr. Oponerse, batir con fuerza, luchar, pelear, contender. ‖ fig. Impugnar, controvertir, refutar.

COMBINAR. tr. Formar conjuntos, unir, componer, cubiletear, matizar, coordinar, hermanar, juntar.

COMBUSTIBLE. adj. y m. Sustancia que produce calor. ‖ Inflamable, incendiable, que arde. ‖ m. Leña, madera, carbón, antracita, aceite, alcohol, carburante, gas, turba, petróleo, queroseno.

COMEDIANTE, TA. m. y f. Actor, actriz, cómico, farsante, representante, histrión, intérprete, artista.

COMENTAR. tr. Interpretar, glosar, aclarar, dilucidar, apostillar, ilustrar, marginar, criticar.

COMENTARIO. m. Explicación, comento, ilustración, escolio, exégesis, apostilla, glosa, ilustración, margen, nota, paráfrasis.

COMENZAR. tr. Empezar, iniciar, principiar, emprender, inaugurar, incoar, abrir.

COMER. intr. Tomar, tragar, darse un verde, hartarse, hincharse, yantar, gastar, consumir, despilfarrar. ‖ ANT. Abstenerse, ayunar. ‖ S.E. Significados intensivos: *tragar, engullir, devorar; familiares:* manducar, jamar, hacer por la vida.

COMERCIANTE. adj. y m. Almacenista, tendero, buhonero, chalán, chamarillero, detallista, dependiente, corresponsal, expendedor, feriante, mercader, hegocuante, placero, prendero, revendedor, ropavejero, tratante, vendedor.

COMERCIO. m. Almacén, tienda, establecimiento, sucursal, mercado, plaza, rastro, recova, compraventa, almoneda, despacho, trato, comunicación, prendería, balance, inventario, arqueo, muestrario.

COMETER. tr. Confiar, encomendar, encargar, delegar, comisionar. ‖ Consumar, hacer, perpetrar, ejecutar, realizar. ‖ Incurrir, caer (en un error).

COMETIDO. m. Comisión, encargo, misión, obligación, enmienda, quehacer, tarea, función.

COMIDA. f. Alimento, condumio, manjar, diario, ración, repuesto, menú, plato del día, refacción, colación, desayuno, almuerzo, merienda, cena, minuta, cuchipanda, convite, aperitivo, entremés, gaudeamus, ágape, principio, postre, comilona, guateque.

COMILÓN, NA. adj. Zampón, tragón, voraz, gastrónomo, buena boca, buen diente, buen saque, engullidor, devorador, carnívoco, omnívoro, tragaldabas, glotón, tragantón.

COMODIDAD. f. Bienestar, holgura, conveniencia, regalo. ‖ Ventaja, interés, oportunidad, utilidad.

CÓMODO, DA. adj. Favorable, holgado, conveniente, regalado, confortable, a cuerpo de rey, descansado, a gusto, muelle, a sus hanchas. ‖ Fácil, oportuno, ventajoso, adecuado, acomodado.

COMPADECERSE. prnl. Compaginarse, ser compatible, armonizarse, ajustarse. ‖ Condolerse, contristarse, conmoverse, apiadarse, dolerse, compiadarse, compungirse. ‖ Conformarse, ponerse de acuerdo.

COMPAÑERO, RA. m. f. Colega, tutor, compinche, compadre, amigote, camarada, socio, consocio, asociado, amigo, acompañante, acólito, conmilitón, consorte, concofrade, pareja, partenaire (f.), rastra.

COMPAÑÍA. f. Acompañamiento, séquito, cortejo, convoy, escolta, pareja, compaña, sociedad. ‖ Fr. *Adiós María y la compaña.*

COMPARACIÓN. f. Cotejo, parangón, confrontación, expresión de igualdad, comprobación, compulsación.

COMPARAR. tr. Carear, colacionar, comprobar, cotejar, compulsar, confrontar, parangonar, contraponer, contrapuntear. ‖ S.E. Se *compara* para ver la semejanza; se *coteja* para advertir la diferencia.

COMPARECER. intr. Acudir, presentarse, personarse, mostrarse, revelarse, surgir, salir, venir. ‖ ANT. Estar ausente, incumplir, faltar.

COMPARSA. f. Grupo de máscaras, acompañamiento, cortejo, séquito, comitiva, desfile, figurante.

COMPARTIR. tr. Participar, dar parte de una cosa, dividir, repartir, partir, distribuir, ayudar.

COMPASIÓN. f. Compunción, sentimiento, pésame, condolencia, conmiseración, dolor, lástima, piedad, misericordia, ternura, humanidad, pena, miseración, sentimiento. ‖ ANT. Mofa, burla, crueldad.

COMPASIVO, VA. adj. Tierno, piadoso, humanitario, misericordioso, sensible, caritativo, sentimental.

COMPATIBLE. adj. Acomodable, armonizable, avenido, concordante, factible, semejante, posible.

COMPENDIO. m. Resumen, sumario, extracto, recopilación, epítome, cifra, selección.

COMPENDIOSO, SA. adj. Abreviado, reducido, breve, sumario, resumido, sucinto, preciso, lacónico.

COMPENSAR. tr. Resarcir, reparar, conformar, contrabalancear, contrapesar, desquitarse, igualar, equivaler, indemnizar, pagar, neutralizar, nivelar, subsanar.

COMPETENCIA. f. Oposición, rivalidad, emulación, lucha, disputa, antagonismo, envidia, pique.

COMPETENTE. adj. Apto, experto, capacitado, capaz, idóneo, entendido, hábil, experimentado, mañoso. ‖ Bastante, suficiente, adecuado, oportuno. ‖ ANT. Inexperto, inhábil, insuficiente.

COMPETIR. intr. Emular, contender, rivalizar, entrar en liza, retar desafiar, porfiar, hombrear, apostárselas, ponerse con, medirse, concursar. ‖ S.E. Algunos de estos verbos sólo contienen la idea de estímulo.

COMPLACENCIA. f. Actitud complaciente, complacimiento, agrado, contento, contentamiento, satisfacción, alegría, encanto, condescendencia, halago, gracia, simpatía, placer.

COMPLACER. tr. Agradar, contentar, satisfacer, halagar, camelar, congraciarse, alegrar, simpatizar. ‖ Frs. Ir de cabeza, seguir la corriente, andar de coronilla, reír las gracias, llevar en palmas, dar por el gusto.

COMPLACIENTE. adj. Condescendiente, agradable, servicial, contento, simpático, encantado, gachón, satisfecho, conforme.

COMPLETO, TA. adj. Entero, cabal, íntegro, acabado, total, abarrotado, perfecto, lleno, pleno, radical.

COMPLICACIÓN. f. Complejidad, embrollo, confusión, enredo, dificultad, entresijo, jaleo, intrigamiento, laberinto, lío, maraña, rodeo, taco, embolismo, engorro, estorbo, inconveniente.

COMPLICADO, DA. adj. Enrevesado, enmarañado, difícil, complejo, embarullado, enredoso, embrollado, intrincado, revuelto.

COMPLOT. m. Maquinación, conjuración, conjura, confabulación, conspiración, intriga.

COMPONER. tr. Arreglar, constituir, formar, acomodar, moderar, templar corregir, organizar. ‖ Reparar, restaurar, remendar. ‖ Aderezar, ataviar, adornar, hermosear.

COMPOSTURA. f. Arreglo, formación, acomodo, restauración. ‖ Atavío, adorno, pudor, recato.

COMPRAR. tr. Adquirir, obtener, mercar, hacerse con, hacendarse, pagar, sobornar, quitar de las manos.

COMPRENDER. tr. Entender, penetrar, concebir, alcanzar, abrazar, incluir, contener, englosar, englobar, entrañar, disculpar, justificar. ‖ ANT. Desconocer, ignorar, no acertar, hacerse de nuevas.

COMPRIMIR. tr. Apretar, prensar, oprimir, estrujar, concentrar, condensar. ‖ fig. Sujetar, contener. ‖ prnl. Abstenerse.

COMPROBAR. tr. Verificar, confirmar, compulsar, confrontar, identificar, experimentar, puntear.

COMPROMETER. tr. prnl. Exponer, arriesgar, apalabrar, acordar, asegurarse. ‖ prnl. Comprometerse, reservar, obligarse, dar la palabra, contraer una obligación, contratar, liarse.

COMPROMISO. m. Contrato, documento, palabra dada, obligación, voto, pacto, acuerdo, deber, apuro, conflicto.

COMPUNGIDO, DA. adj. Atribulado, contrito, arrepentido. ‖ Contristado, triste, pesaroso, afligido.

COMÚN. adj. Corriente, ordinario, vulgar, frecuente, compartido, general, universal, colectivo. ‖ m. Excusado, retrete.

COMUNICACIÓN. f. Comunicado, oficio, epístola, mensaje escrito, hora, parte, aviso. ‖ Trato, correspondencia, despacho, telegrama, telefonema.

COMUNICAR. tr. Hacer saber, poner en conocimiento, avisar, anunciar, dar cuenta, enterar, informar, notificar, dar parte, manifestar. ‖ prnl. Corresponderse, relacionarse.

COMUNICATIVO, VA. adj. Sociable, abierto, expansivo, franco, tratable, comunicable.

CONATO. m. Esfuerzo, empeño, amago, tentativa, intento, propósito, intención, iniciación, intentona.

CONCEBIR. tr. Idear, formar una idea, concebir un plan, crear, imaginar, proyectar, pensar, comprender, percibir, entender, conseguir, alcanzar, penetrar, interpretar, discernir, engendrar, procrear.

CONCEDER. Otorgar, dar, adjudicar, conferir, asignar, atribuir, dispensar, permitir, hacer merced, agraciar, escuchar.

CONCESIÓN. f. Gracia, privilegio, permiso, licencia, beneficio, dádiva, don, donación, donativo, favor, merced, regalo.

CONCIENCIA. f. Intraversión, intimidad, introspección, introversión, interior, escrúpulo, remordimiento, melindre, discernimiento, intuspección, juicio, reflexión, moral, manga ancha, subconsciencia absolvederas. ‖ S.E. Hay diferencia entre *consciencia* (conocimiento de sí mismo, estados y actos) y *conciencia,* «propiedad del espíritu que da una imagen de la personalidad». La primera es la conciencia filosófica; la segunda es el conocimiento íntimo de lo que debemos hacer.

CONCIERTO. m. Coordinación, concordia, ajuste, trato, reconciliación, certamen, orden, acuerdos, armonía, poner acordes las voces, acción de afinarlas, función de música. ‖ Concierto de violín y piano.

CONCILIAR. tr. Concordar, armonizar, concertar, ajustar, poner en paz, reconciliar, acomodar. ‖ prnl. Granjearse, atraerse, ganarse ajustarse, reconciliarse, concordarse.

CONCISO, SA. adj. Sucinto, lacónico, breve, sobrio, resumido, sumario, preciso. ‖ ANT. Difuso.

CONCLUIR. tr. Terminar, finalizar, ultimar, rematar, acabar, tener el fin, decidir, deducir. ‖ *¡Hemos concluido!* (enfado).

CONCLUSIÓN. f. Fin, terminación, resultado, resolución. ‖ Prolijidad, superfluidad, exceso, imprecisión.

CONCOMERSE. prnl. Estar impaciente, comerse, consumirse, corroerse, coscarse, desasosegarse, escoscarse, repudrirse, rabiar, hurgar.

CONCORDANCIA. f. Acción de concordar, conformidad, relación, correspondencia, acuerdo.

CONCRETARSE. prnl. Limitarse, ceñirse, circunscribirse, reducirse, definirse, actualizarse, puntualizar, precisar, fijar, plasmarse, materializarse, cristalizarse, cuajar.

CONCUBINA. f. Querida, manceba, barragana, amante, arreglito, arrimo, entretenida, fulana, manfla, odalisca, querendona, prostituta.

CONCULCAR. tr. Pisar, hollar, atropellar, pisotear, quebrantar, infringir, violar, transgredir, atentar. ‖ ANT. Venerar, honrar, enaltecer.

CONCURRENCIA. f. Concurso, reunión, público, asistencia, entrada, gente, el respetable, competencia, rivalidad.

CONCURRIR. intr. Asistir, reunirse, juntarse, coincidir, concursar, ayudar, cooperar, contribuir, influir, coadyuvar.

CONCURSO. m. Contribución, cooperación, ayuda, auxilio, confluencia, concurrencia, asistencia.

CONDENACIÓN. f. Condena, pena, damnación, reprobación, sanción, veredicto, sentencia, ejecución.

CONDENAR. tr. Desaprobar, reprobar, sancionar, castigar, penar. ‖ Cerrar, incomunicar, tabicar, tapiar.

CONDENSAR. tr. Concentrar, hacer una cosa densa, reducir, resumir. ‖ Cuajar, cuagular, espesar. ‖ ANT. Licuefacer, fluidificar.

CONDESCENDENCIA. f. Complacencia, tolerancia, bondad, deferencia, consentimiento, benevolencia, concesión, llaneza, servicio, obsecuencia, otorgamiento, contemporización, deferencia, transigencia.

CONDESCENDER. intr. Tolerar, consentir, transigir, acomodarse, complacer, deferir, contemporizar, acceder, dignarse, escuchar, allanarse, igualarse, otorgar.

CONDICIÓN. f. Antecedente, calidad, cláusula, estipulación, circunstancia, conque, impedimento, salvedad. ‖ Índole, naturaleza, genio, natural, carácter. ‖ Contrato, convenio, requisito, pie forzado.

CONDIMENTAR. tr. Sazonar, adobar, aderezar, aliñar, arreglar, operar, componer, salar, salpimentar.

CONDIMENTO. m. Aderezo, aliño, adobo, arreglo, compostura, especia, gracia, sabor, salsa, salpimenta, anís, azafrán, canela, cebolla, chile, ajo, comino, clavo, menta, mostaza.

CONDOLENCIA. f. Compasión, sentimiento, pésame, conmiseración, lamento, dolor, piedad, lástima.

CONDUCIR. tr. Guiar, dirigir, gobernar, llevar, transportar. ‖ prnl. Comportarse, actuar, portarse, gastarlas, proceder, quedar bien.

CONDUCTA. f. Comportamiento, observancia, modo de conducirse, proceder, norma, costumbre, táctica, estilo, ejercicio.

CONFABULARSE. prnl. Ponerse de acuerdo, conspirar, tramar, conchabarse, conjurarse, intrigar.

CONFERENCIA. f. Disertación, charla, coloquio, diálogo, ciclo, discurso, perorata, lección, parlamento.

CONFESAR. tr. Revelar, declarar, manifestar, reconocer, descargar la conciencia. ‖ prnl. Acusarse, arrepentirse, ponerse a bien con Dios, reconciliarse.

CONFESIÓN. f. Revelación, manifestación, confidencia. ‖ Confiteor, yo pecador, dolor de corazón, examen, enmienda.

CONFIANZA. f. Esperanza, fe, seguridad, crédito, creencia, fiducia, campechanía, familiaridad, franqueza, llaneza.

CONFIAR. intr. Fiarse, entregarse, echarse en brazos de. ‖ Encargar, encomendar, esperar.

CONFIDENTE. f. m. Espía, camarada, amigo, compañero, paño de lágrimas, mentor, soplón, acusador.

CONFÍN. m. Término, raya, límite, linde, lindero, frontera, orilla, línea divisoria, meta, cabo.

CONFINAR. intr. Lindar, colindar, limitar, rayar. ‖ Encerrar, recluir, desterrar, relegar, aislar. ‖ prnl. Recluirse, encerarse.

CONFIRMAR. tr. Corroborar, reafirmar, acreditar, autorizar, certificar, reafirmarse, comprobar, ratificar, legalizar, roborar, sancionar, citar, demostrar, cerciorarse, ejemplarizar.

CONFLICTO. m. Momento violento del combate, choque, lucha, pugna, oposición, desacuerdo, colisión, cuestión, diferencia, discrepancia, discusión, disgusto, encuentro, contrariedad. ‖ Apuro, apertura, compromiso, apretón, aprieto, reventón, ahogo.

CONFORMARSE. prnl. Resignarse, avenirse, acomodarse, adaptarse, amoldarse, aceptar, bajar la cabeza, aguantarse, tolerar, transigir, fastidiarse, chincharse, allanarse.

CONFORMIDAD. f. Semejanza, armonía, acuerdo, congruencia, coherencia, enlace, proporción, maridaje, aguante, estoicismo, cabronada, resignación.

CONFUNDIR. tr. Mezclar, involucrar, complicar, desorientar, engañar, equivocar, vacilar, ofuscar.

CONFUSIÓN. f. Desorden, equivocación, lío, maraña, bruma, ciempiés, complicación, complejidad, nebulosidad, niebla, galimatías, intríngulis, embrollo, dédalo, obscuridad, nube.

CONFUSO, SA. Ambiguo, equívoco, impreciso, incierto, indistinto, indeterminado, turbio, desdibujado, turbado.

CONGÉNITO, TA. adj. Ingénito, connatural, innato, nacido con él, orgánico, engendrado, nativo.

CONGRATULARSE. prnl. Felicitarse, darse la enhorabuena o el parabién, celebrar, expresar su satisfacción.

CONGRESO. m. Junta, reunión, asamblea, Cámara baja, banco azul, escaño, hemiciclo, tribuna, cortes.

CONJETURA. f. Supuesto, hipótesis, suposición, atisbo, cálculo, presunción, indicios, sospecha.

CONJETURAR. tr. Presumir, sospechar, calcular, suponer, creer, figurarse, imaginar, adivinar, preveer, columbrar, atinar.

CONJUNTO. adj. Unido, contiguo, ligado, agregado. ‖ m. Total, totalidad, combinación, apiñamiento, aglomeración, agrupación, asociación, brigada, banda, atajo, caterva, ciclo, conglomerado, cúmulo, enjambre, hato.

CONMISERACIÓN. f. Lástima, compasión, misericordia, piedad, sentimiento de pena, clemencia, ternura.

CONMOVER. tr. Mover, sacudir, extremecer, temblar, afectar, impresionar, emocionar.

CONMUTAR. tr. Mudar, trocar, cambiar, permutar, computar. ‖ Inmutar, absolver, liberar, condonar.

CONOCER. tr. Saber, entender, comprender, enterarse, aprender, distinguir, percibir, notar, percatarse.

CONOCIMIENTO. m. Ciencia, cognición, conciencia, cátedra, noticia, doctrina, información. ‖ Saberes, erudición.

CONQUISTAR. tr. Atraerse, hacerse querer, enamorar, embelesar, camelar, catequizar, engatusar. ‖ Despertar, ganarse, captarse, derrotar, inspirar simpatía o amor, seducir, persuadir.

CONSECUENCIA. f. Deducción,

conclusión resultado, resultas, éxito, secuela, corolario, derivación, ramificación, repercusión, consiguiente, estela, rastro, desenlace, causa.

CONSEGUIR. tr. Alcanzar, obtener, triunfar, agenciarse, atrapar, llevarse, lograr, ganar, merendarse, apoderarse, cosechar, pescar.

CONSEJO. m. Advertencia, aviso, dictamen, parecer, opinión, exhortación, dirección, administración, indicación, máxima, monición, lección, pleno, junta, recomendación, reflexión.

CONSENTIMIENTO. m. Asenso, asentimiento, anuencia, aquiescencia, beneplácito, aprobación, aguante, mimo, admisión, resistencia, permiso, conformidad, tolerancia, resignación.

CONSENTIR. tr. intr. Autorizar, aguantar, dejar, asentir, aprobar, facultar, conformarse, mimar. ‖ intr. Admitir, condescender, acceder.

CONSERVAR. tr. Mantener, continuar, preservar, guardar, durar, cuidar, entretener, sostener, salvar. ‖ S.E. *Cuidar* es preservar de algún daño; *retener* es intensivo (se retiene un libro más de lo debido).

CONSIDERABLE. adj. Grande, cuantioso, formidable, importante, numeroso, amplio, extenso, enorme.

CONSIDERACIÓN. f. Atención, reflexión, estudio, estimación, deferencia, humanidad, cortesía. ‖ pl. Atenciones, miramientos, contemplaciones.

CONSIDERAR. tr. Tomar en consideración, tener en cuenta, contemplar, fijarse en, examinar, parar mientes, pensar el pro y el contra.

CONSISTENCIA. f. Cosa que no cede, estabilidad, duración, solidez, resistencia, fuerza, reciedumbre, dureza. ‖ Trabazón, coherencia, equilibrio.

CONSISTIR. intr. Basarse, cifrarse, estar, estribar, residir, ser, descanar, reducir, resumir.

CONSOLAR. Confortar, calmar, asegurar, tranquilizar, reanimar, endulzar, mitigar, cicatrizar, aliviar, animar.

CONSOLIDAR. tr. Asegurar, afianzar, fortalecer, reforzar, dar solidez a una cosa, robustecer, sujetar, fijar.

CONSORTE. com. El marido o la mujer, cónyuge, partícipe.

CONSPIRAR. intr. Confabularse, tramar, conjurarse, maquinar, entenderse, juramentarse, intrigar.

CONSTANTE. adj. Asiduo, firme, perseverante, tenaz, persistente, fiel, inalterable, continuado, incesante, ininterrumpido. ‖ Frs. Todo el tiempo, de día y de noche, todo el santo día, a todas horas, invariable.

CONSTAR. intr. Ser cierto, hallarse escrito. ‖ Componerse, consistir, constituir.

CONSTITUIR. tr. Formar, componer, ser, integrar, servir, erigir, fundar, ordenar, establecer, disponer, mandar.

CONSTRUCCIÓN. f. Edificación, montaje, cimentación, casa, edificio, exedra, tapia, torre, vivienda, puente, recova, tejado, techo, saliente, trompa, voladizo, saledizo, fábrica.

CONSTRUIR. tr. Edificar, fabricar, montar, labrar, elevar, erigir, levantar, obrar, cubrir aguas, alicatar, chapar, encalar, fraguar, cimentar, confeccionar. || ANT. Destruir.

CONSUELO. m. Alivio, aliento, lenitivo, descanso, bálsamo, cobijo, quitapesares, refrigerio, sedante, sedativo, paño de lágrimas.

CONSULTA. f. Asesoría, consejo, comunicación, referéndum, plebiscito, clínica, hospital.

CONSULTAR. Deliberar, tratar, aconsejarse, asesorarse, preguntar, examinar, comunicar. || Fr. Pedir parecer.

CONSUMAR. tr. Dar cumplimiento, acabar, finalizar, cumplir, realizar completar, liquidar.

CONSUMIR. tr. Gastar, usar, poner flaco o débil, arder, derretirse, devorar, freír, concomer, desesperar, exasperar, destruir.

CONSUMO. m. Acabamiento, consumición, acción de adelgazar o consumirse, gasto, desgaste, agotamiento.

CONTAGIAR. tr. prnl. Infeccionar, pegar, infestar, contaminar, cancerar, emponzoñar. || fig. Malear, pervertir, corromper.

CONTAGIO. m. Infección, peste, contaminación, lúe, plaga, pestilencia, epidemia. || Perversión.

CONTAR. tr. Referir, narrar, relatar, enumerar, numerar, computar, importar (galicismo), considerar. || Frs. Cuéntaselo a tu abuela, ¡Mira a quién se lo cuentas! ¿qué me cuentas?

CONTEMPLAR. tr. Observar, atender, mirar, vigilar, meditar, andar con contemplaciones o miramientos.

CONTEMPORÁNEO, NEA. adj. Coetáneo, simultáneo, coincidente, coexistente. || S.E. *Coétaneo* se usa aplicado a personas de la misma edad; *sincrónico* indica correspondencia de hechos.

CONTENER. tr. Comprender, tener, abrazar, abarcar, envolver, encerrar, guardar, detener, domar, dominar, entorpecer. || Frs. Tirar de la rienda, poner freno.

CONTENTAR. tr. Complacer, agradar, satisfacer, alegrar. || prnl. Darse por contento, no pedir más.

CONTENTO. m. Agrado, satisfacción, alegría, júbilo, contentamiento, complacencia, placer, regocijo. || adj. Alegre, satisfecho, alborozado, complacido, regocijado, gozoso, encantado.

CONTESTACIÓN. f. Respuesta, réplica, objeción, demanda, impugnación, negación, discusión. || S.E. La *contestación* es corta, puede ser un sí o un no; la *respuesta* incluye las razones.

CONTESTAR. tr. Responder, replicar, satisfacer una pregunta, comprobar, atestiguar, conformar.

CONTINUAMENTE. adv. m. Incensantemente, sin intermisión, ininterrumpidamente, persistentemente.

CONTINUAR. tr. Proseguir, seguir, persistir, sobrevivir, perdurar, avanzar, marchar, adelantar, pasar de largo, seguir el hilo, no volver la cara, ir pasando, aguantar.

CONTINUO, NUA. adj. Constante, continuado, ininterrumpido, incesante, perenne, mantenido, monótono, perpetuo, resistente, progresivo, seguido, sempiterno, sostenido. ‖ ANT. Discontinuo.

CONTORNO. m. Perímetro, ruedo, silueta, cerco, borde, límite, circunferencia, periferia, perfil, marco, sintorno. ‖ pl. *Contornos:* alrededores, cercanías, inmediaciones, proximidad, vecindad.

CONTRADECIR. tr. intr. Oponerse a lo que dice otro, impugnar, refutar, rebatir, opugnar, contradecir, argüir, argumentar, desmentir, discutir, objetar, rectificar, replicar.

CONTRADICCIÓN. f. Contrariedad, oposición, argumentación, réplica, refutación, impugnación, rectificación, rebatimiento.

CONTRAER. tr. prnl. Disminuir, encoger, crispar, retraer, apretar, concretar, limitar. ‖ prnl. *Contraerse:* limitarse, reducirse, ceñirse, encogerse, estrecharse, apretarse.

CONTRAHECHO, CHA. adj. Jorobado, corcobado, giboso, torcido, malhecho, deformado, chepa, grotesco.

CONTRARIAR. Dificultad, disentir, obstaculizar, oponerse, contraponer, poner la proa, hacer rabiar, objetar, obstar,

CONTRARIEDAD. f. Oposición, dificultad, antítesis, colisión, conflicto desacuerdo, disconformidad, discordia, discrepación, disentimiento, obstáculo, disgusto, desazón, decepción.

vetar, negar, encarar enfrentarse, llevar la contraria. ‖ ANT. Contentar.

CONTRARIO, RIA. adj. Opuesto, reñido, reluctante, dañino, dañosa, nocivo, dispar, contrincante, encontrado, enemigo, hostil, antagonista, antónimo, adversario, enemigo, rival.

CONTRASTAR. tr. Hacer frente, resistir, chocar, desentonar, discordar, distinguirse, afrontar, oponerse, arrostrar.

CONTRASTE. m. Disparidad, oposición, choque, disparidad. ‖ Fiel de romana, manferidor, marcador, almotacén, patrón, romanero.

CONTRATIEMPO. m. Suceso perjudicial, contrariedad, coscorrón, dificultad, percance, mal paso, malaventura, sinsabor, zamarrazo, tropiezo, mala suerte.

CONTRATO. m. Pacto, acuerdo, contrata, convenio, concierto, feudo, cuasicontrato, estatuto, transacción, ajuste, arreglo.

CONTRIBUCIÓN. f. Tributo, impuesto, ayuda, carga, subsidio, aportación, cotización, cifra, participación, cooperación, auxilio.

CONTRIBUIR. tr. Aportar, cotizar, tributar, ayudar, cooperar, participar, imponer, coadyuvar, colaborar.

CONTROLAR. tr. prnl. Ejercer control, dominar, dirigir, intervenir, inspeccionar, examinar. ‖ prnl. Dominarse, moderarse, no tener impulsos ni arrebatos.

CONTUMAZ. adj. Obstinado, porfiado, terco, rebelde, empedernido, impaciente, incorregible, recalcitrante.

CONTUNDENTE. adj. Que no admite réplica, concluyente, decisivo, convincente, terminante.

CONVENCER. tr. Persuadir, arrastrar, asediar, atraer, abrir brecha, meter en la cabeza, decidir, conquistar, catequizar, engatusar, inducir, inclinar, instar, instigar.

CONVENIR. intr. Acordar, aceptar, estar de acuerdo, quedar, traer cuenta, ser conveniente, cuadrar. ‖ Acudir, reunirse, ser apropiado. ‖ prnl. Ajustarse, concordarse.

CONVENTO. m. Monasterio, orden religiosa, abadía, residencia, cenobio, rábida, rápita, coro, hospedería, iglesia conventual, comunidad, sala capitular, noviciado.

CONVERSACIÓN. f. Charla, coloquio, discreteo, cotorreo, careo, acción de conversar, diálogo, plática, conferencia, rueda de prensa, cháchara, palique, parla, parloteo, corrillo, mentidero, tertulia, locutorio.

CONVERSAR. intr. Charlar, departir, platicar, hablar, conferenciar, entrevistarse. ‖ S.E. La conferencia y la entrevista son de más rango, suponen hablar de un asunto de importancia. ‖ ANT. Callarse.

CONVERTIR. tr. prnl. Mudar, transformar, trocar, cambiar, metamorfosear, resolver. ‖ prnl. Transformarse, mudarse, transmutarse, tornarse. ‖ Catolizar, cristianizar.

CONVIDAR. tr. Invitar, (es de más tono), ofrecer, brindar, ofrendar, homenajear. ‖ S.E. Se convida a una merienda; se

invita a una junta o a un Congreso. ‖ fig. Mover, incitar.

CONVITE. m. Invitación, convidada, banquete, ágape, agasajo, cachupinada, guateque, merienda, comida, fiesta.

CONVOCAR. tr. Citar, llamar, avisar, anunciar un concurso. ‖ Fr. Se convocan oposiciones.

CONVOCATORIA. f. Llamamiento, citación, aviso, edicto, bando, anuncio, convocación, memorándum.

COOPERAR. intr. Colaborar, coadyuvar, intervenir, ayudar, apoyar, compartir, conllevar, concurrir, ser parte, arrimar el hombro.

COORDINAR. tr. Arreglar, ordenar, armonizar, acoplar, adaptar, acordar, concertar, hacer compatible, ir a una.

COPIA. f. Abundancia, acopio, profusión. ‖ Calco, facsímil, reproducción, transcripción, traslado, trasunto.

COPIAR. tr. Reproducir, calcar, trasladar, reproducir, imitar, remedar, vaciar, obtener, sacar.

COQUETA. f. Frívola, vampiresa, vampi, casquivana, inconstante, fatua, veleidosa, seductora.

COQUETEAR. intr. Enamorar, seducir, galantear, conquistar, engatusar, cautivar, cortejar, atraer.

CORAJE. m. Agresividad, furia, ímpetu, valor, corajina, decisión, ánimo, brío, enfado.

CORAZÓN. m. Ánimo, valor, espíritu, esfuerzo, sentimiento, sensibilidad. ‖ Centro vital, amor. ‖ Latido, pulso, salto, sístole, tac tac, válvula, aurícula, endocardio, ventrículo.

CORAZONADA. f. Impulso, arranque, pronto, ímpetu, pálpito. ‖ Presentimiento, barrunto, vislumbre.

CORDIALIDAD. f. Afabilidad, afecto, amabilidad, cariño, efusión, sinceridad, llaneza, franqueza.

CORNISA. f. Cornisamiento, goterón, remate, coronamiento, chapitel, moldura, canecillo, modillón, entablamento, arquitrabe, friso, capitel, arimez.

CORONA. f. Diadema, halo, aureola, nimbo, tiara, aro, cerco. ‖ Virtud, cualidad, reino, monarquía, tonsura.

CORONAR. tr. Colocar la corona sobre la cabeza. ‖ Acabar, concluir, terminar, rematar, finalizar.

CORPORAL. adj. Corpóreo, somático, físico, material, manual, orgánico, anatómico.

CORRAL. m. Sitio cercado de los animales domésticos, boyeriza, aprisco, corraliza, majada, majadal, gallinero, establo.

CORRECCIÓN. f. Retoque, enmienda, reajuste, rectificación, revisión, repaso, modificación, censura, castigo, calidad de correcto, cortesía, educación, modales, escarmiento.

CORRECTO, TA. adj. Impecable, intachable, irreprochable, académico, cortés, educado, servicial.

CORREGIR. tr. Enmendar, cambiar, mejorar, perfeccionar, modificar, retocar, arreglar, ajustar, remediar, repasar. ‖ prnl. Corregirse: reformarse, cambiarse, enmendarse, convertirse, encauzarse, regenerarse.

CORRELACIÓN. f. Conformidad, correspondencia, homología, paralelismo, manera, medida, relación.

CORRER. intr. Apresurarse, trotar, pasar, transcurrir, circular, deslizarse, cabalgar, fluir, salir el agua.

CORRERÍA. f. Incursión, huida, persecución, algara, cabalgadura (si se refiere a gente a caballo), penetración, ataque, irrupción, paseo, viaje, excursión.

CORRIENTE. adj. Actual, presente, normal, sencillo, familiar, usual, frecuente, generalizado. ‖ Aceptado, común, admitido. ‖ adv. m. Conforme, de acuerdo, está bien. ‖ f. Canal, arroyo, acequia, afluente, regato.

CORROBORAR. tr. Confirmar, fortalecer, ratificar, robustecer, reafirmar, apoyar, sancionar.

CORROMPER. tr. Echar a perder, cohechar, comerciar, especular, negociar, sobornar, traficar. ‖ Dañar, pudrir, viciar, depravar, pervertir, sobornar, untar. ‖ Incomodar, fastidiar.

CORRUPCIÓN. f. Descomposición, putrefacción, depravación, corruptela, cohecho, inmoralidad.

CORTADURA. f. Corte, incisión, cirugía, chaflán, chirlo, cuchillada, derrame, cisura, grieta, fisura, autopsia, hendidura, herida, tajada, tijeretada, sección, abertura, raja.

CORTAR. tr. Dividir, separar, tajar, sajar, amputar, castrar, cercenar, herir, dividir, separar, incidir. ‖ prnl. Cortarse: Agitarse, coagularse, cuajarse, peder la hemogeneidad.

CORTÉS. adj. Atento, bienhablado, caballeroso, comedido, considerado, civil, ceremonioso, correcto, afable, amable, obsequioso, fino, urbano, cortesano, delicado, galante, bien enseñado, tratable.

CORTESÍA. f. Urbanidad, educación, civismo, finura, afabilidad, amabilidad, gentileza, mesura, maneras, modales, buenos modos, cumplimiento, cumplido, deferencia, ceremonia. ‖ Regalo, obsequio, rendibú, saludo.

CORTO, TA. adj. Breve, sucinto, compendioso, limitado, sumario, bajo, tres cuartos, escaso, insuficiente, truncado, pequeño. ‖ Tímido, apocado, encogido, vergonzoso.

COSA. f. Objeto, adminículo, apaños, aparejos, arreglos, avíos, bártulo, bulto, cuerpo, enredo, enseres, ente, entidad, cacharro, cachivache, chirimbolo, chisme, entelequia, esencia.

COSECHA. f. Conjunto de frutos, recolección, siega, vendimia, agosto, rebusca.

COSECHAR. tr. Coger, criar, cultivar, recoger, obtener, recibir, segar, vendimiar.

COSER. tr. Hilvanar, zurcir, remendar, confeccionar, entornar, enhebrar, labrar, puntear, rematar, ribetear, repasar, sobrehilar.

COSIDO. m. Costura, labor, zurcido, remiendo, pespunte, corcusido, frunce, jareta, jaretón, lorza, basta, cadeneta, puntada, punto, repulso, vainica, calado, enrejado.

COSTA. f. Borde, litoral, orilla, playa, ribera, abra, bahía, cala, caleta, fiordo, fondeadero, acantilado, bajo, batiente, cantil, duna, marisma, rompiente, surgidero, plataforma.

COSTAR. tr. Valer, importar, ascender, ser un censo, resultar a, salir a-por, significar.

COSTOSO, SA. adj. Caro, gravoso, dispendioso, valioso, encarecido, oneroso, pesado, inasequible.

COSTUMBRE. f. Hábito, uso, usanza, práctica, aclimatación, inercia, automatismo, querencia, rito, rutina, maña, vicio, experiencia, moda, tradición, manía, estilo.

COTEJAR. tr. Comprar, paragonar, compulsar, confrontar, medir, equiparar, puntear, comprobar.

COTIDIANO, NA. adj. Cuotidiano, diario, corriente, ordinario, seguido, habitual, común, fijo.

COYUNTURA. f. Articulación, juntura, junta. ‖ Ocasión, oportunidad, sazón, tiempo, coincidencia.

CREADOR. m. Dios, c. del mundo, por antonomasia. ‖ Autor, inventor, productor, hacedor, padre. ‖ Todopoderoso, Salvador, Altísimo. ‖ Artista, progenitor, descubridor, compositor, fundador.

CREAR. Sacar de la nada, criar, dar existencia, engendrar, imaginar, forjar, formar, plasmar, producir, dar vida, organizar. ‖ Instituir, fundar, establecer, inventar, hacer, componer (lit).

CRECER. intr. Desarrollarse, hacerse más grande, ascender, agigantarse, cundir, tomar cuerpo, elevarse, extender, engordar, prosperar, progresar, adelantar.

CRECIDA. f. Aumento, desarrollo, prosperidad. ‖ Desbordamiento, riada, inundación. ‖ Medro, adelantamiento, progreso, crecimiento, ascenso, incremento, estirón.

CRECIDO, DA. adj. Grande, numeroso, cuantioso, alto, adulto, espigado, desarrollado, buen mozo, talludo, ya crecidito.

CRÉDITO. m. Conceder, dar, prestar, merecer un c. Cuenta abierta, confianza, prestigio, deuda. ‖ Asenso, asentimiento, reputación, autoridad, fama, renombre, solvencia.

CREDULIDAD. f. Ingenuidad, sencillez, candidez, tragaderas, tragadero, creederas.

CRÉDULO, LA. adj. Cándido, confiado, sencillo, incauto, infeliz, ingenuo, inocente.

CREENCIA. f. Convicción, opinión, conformidad, asentimiento. ‖ Crédito, fe, confianza, religión, aprensión, escrúpulo, verdad, seguridad, doctrina, credo, dogma, certeza.

CREER. intr. Tener fe, dar por seguro, pensar, juzgar, conjurar, admitir, dar asenso, prestar fe, dejarse engañar, figurarse, opinar, persuadir, juzgar, esperar, confiar.

CREÍBLE. adj. Probable, posible, verosímil, creedero, fidedigno, plausible.

CREPÚSCULO. m. Anochecer, anochecida, atardecer, oscurecer, caída de la tarde, trasmontar.

CRIBA. f. Cedazo, harnero, zaranda, tamiz, cribo, cernedero, rompedera, cándara.

CRISIS. f. Situación política de dimisión gubernamental, mala economía, mutación, cambio, (MED.) peligro, riesgo, aprieto, trance, brete, conflicto, transformación.

CRISTIANO, NA. adj. Católico, creyente, fiel, religioso, acristianado, bautizado, seguidor de Cristo, copto, ortodoxo, maronita, protestante, neófito, converso, Iglesia romana, misionero, evangelizador.

CRITERIO. m. Discernimiento, juicio, norma estimativa, gusto, instinto, opinión, sentido.

CRÍTICA. f. Expresión de un juicio sobre algo, reseña, juicio, examen, censura, impugnación. ‖ Habladuría, maledicencia, análisis, estimación, evaluación, dictamen, diatriba.

CRITICAR. tr. Censurar, juzgar, reseñar, chismorrear, señalar con el dedo, vapulear, poner verde, expresar un juicio, dictaminar, reprender, reprobar, alabar, evaluar, impugnar, señalar los defectos y virtudes o méritos.

CRÍTICO, CA. adj. Delicado, grave, decisivo, arduo, difícil. ‖ m. Examinador, censurador, mala lengua, calificador, juez, enjuiciador, criticón, reparón, motejador.

CRUEL. adj. Feroz, brutal, desalmado, salvaje, sanguinario, bárbaro, inhumano, violento, atroz, implacable, sin piedad, monstruo, sin corazón, corazón duro, desalmado, desnaturalizado, empedernido, duro, draconiano, sin entrañas, fiero, feroz, hiena, inexorable.

CRUELDAD. f. Barbarie, fiereza, maldad, inhumanidad, sevicia, brutalidad, encarnizamiento, saña, ensañamiento, dureza, refinamiento, rigor, violencia; truculencia, atrocidad, despotismo.

CRUZ. f. Árbol de la cruz, crucifijo, lábaro, crucero, lignum crucis, enseña del cristianismo, reliquia, símbolo, christus, guión, humilladero, vía crucis, calvario, aspa, expiación.

CRUZAR. tr. Pasar, atravesar, entretejer, entrecortarse, entrecruzar, encastar, patrullar.

CUADRA. f. Caballeriza, establo, corral, manzana de casas (AMÉR.) lugar sucio, conjunto de caballos de un propietario.

CUADRILLA. f. Grupo, partida, pandilla, hato, camarilla, gavilla, brigada.

CUADRO. m. Tela, lienzo, pintura, tabla, grabado, dibujo, fresco, retrato, paisaje, rectángulo, marco.

CUAJAR. tr. prnl. Concentrar, coagular, condensar, espesar, solidificar. ‖ prnl. Coagularse, lograrse, tener efecto, llenarse, poblarse. ‖ intr. Cuadrar, satisfacer, transformarse.

CUALIDAD. f. Propiedad, carácter, peculiaridad, característica, atributo, aspecto, categoría, distintivo, don, dotes, prenda, nota, particularidad, título, valer, ventaja. ‖ Calaña, casta, clase, condición, especie, estofa, índole, jaez, raza, tenor.

CUANTÍA. f. Cantidad, cuantidad, total, suma, costo, porción, tanto por ciento, parte, porcentaje, carga, carretada, cucharada, haldada, miaja, paletada, puño, sartenada.

CUARTEARSE. prnl. Partirse, dividirse, agrietarse, abrirse, henderse, rajarse, encorvar,

evitar los cuernos del toro, cascarse, romperse, desintegrarse, desmenuzarse.

CUARTO. m. Pieza, aposento, habitación, piso, apartamento, dormitorio, estancia, vivienda. ‖ pl. Dinero, numerario, moneda, billetes, capital, suma, cuenta corriente, plazo fijo.

CUBIERTO, TA. p. p. adj. Oculto, tapado, vestido, nublado. ‖ m. Pala, tenedor, cuchara, trinchante.

CUBO. m. Balde, aportadera, herrada, ferrada, pozal, tabal, tina, recipiente. ‖ Torreón. ‖ Tercera potencia.

CUBRIR. tr. Ocultar, tapar, chapar, chapear, encubrir, disimular, envolver, esconder. ‖ prnl. Abrigarse, arrebujarse, arroparse, cobijarse, encapucharse, entoldar, enarenarse. ‖ Proteger, techar, defender, disimular, disfrazar, velar.

CUCHILLO. m. Bisturí, daga, bayoneta, trinchete, navaja, chaira, guadaña, hacha, plegadera.

CUCHITRIL. m. Vivienda pequeña y miserable, chamizo, cuartucho, rincón, chibiritil, buchinche, pocilga, tabuco, cochitril, zaquizamí.

CUCHUFLETA. f. Chirigota, chufleta, chunga, chafaldita, broma, chasco, guasa.

CUENTA. f. Cómputo, cálculo, adición, división, multiplicación, sustracción, resta, suma, descuento, factura, razón, recado, presupuesto, recuento, relación, contabilidad. ‖ Frs. Cuenta de crédito, cuentas galanas, ajustar las c., con su c. y razón.

CUENTO. m. Historieta, fábula, conseja, patraña, relato, relación, enredo, chisme, hablilla, parábola, narración. ‖ pl. Historietas, mojigangas, romances, tonterías.

CUERDA. f. Soga (gruesa y de esparto), bramante, cable, cabo, guita, dogal, maroma, mecate, soguilla.

CUERDO, DA. adj. Sensato, juicioso, prudente, reflexivo, sesudo, razonable, formal, serio.

CUERNO. m. Asta, pitón, cuerna, arma, cornezuelo, cornucopia, cornamento, cornadura. ‖ S.E. c. de la abundancia; cuerno de caza o «cuerna».

CUERPO. m. Organismo, talle, complexión, configuración, materia, ser, soma, humanidad, físico. ‖ Bloque, bulto, cosa, masa, objeto, partícula. ‖ Altura, pequeñez, corpulencia, volumen, flaco, fornido, fuerte, gordo, huesudo, musculoso.

CUESTA. f. Pendiente, rampa, costera, costanera, repecho, costanilla, escarpa, ladera.

CUESTIÓN. f. Pregunta (se pregunta para averiguar la verdad), asunto, base de discusión, achaque, cosa, problema, punto, nudo, tema, materia, orden del día, discusión, altercado, dificultad, duda, conflicto.

CUESTIONAR. tr. Preguntar, discutir, debatir, controvertir, alterarse, disputar, polemizar, reñir, entrar en materia, reflexionar, tocar, tratar, profundizar, examinar, complicar.

CUEVA. f. Caverna, antro, cripta, gruta, sótano, subterráneo, cava, catacumbas, covacha, espelunca.

CUIDADOSO, SA. adj. Esmerado, celoso, mirado, vigilante, atento, prudente, cauto, solícito.

CUIDAR. tr. Velar por, mirar por, atender, mirarse mucho, andar con ojo, vigilar, asistir, guardar.

CULMINANTE. adj. Elevado, prominente, sobresaliente, principal, dominante, cimero, descollante, señalado. ‖ Superior, sobresaliente, máximo, crítico, decisivo, supremo.

CULPA. f. Falta, delito, infracción, pecado, descuido, error, achaque, inobservancia, cargo, mochuelo.

CULPAR. tr. Achacar, atribuir, cargar, imputar, acusar, colgar, incriminar, inculpar, echar la culpa.

CULTIVAR. tr. Labrar, laborar, trabajar, plantar, cuidar las plantas. ‖ fig. Ejercitar, estudiar, practicar, desarrollar.

CULTIVO. m. Labor, laboreo, labranza, arada, cultivación, trabajo. ‖ Estudio, cultura.

CULTO, TA. adj. Ilustrado, instruido, erudito, educado, civilizado, adelantado, docto, estudioso.

CULTURA. f. Instrucción, ilustración, estudio, arte, educación, erudición, saber, sabiduría.

CUMPLIDAMENTE. adv. m. Cabalmente, ampliamente, enteramente, abundantemente, largamente, colmadamente.

CUMPLIR. tr. Ejercitar, realizar, observar, obedecer. ‖ prnl. Verificarse, realizarse, pagar, ajustarse, sujetarse, llenarse, atenerse, desempeñar, satisfacer, obligar.

CUNA. f. Cama para niños, brizo, moises, lecho. ‖ fig. Patria, familia, estirpe, linaje, origen, principio, comienzo.

CURAR. intr. Cuidar, poner cuidado, atender. ‖ Curar, curarse, sanar, convalecer. ‖ Preparar, adobar, acecinar, curtir.

CURIOSO, SA. adj. Interesante, notable, indagador, investigador, observador. ‖ Fisgón, espía, indiscreto, entrometido, intrigante, mirón, chismoso, preguntón. ‖ Interesado, limpio, pulcro, aseado.

CURSO. m. Camino, recorrido, carrera, continuación, derivación, derrotero, itinerario, marcha, orientación, rumbo, ruta, dirección. ‖ Decurso, espacio, lapso, desarrollo, etapa.

CURVO, VA. adj. Corvo, combado, oval, ondulante, curvilíneo, helicoidal, redondel, parabólico, sigmoideo, sinuoso, torcido, tortuoso, voltizo, ensortijado, retuerto.

CURVA. f. Curvatura, corvadura, encorvadura, encorvamiento, alabeo, comba, cayado, combadura, curvatón, desviación, doblamiento, ese, lóbulo. ‖ Meandro, onda, órbita, recodo, rizo, sinuosidad, voluta, vuelta.

CUSTODIA. f. Escolta, guardia, acción de vigilar, cuidado, defensa. ‖ Ostensorio, tabernáculo. ‖ Eucaristía.

CH

CHAFAR. tr. prnl. Aplastar, estrujar, arrugar, deslucir, despachurrar, reventar. ‖ Apabullar, avergonzar, confundir.

CHAIRA. f. Cuchilla de zapatero, trinchete, barra de acero para afilar cuchillas, tranchete.

CHAL. m. Echarpe, prenda de mujer para abrigarse, chalina, dengue, estola, gabacha, manteleta, mantón, toquilla, vestido.

CHALADO, DA. adj. Lelo, chiflado, alelado, guillado, tocado, transtornado, loco, extravagante.

CHANZA. f. Dicho burlesco, chanchullo, broma, burla, chirigota, chanzoneta, guasa, mofa, chunga, pitorreo, choteo, escarnio.

CHAPARRÓN. m. Chubasco, chaparrada, aguacero, diluvio, galerna, lluvia, tromba.

CHAPUCERO, RA. adj. Desmañado, fulero, furris, zaburrero, embarullador, chafallón, frangollón.

CHAQUETA. f. Americana, saco (AMÉR.), batín, casaca, chamarra, cazadora, chaqué, pelliza, zamarra, chaquetilla.

CHARLATÁN, ANA. adj. Charlador, embaidor, parlanchín, farsante, impostor, fablador, embaucador, engañador, sacamuelas, vendedor callejero.

CHARLATANERÍA. f. Locuacidad, cháchara, chicoleo, chirlería, faramalla, garla, habladuría, palique, parla, parrafada, palabrería, garrulería, parrafeo, plática, parola, charlatanismo.

CHASCO. m. Burla, broma, decepción, pega, plancha, planchazo, fiasco, engaño, desencanto, desilusión.

CHASQUEAR. tr. Restallar. ‖ intr. Crujir, crepitar. ‖ Errar, desentantar. ‖ prnl. Caerse el alma a los pies, ir apañado, arreglado, lucido, dar con la barbilla en los nudillos. ‖ Dar un chasco, dejar chasqueada, quedar colgado, decepcionado.

CHICO, CA. adj. Pequeño, bajo, joven, reducido (tratándose de cantidades), corto, niño, muchacho.

CHILLAR. intr. Chirriar o rechinar se dice de personas (de las cosas que rozan). Un muchacho asustado *chilla*, una carreta *chirría* y lo mal engrasado *rechina*.

CHINCHORRERA. f. Impertinencia, pesadez, molestia, engorro, fastidio, habladuría, chisme.

CHINCHORRERO, RA. adj. Zascandil, cotilla, pelma, pelmazo, cuentista, fastidioso, impertinente, meticuloso, quisquilloso, descontentadizo, reparón, sangre pesada.

CHISPA. f. Chiribita, centella, destello. ‖ fig. Penetración, agudeza, viveza, gracia.

CHISTE. m. Gracia, graciosidad, agudeza, broma, cuento, astracanada, donaire, chirigota, cuchufleta, historieta.

CHISTOSO, SA. adj. Ingenioso, bromista, ocurrente, decidor, agudo, donoso, gracioso, chusco.

CHOCAR. intr. Topar, encontrarse, besarse, entrechocar, estrellar, golpetear, pegar, tropezar.

CHOQUE. m. Abordaje, beso, carambola, colisión, coz, encontronazo, impacto, portazo, topada, topetada, tropiezo, tropezón, trompicón, topetazo. ‖ Contienda, pelea.

CHOZA. f. Cabaña, barraca, chamizo, chiquero, chozo, chabola, tugurio, huta, jacal.

CHULO, LA. adj. Achulado, achulapado, agitanado, barbián, castizo, apache, chulapón, flamenco, majo, manolo, bravucón.

CHUPADO, DA. adj. Delgado, consumido, extenuado, lamido. ‖ Frs. ¡Chúpate ésa! Chuparse el dedo.

CHUPAR. tr. Succionar, embeber, absorber, beber, empapar, mamar, coger una cosa esponjosa.

CHUSMA. f. Gentuza, gentualla, golfería, hampa, hez, morralla, granujería, zurriburri, churriburri, patulea, pillería, picaresca, plebe, populacho, purria, purriela.

D

DÁDIVA. f. Don, donación, regalo, donativo, entrega, aguinaldo, ayuda de costa, añadidura, gracia, gratificación, herencia, legado, limosna, manda, mejora, óbolo, propina, presente.

DADIVOSO, SA. adj. Caritativo, beneficiario, desprendido, liberal, espléndido, rumboso.

DAÑAR. tr. Perjudicar, damnificar (lit.), estropear, echar a perder, menoscabar, malear, descalabrar, desconyuntar, desgraciar, despellejar, destruir, fastidiar, irritar, lastimar, herir, lesionar, magullar.

DAÑO. m. Mal, perjuicio, menoscabo, detrimento, achaque, callo, clavo, despellejadura, herida, indisposición, mortificación, molestia, transtorno, rozadura, rotura, hostilidad.

DAR. tr. Regalar, entregar, donar, rendir, reditar, adjudicar, administrar, aflojar, agasajar, poner al alcance, aportar, apoquinar. ‖ ANT. Quitar, extraer, excluir. ‖ S.E. Lo que se *dona* se suele hacer por Escritura, lo que se *regala* es de obsequiedad. ‖ prnl. Entregarse, ceder, rendirse, dedicarse, aplicarse.

DATA. f. Fecha, encabezamiento. ‖ Abono en cuenta, haber, nota, momento, tiempo, permiso por escrito.

DATO. m. Antecedente, referencia, noticia, informe, documento, nota, reseña, detalle.

DEBATE. m. Disputa, controversia, discusión, polémica, litigio, altercado, porfía, querella.

DEBER. tr. Estar obligado, haber. ‖ m. Deuda, deudo, debe, cargo, carga, obligación, peso, imposición, letra, recibo, exigencia, gravamen.

DÉBIL. adj. Afeminado, agotado, endeble, flojo, debilitado, decaído, alicaído, apagado, blandengue, depauperado, desmadejado, poca cosa, debilucho, canijo, desmejorado, desnutrido. ‖ ANT. Fuerte, robusto.

DEBILIDAD. f. Endeblez, agotamiento, flojera, astenia, atonía, delgadez, depauperación, desfallecimiento, adinamia, desmadejamiento, enervamiento, hipostenia, flojedad, fragilidad, impotencia, inanición, languidez, perlesía, lasitud.

DEBILITAR. intr. prnl. Decaer, desfallecer, declinar, extenuar, gastar, amortiguar, marchitar, aplanar, flojear. ‖ prnl. Hacerse débil, extenuarse, marchitarse, resquebrajarse, quebrantarse, enervarse, postrarse, estar en pocas fiestas.

DECADENCIA. f. Declinación, acción de decaer, acabamiento, caída, bajada, crepúsculo, declive. ‖ S.E. La *decrepitud* es la decadencia en sumo grado; la *caída* se produce súbitamente.

DECAER. intr. Bajar de categoría, caer, ir de capa caída, descender, desmayar, desmedrar, declinar, desfallecer, desmejorarse, flaquear, desmerecer, flojear, periclitar (lit.). ‖ S.E. Para hablar de la salud se dice *debilitarse*; si de las riquezas, *aminorarse, menguar*.

DECENCIA. f. Compostura, modestia, recato, aseo, honestidad, decoro, dignidad, honradez, limpieza. ‖ Frs. El hombre sensato viste y amuebla su hogar con *decencia*, esto es, con *decoro*.

DECIDIR. tr. Determinar, resolver, declarar, despachar, disponer, ser el dueño de la situación, estatuir, establecer, proveer, tomar una providencia, juzgar, sentenciar, mandar.

DECIR. tr. Hablar, manifestar, afirmar, asentir, calificar, comentar, censurar, demostrar, describir, contestar, discutir, insistir, enseñar, gritar, murmurar, replicar. ‖ ANT. Enmudecer, silenciar, reservarse.

DECISIÓN. f. Resolución, determinación, declaración, disposición, mandato, dictamen, conclusión, arbitraje, laudo, ul-timatum, libramiento, medida, providencia, sentencia.

DECISIVO, VA. adj. Concluyente, animoso, de armas tomar, terminante, definitivo, atrevido, emprendedor, dispuesto, enérgico, expeditivo, pronto, impulsivo, resuelto.

DECLARAR. tr. prnl. Explicar, exponer, confesar, dar a conocer, hacer constar, deponer, descubrir, manifestar, proclamar, publicar, revelar, reconocer. ‖ ANT. Omitir, ocultar. ‖ prnl. Declararse, decidir, resolverse, desahogarse, galantear.

DECLINAR. intr. Decaer, menguar, disminuir, decrecer, desmerecer, debilitarse. ‖ Renunciar, rehusar, rechazar, caer. ‖ S.E. Se *declina* una dignidad y se *rehúsa* una oferta. ‖ Frs. Ir a menos o de capa caída.

DECRECER. intr. Disminuir, aminorar, menguar, decaer, atenuar, acortar, abreviar, bajar. ‖ ANT. Aumentar, crecer.

DEDICAR. tr. Ofrecer, decidir, resolver, determinar, aplicar, designar, destinar, ejercer, ejercitar, guardar, ofrecer, emplear, consagrar, ocupar, reservar, practicar.

DEDUCIR. tr. Colegir, concluir, inferir, seguirse, descontar, restar, pensar, llegar a la conclusión, resultar, sacar, salir.

DEFECTO. m. Falta, tacha, vicio, imperfección, deficiencia, anomalía, anormalidad, fallo, pecado. ‖ ANT. Virtud, prudencia, primor, cumplimiento, integridad.

DEFENDER. tr. Proteger, amparar, resguardar, abrigar, sostener, abroquelarse, acogerse, agarrarse, cobijar, cubrir, preservar, exculpar. ‖Disculpar, abogar, justificar, excusar, ampararse, apoyarse, buscar, arrimarse.

DEFENSA. f. Amparo, protección, abrigo, sostén, baluarte, barrera, careta, casquillo, cortina, dique, espaldera, chichonera, auxilio, trinchera, rompeolas, muralla.

DEFINIR. tr. Delimitar, determinar, concretar, distinguir, precisar, especificar, individualizar, aclarar, razonar.

DEFINITIVO, VA. adj. Concluyente, terminante, decisivo, firme, irrevocable, último, invariable.

DEFORMAR. tr. S.E. Es voz culta dicha de lo material y de lo figurado, desformar, desfigurar, torcer, viciar, descoyuntar, cambiar, alterar, forzar, mudar.

DEFORME. adj. Disforme, informe, desfigurado, desproporcionado.

DEFRAUDAR. tr. Estafar, quitar, engañar, robar, frustrar, malograr, ocultar, entrampar.

DEGENERAR. intr. Empeorar, declinar, perder, decaer, descender, bastardear, pervertir, desmerecer, desentonar.

DEGRADAR. tr. Deponer, destituir, postergar, humillar, envilecer, abatir, rebajar.

DEJAR. tr. Abandonar, abdicar, soltar, desistir, retirarse, ceder, apartarse, desamparar, desapropiarse, desasirse, desentenderse, desertar, saltar, retirarse, despojarse, dimitir. ‖ prnl. Descuidarse, abandonarse, abatirse. ‖ Omitir, olvidar. ‖ Producir, rentar.

DEJO. m. Dejación, flojedad,

impresión agradable o desagradable. ‖ Tonillo, tono, descenso de tono, acento, deje. ‖ Entonación peculiar, resabio, gusto, gustillo, saborcillo.

DELANTE. adv. l. Ante, antes, a la cabeza, en cabeza, en frente, al principio, en vanguardia. ‖ Frs. *Frente a frente, por frente, en las barbas, en la cara, en las narices, en presencia de.*

DELATAR. tr. Acusar, denunciar, ir con el cuento, revelar, soplar, ir con el soplo.

DELATOR. adj. m. Acusón, acusica, delator, espía, denunciador, chivato, soplón, fuelle, malsín. ‖ S.E. Entre niños se dice: *acusica, acusique;* despectivos: soplón, fuelle, acusón, malsín.

DELEGADO, DA. adj. Comisionado, encargado, representante, poderdante, principal, emisario, compromisario.

DELEGAR. tr. Comisionar, encargar, encomendar, dar atribuciones, autorizar, dar carta blanca, confiar, dejar al cuidado.

DELEITAR. tr. Agradar, gustar, encantar, recrear, distraer, ser una delicia, causar alegría o placer, divertir, regocijar.

DELEITE. m. Agrado, placer, delicia, gusto, encanto, recreo, regalo, alegría, placer, regocijo.

DELEZNABLE. adj. Lene, resbaladizo, de poca consistencia, frágil, desmenuzable, disgregable, inconsistente, quebradizo, poco duradero, sin solidez, pasajero. ‖ ANT. Firme, consistente, resistencia, estabilidad.

DELGADO, DA. adj. Enjuto, ceño, flaco, endeble, fino, macilento, esquelético, tenue, frágil, impalpable, ligero, sutil, estrecho, capilar. ‖ Carniseco, chupado, consumido, demacrado, escuálido, escurrido, desmirriado, escuchimizado, espingarda. ‖ ANT. Fuerte, vigoroso, grueso, lozano.

DELICADEZA. f. Finura, miramiento, atención, cortesía, suavidad, sensibilidad, ternura, cuidado, primor, filigrana.

DELICADO, DA. adj. Débil, enfermizo, algo enfermo. ‖ Fino, mirado, cortés, exquisito, sabroso, quebradizo, primoroso, pulido, selecto, agradable, amable, noble, sensible, arriesgado, difícil.

DELICIA. f. Gusto, goce, agrado, deleite, placer, encanto, apacibilidad, amenidad.

DELICIOSO, SA. adj. Deleitable, delicioso, encantador, placentero, regocijante, apacible, ameno.

DELIMITAR. tr. Limitar, señalar, demarcar, poner límites, encerrar, trazar los límites, deslindar, definir (ideas).

DELINCUENTE. adj. m. Malhechor, agraviador, agresor, apache, asesino, bandido, bandolero, autor, coautor, cómplice, cometedor, culpable, criminal, encubridor, facineroso, inductor, infractor, forajido, incendiario, maleante.

DELITO. m. Culpa, crimen, falta, fechoría, alevosía, infracción, ofensa, transgresión, desmán, desaguisado, aborto, adulterio, agresión, allanamiento, atentado, calumnia, cohecho, desfalco, dolo.

DEMANDA. f. Solicitud, petición, ruego, súplica, busca, pregunta, reclamación, requerimiento.

DEMANDAR. tr. Pedir, reclamar, solicitar, rogar, suplicar, intentar, buscar, empeñarse.

DEMASIADO, DA. adj. indef. Excesivo, sobrado, desmesurado, exuberante, colmado, profuso. ‖ adv. c. Excesivamente, desmesuradamente, demasiadamente, profusamente, sobradamente.

DEMORA. f. Dilación, retraso, tardanza, aplazamiento, postergación, atraso, espera, morosidad, pachorra.

DEMORAR. tr. Retrasar, diferir, dilatar, atrasar, aplazar, esperar. ‖ prnl. Atrasarse, demorarse, pararse, detenerse.

DEMOSTRACIÓN. f. Prueba, evidencia, argumento, autoridad, cita, ejemplo, indicación, verificación, justificación.

DEMOSTRAR. tr. Indicar, confirmar, ejemplarizar, justificar, documentar, poner en manifiesto, probar, mostrar, patentizar, verificar, exteriorizar, certificar, hacerse ostensible.

DENIGRAR. tr. Desacreditar, afear, amenguar, baldonar, echar en cara, poner como hoja de perejil, poner las peras a cuarto, como digan dueñas, de vuelta y media.

DENOTAR. tr. Demostrar, indicar, revelar, significar, connotar, implicar, advertir, apuntar, revelar, mostrar, comportar, llevar envuelto, llevar implícito, suponer, señalar, anunciar.

DENSIDAD. f. Peso específico, concentración, grado, cuerpo. trabazón, dureza, condensación.

DENSO, SA. adj. Compacto,

apiñado, apretado, amazacotado, apelmazado, aplastado, apretujado, caliginoso, comprimido, consistente, concentrado, espeso, macizo, pelmazo, viscoso. || ANT. Claro, diluido.

DENTRO. adv. l. y t. Adentro, en el interior, en el seno del, interiormente, internamente. || S.E. *Adentro* se usaba con verbos de movimiento; *dentro* con los verbos de situación y reposo. *Adentro*, hacia, es más indeterminado.

DENUNCIAR. tr. Delatar, notificar, revelar, descubrir, avisar, criticar, denunciar, manifestar.

DEPENDENCIA. f. Subordinación, sujección, sumisión, supeditación, vasallaje, vínculo, yugo, esclavitud, intereses creados, minoría de edad, obediencia, servilismo.

DEPENDER. intr. Estar subordinado, estar al arbitrio de, vivir a cuenta de, estar bajo la férula, estribar, pender.

DEPORTACIÓN. f. Destierro, extrañamiento, exilio, proscripción, expatriación.

DEPORTE. m. Sport, alpinismo, atletismo, boxeo, carrera, caza, cetrería, ciclismo, deslizamiento, equitación, esgrima, esquí, excursionismo, fútbol, gimnasia, lucha, lanzamiento, montañismo, motorismo, natación, navegación, patín, pedestrismo, pelota, pesca, polo, regata, remo, salto, tenis, tiro al blanco, trineo, vuelo sin motor, match, competición, olimpiada, partido, campeonato, juego, pasatiempo.

DEPOSITAR. tr. Imponer, colocar, confiar, consignar, fiar, dar, entregar, situar, almacenar, posar.

DEPÓSITO. m. Almacén, granero, establecimiento, nave, archivo, arsenal, bodega, cilla, cobertizo, despensa, estanco, fonda, galeón, pósito, guardarropa, lonja, troj, silo.

DEPRIMIR. tr. Humillar, degradar, rebajar, desalentar, abatir, quitar los ánimos, desanimar.

DERECHAMENTE. adv. m. Sin rodeos, sin hacer curvas, rectamente, en derechura, directamente, a las claras, francamente, abiertamente.

DERECHO, CHA. adj. Recto, seguido, directo, fundado, legítimo, legal, lícito, procedente, indeclinable, intransferible, perfecto, vertical, erguido, diestro. || m. Atribución, facultad, capacidad, jurisdicción, impuesto, tributo, gavela, potestad, prerrogativa, norma, título, concesión.

DERIVAR. intr. prnl. Cambiar la dirección, atribuir, proceder, desviarse un barco, seguirse, deducirse, emanar. || tr. Encaminar. || Conducir, dirigir. || MAR, abatir. || prnl. Salir, resultar, ser consecuencia.

DERRAMAR. tr. Tirar, regar, salirse, sembrar, verter, esparcir. || fig. Publicar, divulgar, extender. || prnl. Desembocar, desaguar.

DERRETIR. tr. prnl. Licuar, liquidar, fundir. || prnl. fig. Enamorarse, enardecerse, inquietarse.

DERRIBAR. tr. Tirar, tumbar, echar al suelo, abatir, batir, arruinarse, allanar, derrocar, destruir, desmontar, echar abajo, hundir, desmantelar, desmontar, volcar, revolcar. ‖ ANT. Edificar, eregir, construir.

DERROCHAR. tr. Dilapidar, malgastar, malbaratar, disipar, despilfarrar, desperdiciar, desaprovechar, convertir en humo, malbaratar, malemplear, dar al traste, perder, quemar. ‖ ANT. Ahorrar.

DERROCHE. m. Dilapidación, despilfarro, profusión, barrumbada, desperdicio, dispendio, fausto, lujo, ostentación, prodigalidad. ‖ Frs. Derroche de salud, energía, buen humor, etc...

DERROTA. f. Camino, senda, sendero, vereda, ruta, derrotero, rumbo. ‖ Vencimiento, revés, descalabro, desastre, aniquilación, rota, desbaratamiento, huida, desgracia, catástrofe.

DERROTAR. tr. Desbaratar, destrozar, vencer, aniquilar, batir, esclavizar, aprisionar, rendir.

DERRUMBADERO. m. Despeñadero, precipicio, pendiente escarpada, derrocadero, talud, abismo.

DERRUMBAR. tr. Derribar, arrojar, despeñar, precipitar, tirar, echar al suelo, hundir, demoler, postrar, abatir.

DESABRIDO, DA. adj. Áspero, insípido, sin sabor, insustanciado, falto de sabor, desagradable, desaborido, falto de gracia, desapacible, disoluto, insulso, insustancial.

DESACERTAR. tr. Equivocar, errar, regañar, fallar, fracasar, fallar, ir equivocado, no dar pie con bola, discurrir poco, equivocarse, colarse, desatinar, perder la brújula.

DESACIERTO. m. Error, equivocación, yerro. ‖ S.E. Intensivos: desatino, dislate, disparate. ‖ Animalada, caída, coladura, chambonada, desaguisado, inconveniencia, indiscreción.

DESACREDITAR. tr. Criticar, desprestigiar, difamar, deshonrar, poner como chupa de dómine, señalar con el dedo, denigrar, desconceptuar, despopularizar, poner como digan dueñas, maldecir, tildar. ‖ ANT. Acreditar, ensalzar, avalar.

DESACUERDO. m. Discordia, desavenencia, disconformidad, desunión, cisma, conflicto, contradicción, contrariedad, desconcierto, discrepancia, pugna, disensión.

DESAFIAR. tr. Provocar, retar, amenazar, bravuconear, afrontar, hacer cara, enfrentarse, verse las caras, tenerlas tiesas, insolentarse. ‖ Competir, rivalizar.

DESAFÍO. m. Reto, combate, amenaza, enfrentamiento, duelo, rivalidad, competencia, lance de honor, torneo, juicio de Dios.

DESAFORTUNADO, DA. adj. Desgraciado, de mala suerte, desventurado, desdichado, infeliz, triste. ‖ S.E. Tratándose de sucesos o señales, infausto, aciago.

DESAGRADABLE. adj. Molesto, irritante, un asco, desabrido, brusco, deplorable, desapacible, insoportable, fastidioso, intolerable, insufrible, repugnante, molesto, enfadoso, mala sombra.

DESAGRADECIDO, DA. adj. Ingrato, desleal, descastado, flaco de memoria, olvidadizo. ‖ S.E. El *desagradecido* no hace caso del bien que recibe; el *ingrato* lo tiene como una carga.

DESAHOGARSE. prnl. Expansionarse, espontanearse, confiarse, aliviarse, serenarse, tranquilizarse. ‖ Frs. Echar las patas por alto, decir las verdades del barquero, cantarlas claras.

DESAHOGO. m. Consuelo, alivio, lenitivo, bálsamo, reposo, descanso, esparcimiento, expansión. ‖ Descaro, descoco, comodidad, holgura. ‖ Jolgorio, regocijo, diversión.

DESAIRAR. tr. Despreciar, desestimar, desatender, desdeñar, maltratar, ofender, humillar, dejar en mal lugar, hacer mal papel, quedar en ridículo. ‖ ANT. Apreciar.

DESAMPARAR. tr. Dejar, abandonar, desasistir, no prestar ayuda o protección, ausentarse.

DESAMPARO. m. Abandono, falta de asistencia, desabrigo, desarrimo, desvalimiento, orfandad, soledad.

DESANIMAR. tr. Acobardar, desalentar, atemorizar, descorazonar, desesperanzar, arredrar, desmayar, desmoralizar. ‖ prnl. Achicarse, acoquinarse, acobardarse, amilanarse.

DESÁNIMO. m. Desaliento, abatimiento, decaimiento, postración, apatía, pereza, tristeza.

DESAPACIBLE. adj. Destemplado, áspero, duro, desagradable, falto de suavidad, desabrido, desigual, propenso a enfadarse, estridente, falto de armonía, de pocos amigos.

DESAPARECER. intr. Ocultarse, perderse, esconderse, anularse, borrarse, fugarse, huir, desvanecerse, disolverse, escamotear, eclipsarse, marcharse, sumergirse.

DESAPRENSIÓN. f. Falta de escrúpulo, cinismo, descaro, despreocupación, desvergüenza, frescura, indelicadeza, inmoralidad, desenfado, desfachatez, procacidad, audacia.

DESARMAR. tr. Desmontar, desarticular, descomponer, desconyuntar, desacoplar, desencuadernar, abatir, desvencijar.

DESARREGLAR. tr. Descomponer, desajustar, desorganizar, trastornar, descuajaringar, desencuadernar, desenchufar, desmantelar, desmontar, desvencijar.

DESARROLLAR. tr. prnl. Desenrollar, desplegar, ejecutar, realizar, perfeccionar, adelantar. ‖ prnl. Envolverse, espigarse, formarse, dar un estirón, subir, tomar vuelo, prosperar.

DESARROLLO. m. Aumento, crecimiento, incremento, progreso, adelanto, madurez, sazón, medro, desenvolvimiento, maduración, prosperidad, explicación, exposición.

DESASEADO, DA. adj. Falta de aseo, descuidado, desaliñado, dejado, sucio, roto, desarreglado, desordenado. ‖ S.E. Si se aplica a una persona, adán, mugriento, harapiento.

DESASIR. tr. prnl. Desatar, soltar, desprender. ‖ prnl. Soltarse, desprenderse, desinteresarse, desapropiarse.

DESASOSEGAR. tr. prnl. Quitar el sosiego, intranquilizar, inquietar, desalmar, desazonar, angustiar, agitar, impacientar, concomer, consumir, exasperar, excitar, molestar. ‖ prnl. Inquietarse, intranquilizarse, desazonarse.

DESASOSIEGO. m. Intranquilidad, desazón, ansiedad, inquietud, excitación, angustia, agitación.

DESASTRE. m. Calamidad, asolamiento, ruina, devastación, catástrofe, desgracia, destrozo, epidemia, hecatombe, hundimiento, incendio, plaga, inundación, terremoto.

DESATAR. tr. prnl. Soltar, desenlazar, desanudar, deshacer, desencadenar. ‖ Dejar en libertad, provocar, producir una explosión, desleír, disolver. ‖ prnl. Desencadenarse (de las pasiones). ‖ ANT. Atar, ligar, anudar, enlazar.

DESATENDER. tr. Abandonar, no prestar atención, no hacer caso, tomar a chacota, descuidar, desoír, desestimar, desamparar, despreciar.

DESAUTORIZAR. tr. Rebajar, disminuir, desprestigiar, difamar, denigrar, destituir.

DESAZÓN. f. Desabrimiento, insipidez, aspereza. ‖ fig. Disgusto, sinsabor, pesadumbre, inquietud. ‖ Nerviosidad, prurito, quimera, mala noche, sospecha, tormento.

DESBARATAR. tr. Inutilizar, descomponer, deshacer, desconcertar, arruinar, disipar, malgastar, derrochar, malbaratar, despilfarrar. ‖ intr. Disparatar, desatinar.

DESBORDARSE. prnl. Anegarse, inundar, rebosar, crecer, derramarse, salirse, desenfrenarse.

DESCANSAR. intr. Reposar, hacer fiesta, sabatizar, holgar, dar de mano, relajarse, respirar, quedarse tranquilo.

DESCANSO. m. Sosiego, reposo, calma, tranquilidad, recésit, recreo, retiro, solaz, suelta, tregua, respiro, alivio, descansillo, meseta, rellano, mesilla, asiento, apoyo, sostén.

DESCARO. m. Descoco, descompostura, desvergüenza, atrevimiento, insolencia, desfachatez, desahogo. ‖ ANT. Atención, compostura, prudencia.

DESCENDER. intr. Bajar. ‖ fig. Rebajarse, degradarse, caer, decrecer, disminuir.

DESCOMPONER. tr. Desencantar, desajustar, desarreglar, alterar, estropear, desorganizar, desbaratar, transtornar.

DESCONCERTAR. tr. Turbar, alterar, desbaratar, confundir, dejar atónito, atontar, aturullar, dejar confuso, hacerse un lío, hacerse un taco, desorientar, desquiciarse.

DESCONFIADO, DA. adj. Receloso, escamado, escamón (fam.), mal pensado, suspicaz, caviloso, escaldado.

DESCONFIANZA. f. Inconfidencia, prevención, aprensión, cuidado, escama, incredulidad, recelo, suspicacia, malicia.

DESCONFIAR. intr. Sospechar, recelar, alarmarse, estar alerta, estar sobre aviso, barruntar, celar, cabrearse, poner en cuarentena, dudar, escamarse, estar en guardia, presentir, estar a la defensiva.

DESCONOCER. tr. Ignorar, no haber tenido trato, no saber, repeler, resistir, olvidar.

DESCONOCIDO, DA. adj. Ignorado, incógnito, ignoto, anónimo, extraño, inédito, inexplorado.

DESCONSIDERACIÓN. f. Incorrección, desaire, abuso, atropello, coz, descaro, desacato, descortesía, exabrupto, grosería, insolencia, descomedimiento, falta de respeto.

DESCONSUELO. m. Pena, aflicción, disgusto, angustia, amargura, pesar. ‖ ANT. Alegría, alivio.

DESCONTAR. tr. Rebajar, deducir, causar descontento, desagradar, disgustarse, enfadarse, enfurruñarse, ponerse de mal humor, substraer, quitar, reducir, abaratar, escatimar.

DESCONTENTO, TA. adj. Disgustado, quejoso, malcontento, fastidiado, molesto, chinchoso, criticón. ‖ m. Disgusto, queja, enojo, desazón, excitación, marejada, enfado, irritación, inquietud, chasco. ‖ ANT. Satisfacción, alegría, júbilo.

DESCORTÉS. adj. Falto de cortesía, cerril, mal criado, mal educado, patán, rudo, tosco.

DESCORTESÍA. f. Desatención, mal crianza, descomedimiento, incivilidad, insolencia, grosería.

DESCOYUNTAR. tr. Dislocar, desvencijar, deformar las cosas o los hechos, desencajar, molestar.

DESCRÉDITO. m. Desdoro, descalificación, deshonor, mancilla, deshonra, desprestigio, mala fama.

DESCRIBIR. tr. Delinear, dibujar, trazar, pormenorizar, explicar, especificar, reseñar, retratar, dar las señas, fotografiar,

representar, copiar, detallar, definir.

DESCUBRIR. tr. prnl. Destapar, hallar, encontrar, abrir, adivinar, atar cabos, quitarse la careta, dar a conocer, comprometerse, exhumar, revelar, manifestar, denunciar, aparecer, levantar la liebre, investigar, coger en mentira, transparentar.

DESCUIDAR. tr. Omitir, abandonar, olvidar, dejar, desatender, distraerse, dormirse, echar al surco.

DESCUIDO. m. Omisión, inadvertencia, abandono, incuria, desidia, negligencia, chapucería.

DESDECIRSE. prnl. Retractarse, volverse atrás, llamarse a engaño, rescindir, retirar, revocar, anular, arrepentirse.

DESDICHA. f. Desgracia, desventura, infortunio, penalidad, calamidad, mala suerte. ‖ ANT. Ventura, felicidad, prosperidad.

DESEAR. tr. Aspirar a, querer, codiciar, ambicionar, consumirse, anhelar, despepitarse, chiflarse, arder en deseos, emperrarse, envidiar, interesarse por algo, soñar con.

DESEO. m. Apetito, codicia, anhelo, aspiración, ansia, ambición, antojo, avaricia, voluntad, prurito, pujo, chifladura.

DESERTOR, RA. adj. Prófugo, transfuga, apóstata, traidor, evadido, fugitivo, cobarde.

DESESPERACIÓN. f. Desesperanza, desespero, despecho, exasperación, despecho, irritación.

DESESPERARSE. prnl. Desesperanzarse, darse cabezadas,

deshacerse, enfurecerse, tirarse de los pelos.

DESGARRAR. tr. Rasgar, romper, despedazar, arrancar, desgajar, dilacerar, destrozar.

DESGRACIA. f. Contratiempo, desastre, accidente, adversidad, aflicción, azar, mala andanza, azote, calamidad, caso fortuito, daño, quebranto, infortunio, derrota, desamparo, desventura, descalabro, disgusto, drama, epidemia, flagelo, fracaso, golpe de gracia, malandanza, maldición, malogro, revés.

DESGRACIADO, DA. adj. Malaventurado, desventurado, infortunado, desdichado, infeliz, infausto, desvalido, poco favorecido, mal dotado, lacerado, malhadado, siniestro, menesteroso, menguado, mísero, pobre, pobrete, el rigor de las desdichas. ‖ ANT. Feliz, agraciado, rico, venturoso, triunfal.

DESHACER. tr. prnl. Desarmar, desmontar, destruir, desbaratar, estropear, abatir, anonadar, cansar, consumir, desazonar, transtornar. ‖ prnl. Desvivirse, afligirse, desesperarse, enflaquecerse, extenuarse.

DESHONESTIDAD. f. Impudicia o impudicicia, inhonestidad, impudor, desvergüenza, descoco, descompostura, desenvoltura, impureza, indecencia, indécoro, inmoralidad.

DESHONRA. f. Deshonor, ignominia, ultraje, oprobio, descrédito, desdodoro, mala fama, estigma, infamia, ludibrio, mancilla, vergüenza, vilipendio, cieno, mancha, mengua, sambenito, tacha, tilde, difa-

mación, fango, indecoro, afrenta.

DESIERTO, TA. adj. Deshabitada, despoblado, inhabitado, inhóspito, inhospitalario, desolado. ‖ m. Yermo, estepa, erial, páramo, paramera, soledad, soledumbre, dunas, oasis.

DESIGNAR. tr. Denominar, nombrar, denotar, señalar, indicar, llamar, fijar, dedicar.

DESIGUAL. adj. Diferente, no liso, variable, áspero, quebrado, barrancoso, dificultoso. ‖ Caprichoso, voluble, irregular, desigualado, discontinuo, distinto, duro, desnivelado.

DESIGUALDAD. f. Diferencia, abultamiento, altibajo, aspereza, bulto, calvero, concavidad, cavidad, convexidad, depresión, desnivel, elevación, heterogeneidad, protuberencia, relieve, onda, pico.

DESILUSIÓN. f. Chasco, decepción, desengaño, desesperanza, desencanto, desconsuelo, falsedad.

DESINFECTAR. tr. Cauterizar, esterilizar, fumigar, limpiar, pasterizar, pasteurizar, flamear.

DESINTERÉS. m. Despego, indiferencia, desasimiento. ‖ Largueza, liberalidad, generosidad.

DESLEAL. adj. Falto de lealtad, falso, alevoso, infiel, traidor, pérfido, felón, aleve, traicionero.

DESLENGUADO, DA. adj. Desbocado, lenguaraz, malhablado, insolente, desvergonzado, difamador, calumniador. ‖ ANT. Bienhablado.

DESLIZ. m. Resbalón, acción de

deslizarse. ‖ fig. Ligereza, error, desacierto, equivocación.

DESLIZARSE. prnl. Escurrirse, resbalarse, irse los pies, marcharse, escabullirse, escaparse, correrse.

DESLUCIR. tr. prnl. Desmercer, afear, eclipsar, empañar, empequeñecer, estropearse, ensombrecerse.

DESLUMBRAR. tr. Encandilar, ofuscar, cegar, traslumbrar, alucinar, atontar, dejar boquiabierto, magnetizar, hipnotizar, embaucar.

DESMAYARSE. prnl. Acobardarse, caerse, desvanecerse, amilanarse, perder el conocimiento, marearse, desfallecer.

DESMAYO. m. Síncope, desvanecimiento, soponcio, taranta, vahído, lipotimia, epilepsia, parálisis.

DESMENTIR. intr. Negar, decir que no es verdad, contradecir, llevar la contraria, desdecir.

DESMENUZAR. tr. Triturar, picar, desbriznar, atomizar, desintegrar, desmigajar, desmigar.

DESMESURADO, DA. adj. Desmedido, excesivo, enorme, exagerado. ‖ Descortés, insolente, descarado, descomedido. ‖ ANT. Ordenado, moderado, mesurado.

DESMIRRIADO, DA. adj. Esmirriado, flaco, raquítico, extenuado, consumido.

DESMONTAR. tr. prnl. Desarmar, desarticular, separar las piezas, abatir, bajar, batir. ‖ prnl. Descabalgar, apearse, bajar, rozar, arrancar.

DESNUDAR. tr. prnl. Desvestir, desarropar, descoritarse. ‖

prnl. Despojarse, destocarse, empelotarse, desabrigarse.

DESNUDO, DA. adj. Nudo (la nuda verdad), en cueros, deshonesto. ‖ fig. Pobre, necesitado, indigente, mísero, desguarnecido, sin vestidos, patente, claro, sin rodeos, pelado, desmantelado.

DESOBEDECER. tr. Desmandarse, rebelarse, contravenir, desacatar, desatender, desoír, incumplir, infringir, indisciplinarse, quebrantar, hacerse el sordo, transgredir.

DESOBEDIENTE. adj. Malmandado, díscolo, reacio, rebelde, reluctante (lit.), indisciplinado.

DESORDEN. m. Desarreglo, desconcierto, alteración, babel, Babilonia, barahúnda, barullo, bataola, desbarajuste, desorganización, desgobierno, bochinche, baturrillo, caos, confusión, berenjenal, estropicio, maraña, mezcolanza, rebujina, enredo, galimatías, embrollo, hormiguero, jaleo.

DESORDENAR. tr. Desorganizar, descomponer, alterar, barajar, confundir, revolver, perturbar, desarreglar, trastornar, desbarajustar, desbaratar, desquiciar, desconcertar, embrollar, embarullar. ‖ ANT. Ordenar, concertar, arreglar.

DESORIENTAR. tr. Despistar, extraviar, descaminar, atontarse, aturdirse, equivocarse, perderse, volverse loco, volverse tarumba, confundir, estar en babia.

DESPACIO. adv. m. Lentamente, invirtiendo mucho tiempo, poco a poco, paulatinamente. ‖ m. AMÉR. Tardanza, dilación, lentitud, despaciosidad. ‖ Silenciosamente, despacito.

DESPACHAR. tr. Terminar un quehacer, enviar un mensajero, vender género, resolver, decidir, pedir, echar, expender. ‖ fig. Matar.

DESPACHO. m. Parte, salida, cédula, remisoria. ‖ Despachaderas, desenvoltura, desparpajo. ‖ Telefonema, telegrama, radiograma, cablegrama, radiofonema. ‖ Estudio, tienda.

DESPACHURRAR. tr. prnl. Achuchar, chafar, deshacer, espachurrar, destripar, despanzurrar, aplastar, reventar.

DESPECHO. m. Resentimiento, desesperación, envidia, encono, rencor, disgusto muy fuerte, rigor, aspereza.

DESPEDIDA. f. S.E. Fórmulas corrientes: «Hasta luego, hasta mañana, hasta la vista, hasta otro rato, hasta más ver.» ¡Que usted lo pase bien! ¡Adiós! ¡Con Dios!

DESPEDIR. tr. prnl. Echar. lanzar, arrojar, soltar. ‖ Esparcir, difundir, despachar. ‖ prnl. Decir adiós, saludarse, abrazarse, besarse, ausentarse, irse, conmemorar, celebrar. ‖ Fórmulas más corrientes: ¡Abur! ¡Adiós! Agur, hasta después, vaya con Dios, hasta la noche, hasta mañana, a la paz de Dios, hasta luego, usted siga bien.

DESPEINAR. tr. Descomponer el peinado, enmarañarlo, despeluzar, desmelenar, desgreñar. ‖ S.E. *Despeluzar* es una acción violenta y *desgreñar* es intensivo de *despeinar*.

DESPEJADO, DA. adj. Desembarazado, sin nubes, desahogado. ‖ Espabilado, inteligente, listo, desenvuelto, ancho, espacioso.

DESPEJAR. tr. prnl. Dejar un sitio libre, aclarar, desembrollar, desembarazar, desocupar. ‖ prnl. Quedar despejado, clarear, serenarse, escampar, clarear, desencapotarse.

DESPELLEJAR. tr. Desollar, quitar la piel, descorchar, despeluchar, pelar. ‖ Murmurar, hablar mal, cortar un traje.

DESPERDICIAR. tr. Desaprovechar, malbaratar, despilfarrar, malgastar, derrochar, dilapidar, estropear, malemplear, perder, gastar en pólvora, en salvas, echar a perder.

DESPIERTO, TA. adj. Avisado, advertido, espabilado, listo, vivo, despejado, inteligente, desvelado. ‖ ANT. Perezoso.

DESPOJAR. tr. Desposeer, arrebatar, afanar, apandar, arramblar, apoderarse, birlar, escamotear, empobrecer, quitar con malas artes, arruinar, dejar en la calle, cepillar, desfalcar, desvalijar.

DESPOJO. m. Presa, botín, expoliación, hurto, latrocinio, pillaje, robo, saqueo, usurpación. ‖ m. pl. Desperdicios, sobras, restos.

DESPOSEER. tr. Desapropiar, arrebatar, expropiar, despojar, quitar, desaposesionar. ‖ prnl. Desprenderse, renunciar.

DÉSPOTA. m. Dictador, autócrata, mandón, opresor, señor feudal, absoluto, autoritario, dominante.

DESPOTRICAR. intr. Desbarrar, disparatar, atacar, decir barbaridades, desahogarse, desatarse, desbocarse, descomponerse.

DESPRECIAR. tr. Tener en poco, menospreciar, subestimar, desestimar, mirar de lado, pasar de largo, volver la espalda, ultrajar, vilipendiar, tratar a zapatazos.

DESPRECIO. m. Desdén, menosprecio, desaire, desestimación, vilipendio, feo, higa, depreciación, indiferencia, burla, desobediencia, insulto, maldad, despecho, rechazo.

DESPRENDER. tr. Separar, soltar, despegar, despedir. ‖ prnl. Ceder, compartir, renunciar, desposeerse, tirar por la borda, dejar, desasirse, deducir, inferirse, desapropiarse, deshacerse, gastar.

DESPRENDIMIENTO. m. Desasimiento, desinterés, despego. ‖ Altruismo, larguez, liberalidad, generosidad, cualidad de desprendido.

DESPREOCUPARSE. prnl. Dejar que ruede la bola, no hacer caso, dejar correr las cosas, relegar al olvido, encogerse de hombros.

DESPROPÓSITO. m. Dislate, gansada, desatino, disparate, majadería, patochada, paparrucha, salida de tono.

DESPUÉS. adv. t. y l. Luego, posteriormente, más tarde, ulteriormente. ‖ Detrás, seguidamente, a continuación. ‖ Enseguida, inmediatamente, en adelante, más adelante, apenas, desde que.

DESPUNTAR. intr. Sobresalir, descollar, destacarse, resaltar, distinguirse. ‖ S.E. Tratándose de colmenas, descerar. ‖ Achaflanar, redondear, apuntar, aparecer, asomar ligeramente.

DESQUITARSE. prnl. Resarcirse, proporcionarse alguna ventaja. ‖ Vengarse, tomar el desquite, despicarse, satisfacerse, recobrarse.

DESTACADO, DA. adj. Distinguido, renombrado, significado, importante, afamado, alto, apreciable, acreditado, conspicuo, culminante, descollado, elevado, eminente, excepcional, famoso, gentil, gigantesco.

DESTACARSE. prnl. Descollar, sobresalir, despuntar, resaltar, distinguirse, señalarse.

DESTAPAR. tr. prnl. Descubrir, abrir (tratándose de un recipiente), desabrigar, desarropar, desenmascarar, desobstruir, limpiar. ‖ ANT. Tapar, abrigar, ocultar.

DESTELLO. m. Relumbro, relumbrón, centelleo. ‖ fig. Asomo, atisbo, barrunto, chispa, vislumbre.

DESTEMPLADO, DA. adj. Desacordado, desafinado (instrumento músico), agrio, desapacible, irritado, falto de temple, desenronado, enfadado.

DESTERRAR. tr. prnl. Obligar a marcharse de su país, expulsar, deportar, extrañar, internar, proscribir, confinar. ‖ prnl. Expatriarse, exiliarse, confinarse, alejarse, apatriarse.

DESTIERRO. m. Exilio, expatriación, confinamiento, ostracismo, deportación (expulsión del territorio), proscripción.

DESTINO. m. Sino, hado, azar, acaso, casualidad, fortuna, suerte, estrella, fatalidad, signo, sombra. ‖ Empleo, plaza, función, sitio, paradero, puesto, colocación. ‖ S.E. *Destino* se usa entre funcionarios.

DESTITUIR. tr. Quitar de su empleo, dejar, cesar, dar el cese, separar del servicio, despedir, echar, expulsar, licenciar, remover, relevar, separar, suspender, dejar en la calle.

DESTREZA. f. Habilidad, agilidad, pericia, maña, buena mano, aptitud, arte, capacidad, desenvoltura, desparpajo, maestría.

DESTROZAR. tr. Despedazar, destruir, romper, aniquilar, deshacer, derrotar, confundir.

DESTRUIR. tr. Convertir en pedazos, demoler, derribar, derruir, derrumbar, despedazar, desmigar, desmenuzar, disgregar, desolar, exterminar, descomponer, desgarrar, espachurrar.

DESUNIÓN. f. Acción de desunir, separación, desajuste. ‖ fig. Desavenencias, discordia, división. ‖ ANT. Congregar, unirse, entenderse. ‖ fig. Desacuerdo, enemistad, discordia, división.

DESVAÍDO. adj, Pálido, descolorido, desteñido, disipado, adelgazado, preciso, sin carácter definido, de poca personalidad, desgarbado, insignificante.

DESVALIJAR. tr. Dejar en camisa, despojar, arrebatar, robar, cepillar, desplumar, saquear, limpiar.

DESVÁN. m. Buhardilla, buharda, sotabanco, camaranchón, guardilla, sobrado, zaquizamí, chiribitil, trastero.

DESVANECERSE. prnl. Evaporarse, disiparse, desaparecer, disolver, evaporar, perderse, desmayarse.

DESVENCIJAR. tr. Desarticular, desconyuntar, descuadernar, descuajaringar, desarmar, romper.

DESVENTAJA. f. Inferioridad, desconvenencia, menoscabo, inconveniente, pega, pero, sus pros y sus contras. ‖ ANT. Provecho, superioridad, favor.

DESVERGONZADO, DA. adj. Sinvergüenza, poca vergüenza, descarado, procaz, descocado, inverecundo, cínico, desahogado, desfachado, farota, farotón, frescales, procaz.

DESVERGÜENZA. f. Inverecundia, sinvergonzonería, cinismo, desahogo, descoco, frescura, imprudencia, impudor, procacidad, sinvergüencería, tupé, tranquilidad, poca vergüenza.

DESVIAR. tr. prnl. Apartar, alejar, descaminar, separar. ‖ fig. Disuadir, desaconsejar. ‖ prnl. Desorientarse, desmentir, despirtarse, marrar, torcer, andarse por las ramas.

DESVÍO. m. Desviación, derivación, conducto, camino, frialdad, despego, falta de afecto, desafecto.

DESVIRTUAR. tr. Anular, debilitar, contrarrestar. ‖ prnl. Evaporarse, desvanecerse, desbravarse.

DESVIVIRSE. prnl. Desvelarse, perecer, extremarse, despepitarse, deshacerse, pirrarse, volverse loco por, morirse por, beber los vientos por, soñar con, afanarse, desear.

DETALLE. m. Pormenor, minucia, porción, fragmento, circunstancia, dato, gollería, minuciosidad, complemento, quid, requisito, toque, delicadeza, nota, precisión, esmero.

DETENER. tr. prnl. Parar, atajar, suspender, arrestar, aprisionar, aprehender, prender. ‖ prnl. Retardarse, retrasarse, tardar, demorarse, pararse, entretenerse, cesar.

DETERIORO. m. Daño, desperfecto, avería, detrimento, menoscabo, arañazo, carcoma, chasponazo, corrosión, daño, decadencia, maca, mengua, menoscabo, perjuicio, quebranto, rasguño.

DETERMINAR. tr. Resolver, decidir, fijar, precisar, señalar, delimitar, causar, producir, motivar, impulsar, prescribir, establecer, acordar, dar, concluir, disponer, especificar, ultimar, mandar, puntualizar, ocasionar, originar.

DETESTABLE. adj. Abominable, aborrecible, execrable, horrible, ominoso, odioso, repelente, vitando.

DETESTAR. tr. Maldecir, condenar, execrar, abominar, aborrecer, aguantar, odiar, rechazar, renegar, resistir, no poder soportar, no poder ver, no poder tragar.

DETRÁS. adv. l. Atrás, tras (iban tras él), (están tras el portal). ‖ A continuación, enseguida, inmediatamente, luego, en pos de, seguidamente, a retaguardia, a la zaga.

DEUDA. f. Obligación de pagar, moratoria, procedimiento, vencimiento, adeudo, crédito, debe, débito, déficit, descubierto, pasivo, trampa.

DEVASTAR. tr. Arrasar, asolar, destruir, aniquilar, arruinar, reducir a cenizas, exterminar, desolar, reducir a escombros, talar, no dejar piedra sobre piedra.

DEVOCIÓN. f. Fervor, culto, rezo, espiritualidad, oración, religiosidad, piedad, plegaria, inclinación, afecto, dedicación, celo, recogimiento. ‖ ANT. Irreligiosidad, irreverencia, desacato.

DEVOLVER. tr. Restituir, dar una cosa a cambio, volver, reenviar, rechazar, no admitir un regalo, pagar, redimir, reembolsar, reexpedir, recompensar. ‖ Arrojar por la boca, vomitar.

DEVORAR. tr. Engullir, embocar, embaucar, consumir, destruir, comer con avidez, abrasar, gastar.

DEVOTO, TA. adj. Ferviente, fervoroso, místico, piadoso, pío, practicante, religioso.

DÍA. m. Fecha, espacio de tiempo, jornada, de sol a sol. ‖ S.E. Nombres: domingo, jueves, lunes, martes, miércoles, sábado, viernes. ‖ Amanecer, ángelus, ánimas, anochecer, atardecer, mañana, mediodía, noche, media noche, nona, oración, prima sexta, siesta, tercia, vísperas.

DIABLO. m. Se aplica a persona muy fea, demonio, diantre, dianche, diaño, demonche (Ast.), el maldito, el malo, el enemigo, el patán (fam.), el tentador, el maligno, la serpiente venenosa.

DIÁFANO, NA. adj. Transparente, cristalino, claro, límpio, sin empañamiento, sin mancha.

DIÁLOGO. m. Charla, coloquio, conversación, plática, tensión, interlocutor, interlocución.

DIARREA. f. Desarreglo de intestino, cagalera, cagaleta, cursos, desbarate, descomposición, disentería, viaraza, cólico.

DIATRIBA. f. Invectiva, crítica, libelo, catilinaria, perorata. || S.E. La *diatriba* es oral o escrita y seria; el *libelo* es escrito, infamatorio e injurioso, poco serio.

DIBUJO. m. Alzado, apunte, boceto, bosquejo, borrón, estarcido, estampa, esquema, escorzo, croquis.

DICCIÓN. f. Palabra, frase, manera correcta o incorrecta, modo, voz, vocablo, término.

DICHO, CHA. adj. p. p. de decir. Citado, mencionado, antedicho, susodicho. || m. Proverbio, refrán, agudeza, arranque, bufido, astracanada, chiste, cosa, decir, dicharacho, donaire, exabrupto, expresión, frase, giro, locución, golpe, gracia, ocurrencia, lindeza, parrafada, patochada, pulla, salida, discurso.

DICHOSO, SA. adj. Que disfruta de dicha, feliz, afortunado, venturoso, bienhadado, fausto.

DIESTRO, TRA. adj. Derecho, hábil, ágil, inteligente, capaz, artífice, experto, ejercitado, maestro, virtuoso, el más pintado, perito, mañoso, prevenido, avisado. || m. Torero, matador de toros.

DIFAMAR. tr. Desacreditar, deshonrar, denigrar, infamar, calumniar, desprestigiar, ensuciar, enfangar, mancillar, murmurar, tirar por los suelos, insultar.

DIFERENCIA. f. Desigualdad, desemejanza, divergencia, disparidad, discrepancia, discordia, residuo, resto.

DIFERENCIARSE. prnl. Distinguirse, ser diferente, diferir, discrepar, distar, enfrentarse, oponerse. || ANT. Igualarse, emparejarse, equivaler.

DIFERENTE. adj. No igual, distinto, diverso, vario, desigual, desemejante, disconforme, encontrado.

DIFERIR. tr. Aplazar, retardar, retrasar, demorar, atrasar, dilatar, apartarse, contrastar, hacer contraste, distar, deshermanarse, discrepar, diversificarse, variar, parecerse como un huevo a una castaña.

DIFÍCIL. adj. Dificultoso, embarazoso, penoso, arduo, complicado, enrevesado, complejo, climatérico, comprometido, confuso, embrollado, endiablado, escabroso, laberíntico, resbaladizo, peliagudo, vidrioso.

DIFICULTAD. f. Estorbo, entorpecimiento, obstáculo, embarazo, óbice, traba, atadura, cadena, cortapisa, contra, entorpecimiento, escollo, freno, impedimento, inconveniente, intríngulis.

DIFUNDIR. tr. prnl. Divulgar, esparcir, expandir, extender, propagar, ganar adeptos, ir de boca en boca, cundir, tomar cuerpo, abrirse camino. || fig. Propalar, divulgar.

DIGNARSE. prnl. Servirse, tener la bondad, tener a bien, deferir, acceder. || S.E. *Dignarse* es un verbo solemne muy usado para hablar con Dios o la Virgen; *servirse* es fórmula de cortesía.

DIGNIDAD. f. Amor propio, caballeriosidad, decencia, decoro, propia estimación, hombría de bien, honorabilidad, honor, honestidad, honra, honrilla, nobleza, orgullo, pundonor, rectitud, nobleza.

DIGNO, NA. adj. Acreedor, merecedor, caballero, caballeroso, circunspecto, honrado, noble, de principios, pundonoroso, honesto, decente, puntilloso, quijote, respetable.

DILAPIDAR. tr. Disipar, derrochar, malgastar, malbaratar, despilfarrar, gastar, retrasar.

DILATAR. tr. prnl. Agrandar, ensanchar, alargar, prolongar, extender, ampliar, diferir, aplazar.

DILIGENCIA. f. Actividad, rapidez, prontitud, agencia, gestión, cometido, encargo, encomienda, quehacer, incumbencia, recado, recuesta, comisión. ‖ Cuidado, esmero, atención, celo.

DILIGENTE. adj. Activo, atento, cuidadoso, dinámico, dispuesto, cumplidor, eficiente, pronto, puntual, hacendoso, incansable, laborioso, industrioso, trabajador, vivo, rápido.

DIMANAR. intr. Provenir, proceder, manar, nacer, venir, originarse, seguirse, derivarse.

DIMENSIÓN. f. Magnitud, tamaño, medida, extensión, alto, altura, ancho, anchura, capacidad, corpulencia, cuerpo, escuadría, fondo, grandor, grosor, longitud, luz, distancia, fondo.

DIMITIR. tr. Renunciar, abdicar, declinar, rehusar, abandonar un cargo. ‖ S.E. Con el nombre del cargo se usa como transitivo; «dimitir la presidencia.»

DINASTIA. f. Serie, familia, casa, estirpe, linaje, reinado, prosapia, progenie, abadí, hamudí.

DINERO. m. Nombres fam. guita, pasta, mosca, dinerillo, monises, perras, tela. Caudal, capital, bienes, hacienda, moneda, billete, fortuna, peculio, metálico, cuartos, papel moneda, calderilla, sueldo, retribución, importe, cuota, paga. ‖ S.E. En los bancos se llama numerario, efectivo.

DIÓCESIS. f. Mitra, sede, obispado, suburbicaria, archidiócesis, arquidiócesis, sede eclesiástica.

DIOS. m. Todopoderoso, Creador, Altísimo, Señor, Adonai, Glorificador, Padre Eterno, Providencia, Poder Celestial, Omnipotencia, Omnipresencia, Remunerador, Espíritu Santo, Jesucristo, Yahvé.

DIPLOMACIA. f. fig. Tacto, habilidad política, protocolo, Asuntos Exteriores, credenciales, carta credencial, despacho, plenipotencia, exequatur, cancillería, referendum.

DIRECCIÓN. f. Gobierno, gestión, mando, administración, junta ejecutiva, sentido, señas, rumbo.

DIRECTOR. m. Directivo, jefe, dirigente, directiva, chantre. ‖ Director de orquesta.

DIRIGIR. tr. prnl. Guiar, enderezar, encaminar, orientar, conducir, acaudillar, administrar, encarrilar, encauzar, enfilar, regir, gobernar, poner la proa, manejar, mangonear, mandar, capitanear.

DISCERNIR. tr. Discriminar, distinguir, apreciar, diferenciar, enjuiciar, juzgar, adjudicar.

DISCIPLINA. f. Enseñanza, doctrina, asignatura, subordinación, dependencia, sometimiento, orden.

DISCÍPULO. m. Alumno, condiscípulo, epígono, regidor, escolar, estudiante, colegial.

DISCORDIA. f. Desacuerdo, desavenencia, disconformidad, discordancia, disentimiento (en la doctrina o las opiniones), desunión, desvarío, disensión, oposición, luchas intestinas, rozamiento, ruptura, zipizape.

DISCRECIÓN. f. Calidad de discreto, acierto, sensatez, prudencia, tacto, circunspección, mesura, moderación, medida, parquedad, parsimonia, pulso, reserva, sinéresis, tiento, estira y afloja. ‖ ANT. Desacierto, imprudencia, atrevimiento.

DISCREPANCIA. f. Diferencia, disconformidad, incompatibilidad, desacuerdo, divergencia, disensión, discordancia.

DISCREPAR. intr. Estar en desacuerdo, no ponerse de acuerdo, diferenciarse, distar, discordar, disentir, pensar de distinto modo.

DISCRETO, TA. adj. Prudente, juicioso, dotado de tacto, moderado, no exagerado, agudo, reservado.

DISCULPA. f. Excusa, descargo, circunstancia atenuante, coartada, defensa, exculpación, pretexto, cargo, evasiva, explicación, justificación, alegato, subterfugio, salvedad.

DISCULPAR. tr. Excusar, defender, justificar, perdonar, absolver, comprender, eximir, ate-

nuar, disimular, exculpar, perdone usted, lo siento, sentirlo mucho, exonerar, disimule usted.

DISCURRIR. intr. Andar, pasar, desenvolverse, deslizarse, desarrollarse, transcurrir. ‖ Si se trata del tiempo, transcurrir. ‖ tr. Idear, conjeturar, inferir.

DISCURSO. m. Decurso, espacio, lapso. ‖ Raciocinio, reflexión, oración, peroración, soflama, disertación, arenga, alocuación, charla, plática, sermón, conferencia, disertación, catilinaria, filípica, perorata. ‖ ANT. Verbomanía, verborrea. ‖ S.E. La conferencia y la disertación versan sobre temas científicos o literarios. En la oratoria forense se dan la acusación y la defensa.

DISCUSIÓN. f. Disputa, debate, controversia, dimes y diretes, discordia, agarrada, choque, encuentro, follón, jaleo, gresca, lío, marimorena, escaramuza, escándalo, pelotera, reyerta, tremolina.

DISCUTIR. tr. Disputar, debatir, encontrarse, altercar, acalorarse, controvertir, chocar, habérselas con, porfiar, polemizar, tirarse los trastos a la cabeza, refutar.

DISFRAZ. m. Antifaz, careta, máscara, atavío, embozo, tapujo, velo, artificio, disimulo, ocultación, carnaval.

DISFRAZARSE. prnl. Desfigurarse, ocultarse, embozarse, vestir de Arlequín o Pierrot, disimular, encubrir.

DISFRUTAR. intr. Gozar, sentir alegría o placer, complacerse, alegrarse, divertirse, regocijarse. ‖ tr. Percibir, aprovecharse, utilizar, obtener el provecho de las rentas.

DISGREGAR. tr. Deshacer, disociar, dispersar, desmenuzar, desbriznar, desmoronar, fraccionar, fragmentar, rallar. ‖ ANT. Aunar, unificar, reunir.

DISGUSTAR. tr. Desagradar, incomodar, desazonar, amargar, aburrir, apesadumbrar, llevarse un berrinche, causar consternación, contrariar, saber a cuerno quemado, desasosegarse, desconcertar, causar disgusto.

DISGUSTO. m. Desazón, asco, hastío, repugnancia, displicencia, desagrado, desgana, querella, berrinche, escozor, espina, espinilla, calamidad, desengaño, contrariedad, desagrado.

DISIMULAR. tr. Encubrir, ocultar, tapar, disfrazar, embozar, encubrir, enmascarar, tirar la piedra y esconder la mano.

DISIPAR. tr. Desvanecer, esfumar, hacer desaparecer, derrochar, gastar, desperdiciar, malgastar, prodigar. ‖ prnl. Evaporarse, borrarse.

DISLATE. m. Aberración, absurdo, atrocidad, barbaridad, desatino, disparate, enormidad.

DISMINUCIÓN. f. Decrecimiento, mengua, merma, menoscabo, decremento, descenso, baja, bajón, descuento, abreviación, rebaja, destajamiento. ‖ ANT. Aumento, acrecentamiento, medro.

DISMINUIR. tr. Decrecer, menguar, reducirse, achicar, aminorar, abreviar, acortar, amenguar, aflojar, atenuar, capar, ceder, cercenar, descontar, desfalcar, desmochar. ‖ S.E.

Reducir y *mermar* se refieren al tamaño o número; *acortar* a la longitud y *abreviar* a la duración. ‖ ANT. Acrecer, añadir, incrementar.

DISOLVER. tr. Desleír, deshacer, diluir, macerar, desunir, separar, disgregar, aniquilar.

DISPARAR. tr. Tirar, lanzar, arrojar, acertar, disparar al aire, asestar, alcanzar, atinar, dar en el blanco, descargar, descerrajar, hacer fuego, encajar, tirotear, batir.

DISPARATE. m. Dislate, aberración, atrocidad, desatino, absurdo, barbaridad, burrada, ciempiés, barrabasada, despropósito, desvarío, locura, insensatez, incoherencia, devaneo, engendro, enormidad, herejía.

DISPERSAR. tr. Diseminar, separar, esparcir, extenderse, desvandarse, desmadrarse, disgregarse.

DISPLICENCIA. f. Actitud displicente, desagrado, indiferencia, desaliento, apatía, dejadez, desgana, disgusto, de mala gana, mal talante, desánimo, desabrimiento.

DISPONER. tr. Arreglar, colocar, adererzar, ordenar, preparar, acordar, decidir, determinar, decretar, establecer, tomar una disposición, ordenar, preceptuar, prescribir. ‖ S.E. Se dispone un proyecto y se preparan los medios para efectuarlo.

DISPOSICIÓN. f. Colocación, arreglo, ordenación, distribución, orden, posibilidad, situación, estado, aptitud, capacidad, genio, humor.

DISPUESTO, TA. adj. Gallardo,

apuesto. ‖ Listo, preparado, pronto, en disposición de servir, activo, apto, inteligente, trabajador, prevenido, habilidoso, despejado. ‖ ANT. Desbarbado, inepto.

DISPUTA. f. Altercado, cacao, discusión, debate, agarrada, chacarrachaca, forcejeo, jaleo.

DISPUTAR. tr. Discutir, altercar, cuestionar, controvertir, enzarzarse, competir, contender.

DISTANCIA. f. Intervalo, trecho, recorrido, espacio, cantidad de espacio entre dos cosas, longitud, camino, disparidad, discrepancia, frialdad.

DISTANTE. adj. Alejado, distanciado, apartado, remoto, lejano, situado lejos, espaciado, retirado. ‖ S.E. *Distante* nos da una idea de espacio; *lejano* es algo indeterminado.

DISTINGUIDO, DA. adj. Aventajado, aristocrático, célebre, cimero, conspicuo, estimado, excepcional, sobresaliente. ‖ Delicado, distinguido, elegante, exquisito, fino, de buen gusto.

DISTINGUIR. tr. Diferenciar, contrastar, tener criterio, desempatar, desigualar, diferenciar, discernir, diferir. ‖ Llamar la atención, definir, dar carácter, sobresalir, determinar, establecer, variar. ‖ Frs. *No distinguir lo blanco de lo negro* (poco sagaz).

DISTINTO, TA. adj. No igual, diferente, diverso, otro, fácilmente visible. ‖ Claro, inteligente, preciso.

DISTRACCIÓN. f. Pasatiempo, diversión, entretenimiento, deporte, fiesta, recreo, feria, holgadero, juego, esparcimiento,

quitapesares, solaz. ‖ Olvido, omisión, inadvertencia.

DISTRAER. tr. prnl. Apartar, desviar, desatender. ‖ Tomar el aire, airearse, desapolillarse, solazarse, ventilarse, oxigenarse, salir, reunirse, explayarse, dar un paseo.

DISTRIBUIR. tr. Repartir, partir, dividir, colocar, adjudicar, donar, entregar, prorratear.

DIVERSIDAD. f. Multiplicidad, variedad, desemejanza, diferencia, pluralidad, disconformidad.

DIVERSIÓN. f. Distracción, pasatiempo, entretenimiento, solaz, recreo, alegría, animación, expansión, farra, feria, bureo, bullicio, francachela, jolgorio, jollín, juerga, orgía, parranda.

DIVERTIRSE. prnl. Expansionarse, distraerse, solazarse, animarse, alborozarse, correrla, regodearse. ANT. Aburrirse, enfadarse.

DIVIDIR. tr. Partir, separar, fraccionar, subdividir, tajar, amojonar, atomizar, terciar, segmentar, clasificar, cortar, descomponer, descuartizar, deshacer, desintegrar, desmembrar, desmenuzar, despedazar, desmigar, excindir, expoliar, parcelar, trifurcarse. ‖ fig. Malquistar, enemistar, indisponer, desunir, desavenir. ‖ S.E. Las cosas se *fraccionan*, se *parten*, se *separan*, se *reparten* por partes iguales; se *distribuye* el fruto de un decomisado, entregando un tanto al denunciador.

DIVISAR. tr. Distinguir, entrever, columbrar, alcanzar, avistar, dominar, otear, aparecer, ver.

DIVISIÓN. f. Partición, reparto, distribución, abscisión, bifurcación, clase, comportamiento, escaque, parte, rama, pieza, ramificación, sección, apartado, clasificación, dicotomía.

DIVULGAR. tr. Propalar, propagar, difundir, generalizar, publicar, vulgarizar, pregonar, esparcir, sembrar. ‖ ANT. Tapar, encubrir, esconder.

DOBLAR. tr. Duplicar, acodar, acodillar, torcer, arquear, encorvar, arrugar, enrollar, desviar, doblegar. ‖ Tocar a muerto, clamorear. ‖ prnl. Doblarse, ceder, allanarse, someterse, doblegarse, plegarse, ablandarse, blandearse.

DÓCIL. adj. Obediente, sumiso, fácil de dirigir, suave, apacible, dulce, manso, bonachón, baldragas, blandengue, blando, buenecito, calzonazos, dúctil, fácil, manejable, manso, pelele, cazurro, sin voluntad propia.

DOCTO, TA. adj. Sabio, estudioso, culto, ilustrado, instruido, entendido, sapiente, leído, erudito.

DOCTRINA. f. Conjunto de ideas, convicciones, creencias, dogma, fe, ideas, opiniones, teoría.

DOLENCIA. f. Achaques, enfermedad, malestar, padecimiento, punzada, mal, ramalazo, pupa, retortijón, tortícolis, molestia, calambre, agujetas, cardialgia, cefalalgia, jaqueca, latigazo.

DOLER. intr. prnl. Causar dolor, hacer daño, ver las estrellas, estar en un grito, escocer. ‖ prnl. Lamentarse, quejarse, compadecerse, condolerse, apiadarse, arrepentirse.

DOLOR. m. Sufrimiento, daño, padecimiento, dolencia, molestia, entuerto, neuralgia, cardialgia, cefalalgia, otalgia, jaqueca, flato, pesar, pena, aflicción, suplicio, tortura, pesar. ‖ ANT. Placer, gusto, bienestar, delectación.

DOLOROSO, SA. adj. Lamentable, penoso, lastimoso, angustioso, acerbo, atroz, amargo, cruel, feroz, inhumano, lancinante, punzante, rabioso, triste, aflictivo, molesto, apenado.

DOMICILIO. m. Casa, vivienda, morada, residencia, habitación, hogar, nido, paradero, residencia, sede, señas, asiento, dirección, vecindad, local, edificio, mansión, finca.

DOMINANTE. adj. Imperioso, dictatorial, que se impone despóticamente, que sobresale, absoluto, avasallador. ‖ Predominante, preponderante, sobresaliente. ‖ ANT. Sublevante, subalterno, inferior.

DOMINAR. tr, prnl. Acobardar, achicar, achantar, acogotar, acoquinar, amansar, ahogar, apabullar, aplastar, apocar, atenazar, conquistar, sujetar, derrotar, sojuzgar. ‖ prnl. Contenerse, reprimirse.

DOMINIO. m. Facultad de disponer, libre disposición, poder, propiedad, pertenencia, autoridad, imperio, mando, poderío, señorío, soberanía, energía, fuerza, voluntad, potestad.

DON. m. Regalo, presente, dádiva, ofrenda, gracia, habilidad, aptitud, talento, ingenio, cualidad, dote, excelencia. ‖

ANT. Egoísmo, miseria, tacañería.

DONACIÓN. f. Dádiva, don, cesión, adehala, aguinaldo, obsequio, propina, ayuda, atención, donativo, entrega, añadidura, gratificación, gracia, legado, hallazgo, merced, mejora, joya, manda, limosna.

DONAIRE. m. Discreción, donosura, gracia, garbo, gentileza, gallardía. ‖ Gracejo, agudeza, chiste, ocurrencia, dicho, agudo, ingenio, soltura, gallardía, broma. ‖ S.E. La *gracia* y la discreción aluden al modo de hablar o de moverse; donaire es palabra culta. ‖ ANT. Desaliño, desgaire, desaire, inelegancia.

DONATIVO. m. Dádiva, don, donación, regalo, dote, aguinaldo, estrena, espiga, gracia, gratificación, cesión, manda, limosna, óbolo, pulsera de pedida, mejora, recuerdo.

DORAR. tr. Recubrir con oro, sobredorar (cuando de metales de plata). ‖ fig. Encubrir, endulzar, dulcificar, suavizar, atenuar. ‖ Tostar, asar o freír suficientemente, disimular.

DORMIR. intr. Reposar, descansar, acostarse, dar una cabezada, echarse, dormitar, hacer noche, pernoctar, tumbarse. ‖ prnl. Descuidarse, abandonarse, confiarse, quedarse traspuesto, adormecerse.

DORSO. m. Espalda, lomo, contrahaz, cruz, envés, folio, revés, reverso, vuelta.

DOTAR. tr. Dar bienes como dote, proveer, poner en alguno una cualidad que le mejora, equipar, asignar.

DOTE. f. Prenda, excelencia,

caudal, hacienda, bienes, fondos, acidaque, arras, aptitud.

DRAMA. m. Obra teatral, tragedia, desenlace, epílogo, prótasis, nudo, catarsis, agnición.

DÚCTIL. adj. Flexible, plástico. ‖ fig. Fácil de doblar, dócil, blando, condescendiente, acomodaticio.

DUDA. f. S.E. Uso con verbos: Abrigar, tener, estar en d., asaltar, ocurrir, ahuyentar, desvanecer una d. ‖ Incertidumbre, vacilación, perplejidad, irresolución, indecisión problema, escrúpulo, titubeo, cuestión, sospecha, recelo, indecisión, incredulidad, reparo.

DUDAR. intr. Vacilar, poner en cuarentena, luctuar, desconfiar, sospechar, oscilar, Dios dirá. ‖ ANT. Crecer, confiar, esperar, fiarse.

DUDOSO, SA. adj. Contestable, cuestionable, discutible, disputable, incierto, indeciso, indemostrable, inseguro, litigoso, pendiente, problemático, perplejo, ambiguo. ‖ S.E. Lo dudoso contiene una alusión oscura; en los equívocos existen voces de doble significado.

DUEÑO. m. Señor, propietario, amo, patrón, jefe de la casa, cabeza de familia, poseedor, empresario.

DULCE. m. Golosina, caramelo, bombón, azúcar, sacarina, almíbar, compota, jalea, mermelada. ‖ adj. fig. Suave, deleitable, agradable, deleitoso, placentero, bondadoso, afable. ‖ ANT. Amargo, áspero, duro, rígido, apacible, indulgente, complaciente, dócil.

DULZURA. f. Dulzor, azúcar, almíbar, compota, confitura, dulce seco, fruta confitada, golosina.

DURACIÓN. f. Persistencia, vitalidad, aguante, perennidad, firmeza, mutabilidad, plazo.

DURADERO, RA. adj. Estable, durable, permanente, perdurable, persistente, constante, firme.

DURAR. intr. Perdurar, tirar, aguantar, conservarse, datar, persistir, vincularse, proseguir. ‖ ANT. Consumirse, gastarse, acabar.

DUREZA. f. Aspereza, consistencia, solidez, resistencia. ‖ fig. Severidad, rudeza, violencia.

DURO, RA. adj. Resistente, fuerte, consistente, compacto, insensible, severo, rudo, áspero, violento, cruel, cansado. ‖ ANT. Suave, tierno, mollar, flácido, blanducho.

E

EBRIO, A. adj. Borracho, beodo, embriagado, bebido, pasajeramente transtornado. ‖ ANT. Abstemio, abstinente.

ECHAR. tr. Arrojar, despedir, tirar, lanzar. ‖ prnl. Lanzarse, abalanzarse, precipitarse, tenderse, tumbarse.

ECLESIÁSTICO. m. Clérigo, abate, abad, arcipreste, canónigo, capellán celebrante, cardenal, chantre, coadjutor, confesor, diácono, lector, ministro de Dios, misionero.

EDAD. f. Abriles, años, días, hierbas, meses, primaveras, tiempo, infancia, juventud, madurez, mayoría de edad, pubertad, uso de razón, vejez, adolescente, adulto, anciano.

EDICTO. m. Mandato, decreto, bando, disposición, cartel, pancarta, orden, proclama, ley.

EDIFICAR. tr. Construir, levantar, erigir, alzar, proyectar. ‖ fig. Estimular, aleccionar, instruir.

EDIFICIO. m. Edificación, construcción, obra, fábrica, residencia, casa, mansión, inmueble.

EDUCACIÓN. f. Enseñanza, adoctrinamiento, instrucción, civilidad, civismo, corrección, cortesía, delicadeza, finura, buenas maneras, buena crianza, urbanidad.

EDUCAR. tr. Enseñar, instruir, dirigir, adiestrar, amaestrar, civilizar, corregir, criar, desbastar, documentar, ejercitar, pulir, desasnar, reprender, tutelar, conformar.

EFECTO. m. Producto, resultado, consecuencia, alcance, efectividad, éxito, fruto, secuela, trascendencia. ‖ S.E. Efecto y producto son sinónimos impropios. El efecto proviene de la causa. No se puede decir los efectos sino los productos de un capital.

EFICIENTE. adj. Eficaz, apto, competente, hábil, dispuesto, preparado, durable, duradero. ‖ ANT. Inhábil, flojo, negligente, perezoso.

EFIGIE. f. Representación, imagen, retrato, pintura, escultura, figura, personificación.

EFÍMERO, RA. adj. Breve, corto, fugaz, fugitivo, pasajero, de muy poca duración, huidizo, perecedero. ‖ ANT. Duradero, perdurable, persistente, perseverante.

EFUSIVO, VA. adj. Cariñoso, afectuoso, amistoso, abierto, cordial, tierno, expresivo, apasionado.

EGOÍSTA. adj. Cómodo, comodón, egocéntrico, individualista,ególatra, suyo.

EGREGIO, GIA. adj. Excelente, excepcional, ilustre, insigne, célebre, famoso, afamado.

EJECUTAR. Realizar, efectuar, poner por obra, hacer, llevar a cabo, tocar una pieza musical. ‖ Ajusticiar, ahorcar, pasar por las armas, apedrear, arcabucear, lapidar, llevar al paredón, fusilar, colgar, sentar en la silla eléctrica. ‖ S.E. Si se trata de una ley o decreto: *obedecer, cumplir, observar, guardar.*

EJEMPLO. m. Dechado, pauta, guía, norma, regla, tipo, ejemplar, espécimen, muestra, prueba.

EJERCER. tr. Actuar, desempeñar, profesar, practicar, poner en juego o en práctica, oficiar, jugar.

EJERCICIO. m. Acción de ejercer, movimiento del cuerpo en marcha, en el trabajo... marchas, movimientos, gimnasia, actividad, agilidad, destreza, habilidad, acrobacia, adiestramiento, deporte, problema, prácticas, paseo.

EJERCITAR. tr. prnl. Adiestrar, entrenar, foguear, ejercer, hacer valer, maniobrar, pasear. ‖ prnl. Adiestrarse, entrenarse.

ELABORAR. tr. Trabajar, confeccionar, preparar, transformar, practicar, fabricar, forjar, facturar.

ELECTRICIDAD. f. Corriente, energía, fluido, autoinducción, chispa, inductancia, magnetismo, alumbrado, conexión, acometida, batería, circuito central, alternador, generador, radio, tele, transformador.

ELECTRIFICAR. Proveer de electricidad, electrizar, cambiar el equipo mecánico, galvanizar.

ELECTRIZAR. tr. fig. Producir emoción o entusiasmo, exaltar, avivar, entusiasmar, magnetizar, enardecer, excitar, conmover, inflamar, polarizar, electrificar, galvanizar.

ELEGANCIA. f. Distinción, figura, gusto, presencia, selección, estilo, finura, garrideza.

ELEGANTE. adj. Apuesto, distinguido, noble y bello, dandi, atildado, esbelto, garboso, aristocrático, delicado, desenvuelto, selecto, armoniso. ‖ ANT. Afectado, inelegante, ordinario.

ELEGIDO, DA. adj. Predestinado, seleccionado, predilecto, preferido, designado, escogido, florido, la flor y nata.

ELEGIR. tr. Escoger, señalar, distinguir, optar, preferir, seleccionar, designar, separar, echar la vista, entresacar, decidirse.

ELEMENTAL. adj. fig. Fundamental, integrante, necesario, sencillo, rudimentario, obvio, natural, evidente, que debe saberse, conocido por todos. ‖ ANT. Difícil, secundario, dificultoso, inaccesible.

ELEVACIÓN. f. Eminencia, prominencia, altura, cima, vértice, altitud (sobre el nivel del mar).

ELEVADO, DA. adj. p.p. de elevar. Alto, eminente, cimero, prominente, encopetado, empingorotado, sublime, engrandecido, enaltecido, realzado, encumbrado, excelso, magnate. ‖ S.E. Crecido, numeroso, subida (hablando de cantidad o precio).

ELEVAR. tr. Alzar, levantar, rayar a mucha altura, empinarse, empingorotarse, enaltecer, encaramar, encumbrar, ensalzar, llegar, subir, sublimar, realzar. ‖ fig. Ennoblecer, promover. ‖ prnl. Enajenarse, remontarse, ensoberbecerse, envanecerse, engreírse, ensalzarse.

ELIMINAR. tr. Excluir, apartar, separar, descartar, prescindir de, expeler, expulsar, quitar.

ELOGIAR. tr. Alabar, loar, ponderar, celebrar, encarecer, enaltecer, elevar, ensalzar, aplaudir.

ELOGIO. m. Alabanza, loa, encarecimiento, enaltecimiento, ponderación, encomio, apología, panegírico. ‖ S.E. *Encomio* es una forma intensiva, *loa* un término culto y *apología* un escrito o discurso de defensa y alabanza.

ELUDIR. tr. Evadir, rehuir, evitar, soslayar, esquivar, sortear, declinar, excusarse.

EMANAR. intr. Proceder, derivar, nacer, exhalar, irradiar, derivarse, provenir, emitir, salir.

EMANCIPAR. tr. prnl. Liberar, libertar, separar, manumitir (si se trata de un esclavo).

EMBAJADA. f. Comisión, mensaje, comunicación importante, recado, envío, representación, legacidad, encargo, gestión, cometido.

EMBALAR. tr. Envolver, empaquetar, colocar en cajas, enfardar, enfardelar, empacar. ‖ ANT. Desenfardar, desenvolver, desembalar.

EMBARAZAR. tr. prnl. Estorbar, dificultar, impedir, retardar, entorpecer, obstaculizar, preñar.

EMBARAZO. m. Dificultad, estorbo, obstáculo, impedimento, entorpecimiento, preñez, encogimiento, gestación, gravidez, tripa.

EMBARCACIÓN. f. Barco, buque, navío, bajel, galera, galeón, bote, barca, gabarra, remolque.

EMBARCAR. intr. Subir a bordo, meter personas o mercancía en un barco, reembarcar, embarcarse.

EMBARGAR. tr. Confiscar, decomisar, intervenir, incautar, secuestrar, decomisar.

EMBARGO. m. Decomiso, incautación, confiscación, intervención, requisa, retención, traba, secuestro.

EMBARRANCARSE. prnl. Atascarse, atollarse, varar, encallar, empantanarse, zozobrar, naufragar.

EMBARULLAR. tr. Confundir, embrollar, enredar, hacerse un barullo, atropellar, chapucear. ‖ prnl. Embarullarse, mezclarse, aturullarse, liarse, enredarse, aturdirse, volverse mico.

EMBAUCAR. tr. Embabucar, engañar, alucinar, camelar, embobar, deslumbrar, encandilar, engatusar.

EMBAULAR. tr. Meter en un baúl. ‖ fig. Engullir, tragar, embocar, zampar, comer mucho, devorar.

EMBELECO. m. Engaño, embuste, seducción, mentira, superchería, engañifa, arrobamiento, hechizo.

EMBELESAR. tr. Suspender, cautivar, encantar, hechizar, seducir, arrebatar, embrujar, enamorar.

EMBOLSAR. tr. prnl. Meter en una bolsa, ganar u obtener dinero, empacar, embalar, cobrar.

EMBORRACHARSE. prnl. Embriagarse, ponerse borracho, achisparse, amonarse, subirse a la cabeza, encandilarse, marearse. ‖ fig. Atontarse, adormecerse, aturdirse, coger un tablón.

EMBORRONAR. tr. Echar borrones, correr la tinta, garabatear, chafarrinar, manchar, garrapatear.

EMBOSCADA. f. Acción de emboscar o emboscarse, asechanza, celada, zalagarda, encerrona.

EMBOTAR. tr. prnl. Quitar su agudeza a una punta, mellar, desbocar, desafilar, embolar. ‖ fig. Debilitar, enervar, quitar agudeza o eficacia, entorpecer, adormecer, anquilosar. ‖ prnl. Aturdirse, atontarse, ofuscarse. ‖ ANT. Coordinar, tranquilizarse.

EMBOTELLARSE. prnl. Obstruirse, inmovilizarse, estrujarse, acorralar, cercar. ‖ Aprender, estudiar mucho, memorizar.

EMBOZARSE. prnl. Cubrirse con el embozo, embozalarse. ‖ fig. Encubrirse, disfrazarse, desfigurarse, ocultarse.

EMBOZO. m. Prenda que cubre el rostro, borde de la capa española, parte de la sábana que se dobla hacia afuera. ‖ pl. Em

bozos, ambages, rebozos, requilorios, tapujos, falta de claridad.

EMBRIAGAR. tr. prnl. Emborrachar, extasiar, arrebatar, anajenar, embelesar. ‖ Marear, perturbar, aturdir, atontar.

EMBRIAGUEZ. f. Borrachera, ebriedad, achispamiento, pítima, tajada, merluza, beodez, tablón. ‖ Enajenación, enajenamiento.

EMBROLLAR. tr. Enredar, confundir, turbar, revolver, transtornar, desorientar, embarullar, enmañar.

EMBROLLO. m. Enredo, lío, asunto confuso, situación difícil, chisme, mentira, maraña, transtorno, barullo, gatuperio, tapujo.

EMBRUJAR. tr. Hechizar, ejercer una acción de hechicería. ‖ fig. Embelesar, encantar.

EMBRUJO. m. Hechizo, maleficio (si es perjudicial), encantamiento, conjuro, evocación. ‖ Atractivo, encanto misterioso.

EMBUCHADO. m. Embutido, tripa, mondongo, entripado, morcilla. ‖ fig. Enfado, engaño, mentira.

EMBUTIR. tr. Rellenar con carne picada, estrujar, recalcar. ‖ fig. Embeber, empotrar, engastar, filetear, entregar, incrustar, taracear.

EMIGRACIÓN. f. Migración, éxodo, despoblación, transmigración, expatriación, salida.

EMIGRAR. intr. Transmigrar, marcharse de su patria, expatriarse, exiliarse, desterrarse, transplantarse, colonizar.

EMINENCIA. f. Altura, elevación. ‖ Personalidad, personaje, lumbrera, notabilidad. ‖ Dis tinción, sublimidad, superioridad, excelencia. ‖ Montículo, colina, loma.

EMINENTE. adj. Preeminente, noble, ilustre, superior, distinguido, insigne, egregio, de mucho mérito.

EMITIR. tr. Arrojar, despedir, producir, exhalar, lanzar, proferir, propalar, pronunciar, prorrumpir. ‖ Manifestar, expresar, mostrar, hacer público. ‖ Radiar, radiodifundir.

EMOCIÓN. f. Alteración afectiva, interés expectante o ansioso, enternecimiento por simpatía, conmoción, cuadro patético, espectáculo, ternura, compasión, piedad.

EMOCIONARSE. prnl. Alterarse, exaltarse, sentir emoción, afectarse, enternecerse, impresionarse, tener el corazón en un puño. ‖ S.E. Conmoverse se suele aplicar a sentimientos penosos o compasivos.

EMPACHAR. tr. prnl. Impedir, hastiar, hartar, ahitar, estorbar, indigestar. ‖ prnl. Avergonzarse, cortarse, embarazarse.

EMPACHO. m. Indigestión, estorbo, vergüenza, embarazo, obstáculo, impedimento. ‖ Cortedad, encogimiento, hartazgo, atiborramiento, turbación, timidez.

EMPALAGAR. tr. Empachar, molestar, aburrir, estragar, estomagar, indigestar, cansar, irritar.

EMPALAGOSO, SA. adj. Dulzón, acaramelado, empachoso, mimoso, dulzarrón, almibarado. ‖ Amable, sentimental.

EMPALMAR. tr. Unir, juntar, atar, ensamblar, enlazar, entroncar, ligar, enchufar.

EMPALME. m. Empalmadura, unión, unión de dos maderas, enlace, entroncamiento.

EMPANTANAR. tr. Embalsar, recoger agua del pantano, inundar, encharcar, atascar, estancar.

EMPAÑAR. tr. Deslustrar, envolver, oscurecer, deslucir, manchar, fajar, enturbiar, quitar el brillo, disminuir la belleza.

EMPAPAR. tr. prnl. Absorber, bañar, calarse, ponerse chorreando, chupar, embeber, inflitarse, recalar, impregnar, mojar. ‖ fig. prnl. Imbuirse, poseerse, penetrarse, imponerse, embeberse.

EMPAQUE. m. Distinción, presencia, señorío, aspecto importante, solemnidad, afectación, apariencia señorial, descaro, tiesura.

EMPEDERNIDO, DA. adj. Endurecido, cruel, implacable, despiadado, inexorable. ‖ S.E. El *empedernido* insiste en su error; el *endurecido* cierra los oídos a las súplicas.

EMPEÑAR. tr. Pignorar, dar en prenda algo, prendar, empeñar, hipotecar. ‖ prnl. Endeudarse, entramparse, obstinarse, emperrarse, porfiar.

EMPEÑO. m. Afán, ansia, anhelo, deseo, pignoración, porfía, tema, obstinación.

EMPERRARSE. prnl. Obstinarse, encapricharse, empeñarse, encastillarse, porfiar.

EMPEZAR. tr. Principiar, acometer, emprender, iniciar, nacer, originarse.

EMPINARSE. prnl. Ponerse de

puntillas, levantarse lo posible, hacer corvetas, encabritarse, enamorarse, alzarse, levantarse, erguirse.

EMPLAZAR. tr. (Galicismo) proponer, situar, colocar, citar a alguien para que comparezca.

EMPLEAR. tr. S.E. Si se aplica a las personas: *acomodar, colocar, destinar;* si a las cosas: *usar, aplicar, servirse, valerse, utilizar.* Si se dice del dinero, *gastar, invertir.*

EMPLEO. m. Colocación, uso, destino, utilización, ocupación, puesto, cargo, acomodo, dignidad, incumbencia, menester, ministerio, despacho, oficio, plaza, enchufe, prebenda, activo, trabajo.

EMPOBRECER. tr. Depauperar (se dice de los seres vivos), decaer, venir a menos, hacer pobre o más pobre a, destruir, arruinar, declinar, agotarse, arruinarse.

EMPONZOÑAR. tr. Intoxicar, envenenar, infeccionar, dañar, corromper, atosigar, contagiar.

EMPRENDEDOR, RA. adj. m. Decidido, activo, resuelto, audaz, animoso, atrevido, dispuesto, iniciativo, resuelto.

EMPRENDER. tr. Acometer, afrontar, abordar, principiar, entablar, iniciar, lanzarse, romper la marcha, poner la mano, ponerse a, comenzar, empeñarse en, intentar, arremeter, atacar.

EMPRESA. f. Tarea, operación, intento, proyecto, designio, maniobra, diligencia, obra, firma, compañía.

EMPUJAR. tr. Impulsar, impeler, achuchar, incitar, estimu-

lar, empellar, lanzar, propulsar, forzar, sacudir.

EMPUJÓN. m. Empellón, choque, envite, envión, impulso, brusquedad, violencia, sacudida, adelanto, avance, brío, decisión.

EMULACIÓN. f. Competencia, rivalidad, actitud de emular, amor propio, tendencia a superar, dignidad.

EMULAR. tr. Imitar, competir, rivalizar, remedar, copiar, pugnar, intentar, superar.

ENAJENAR. tr. Vender, ceder, dar, dejar, deshacerse, desprenderse, expropiar, desapropiarse, cautivar, extasiar, embelesar. ‖ ANT. Retener, guardar, conservar.

ENALTECER. tr. Elogiar, encomiar, alabar, exaltar, elevar, realzar el mérito, añadir honra, honrar, engrandecer.

ENAMORAR. tr. Requebrar, galantear, agasajar, hacer la rueda, hacer el oso, ir de conquista. ‖ prnl. Enamoriscarse, engolondrinarse, aficionarse, chiflarse, conquistar, hacer conquistas, atraer, derretirse, encariñarse.

ENANO, NA. adj. Diminuto, pequeñísimo. ‖ m. y f. Ser fantástico o de cuento, duende, pigmeo, liliputiense, gorgojo, nano, tozo, trasgo.

ENARBOLAR. tr. Arbolar, izar, tener levantado en alto, esgrimir, amenazar, levantar.

ENARDECER. tr. Avivar, enconar, excitar, despertar entusiasmo, enfervorizar, inflamar, entusiasmar.

ENCABEZAMIENTO. m. Preámbulo, introducción, prólogo,

enunciado, epígrafe, folio, escrito, prolegómeno.

ENCABEZAR. tr. Estar el primero en la lista, poner el encabezamiento, estar en cabeza, capitanear, acaudillar, abanderar.

ENCADENAR. tr. Sujetar, aprisionar, inmovilizar, atar, arrojar, tirar, soltar, endilgar, engarzar, endosar.

ENCAJAR. tr. Ajustar, acoplar, empotrar, enchufar, insertar, enclavijar, enlazar, embutir. ‖ prnl. Garrotarse, encasquillarse, atascarse. ‖ ANT. Desacoplar, desajustar.

ENCAJE. m. Blonda, puntilla, bordado, chorrera, entredós, randa, vuelo, tul, ganchillo, punto.

ENCAJONAR. tr. Meter dentro de un cajón, encallejonar, encañonar, reforzar un muro, embalar.

ENCALLECERSE. prnl. Criar callos, endurecerse, acocharse, curtirse, acostumbrarse, insensibilizarse.

ENCAMINAR. tr. Dirigir, orientar, guiar, indicar el camino, dirigir la educación, enderezar, encauzar, encarrilar.

ENCANDILAR. tr. Deslumbrar, acercar el candil a los ojos, cegar, pasmar, dejar boquiabierto, causar gran admiración, dejar pasmado, alucinar, seducir, ilusionar, fascinar.

ENCANTADOR, RA. adj. Seductor, atrayente, cautivador, agradable, amable, simpático, adorable, atractivo, arrebatador, ameno. ‖ m. y f. Hechicero, mago, brujo, nigromante.

ENCANTAR. tr. Hechizar, seducir, embrujar, agradar, embe-

lesar, placer, gustar, complacer.

ENCANTO. m. Encantamiento, atractivo, embrujo, embrujamiento, gracia, hechizo, magia, sal, seducción, simpatía, sortilegio, embeleso.

ENCAPOTARSE. prnl. Nublarse, anubarrarse, entoldarse, oscurecerse, cubrirse de nubes. ‖ Poner ceño de enfado, enmantarse las aves.

ENCARAMARSE. prnl. Subir a un sitio alto, engarbarse, trepar, ascender de categoría, prosperar rápidamente.

ENCARARSE. prnl. Colocarse uno frente a otro, enfrentarse, enfrentarse dos personas, afrontar, acometer, discutir, oponerse, reñir.

ENCARCELAR. tr. Meter en la cárcel, aprisionar, enchironar, enchiquerar, meter en chirona, enjaular, recluir, arrestar.

ENCARECER. tr. Aumentar el precio, subir a las nubes, alabar, encomiar, ensalzar, ponderar, abultar.

ENCARECIMIENTO. m. Alza, subida, carestía, ponderación, insistencia, empeño, exageración.

ENCARGAR. tr. Confiar, encomendar (indican cierta amistad), correr con, delegar, endosar, entregar, echar sobre las espaldas, tomar sobre sí, ordenar, dejar al cuidado.

ENCARGO. m. Encomienda, recado, cometido, pedido, incumbencia, misión, entrega, endoso, diligencia.

ENCARIÑARSE. prnl. Prendarse, aficionarse, coger cariño, enmadrarse, enamorarse.

ENCARNIZARSE. prnl. Cebarse

en la víctima, ensañarse, encruelecerse, enfurecerse.

ENCASTILLARSE. prnl. fig. Obstinarse, emperrarse, enfurecerse, empeñarse, cerrarse a la banda.

ENCAUZAR. tr. fig. Conducir una corriente, arreglarse, normalizarse, dirigir, guiar, encauzar.

ENCENDER. tr. Incendiar, prender, hacer brotar luz, inflamar, producir un estado pasional.

ENCERRAR. tr. Aprisionar, recluir, acorralar, aislar, cercar, cerrar, confinar, embotellar, emparedar, enchiquerar, encarcelar, enjaular, guardar, internar, meter, sitiar. || ANT. Liberar.

ENCIERRO. m. Reclusión, prisión, celda, calabozo, encerrona, clausura, retiro, recogimiento.

ENCOGER. tr. prnl. Contraer un miembro. || prnl. Apocarse, acobardarse, comprimirse, constreñirse, fruncir, acurrucarse, agacharse.

ENCOGIMIENTO. m. Acción de encogerse, cualidad de encogido, indecisión, pusilanimidad, timidez, vergüenza, falta de desenvoltura o de naturalidad, contracción, constricción (tecn.), apocamiento, cortedad, empacho, disminución, mengua, rebaja, cobardía.

ENCOLERIZARSE. prnl. Enojarse, irritarse, enfurecerse, sulfurarse, exacerbarse, desatarse, darse a todos los dominios, descomponerse, echar chispas, desbocarse, ponerse hecho un energúmeno.

ENCOMENDAR. tr. prnl. Confiar, encomendar, poner una cosa al cuidado de otro, mandar hacer una cosa. || prnl. Confiar una persona su cuidado a otro, e. a Dios, confiar en Él.

ENCOMIAR. Alabar, celebrar, elogiar, encarecer, decir de alguien que es bueno, loar.

ENCOMIENDA. f. Encargo, impertinencia, paquete postal, protección dispensada, territorio de una orden militar, derecho a percibir rentas, recado. || pl. Recuerdos, memorias.

ENCOMIO. m. Elogio, alabanza, loa, ponderación, encarecimiento, lisonja, panegírico, halago, apología.

ENCONAR. tr. Infectar, irritar, inflamar. || fig. Exasperar, avivar. || prnl. Infectarse, irritarse, supurar, enemistarse.

ENCONO. m. Animadversión, rencor, ensañamiento, saña, resentimiento, malquerencia, aborrecimiento.

ENCONTRAR. tr. Hallar, topar, dar con, coger, pillar, atinar, descubrir, tropezar, aparecer, salir, tocar, sorprender. || prnl. y recipr. Oponerse, enemistarse, discordar, quemarse, desanimarse.

ENCONTRÓN. m. Oposición, contradicción, encontronazo, choque, colisión, topetazo, trompada, empujón.

ENCORAJINARSE. prnl. Encolerizarse, sulfurarse, emberrenchinarse, enrabietarse, ponerse rabioso, rabiar.

ENCORVARSE. prnl. Curvarse, corvarse, torcerse, tomar la forma curva, agobiarse.

ENCRESPAR. tr. Rizar, ensortijar, agitar, alborotar, irritar, producir grandes olas, enfurecerse.

ENCRUCIJADA. f. Cruce, bifurcación, disyuntiva, concurrencia, crucero (p. u.).

ENCUBRIDOR, RA. adj. Enigmático, impenetrable, alcahuete, ocultador, disimulador, subrepticio.

ENCUBRIR. tr. Ocultar, callar, tapar, guardar, echar un capote, celar, guardar las apariencias. ‖ ANT. Destapar, abrir, revelar, propalar. ‖ Enmascarar, esconder, cubrirse.

ENCUMBRAR. tr. prnl. Ensalzar, elevar, empinar, encampanar, exaltar, encopetar. ‖ prnl. Elevarse, remontarse, encaramarse.

ENDEBLE. adj. De poca fuerza, débil, flojo, fútil, inane, inconsistente, ineficaz.

ENDEREZAR. tr. Poner derecho algo, desdoblar, destorcer, desencorvar. ‖ Alzar, erguirse, levantar, dirigir, encaminar.

ENDILGAR. tr. Encajar, endosar, enjaretar, colar, colgar, espetar, largar, meter, pasar, plantar, soltar.

ENDULZAR. tr. Dulcificar, edulcorar, atenuar un sufrimiento, hacer alegre una situación, suavizar.

ENDURECER. Acorcharse, cuajar, empedernecerse, empedernirse, encallecerse, espesarse, fraguar.

ENEMIGA. f. Animadversión, enemistad, mala voluntad, hostilidad, odio, inquina, malquerencia, maldad, vileza.

ENEMIGO, GA. adj. Contrario, mal dispuesto, hostil, opuesto, desavenido, enemistado, disgustado, regañado, reñido, frío.

ENEMISTAD. f. Aversión, malquerencia, rivalidad, tibieza, odio, antagonismo, desacuerdo, enemiga, disensión, discordia, guerra.

ENEMISTAR. tr. Indisponer, encizañar, malquistar, apartarse, competir, disgustarse, distanciarse, enfrentarse, enfadarse. ‖ ANT. Amigar, tratar, amistarse, entrañarse.

ENERGÍA. f. Fuerza, poder, capacidad para hacer un esfuerzo, entereza, nervio, firmeza, redaños, aptitud, carácter, ánimo para emprender.

ENERVARSE. prnl. Debilitarse, embotarse, abandonarse, abatirse, apoltronarse, deprimirse, desanimarse, emperezarse, afeminarse, sentir apatía.

ENFADARSE. prnl. Enojarse, irritarse, enemistarse, reñir, incomodarse, acalorarse, amorrarse, concomerse, cargarse, cabrearse, soliviantarse, resentirse, sublevarse.

ENFADO. m. Desagrado, molestia, fastidio, disgusto, enojo, ira. ‖ Afán, trabajo.

ENFADOSO, SA. adj. Pesado, cansado, desagradable, engorroso, molesto, fastidioso, enojoso.

ENFANGARSE. prnl. Cubrirse con fango, ensuciarse, deshonrarse, envilecerse.

ÉNFASIS. m. Acento, afectación, aire de suficiencia, empaque, engolamiento, ampulosidad, grandilocuencia, figura retórica, gravedad, hinchazón, pedantería, pomposidad, prosopopeya, rimbombancia, solemnidad.

ENFÁTICO, CA. adj. Expletivo, insistente, afectado, ampuloso, grandilocuente, pedante, retórico, altisonante, engolado, petulante.

ENFERMEDAD. f. Dolencia, afección, padecimiento, achaque, indisposición, destemple, alifafe, anormalidad, morbosidad, cardiopatía, gotera, frenopatía, mal, lacra, transtorno, zangarriana.

ENFERMIZO, ZA. adj. Enteco, indispuesto, achacoso, enclenque, valetudinario, malsano, morboso, acatarrado, alicaído, chocho, delicado, malo, doliente, malucho.

ENFERMO, MA. adj. Paciente, malo, destemplado, indispuesto, enfermizo, desnutrido, quebrantado.

ENFLAQUECER. tr. intr. Adelgazar, desengrosar, enmagrecer, enflaquecerse, debilitarse, enervarse, desmayar, flojear.

ENFRASCARSE. prnl. Entregarse con interés a una cosa, abstraerse, no levantar cabeza, cebarse, concentrarse, embeberse, entregarse, sumergirse, sumirse, embargarse.

ENFRENTARSE. prnl. Confrontarse, afrontar, arrostrar, encararse, ponerse en contra o frente a frente, oponerse, enemistarse.

ENFRIAR. intr. prnl. Congelar, entibiar, helar, refrescar, refrigerar, suavizar la fuerza, resfriar.

ENFURECER. tr. prnl. Provocar la furia, sulfurar, enojar, encolerizar, alborotarse, alterarse, ponerse agitado o tempestuoso.

ENGALANAR. tr. Ataviar, componerse, acicalar, arreglar con galas, adornar, hermosear.

ENGANCHAR. tr. Engarzar, sujetar, reclutar, coger el toro por los cuernos, agarrar, seducir, alistar, sentar plaza.

ENGAÑADOR, RA. adj. Engañoso, mentiroso, cazurro, charlatán, cuentista, comediante, embustero, embrollón, engañabobos, farandulero, farsante, fullero, granuja, hipócrita, impostor, falso, marrullero, solapado, taimado.

ENGAÑAR. tr. Atraer, seducir, engatusar, adulterar, afectar, alucinar, decepcionar, engaitar, falsificar, dar esquinazo, dorar la píldora, trapacear, timar, hacer tragar. ‖ ANT. Desengañar, aclarar.

ENGAÑO. m. Falsedad, fraude, mentira, farsa, superchería, ardid, argucia, artificio, malas artes, añagaza, asechanza, artimaña, bluf, bola, bulo, camelo, decepción, dolor, emboscada, embrollo, embuchado, faramalla, fullería, gatada, lío, lazo, garlito, socaliña, tapujo, trápala.

ENGAÑOSO, SA. adj. Falaz, mentiroso, ilusorio, fullero, falso, felón, impostor, farsante, infiel.

ENGARCE. m. Engaste, eslabonamiento, encadenamiento, acción de engarzar, enlace, encaje, ajuste.

ENGARZAR. tr. Unir una cosa con otra, encadenar, eslabonar, engastar, incrustar.

ENGASTAR. tr. Encajar, engarzar, embutir, montar, enchufar, introducir, unir, trabar, eslabonar.

ENGATUSAR. tr. Encatusar, conquistar la simpatía, engatar, convencer, camelar, catequizar, sobornar.

ENGENDRAR. tr. Procrear, producir, generar, nacer, aparecer, originar, criar, ocasionar, causar.

ENGLOBAR. tr. Abarcar, encerrar, incluir, comprender, conglobar, contener, reunir, abrazar, envolver.

ENGOLOSINAR. tr. Excitar el deseo, hacer desear, cascabelear, atraer, estimular, aficionar.

ENGORRO. m. Fastidio, pesadez, molestia, embarazo, estorbo, atolladero, rémora, dificultad, traba, embrollo.

ENGRANDECER. tr. Hacer una cosa más grande, agrandar, enaltecer, ennoblecer, dignificar, aumentar, ampliar, elevar a una dignidad, acrecentar, realzar, elogiar, exagerar.

ENGRASAR. tr. Untar con grasa, ensuciar, suavizar un mecanismo con grasa, lubricar, lubrificar.

ENGREÍDO, DA. adj. Envanecido, fatuo, creído, engolletado, presuntuoso, pretencioso, petulante.

ENGREÍRSE. prnl. Ponerse engreído, hincharse, ahuecarse, engallarse, infatuarse, enemistar, malquistar.

ENGRESCAR. tr. Incitar a la gresca, azuzar, achuchar, meter cizaña, descomponer, desunir, encizañar, enemistar, encismar, entorpecer, malmeter, indisponer, echar leña.

ENGULLIR. tr. Tragar o comer precipitadamente, apiparse, atiborrarse, atracarse, comer a dos carrillos, atizarse, cebarse, embaular, devorar, empapuzarse, empiparse, echar entre pecho y espalda, hartarse, zamparse. ‖ ANT. Abstenerse, ayunar.

ENHIESTO, TA. adj. Erguido, recto, tieso, levantado, rígido, derecho, vertical, alzado.

ENHORABUENA. f. Felicitación, parabién, norabuena, pláceme. ‖ Fr. *Dar la enhorabuena* (felicitar).

ENIGMA. m. Adivinanza, dicho, arcano, encubierto, pasatiempo, secreto, cosa impenetrable o enigmática.

ENJUGAR. tr. prnl. Secar, escurrir, quitar la humedad, empapar, limpiar. ‖ Liquidar una deuda, cancelar.

ENJUICIAR. tr. Encausar, instruir un juicio, procesar, calificar, valorar, examinar, juzgar.

ENLACE. m. Unión, ligadura, cifra, crismón, conexión, trabazón, relación, boda, matrimonio, casamiento, nupcias.

ENLAZAR. tr. Juntar, unir, trabar, atar, encadenar, relacionar, apresar, empalmar.

ENLOQUECER. tr. Enajenar, perturbar, volver loco a alguien, perder la cabeza, chalarse, guillarse.

ENMARAÑAR. tr. Embrollar, enredar, hacer que una cosa forme una maraña, complicar, confundir, embarullar, revolver.

ENMASCARAR. tr. Disfrazar, cubrir con disfraz, complicar, disimular, desfigurar, hacer una cosa más confusa.

ENMENDAR. tr. Arreglar, corregir, reparar (si se trata de errores o faltas), rectificar, resarcir, subsanar, indemnizar, satisfacer (si de daños).

ENMIENDA. f. Corrección, rectificación, tachadura, arreglo, reparación, compensación.

ENMUDECER. intr. No hablar, callar, guardar silencio, hacer callar, amordazarse, atontarse, no responder. || ANT. Hablar, charlar, parlotear.

ENNEGRECER. tr. prnl. Obscurecer, denegrir, negrecer, nublarse. || prnl. Ennegrecerse, encapotarse, encelajarse.

ENNOBLECER. tr. Comunicar nobleza o aspecto distinguido, engrandecer, realzar, ensalzar, honrar.

ENOJARSE. prnl. Enfadarse, agitarse o enfurecerse, encorajinarse, enfurecerse, airarse.

ENOJO. m. Enfado, alteración de ánimo, fastidio, molestia, indignación, coraje, trabajo. || S.E. El enfado es una especie de fastidio y el enojo se parece a la cólera.

ENORME. adj. Colosal, gigantesco, grandísimo, desmedido, desmesurado, ciclópeo, descomunal. || Son enormes o colosales las pirámides de Egipto, excesivo es lo que excede los límites.

ENORMIDAD. f. Desatino, atrocidad, barbaridad, despropósito, disparate, inexactitud, extravagancia.

ENREDADOR, ORA. adj. Travieso, revoltoso, embrollador, embrollón, saltarín, trapisondista, entrometido, zascandil, lioso.

ENREDAR. tr. Prender con red, enmarañar, liar, revolver, embrollar, involucrar, armar un lío. || prnl. Enzarzarse, emparrarse, trabarse, empezar una riña, enredarse en una discusión, aturdirse, embarullarse.

ENREDO. m. Lío, embrollo, maraña, amontonamiento de cosas en desorden, jaleo, gatuperio, confusión, tinglado, apaño, trama, travesura, inquietud, mentira, chisme, embuste, intriga. || S.E. Lo que en una familia es enredo, en la diplomacia es intriga.

ENREJADO. p.p. y adj. m. Verja, cancela, alambrera, celosía, cañizo, espaldera, encañado.

ENREVESADO, DA. adj. Intrincado, de muchos entrecruzamientos, difícil de hacer o entender, enmarañado, confuso.

ENRIQUECER. tr. prnl. Hacer a uno rico, prosperar, engordar, redondear, mejorar de posición, engrandecer. || prnl. Hacerse rico, florecer.

ENSALADA. f. Macedonia, menestra, rinrán, gazpacho, acedera, apio, berro, escarola, lechuga. || fig. Mezcolanza, pisto, revoltijo. || S.E. Verbos con que se emplea: Aderezar, arreglar, componer.

ENSALZAR. tr. Alabar, ponderar las cualidades de uno, aclamar, alzar, elevar, poner sobre su cabeza, condecorar, engrandecer, enaltecer, encomiar, distinguir, encumbrar, ennoblecer, honrar, entronizar, sublimar.

ENSAMBLAR. tr. Machihembrar, engargolar, entallar, unir dos piezas, enlazar, empalmar.

ENSANCHAR. tr. Hacer una cosa más ancha, agrandar, dilatar, ampliar, añadir, aumentar, crecer, extender. || prnl. Envanecerse, engreírse, vanagloriarse, sentirse lisonjeado, espaciarse.

ENSAÑAMIENTO. m. Encono,

saña, crueldad, encarnizamiento, ferocidad, refinamiento, brutalidad.

ENSAÑARSE. prnl. Enfurecerse, irritarse, encarnizarse, extremar la crueldad, cebarse,
enconarse.

ENSARTAR. tr. Formar una sarta con cuentas de collar, enris-
trar, decir disparates y tonterías, enhebrar, hilvanar, enjaretar.

ENSAYAR. tr. Probar, explorar,
contrastar, tantear, experimentar, reconocer, tentar, intentar, amaestrar, adiestrar,
ejercitar, tratar, procurar, degustar, examinar, teclear.

ENSEGUIDA. adv. t. Inmediatamente después, a las primeras
de cambio, inmediatamente, al
instante, nada más empezar, a
continuación, incontinenti, sin
perder un momento.

ENSEÑANZA. f. Docencia, di-
dáctica, clase, conferencia,
cursillo, lección, asignatura,
facultad, materia.

ENSEÑAR. tr. Dar clases, aleccionar, adoctrinar, adiestrar,
desasnar, documentar, educar, exponer, instruir, instituir,
preparar, mostrar, ilustrar, iluminar, pulir. ‖ S.E. *Instruir* se
refiere a lo intelectual; *enseñar*
tiene un uso más extenso.

ENSEÑOREARSE. prnl. Adueñarse, apropiarse, dominar,
posesionarse, avasallar, sujetar.

ENSERES. m. pl. Efectos, cosas,
muebles, utensilios, ajuar, útiles, instrumentos, trabajos, cacharros.

ENSIMISMARSE. prnl. Abstraerse, concentrarse, recon-

centrarse, entregarse a sus
pensamientos.

ENSOMBRECER. tr. Obscure-
cer, cubrir algo de sombras,
dar sombra. ‖ prnl. Entristecerse, ponerse melancólico.

ENSUCIAR. tr. Manchar, poner
sucia una cosa, embadurnar,
emborronar, empañar, empor-
car. ‖ prnl. Mancharse, pringarse, engrasarse, enturbiarse,
tiznar.

ENTABLAR. tr. Disponer, preparar, emprender, comenzar, trabar, principiar, enmaderar, recubrir.

ENTECO, CA. adj. Enfermizo,
débil, flaco, canijo, enclenque,
hético, tísico, endeble, raquítico.

ENTENDER. tr. Comprender,
deducir, inferir, juzgar, pensar,
creer, concebir, explicarse, alcanzar, captar, caber en la cabeza, caer en la cuenta, coger,
digerir, pescar, descubrir el
sentido, traducir.

ENTENDIMIENTO. m. Inteligencia, intelecto, talento, facultad
que entiende y razona, intelec-
ción, acuerdo, avenencia, capacidad, meollo, mente, en-
tendederas, cabeza.

ENTERADO, DA. adj. Informado, noticioso, sabedor, documentado, inteligenciado, impuesto, conocedor, entendido.

ENTERARSE. prnl. Darse cuenta, adquirir conocimientos, informarse, percatarse, no perder ripio, sacar en limpio, estar de vuelta.

ENTEREZA. f. Carácter, firmeza,
energía, impavidez, temple,
serenidad, dominio de sí mismo, aplomo, estoicismo, im-

perturbabilidad, presencia de ánimo, inalterabilidad.

ENTERRAMIENTO. m. Sepelio, entierro, inhumación, cementerio, duelo, funeral, responso, ataúd, caja, mausoleo.

ENTERRAR. tr. Inhumar, sepultar, soterrar, dar sepultura, descansar, reposar, yacer. ‖ fig. Arrinconar, relegar, olvidar.

ENTONAR. tr. Tonificar, robustecer, vigorizar, dar tono a una cosa, marcar el tono, arreglar, componer, fortalecer.

ENTORPECER. tr. Turbar, oscurecer, embotar, atontar, dificultar, entumecer, embarazar, estorbar.

ENTRAÑA. f. Tripas, vísceras, interior o parte más oculta, núcleo, alma, corazón, sentimientos, capacidad de sentir, profundidad.

ENTRAÑABLE. adj. Íntimo, cordial, profundo, afectuoso, caro, dilecto, bienquisto, querido, verdadero.

ENTRAR. intr. tr. Penetrar, meterse, introducirse, pasar a cierto tiempo o estado, colocarse, deslizarse, encajarse, inmigrar, internarse, introducirse, meterse de rondón, afiliarse, inscribirse, zamparse. ‖ Ingresar, empezar, invadir, desembocar, afluir.

ENTRECRUZAR. tr. Pasar cosas como cintas o hilos, entrelazar, entretejer, tejer, trenzar.

ENTREDICHO. m. Privación eclesiástica, interdicto, prohibición, excomunión, duda, reserva, abstención.

ENTREGA. f. Dedicación, sacrificio, resignación, renuncia, cesión, desembolso, dona-ción, ingreso, reparto, rendición, capitulación. ‖ Fascículo.

ENTREGAR. tr. prnl. Dar, adjudicar, poner en manos de, confiar, depositar, distribuir. ‖ prnl. Darse, dedicarse, entregarse, sacrificarse, abandonarse, rendirse, consagrarse, someter, capitular. ‖ ANT. Quitar, restar.

ENTRELAZAR. tr. Trabar, entretejer, enlazar, combinar hilos, alambres, etc., entrecruzar, entremeter, tejer.

ENTRELINEAR. tr. Escribir entre líneas, interlinear, entrerrenglonar, trenzar, cruzar.

ENTREMETERSE. prnl. Entrometerse, encajarse, engancharse, enredarse, entrelazar, entremezclarse, introducirse, meterse, trabarse.

ENTREMETIDO, DA. adj. Entrometido, intruso, enganchado, entrelazado, trabado, indiscreto.

ENTRENAR. tr. prnl. galic. Por ejercitar, preparar, adiestrar, mantener buen estado físico, ensayar, habituar.

ENTRESACAR. tr. Escoger, aclarar, elegir, limpiar, escarzar, sacar, seleccionar, extraer.

ENTRETANTO. adv. t. Mientras, mientras tanto, en el entretanto, en el intervalo, ínterin.

ENTRETEJER. tr. Entrelazar, meter en una tela u otro tejido, hilos, enlazar, trabar, urdir, tejer, tramar, entreverar. ‖ fig. Incluir, intercalar, interpolar.

ENTRETENER. tr. Distraer a uno, divertir, recrear, dar largas, retrasar un asunto, alargar, llevar de cabeza, camelar, desviar, capotear, capear, engañar. ‖ prnl. Recrearse, solazarse, detenerse, desviarse, ganar tiempo, traquetear, trastear, distraerse.

ENTRETENIMIENTO. m. Recreo, acción de entretenerse, cosa para pasar el tiempo, distracción, sostenimiento, diversión, solaz, pasatiempo, conversación, manutención, fiesta.

ENTREVER. tr. Atisbar, vislumbrar, columbrar, percibir, empezar a ver, sospechar, adivinar, conjeturar, barruntar.

ENTREVISTA. f. Reunión, encuentro, cita, conversación, audiencia, conferencia, visita.

ENTRISTECER. tr. prnl. Apenar, consternar, afligir, poner triste, amurriar, acongojar, apesadumbrar, atribular, desconsolar, causar tristeza, causar pena, echar en falta. ‖ prnl. Atribularse, ensombrecerse, desconsolarse.

ENTROMETERSE. prnl. Entremeterse, atravesarse, meter el cuezo, curiosear, colarse, inferirse.

ENTUSIASMARSE. prnl. Exaltarse, enardecerse, apasionarse, enfervorizarse, inflamarse.

ENTUSIASMO. m. Admiración, exaltación, apoteosis, ardimiento, fogosidad, fervor, fuego, locura, paroxismo, frenesí, pasión, vehemencia. ‖ S.E. Verbos usados: sentir, demostrar, manifestar, despertar (entusiasmo).

ENUNCIAR. tr. Declarar, exponer, formular, aclarar, expresar, mencionar, especificar.

ENVANECERSE. prnl. Ensoberbecerse, engreírse, inflarse, esponjarse, presumir, vanagloriarse. ‖ ANT. Humillarse, rebajarse.

ENVEJECER. intr. prnl. Aviejarse, gastarse, ajarse, encanecer, estropearse, avejentarse, amojamarse, acartonarse, arrugarse, avellanarse, chochear, consumirse, inveterarse.

ENVENENAR. tr. Hacer ingerir una sustancia venenosa, azogar, intoxicar, emponzoñar, inficionar.

ENVIAR. tr. Mandar, remitir, despachar, expedir, adjuntar, consignar, cursar, dirigir, facturar, girar, hacer llegar, librar, remesar, reexpedir, cursar, tramitar.

ENVIDIA. f. Celos, mirada de malevolencia, dentera, padecimiento por no tener lo que otro tiene, pasioncilla, pelusa, resentimiento, rencor, tirria, disgusto. ‖ S.E. Verbos más usados: dar, tener, comerse de, corroer, roer, consumirse de envidia.

ENVIDIABLE. adj. Deseable, apetecible, codiciable, digno de envidia, apasionante, codicioso.

ENVILECER. tr. Degradar, rebajar, hacer vil o despreciable, humillar, abribonarse, arrastrarse, caer muy bajo, deshonrarse, desgraciar, enfangarse, pervertirse.

ENVÍO. m. Acción de enviar, expedición, remesa, mensaje, recado, misión, partida.

ENVOLVER. tr. Cubrir, rodear, arrebujar, embalar, empaquetar, empapelar. ‖ fig. Mezclar, implicar, complicar, involucrar, enrollar, liar. ‖ ANT. Desenvolver.

ENZARZARSE. prnl. Liarse, enredarse, entablar una conversación, engrescarse, reñir, pelearse.

EPIDEMIA. f. Peste, contagio, endemia (en el hombre) enzootia (en los animales), pandemia, pestilencia, plaga.

EPÍGRAFE. m. Inscripción, escrito breve, cabecera, encabezamiento, enunciado, letrero, leyenda, rótulo, rúbrica, subtítulo, título, resumen, titular, lema, sumario.

EPÍLOGO. m. Recapitulación, resumen, conclusión, colofón, final, coronamiento.

EPÍTOME. m. Sumario, compendio, resumen, tratado muy breve, figura retórica, rudimentos, sinopsis.

ÉPOCA. f. Cierto espacio de tiempo, era, tiempo, período, temporada, sumario, período geológico.

EQUIDAD. f. Igualdad, justicia, rectitud, imparcialidad, cualidad de los fallos, cualidad del trato. ‖ ANT. Injusticia, iniquidad, favoritismo.

EQUILIBRIO. m. Estado de inmovilidad, estabilidad, asiento, quietud, contrabalanceo, duración.

EQUITATIVO, VA. adj. Imparcial, justo, recto, igual, ecuánime, moderado, incorruptible, íntegro.

EQUIVOCACIÓN. f. Yerro, error, omisión, falta, descuido, planchazo, confusión, inadvertencia, disparate, errata.

EQUIVOCARSE. prnl. Confundirse, no acertar, desbarrar, desorientarse, despistarse, marrar, pasarse de listo, errar, cometer un error.

ERGUIRSE. prnl. Alzarse, empinarse, cuadrarse, engreírse,

envanecerse, ensoberbecerse, empavonarse, erizarse.

ERIAL. m. y adj. Baldío, agreste, yermo, estéril, inculto. ‖ m. Matorral, desierto, monte, barbecho.

ERIGIR. tr. prnl. Alzar, levantar, construir, constituir, fundar, establecer. ‖ S.E. Todo lo que se *funda* se instituye o se establece; se edifica o se levanta una casa.

ERRAR. intr. Equivocarse, desacertar, andar errante, vagar, andar sin destino, no atinar, faltar. ‖ ANT. Acertar, aclarar, atinar.

ERROR. m. Equivocación, inadvertencia, yerro, falta, coladura, desatino, gazapo, pifia, desacierto.

ERUDITO, TA. adj. Instruido, docto, ilustrado, sabio, entendido, sapiente, investigador.

ESBELTO, TA. adj. Elegante, gallardo, gracioso, delicado, ligero, sutil, grácil, juncal. ‖ ANT. Feo, rechoncho, inelegante, malcarado, horroroso. ‖ S.E. *Gallardo* y *airoso* se refieren a los movimientos; *esbelto* a la belleza física.

ESCABROSO, SA. adj. Abrupto, áspero, quebrado, formado por rocas, difícil de manejar, comprometido, escurridizo, picante, pecaminoso, espinoso, resbaladizo, atrevido, subido de color, obsceno, malicioso, escarpado. ‖ Duro, áspero, desigual, libre, dificultoso.

ESCABULLIRSE. prnl. Deslizarse, escaparse, escurrirse, marcharse, desaparecer, descabullirse.

ESCALA. f. Plano, mapa, proporción, escalera, gradilla, grado, graduación, importancia del trabajo.

ESCALAR. Subir, trepar, introducirse, entrar con violencia, ascender, asaltar, encaramarse, encumbrarse, llegar a cierta posición.

ESCALDARSE. prnl. Escocerse, padecer de escoceduras, producirse quemaduras, chasquearse, deshincharse, escachifollarse, bajar los humos, parar los pies, dar un palmetazo.

ESCALERA. f. Escala, escala de viento, gradilla, escalinata, grada, rampa, cantil, terraza.

ESCALOFRÍO. m. Sacudida brusca, sensación de frío, estremezón, repeluco, repeluzno, calofrío.

ESCAMA. f. Caspa, escoria, laminilla. ‖ fig. Sospecha, desconfianza, recelo, suspicacia, malicia.

ESCAMPAR. tr. Despejar, desembarazar un sitio, aclarar, mejorar, calmar, serenar, abrir.

ESCÁNDALO. m. Alboroto, jollín, jaleo, ruido de voces, discusión, abucheo, bronca, bulla, cacao, disputa, fullona, bullicio, rechifla, juerga, marimorena, protesta, ruido, silva.

ESCAPARSE. prnl. Evadirse, fugarse, huir, salirse indebidamente un líquido, soltarse, librarse, salir indemne, escurrirse, escabullirse. ‖ S.E. Escabullirse y deslizarse (sin ser notado).

ESCAPATORIA. f. Escapada, fuga, huida, escurriabanda (fam.), pérdida, efugio, escape, salida o solución, excusa, subterfugio, evasiva.

ESCARAMUJO. m. Rosal silvestre, galabardera, gavanzo, mosqueta silvestre, alfazaque, mosqueta, zarza lobera, zarza perruna. ‖ Gresca, refriega, trifulca, riña.

ESCARBAR. tr. Remover la tierra, frezar, hocicar, hozar, hurgar. ‖ Escudriñar, fisgar, curiosear.

ESCARCHA. f. Partículas de hielo, helada blanca, rosada, escarche, carama, rocío, relente.

ESCARCHADO, DA. adj. Se aplica a las frutas, garrapiñado, rosado, granizado, confitado.

ESCARDAR. tr. Arrancar los cardos, desherbar, desyerbar, escardillar, sallar, sachar.

ESCARMENTAR. intr. Castigar o reprender duramente, servir de advertencia, aprender, experimentar.

ESCARNIO. m. Burla humillante, befa, chufa, inri, mofa, ludibrio, irrisión, sarcasmo, insulto. ‖ ANT. Alabanza.

ESCARPÍN. m. Zapato ligero, chapín, babucha, chancla, calzado de abrigo, chinela, pantufla.

ESCASAMENTE. adv. m. Apuradamente, difícilmente, estiradamente, malamente, cuatro gatos, a media ración.

ESCASO, SA. adj. Apenas, con cuenta gotas, poco, limitado, exiguo, corto, contado, apurado, insuficiente, irrisorio, justo, mezquino, precario, raro, ridículo.

ESCATIMAR. Tasar, cercenar, dar lo menos posible, cicatear, economizar, regatear, reducir, limitar.

ESCENARIO. m. Tablas, escenografía, tablado, bastidores, proscenio, embocadura, telón.

ESCISIÓN. f. Acción de escindir o escindirse, división, cisma, cisura, participación, desgarro, rompimiento, desavenencia, ruptura.

ESCLARECER. tr. Aclarar, poner claro o brillante una cosa, dilucidar, elucidar, ensalzar, dar fama a uno, ennoblecer, afamar, ilustrar.

ESCLARECIDO, DA. adj. Distinguido, eminente, preclaro, ilustre, insigne, famoso, glorioso.

ESCLAVITUD. f. Situación del esclavo, servidumbre, yugo, opresión, sometimiento, sujeción.

ESCLAVO. m. Siervo, oprimido, eunuco, cautivo, prisionero. ‖ S.E. En Lacedonia se llamaba *ilota.*

ESCOBA. f. Abarredera, barredera, escobajo, escobilla, escobón, pichana.

ESCOCER. tr. Doler, picar, causar, punzar, escaldarse, sahornarse. ‖ fig. Resentirse, requemarse.

ESCOGER. tr. Elegir, seleccionar, optar, preferir, florear, distinguir, destacar, descartar. ‖ S.E. Elegir indica la preferencia por una cosa; *florear* y *entresacar* son frecuentativos.

ESCOLAR. m. Alumno que asiste a una escuela, estudiante, colegial, educando, discípulo.

ESCOLTA. f. Conjunto de fuerzas, barcos, etc. ‖ Custodia, convoy, acompañamiento, séquito, persona que escolta, caballero que escolta a una dama.

ESCOLLO. m. Peñasco a flor de agua, arrecife, bajo, bajío, banco, encalladero, farallón, islote, madrépora, rompiente.

ESCOMBRO. m. Material de desecho, cascote, derribo, escombrera, cascajo, broza, escoria.

ESCONDER. tr. Encubrir, ocultar, tapar, guardar, recatar. ‖ fig. Disimular, enmascarar, contener, arrinconar, apartar.

ESCONDITE. m. Escondrijo, sitio para esconder cosas, guarida, barrera, madriguera, tollo.

ESCOPETA. f. Arcabuz, carabina, chopo, espingarda, fusil, mauser, mosquetón, rifle, tercerola, trabuco.

ESCOTE. m. Corte entrante en un vestido, abertura, descote, sisa. ‖ Cuota, derrama, participación.

ESCRIBIR. tr. Redactar, expresar, apuntar, tomar apuntes, borrajear cartearse, colaborar, copiar, expedir, firmar, garabatear, corregir.

ESCRITOR. m. Plumífero, plumista, amanuense, calígrafo, chupatintas, redactor, colaborador, periodista, ensayista, prosista, poeta, novelista, dramaturgo, publicista, literato.

ESCRÚPULO. m. Escrupolosidad, piedrecilla, peso de farmacia, precisión, esmero, duda, recelo, aprensión.

ESCRUPULOSO, SA. adj. Aprensivo, dengoso, gazmoño, meticuloso, melindroso, mojigato, ñoño, remirado, remilgado, celoso, correcto, cumplidor, formal, honesto, íntegro, honrado.

ESCUCHAR. tr. Atender, auscultar, dejarse influir, aguzar el oído, no perder ripio, hacer caso. ‖ S.E. *Atender,* requiere más cuidado y esfuerzo que *escuchar.*

ESCUDAR. tr. Resguardar, proteger, amparar, salvaguardar. ‖ prnl. Abroquelarse, acorazarse, encastillarse, parapetarse, fortificarse, respaldarse, valerse de, excusarse.

ESCUDO. m. Clípeo, broquel, adarga, egida, pavés, rodela. ‖ fig. Defensa, amparo, salvaguardia.

ESCUDRIÑAR. tr. Indagar, inquirir, examinar, escrutar, averiguar, reconocer, mirar intensamente, rebuscar, avizorar, escarbar, fisgar, hurgar, investigar, curiosear, otear.

ESCULTURA. f. Estatuaria, figura, estatua, efigie, talla, vaciado, repujado, iconología, modelado, plástica, alabastro, bronce, escayola, estuco, mármol, piedra.

ESCUPIR. intr. Esputar, expectorar (voces cultas), expulsar saliva, expulsar algo con violencia, gargajear (vulgar), brotar una erupción, despreciar.

ESCURRIR. intr. prnl. Gotear, destilar, verter de una vasija, chorrear, rezumar, secar, resbalar. ‖ prnl. Resbalarse, pasarse, deslizarse. ‖ fr. Escurrir el hombro.

ESENCIA. f. Sustancia, cosa, aseidad, existencia, idea, identidad, ser, substrato. ‖ Enjundia, alma, base, centro, entraña, espíritu, fondo, médula, meollo, miga, tuétano.

ESENCIAL. adj. Sustancial, permanente, invariable, fundamental, indispensable, consustancial, cardinal, necesa-

rio. ‖ ANT. Accidental, adjetivo, episódico.

ESFERA. f. Globo, pelota, bola, bomba, glóbulo, canica, píldora, pompa, pella, burujo, clase, nivel, círculo, categoría, cielo, fundamento.

ESFORZADO, DA. adj. Difícil, duro, penoso, osado, trabajoso, ímprobo, gigantesco, sobrehumano. ‖ Valiente, alentado, valeroso, denodado.

ESFORZARSE. prnl. Afanarse, apretar, aplicarse, aspararse, atosigarse, combatir, desgañitarse, desvelarse, desvivirse, empeñarse, hacer un esfuerzo, sacar fuerzas de debilidad.

ESFUERZO. m. Ajetreo, trajín, empeño, forcejeo, desvelo, aplicación, apretón, campaña, demanda, forcejón, hombrada, pugna, solicitud.

ESMERARSE. prnl. Poner esmero, poner cuidado, lucirse, aplicarse, afanarse, sacrificarse.

ESMERO. m. Cuidado, aplicación, afán, solicitud, celo, pulcritud, escrupulosidad, sacrificio.

ESPACIAR. tr. prnl. Apartar, separar, poner las cosas separadas en el espacio, aumentar el espacio, extender, divulgar. ‖ prnl. Apartarse, ensancharse, esparcirse, divulgarse, divertirse, distraerse.

ESPACIOSO, SA. adj. Amplio, dilatado, ancho, vasto, grande, extenso. ‖ Despacio, lento, pausado, flemático, calmoso, lento.

ESPADA. f. Acero, arma blanca, bracamarte, guarranca, guarrusca (burl.), durandarte, estoque, florete, chafarote, colada, mandoble, tizona, hoja, parazonio, alfanje, cimitarra. ‖ Matador (TAUR.).

ESPALDA. f. Costillas, dorso (voz culta), respaldo, espaldera, espaldar, lomo, tergo.

ESPANTADIZO, ZA. adj. Asustadizo, asombradizo, cobarde, pusilánime, timorato, huidizo.

ESPANTAJO. m. Cosa que sirve para espantar o asustar, adefesio, estantigua, mamarracho, tipejo, persona ridícula, persona despreciable, esperpento.

ESPANTAR. tr. Asustar, amedrentar, ahuyentar, atemorizar, acobardar, mosquear. ‖ prnl. Asustarse, ahuyentarse, desbocarse, dar una espantada, atemorizarse.

ESPANTO. m. Sobresalto, miedo, susto, terror, temor, pavor, horror, amenaza, pánico.

ESPARCIMIENTO. m. Acción de esparcirse, distracción, diversión, solaz, entretenimiento, recreo.

ESPARCIRSE. prnl. Distraerse, divertirse, solazarse, recrearse, divulgarse, propalarse. ‖ ANT. Aburrirse, hastiarse, fastidiarse.

ESPECIAL. adj. Singular, particular, limitado a cierta cosa o persona, concreto, determinado, distinto, aislado, de encargo, específico, excepcional, peculiar, señalado, sui géneris, adecuado, propio-a, propósito.

ESPECIALIDAD. f. Singularidad, particularidad, peculiaridad, diferencia, característica, color, coloración, matiz, rasgo característico, sello, señas personales, tinte, tono.

ESPECIE. f. Clase, grupo, categoría, grupo de seres, conjunto de cosas, cosa que se dice, idea, noticia. ‖ Especies sacramentales.

ESPECIFICAR. tr. Determinar, precisar, detallar, enumerar, dar los datos precisos, pormenorizar, precisar.

ESPECÍFICO, CA. adj. Determinado, propio de ciertos seres, detallado, típico. ‖ Medicamento.

ESPECTÁCULO. m. Representación, función, diversión, distracción, entretenimiento, pasatiempo, visión, contemplación, exhibición, fiesta, cabalgata, carrera, cine, teatro, desfile, danza, toros, feria, fútbol, verbena.

ESPECTADOR, RA. m. f. Asistencia, concurrencia, concurso, gente, lleno, público, mirón.

ESPECTRO. m. Aparición, sombra, visión, fantasma, figura irreal, trasgo, duende, fantasmón.

ESPECULACIÓN. f. Encantamiento, contemplación, teoría, reflexión, meditación. ‖ Lucro, negocio, ganancia, provecho, beneficio, botín, jugada.

ESPECULAR. tr. Examinar con atención, estudiar, observar, pensar, tratar, comerciar, negociar, aprovecharse, traficar.

ESPEJO. m. Superficie brillante, espéculo, cornucopia, reflector, luna, cristal. ‖ Dechado, ejemplo.

ESPELUZNAR. prnl. tr. Despeluznar, despeluzar, despeinar, poner el pelo erizado. ‖ Aterrar, espantar, horripilar, horrorizar.

ESPERANZA. f. Confianza, ilusión, optimismo, aguardo, creencia, expectación, expectativa, ánimo, espera. ‖ S.E. Verbos: dar, concebir, desvanecer, quitar, perder.

ESPERPENTO. m. Espantajo, adefesio, estantigua, disparate, mamarracho, birria, tipejo.

ESPESO, SA. adj. Denso, condensado (para los fluidos), apretado, cerrado, aglomerado (para los sólidos), amazacotado, apretujado, apiñado, compacto, duro, pastoso, consistente, tupido, grueso.

ESPESOR. m. Grosor, grueso (para sólidos), densidad, condensación (para fluidos), bosque, carrascal, follaje, ramada, espesura, selva, jungla, matorral, fronda, fosca.

ESPÍA. com. Confidente (m. y f.) agente secreto, echadizo, escucha, delator, observador (denominaciones eufemísticas), espión, fisgón, soplón (desp.), fuelle (burl.), atisbador.

ESPIAR. tr. Atisbar, acechar, delatar, soplar, escuchar, vigilar, observar, escudriñar, entrometerse, fisgar, investigar, merodear.

ESPIGA. f. Mazorca, haz, mies, macolla, manojo, moraga, arista, grano, regalo de los convidados a una boda, estaquilla, clavo, aguja, panoja.

ESPINA. f. Aguijón, pincho, abrojo, púa, punta, espínula, puya. ‖ Disgusto, remordimiento.

ESPINOSO, SA. adj. Arduo, difícil, comprometido, intrincado, dificultoso, puntiagudo, punzante.

ESPIRAL. f. adj. Hélice, espira, vuelta, voluta, zarcillo, caracol, espiritrompa, acaracolado, voluble.

ESPIRAR. tr. Exhalar, emanar, soplar, alentar, expulsar el aire de los pulmones, respirar, suspirar, estornudar, soplar, transpirar, aspirar.

ESPÍRITU. m. Alma, ánima, mente, interior, intimidad, psiquis, inteligencia, ánimo, valor, brío. ‖ S.E. Se dice *espíritu* cuando la distinguimos de lo sensible; *alma* considerada con la reunión de las facultades que nos distinguen del mero animal; *mente* cuando nos referimos al ejercicio de la inteligencia. El espíritu fuente de vida es el *alma.*

ESPLENDIDEZ. f. Calidad de lo espléndido, magnificencia, esplendor, abundancia, generosidad, liberalidad, largueza, ostentación, fausto, suntuosidad.

ESPLENDIDO, DA. adj. Esplendoroso, magnífico, magnificante, maravilloso, impresionante, bueno, bello, rico, generoso, liberal, rumboso, ostentoso, obsequioso.

ESPLENDOR. m. Brillantez, aparato, boato, majestuosidad, brillo, esplendidez, fausto, gloria, lustre, magnificencia, auge, ostentación, apogeo, resplandor, riqueza, rumbo, vistosidad, lustre, nobleza, fama. ‖ ANT. Pobreza, oscuridad, mengua, abatimiento.

ESPONJOSO, SA. adj. Ahuecado, mullido, fofo, fonje, muelle, mullido, poroso, abizcochado, blando, disgregado, elástico, suelto.

ESPONTÁNEO, NEA. adj. Automático, indeliberado, maquinal, voluntario, irreflexivo, instintivo, motu propio, por sí mismo, por su voluntad, sincero, franco, natural.

ESPORÁDICO, CA. adj. Ocasional, aislado, disperso, suelto, excepcional, accidental, desusado.

ESPUELA. f. Acicate, aguijón, incentivo, estímulo, rodaja, espolín, atractivo.

ESPUERTA. f. Sera, serón, capacho, capazo, cenacho, cibucán, corbillo, sarria.

ESPUMA. f. Bálago, panizal, giste, crema, efervescencia, borboteo, burbujas, jabonadura.

ESPURIO, RIA. adj. Bastardo, falto de legitimidad, ilegítimo, degenerado, falso, falsificado.

ESPUTO. m. Expectoración, saliva, escupido, escupidera, gargajo, escupitajo, flema, escupitina, escupitinajo, salivajo, salivazo.

ESQUELETO. m. Armazón, osamenta, osambre, caparazón, dermatiesqueleto, endoesqueleto, huesos.

ESQUILAR. tr. Trasquilar, cortar el pelo a los animales, afeitar, hacer la corona, chismorrear, marcear (despúes del invierno).

ESQUILMAR. tr. Agotar, empobrecer, explotar, arruinar, aniquilar, dañar, arrasar.

ESQUIVAR. tr. Eludir, evadir, rehuir, evitar, conseguir no hacer algo, rehusar. || prnl. Retirarse, retraerse, apartarse.

ESQUIVEZ. f. Cualidad de esquivar, esquividad, esquiveza, desapego, aspereza, desdén, desagrado.

ESQUIVO, VA. adj. Que rehuye

las atenciones, arisco, desdeñoso, huraño, huidizo, áspero, despegado.

ESTABLE. adj. Permanente, duradero, firme, durable, definitivo, invariable, perpetuo, estacionario, fijo, indeleble, persistente, posante, quieto, sostenido.

ESTABLECER. tr. Constituir, fundar, crear, implantar, inaugurar, instaurar, instalar, instituir, introducir, poner en marcha, montar, organizar, dar los primeros pasos. || prnl. Ponerse a vivir. || Domiciliar, ordenar, estatuir, erigir.

ESTABLECIMIENTO. m. Comercio, cooperativa, empresa, economato, institución, industria, local público, taller, tienda, situación estable de alguno.

ESTABLO. m. Acemilería, boyera, boyeriza, caballeriza, cabañal, cobertizo, cuadra, pocilga, presepio, vaqueriza, montería.

ESTACIÓN. f. Parada, acción de quedarse, tiempo, temporada, época. || Apeadero, andén, apartadero, consigna, muelle, plataforma giratoria, taquilla, vía muerta, cantina.

ESTACIONAMIENTO. m. Aparcamiento, parada, ubicación, estancamiento, situación.

ESTADISTA. m. Hombre de Estado, político, tribuno, gobernante, regente, rector, director, secretario de estado.

ESTADOUNIDENSE. adj. Yanqui, norteamericano, gringo, americano, de Norteamérica, de EE.UU.

ESTAFA. f. Engaño, fraude, chantaje, trampa, mentira, trapacería, robo, sablazo, camelo, desfalco, embolado, embeleco, petardo, engañabobos, pegata, sacadineros, gatazo, tongo.

ESTALLAR. intr. Reventar, detonar, explotar, chascar, crujir, crepitar, descargar, dar un estallido.

ESTALLIDO. m. Castañetazo, bombazo, descarga, explosión, trueno, voladura, zambombazo, trique.

ESTAMPA. f. Figura, efigie, grabado, lámina, viñeta, cromo, dibujo, imprenta, aire, apariencia, aspecto, planta, porte, manera, traza, presencia, estampación, huella, señal.

ESTAMPIDO. m. Detonación, explosión, estallido, ruido fuerte y seco, tiro, disparo (por arma de fuego).

ESTANCARSE. prnl. Detenerse, paralizarse, suspenderse, empantanarse, monopolizar.

ESTANDARTE. m. Bandera, insignia, pendón, confalón, guión, jirón, portaestandarte, portaguión.

ESTANTIGUA. f. Enemigo, demonio, espantajo, esperpento, adefesio, aparecido, procesión de fantasmas, persona alta, delgada, mal vestida, facha, mamarracho, traza, pinta.

ESTAR. tr. Aparecer, alzarse, caer por, habitar, hallarse, obrar, formar parte, quedar, preceder, radicar, residir, rodear, seguir, seguirse, verse, vivir, yacer, ser, existir, encontrarse.

ESTATUIR. tr. Determinar, establecer, decretar, ordenar, construir, instituir, destituir, prostituir, disponer, mandar, decretar, demostrar, asentar, dar por cierto.

ESTELA. f. Estero, huella, rastro, rastro de luz, consecuencia, señal, paso, marca, mojón.

ESTÉRIL. adj. Infecundo, que no da fruto, árido, baldío, impotente, improductivo, inerte, infructífero, machío, libre de gérmenes patógenos, ineficaz, esquilmado, vano.

ESTIGMA. m. Marca, marca con hierro candente, huella, mancha, lacra, vestigio, afrenta, desdoro, deshonra, infamia, vilipendio.

ESTILO. m. Varilla del reloj de sol, filamento hueco, modo personal de escribir, aire, carácter, modo, manera, movimiento, uso, costumbre, orden, personalidad. ‖ Punzón, púa, estilete.

ESTIMACIÓN. f. Estima, consideración, afecto, cariño, apego, evaluación, precio, tasación, peritaje, valoración, justiprecio. ‖ S.E. Causan estimación las cualidades del hombre honrado. El aprecio se refiere no sólo al mérito moral sino también a la afabilidad y talento.

ESTIMAR. tr. Apreciar, valorar, atribuir a alguien, considerar, sentir afecto, merecer, preferir, pesar, valer, admirar. ‖ ANT. Desestimar, aborrecer, desamar.

ESTIMULAR. tr. Animar, incitar a alguien, servir de acicate, acicatear, activar, acuciar, aguijar, apreciar, avispar, avivar, incitar, excitar, impeler, impulsar.

ESTÍMULO. m. Acicate, aguijón, aguijada, amor propio, incitación, incentivo, aliciente, cepo, señuelo.

ESTIRAR. tr. Alargar, tirar, hacer fuerza, atirantar, ir poniendo recto un miembro. ‖ prnl. Desperazarse, alargarse, llegarse. ‖ Gastar con parsimonia, prolongar, dilatar, extender.

ESTIRPE. f. Abolengo, alcurnia, casta, linaje, raza, familia, prosapia. ‖ S.E. Estirpe es la raíz de una familia o linaje.

ESTOICO, CA. adj. Resistente al dolor, impasible ante la desgracia, imperturbable, inalterable, insensible.

ESTOMACAL. adj. Digestivo, bueno para el estómago, gástrico, eupéptico (MED.).

ESTOMAGAR. tr. Empachar, hartar, indigestar, hastiar, cansar, ahitar, indigestar. ‖ fig. Fastidiar, molestar, enfadar, aburrir, irritar.

ESTÓMAGO. m. Buche, cuajar, víscera, abdomen, panza, ventrón, epigastrio, tubo digestivo.

ESTORBAR. tr. Turbar, impedir, molestar, dificultar, embarazar, obstaculizar, entorpecer, cohibir, sobrar.

ESTORBO. m. Impedimento, dificultad, entorpecimiento, inconveniente, obstáculo, molestia, engorro, embarazo, óbice, rémora, tropiezo, impedimento, traba, freno, barrera.

ESTRAFALARIO, RIA. adj. Extravagante, estrambótico, raro, caprichoso, ridículo, risible.

ESTRAGAR. tr. Hacer estragos, causar grandes daños, viciar, corromper, estropear, insensibilizar, arruinar, agotar.

ESTRAGO. m. Destrozo, daño grande, acción destructora, ruina, agotamiento, destrucción, asolamiento, devastación.

ESTRATAGEMA. f. Ardid, añagaza, argucia, treta, artimaña, operación hecha con engaño, artificio, astucia.

ESTRECHAR. tr. Angostar, estreñir, reducir, cerrar, meter, apretar, obligar, forzar, perseguir, acosar, apremiar, apurar. ‖ ANT. Ensanchar, dilatar, extender.

ESTRECHEZ. f. Angostura, apretura, callejón, chiribitil, cintura, construcción, cuello, desfiladero, estrechamiento, estrechura, garganta, hoz, isto, pasadizo, pasaje.

ESTRECHO, CHA. adj. Angosto, reducido, ajustado, ahogado, apretado, ceñido, delgado, justo, reducido, miserable, tacaño.

ESTRELLA. f. Astro, lucero, luminaria, constelación, vía láctea, galaxia, nebulosa. ‖ fig. Hado, destino, fortuna, suerte, sino, azar, fatalidad, meteorito, estrellada.

ESTREMECERSE. prnl. Conmoverse, temblar, alterarse, sobresaltarse, trepidar, asustarse, aterrarse, alarmarse, tiritar.

ESTRENO. m. Inauguración, estrena, apertura, inicio, comienzo, promoción, intento.

ESTRÉPITO. m. Ruido grande, estruendo, fragor, alharaca, ruido, alboroto, batahola, algarabía.

ESTRIDENTE. adj. Rechinante, agrio, chirriante, áspero, brusco, chillón, destemplado, detonante, desapacible, penetrante, discordiante, explosivo, ruidoso, inarmónico, llamativo.

ESTROFA. f. Copla, aleluya, cuarteta, cuarteto, quinteto, décima, endecha, espinela, octava real, soneto, redondilla, seguidilla.

ESTROPEAR. tr. Poner inservible, ajar, volver feo, afear, afectar, abollar, agusanar, alterar, apolillar, averiar, arañar, calcinar, chafar, lastimar, lisiar, lesionar, deteriorar, malograr.

ESTROPICIO. m. Destrozo, descalabro, rotura, ruido grande, estruendo, trastorno de cosas, jaleo, exceso de movimiento.

ESTRUENDO. m. Estrépito, estropicio, ruido grande, estridencia, estrapalucio.

ESTRUJAR. tr. Exprimir, apretar, apretujar, prensar, achuchar, apañuscar, comprimir. ‖ Magullar, oprimir, agotar.

ESTUDIADO, DA. adj. y p.p. Afectado, falto de naturalidad, amanerado, fingido, artificioso.

ESTUDIANTE. com. Alumno, escolar, colegial, discípulo, bolonio, calasancio, galonista, novato, normalista, seminarista, graduando, facultativo, universitario, intelectual.

ESTUDIAR. tr. Recibir enseñanza, aplicar la inteligencia, comprender, aplicarse, calentarse los cascos, quemarse las cejas, cursar, embotellar, empollar, investigar, pensar, trabajar.

ESTUPEFACTO, TA. adj. Atónito, maravillado, parado, paralizado, pasmado, suspenso, patitieso, patidifuso.

ESTUPENDO, DA. adj. Bueno, muy hermoso, muy sorprendente, asombroso, portentoso, admirable, magnífico, soberbio, pasmoso.

ESTÚPIDO, DA. adj. Necio, tonto, bobo, majadero, presumido, vanidoso, patoso, vacío, memo, botarate.

ESTUPOR. m. Asombro, pasmo, trastorno intelectual, estupefacción, insensibilidad, pesadez, embotamiento, atonía.

ETERNO, NA. adj. Eternal, sempiterno, eviterno, imperecedero, inagotable, inexhausto, inextinguible, perdurable, interminable, infinito, inmortal, perenne, perpetuo, absoluto.

ETIQUETA. f. Ceremonial, carátula, marca, rótulo, tejuelo, marbete, ex libris, careta, ceremonia, cumplimiento, cumplido.

EUCARISTÍA. f. Sacramento del altar, Santísimo Sacramento, El Señor, Santa Cena, comunión, Viático, El Santísimo, Pan eucarístico, Sanguis, transustanciación, Sagrario, Cenáculo, pan de los ángeles, El Amor, Cuerpo y Sangre de Cristo, Misterio de amor divino, Sacrificio eucarístico, cáliz, copón.

EVACUAR. tr. Desocupar, desembarazar, abandonar, vaciar, dejar vacío, hacer una necesidad.

EVADIRSE. prnl. Apartarse, escurrirse, escaparse, inhibirse, fugarse, huir, ladearse, sustraerse.

EVANGELIO. m. Buena Nueva, Mensaje de Cristo, Historia de Cristo, doctrina de Jesucristo, Historia de nuestra Redención, religión cristiana.

EVAPORAR. tr. prnl. Convertir

un líquido en vapor, vaporar, vaporizar, volatizar. ‖ fig. Desvanecerse, disipar. ‖ prnl. Fugarse, marcharse, desaparecer, huir, evadirse.

EVENTUAL. adj. Casual, no seguro, no fijo, no regular, accesorio, accidental, añadido, circunstancial, posible, provisional, fortuito, inseguro.

EVENTUALIDAD. f. Casualidad, contingencia, accidente, emergencia, posibilidad, imprevisto.

EVIDENCIA. f. Certeza, certidumbre, calidad de evidente, convicción, seguridad, comprobación.

EVIDENTE. adj. Claro, patente, indudable, innegable, fehaciente, palpable, incuestionable, incontestable, inconcuso, axiomático, incontrastable, inconvertible, indubitable, irrecusable, irrefutable, irrebatible.

EVITAR. tr. Prevenir, precaver, eludir, rehuir, sortear, esquivar, soslayar, escurrir, guardar el bulto, capear, dar de lado, orillar, remediar, hacerse el remolón, obviar, abarse. ‖ prnl. Echarse fuera, excusarse, ponerse al socaire, substraerse, ladearse.

EVOCAR. tr. Rememorar, llamar, conjurar, recordar, revivir, representarse en la imaginación.

EVOLUCIÓN. f. Cambio gradual, desenvolvimiento, transformación, curso, orientación, marcha, corriente, tendencia.

EXACTAMENTE. adv. m. Puntualmente, textualmente, precisamente, justamente, a la letra, literalmente, matemática-

mente, punto por punto, religiosamente.

EXACTO, TA. adj. Puntual, regular, preciso, determinado, escrupuloso, estricto, fiel, justo, puntual, geométrico, verdadero.

EXAGERACIÓN. f. Ponderación, hipérbole, andaluzada, encarecimiento, extremosidad, charlatanería, aspavimiento, estridencia, melindre.

EXAGERAR. tr. Abultar, encarecer, aumentar, agrandar, agigantar, cacarear, tener mucho cuento, ponderar, exorbitar, desorbitar, extremar, sacar de quicio. ‖ S.E. Se exageran el número de asistentes a una conferencia, se encarece el valor de una joya.

EXALTARSE. prnl. Excitarse, ponerse violento al hablar, acalorarse, apasionarse, sobreescitarse, arrebatarse, enardecerse.

EXAMEN. m. Acción de mirar o considerar, indagación, estudio, meditación, observación, prueba, ejercicio, oposición, análisis, reconocimiento.

EXAMINAR. tr. prnl. Analizar, reconocer, comprobar, investigar, inquirir, observar, estudiar, atalayar, auscultar, cachear, calar, censurar, ver, tantear, revisar.

EXASPERAR. tr. prnl. Irritar, enojar, exacerbar, aburrir, alterar, hacer perder la calma, sacar de sus casillas, crispar, descomponer, soliviantar, sulfurar, freír.

EXCAVAR. tr. Hacer zanjas, abrir, ahondar, cavar, escarbar, dragar, socavar, minar, laborear.

EXCEDER. tr. Aventajar, sobresalir, descollar, superar, sobrepujar. ‖ Propasarse.

EXCELENTE. adj. Óptimo, superior, notable, descollante, egregio, sobresaliente, relevante, eminente, admirable, extraordinario, excelso, estupendo, exquisito, delicioso, insuperable.

EXCEPCIÓN. f. Cosa que se aparta de la regla, acción de exceptuar, privilegio, favor, ventaja, singularidad. ‖ Irregularidad, importancia, anormalidad, paradoja.

EXCEPCIONAL. adj. Extraordinario, singular, único, mejor que lo común, insólito, esporádico.

EXCESIVO, VA. adj. Desmesurado, enorme, desmedido, inmoderado, desproporcionado, exorbitante, exagerado, fenomenal, descomunal, nimio, abundante, sobrante, supernumerario.

EXCESO. m. Abuso, demasía, desmán, escándalo, atrocidad, barbaridad, el acabóse, colmo, superficialidad, redundancia, pleonasmo, extralimitación, desafuero, tropelía, atropello.

EXCITAR. tr. Provocar, estimular, activar, picar, pinchar, incitar, acalorar, alborotar, alterar, hurgar, instigar, perder la calma, sacar de sus casillas, enardecer, echar leña al fuego.

EXCLUIR. tr. Descartar, separar, exceptuar, eliminar, expulsar, expeler, apartar, desterrar, desechar, desheredar, dejar, prescindir, omitir, excomulgar, sacar, dejar fuera.

EXCOMULGAR. tr. Descomulgar (rust.), apartar de la comunidad católica, lanzar un anatema, entredicho o excomunión, anatematizar, rechazar, condenar, execrar, maldecir.

EXCRECENCIA. f. Verruga, carnosidad, callo, agalla, carúncula, cococha, fungo, molleja, tumor.

EXCREMENTO. m. Heces, boñiga, boñigo, aguas mayores, evacuación, deposición, meconio, fiemo.

EXCURSIÓN. f. Gira, día de campo, recorrido, paseo, caravana, correría, viaje, asueto.

EXCUSA. f. Pretexto, exculpación, disculpa, efugio, rebozo, socapa, socolor, suterfugio, retrechería.

EXCUSARSE. prnl. Dar excusas, justificar con razones, dar explicaciones, pedir perdón, disculparse, justificarse.

EXECRAR. tr. Maldecir, condenar, imprecar, sentir aversión, expresar esa aversión, abominar, aborrecer.

EXHAUSTO, TA. adj. Apurado, agotado, deshecho, destrozado, extenuado, rendido, cansado, sin fuerzas.

EXHIBIR. tr. Mostrar, exponer, presentar, lucir, ostentar, mostar con orgullo, manifestar.

EXHORTACIÓN. f. Sermón breve, consejo, petición, sugerencia, ruego, incitación, plática, amonestación.

EXHORTAR. tr. Inducir a hacer algo, mandar, aconsejar, rogar, incitar, pedir, suplicar, animar.

EXIGIR. tr. Mandar, obligar, necesitar, reclamar, reivindicar, ordenar, requerir, conminar. ‖ S.E. La idea de *requerir* y de *exigir* es parecida. *Exigir* supone una necesidad parentoria; *requerir* supone más bien una necesidad de conveniencia. Toda ciencia exige un estudio.

EXIGUO, A. adj. Escaso, insignificante, pequeño, reducido, corto, insuficiente, falto. ‖ ANT. Suficiente, amplio, grande.

EXILIO. m. Destierro, extrañamiento, ostracismo, expulsión, confinamiento, expatriación.

EXIMIO, A. adj. Ilustre, excelso, notable, magnífico, eminente, superior, relevante, sobresaliente.

EXIMIR. intr. Exceptuar, absolver, exculpar, excluir, exonerar, disponer, libertar, exentar, perdonar, redimir, relevar, librar, aliviar.

EXISTIR. intr. Haber, coexistir, quedar, reinar, ser, vivir, imperar, subsistir, florecer.

ÉXITO. m. Resultado, consecuencia, consecución, conquista, victoria, renombre, auge, boga, notoriedad, aureola, aplauso, honra, palma, laurel.

ÉXODO. m. Libro bíblico, salida, emigración, marcha de un pueblo, migración, transmigración.

EXORBITANTE. adj. Excesivo, exagerado, desmesurado, enorme, abusivo, descomunal.

EXORDIO. m. Preámbulo, introducción, inicio, prefacio, comienzo, origen, principio, prólogo.

EXPANSIÓN. f. Acción de expandir o expandirse, extensión, dilatación, desarrollo, crecimiento, divulgación, ensanchamiento, agrandamiento, efusión, confianza, comunicación, recreo, salaz, distra-ción, esparcimiento, juego, confidencia, secreto.

EXPANSIONARSE. prnl. Desahogarse, comunicarse penas o alegrías, espontanearse, explayarse, franquearse, recrearse, solazarse, divertirse.

EXPANSIVO, VA. adj. Que tiende a expansionarse, abierto, franco, comunicativo, cariñoso, efusivo.

EXPEDICIÓN. f. Remesa, envío, cosa que viaja, algara, cabalgada, caravana, correría, excursión, cruzada, jarca, incursión, partida, destreza, desembarazo, prontitud, soltura, desenvoltura.

EXPEDIENTE. m. Arbitrio, recurso, pretexto, medio, motivo, apelación, habilidad, conjunto de, remesa, documentos, hoja de estudios, serie de calificaciones, serie de servicios, investigación.

EXPEDIR. tr. Despachar, cursar, dar curso, tramitar, enviar, remitir, remesar.

EXPEDITIVO, VA. adj. Diligente, pronto, rápido, atropellador, decidido, desenfadado, embarullador.

EXPERIMENTAL. adj. Basado en experimentos, experimentado, empírico, advertido, avisado, baqueteado, corrido, curtido, ducho, entendido, escarmentado, espabilado, hombre de mundo.

EXPERIMENTAR. tr. Saberlo por propia experiencia, sentir, soportar, sufrir, observar.

EXPERTO, TA. adj. Hábil en el trabajo, muy entendido, práctico, experimentado, ejercitado, versado, perito, avezado, diestro.

EXPIAR. intr. Purgar, pagar, reparar, pagarlas todas juntas, purificar, satisfacer, sufrir.

EXPIRAR. intr. Morir, perecer, fallecer, acabar, terminar, concluir, fenecer, vencer un período.

EXPLANAR. tr. Allanar, aplanar, igualar, nivelar, explicar, exponer, declarar, desarrollar.

EXPLAYAR. tr. Ensanchar, dilatar, extender. ‖ prnl. Desahogarse, esparcirse, recrearse, solazarse, franquearse, expansionarse, confiarse.

EXPLICACIÓN. f. Lección, conferencia, clase, aclaración, acotación, apostilla, colofón, comentario, comento, definición, disquisición, epígrafe, exégesis, explanación, exposición, glosa, interpretación, justificación, exculpación.

EXPLICAR. tr. Aclarar, apostillar, expresar, declarar, comentar, definir, desarrollar, descubrir, dilucidar, elucidar, divulgar, exponer, interpretar, esclarecer, especificar. ‖ prnl. Justificarse, disculparse.

EXPLÍCITO, TA. adj. Claro, expreso, determinado, manifiesto, directo, abierto, meridiano.

EXPLORAR. tr. Examinar, reconocer, auscultar, adentrarse, investigar, sondear, sondar, descubrir, espiar.

EXPLOSIÓN. f. Descargar, detonación, disparo, estallido, reventón, taponazo, tiro.

EXPLOTAR. intr. Reventar, estallar, obtener provecho, beneficiar, aprovechar, utilizar, abusar.

EXPONER. tr. Declarar, explicar, manifestar, interpretar, exhibir, comunicar, dar a conocer, enseñar, plantear, representar.

EXPOSICIÓN. f. Explicación, interpretación, desarrollo, enunciado, informe, memorial, exhibición, peligro, riesgo.

EXPRESAR. tr. Significar, manifestar, acentuar, hacer comprender, dar a conocer, constar, decir, interpretar, hacer patente.

EXPRESIÓN. f. Aclaración, manifestación, eufemismo, equívoco, interpretación, locución, máxima.

EXPRESIVO, VA. adj. Elocuente, significativo, enfático, gráfico, plástico, redundante, rotundo, afectuoso.

EXPRESO, SA. adj. No tácito, claro, explícito, especificativo, espontáneo.

EXPULSAR. tr. Echar, obligar a marcharse, arrojar, desterrar, deportar, expatriar, repeler.

EXQUISITO, TA. adj. Delicioso, sabroso, distinguido, delicado, elegante, refinado, selecto, excelente, primoroso, fino, cortés.

ÉXTASIS. m. Rapto, transporte, arrobamiento, arrebato, arrebatamiento, contemplación, deliquio, trance, pasmo, evasión, enajenamiento.

EXTENDER. tr. prnl. Desenvolver, desplegar, desdoblar, abrirse, agrandar, ampliar, amplificar, aumentar, difundir, esparcir, divulgar, alcanzar. ‖ prnl. Tenderse, echarse, abrirse, desarrollarse, desarrollar, difundirse, propagarse.

EXTENSO, SA. adj. Espacioso, dilatado, vasto, lato (lit.), prolongado, amplio, largo.

EXTERIOR. adj. Externo, extrínseco, de fuera, manifiesto, somero, superficial. ‖ m. Aire libre, extra muros, traza, porte, apariencia, aspecto, contorno, cáscara, facha, pinta. ‖ ANT. Interior, interno, secreto.

EXTERMINAR. tr. Extinguir, destruir totalmente, descastar, extirpar, aniquilar, devastar, asolar.

EXTERNO, NA. adj. Exterior, extrínseco, no tapado, de fuera, manifiesto, superficial, somero.

EXTIRPAR. tr. Arrancar, quitar, destruir, desarraigar, descuajar, quitar, extraer, amputar.

EXTRALIMITARSE. prnl. Pasarse, propagarse, exagerar, excederse, pasar de la raya, pasar el límite.

EXTRANJERO, RA. adj. Bárbaro, exótico, extraño, gringo, meteco, intruso, advenedizo, ajeno.

EXTRAÑAR. tr. Sorprender, hacerse cruces, deportar, desterrar. ‖ prnl. Sorprenderse, admirarse, chocar, desterrarse.

EXTRAÑO, ÑA. adj. Extranjero, exótico, forastero, intruso, enquistado, meteco.

EXTRAORDINARIO, RIA. adj. Excepcional, raro, extraño, asombroso, desacostumbrado, imponente, sin igual, impresionante, inigual, inigualable, homérico, singular, sorprendente.

EXTRAVAGANTE. adj. Estrafalario, estrambótico, excéntrico, raro, ridículo, ilógico, original.

EXTRAVIARSE. prnl. Desorientarse, perderse, errar, desacertar, descarriarse, pervertirse.

EXUBERANTE. adj. Abundante, pleno, abundoso, generoso, opulento, profuso, copioso, lleno.

EXVOTO. m. Milagro, voto, ofrenda, reliquia, gratitud, ofrecimiento, dedicación, presente.

F

FÁBRICA. f. Manufactura, industria, factoría, obraje, taller, instalación, construcción.

FÁBULA. f. Apólogo, alegoría, narración, mito, parábola, ficción, invención, falsedad, hablilla.

FÁCIL. adj. Sencillo, asequible, cómodo, hacedero, llano, llevadero, manejable, simple, simplista.

FACILITAR. tr. Hacer fácil, favorecer, poner al alcance, proporcionar, abreviar, posibilitar, proveer, suministrar.

FACINEROSO, SA. adj. Delincuente habitual, malhechor, bandido, criminal, malvado, forajido.

FACTIBLE. adj. Hacedero, realizable, posible, agible, susceptible de ser hecho.

FACULTAD. f. Capacidad física o espiritual, potencia, aptitud, derecho inherente a un cargo, potestad, atribución, permiso, poder.

FACULTAR. tr. Autorizar, conceder, dar derecho para hacer algo, dar poder, permitir, consentir, acceder.

FACHA. f. Traza, figura, aspecto, presencia, porte, apariencia, pinta (vulg.), mamarracho, adefesio, estampa.

FACHOSO, SA. adj. Mamarracho, feo, mal hecho, ridículo, de mala figura, risible, estrafalario, estrambótico.

FALACIA. f. Engaño, falsedad, mentira, disfraz, embaucamiento, trampa, disimulo, embuste, superchería.

FALDA. f. Saya, sayas, regazo, basquiña, brial, enagüilla, refajo, combinación, enagua, halda.

FALSEAR. tr. Adulterar, falsificar, desorientar, flaquear, flojear, debilitarse, ceder.

FALSEDAD. f. Mentira, engaño, disimulo, impostura, hecho o dicho falso, falsía, adulteración.

FALSO, SA. adj. Engañador, engañoso, estudiado, fabuloso, falsificado, ilusorio, imaginativo, inexacto, irreal, absurdo, falaz, pseudo, alevoso, afectado, mentiroso, sofístico, erróneo, felón, apócrifo, desleal, perjuro, espurio. || ANT. Legítimo, leal.

FALTA. f. Defecto, imperfección, desacierto, deficiencia, déficit, mengua, penuria, privación, pecado, descuido, culpa, yerro.

FALTAR. intr. Hacer falta, fumarse, hacer novillos, fallecer, morir, marrar, necesitar, ofender, injuriar, descuidar, falsear.

FALLO. m. Sentencia (del juez), resolución, decisión, laudo, acción de fallar, hueco o falta, laguna, omisión, fracaso, punto débil.

FAMA. f. Nombradía, notoriedad, nombre, renombre, celebridad, gloria, favor, halo, laureles, lauro, pináculo de la gloria, popularidad, nota, prez, prestigio, aureola.

FAMILIA. f. Parentela, cuna, origen, linaje, abolengo, alcurnia, casta, raza, cepa, ascendencia, prosapia, sangre, prole, hijos.

FAMILIARIDAD. f. Confianza, franqueza, libertad, llaneza.

FAMOSO, SA. adj. Célebre, insigne, renombrado, señalado, sonado, chocante, gracioso, claro, indudable.

FANÁTICO, CA. adj. Partidario exaltado, intolerante, magnífico, maravilloso, apasionado, intransigente, entusiasta.

FANFARRÓN, ONA. adj. Arrogante, bravucón, chulo, estirado, fachendoso, fantoche, fantasmón, farruco, figurón, figurante, follón, perdonavidas, flamenco, gallito, guapetón, insolente, matón, presumido, jactancioso.

FANTASÍA. f. Imaginación creadora, aprensión, afectación, presunción, imaginación, antojo, capricho.

FANTÁSTICO, CA. adj. Imaginario, sin realidad, figurilla, muñeco, mamarracho, vano, pre-

suntuoso, ostentoso, espléndido, caprichoso, extravagante.

FANTOCHE. m. Figurilla, muñeco, títere, persona grotesca, farolero, farruco, fantasmón, fardón, figurón, figurante, gallito, papelón, fanfarrón, rumboso.

FARISEO, A. afj. Hipócrita, astuto, malicioso, simulado, falso, zorro, sinuoso, flaco, desgarbado.

FARMACIA. f. Botica, botiquín, oficina de farmacia, rebotica, medicamento, específico, fármaco, panacea.

FAROL. m. Fanal, faro, farola, lámpara, linterna, linternón, lucerna, reverbero, luz, farolillo.

FARSA. f. Obra teatral, comedia, farándula, teatro, ficción, engaño, enredo, tramoya, patraña, mentira, bufonada, hipocresía.

FASCINAR. tr. Hechizar, aojar, encantar, embrujar, embobar, encandilar, embelesar, cautivar, atraer, seducir, magnetizar, deslumbrar, alucinar.

FASTIDIARSE. prnl. Disgustarse, hastiarse, molestarse, cansarse, enojarse, sufrir un daño, mortificarse, incordiarse.

FASTIDIOSO, SA. adj. Hastioso, molesto, esponjoso, enfadoso, tedioso, latoso, aburrido, pesado, cargante, fatigoso, chinchorrero.

FASTUOSO, SA. adj. Espléndido, suntuoso, ostentoso, lujoso, magnificiente, rumboso, pomposo.

FATALIDAD. f. Sino, destino, suerte, desdicha, desgracia, suceso, desgraciado, desgracia, infelicidad, infortunio.

FATIGA. f. Dificultad, ahogo, asma, agitación, sofocación, cansancio. ‖ pl. Náuseas, desgaste, suceso, penoso, penalidad, trabajos.

FATIGARSE. prnl. Cansarse, agotarse, extenuarse, molestarse, importunarse, maltratarse.

FATIGOSO, SA. adj. Trabajoso, anheloso, jadeante, agitado, fatigado, cansado, penoso.

FAVOR. m. Ayuda, socorro, auxilio, benevolencia, goce, protección, patrocinio, amparo, privanza, influencia, merced.

FAVORECER. tr. Ayudar, auxiliar, apoyar, embellecer, asistir, apadrinar, beneficiar, defender, secundar, valer.

FAVORITO, TA. adj. Preferido, predilecto, privilegiado. ‖ m. Privado, valido. ‖ Que goza de favor.

FE. f. Creencia, confianza, dogma, religión, fidelidad, amor a Dios, seguridad.

FECUNDAR. tr. Fecundizar, fertilizar, engendrar, generar, encintar, preñar, procrear.

FECUNDO, DA. adj. Prolífico, productivo, fértil, feraz, fecundizante, capaz de fecundar.

FECHORÍA. f. Acción que causa trastorno, destrucción grande, destrozo, atrocidad, barbaridad, barrabasada, desastre, desaguisado, disparate, destrozo, jaleo, estropicio, trastada.

FELICIDAD. f. Alegría de vivir, dicha, beatitud, euforia, embriaguez, optimismo, placidez, fortuna, prosperidad, ventura, luna de miel.

FELIZ. adj. Dichoso, venturoso, oportuno, afortunado, radiante, próspero, satisfecho, beatífico, gozoso.

FELICITARSE. prnl. Congratularse, alegrarse, saludarse, elogiarse, aplaudirse, gratularse.

FEMENINO, NA. adj. Femenil, femíneo, afeminado, mujeril, mujeriego, amujerado, grácil, feminal.

FENOMENAL. adj. Fenoménico, muy grande, tremendo, desmesurado, descomunal, brutal, extraordinario.

FEO, A. adj. Antiestético, mal apersonado, asqueroso, atroz, fachoso, feúcho, desproporcionado, innoble, horroroso, espantoso.

FERAZ. adj. Muy fértil, fértil, ubérrimo, fecundo, productivo, fructuoso, fructífero, óptimo, inagotable.

FERIA. f. Real de la feria, ferial, autochoque, carrusel, caballitos, barcas, montaña rusa, tobogán, carpa.

FERROCARRIL. m. Camino de hierro, línea férrea, metro, andén, apeadero, estación, muelle, tracción.

FÉRTIL. adj. Feraz, productivo, abundante, fecundo, fructífero, óptimo, pingüe, próvido, ubérrimo.

FERVOR. m. Ardor, afán, práctica, entusiasmo, interés, devoción, hervor, piedad, celo.

FESTEJAR. tr. Agasajar, celebrar, obsequiar, regalar, halagar, acaramelar, hacerse el amor, hacer la corte, pelar la pava.

FESTIVO, VA. adj. Chistoso, agudo, ocurrente, divertido, alegre, regocijado, gozoso, jovial.

FÉTIDO, DA. adj. Hediondo, apestoso, cargado, impuro, irrespirable, maloliente, inmundo.

FIADOR, RA. m. y f. Seguro, fía, fianza, segurador, garante, garantizador (adj.), avalista, abonador.

FIAR. tr. Asegurar, garantizar, responder, afianzar, afiucir, confiar, dar a crédito, creer en la utilidad de algo.

FIBRA. f. Filamento, hebra, hilo, cáñamo, lino, pita, brizna, hilaza. ‖ fig. Energía, vigor, carácter, nervio, capacidad, empuje, fortaleza, resistencia, ímpetu, pujanza, brío.

FICCIÓN. f. Acción de fingir o simular, cosa simulada, fingimiento, apariencia, fábula, invención. ‖ ANT. Realidad, sinceridad, veracidad, cordialidad.

FICHA. f. Chapa, guitón, pieza, papeleta, cédula, tarjeta, cartulina, encabezamiento.

FICHARSE. prnl. Rellenar una ficha, filiar, someterse a vigilancia, fijarse en una persona, contratarse un jugador.

FIEBRE. f. Calentura, temperatura, calenturilla, calenturón, reacción, destemplanza.

FIEL. adj. De confianza, de fiar, leal, seguro, cumplidor, honrado, firme, verídico, exacto, verdadero, puntual, escrupuloso, creyente, religioso.

FIERO, RA. adj. Horrible, terrible, tremendo, muy grande, muy feo, cruel, sanguinario, feroz, brutal. ‖ fig. Intratable, duro. ‖ Salvaje, agreste, montaraz, cerril, horroroso.

FIESTA. f. Festividad, conmemoración, baile, alegría, broma, chanza, carnaval, corrida de toros, mojiganga, orgía, procesión, piñata, cucaña, fuegos aritificiales, traca, tiro al blanco, carrusel.

FIGURA. f. Configuración, forma, aparición, bulto, cuerpo, dibujo, efigie, representación, fantasma, escultura, imagen, maniquí, muñeco, palmito, perfil, silueta, sombra chinesca.

FIGURAR. tr. Representar, fingir, aparentar, bullir, relacionarse, imaginarse, presumir, suponer, creer algo sin fundamento, forjarse, meterse en la cabeza, sospechar, recelar.

FIJO, JA. adj. Cierto, determinado, firme, estable, permanente, seguro, inalterable, invariable.

FILA. f. Hilera, ringle, ringlera, ringla. ‖ S.E. Si se trata de las personas puestas en serie se dice cola. ‖ Tirria.

FILIGRANA. f. Trabajo de orfebre, primor, marca, exquisitez, finura, ribete, huella.

FILÍPICA. f. Invectiva, represión, diatriba, reproche, regaño, censura, reprimenda. ‖ Peluca, felpa (voc. fam.).

FILO. m. Corte, tajo, arista, contrafilo, borde, línea, punta, lámina, hoja, releje.

FILOSOFÍA. f. Doctrina, escuela, lógica, metafísica, moral, estética, ideología, psicología.

FIN. m. Final, finalidad, término, confín, límite, remate, consumación, agotamiento, frontera, margen.

FINALIDAD. f. Objetivo, propósito, motivo, fin, objeto, plan, resolución, utilidad, designio.

FINALIZAR. tr. Terminarse una

cosa, acabar, concluir, rematar, extinguir, acabarse, solucionar.

FINGIMIENTO. m. Simulación, engaño, ficción, doblez, hipocresía, afectación, astucia, farsa, carnavalada, disfraz, fariseísmo, gazmoñería, impostura, mojigatería, pantomima.

FINGIR. tr. Simular, disimular, aparentar, hacer creer, hacer el paripé, engañar, encubrir, falsear.

FINO, NA. adj. Delgado, de poco grosor, sutil, delicado, primoroso, cursi, ñoño, cortés, cumplido, afiligranado, refinado, escogido, amable.

FINURA. f. Cortesía, atención, fineza, refinamiento, corrección, primor, delicadeza, urbanidad, amabilidad, delgadez, sutileza.

FIRMAR. tr. Poner su firma, señalar, signar, suscribir, legalizar, refrendar, sancionar, marcar. ‖ S.E. Suscribir pertenece al lenguaje administrativo.

FIRME. adj. Estable, fijo, fuerte, seguro, sólido, enérgico, entero, categórico, íntegro, indisolubre, constante, invariable.

FIRMEZA. f. Estabilidad, resistencia, fortaleza, seguridad, entereza, solidez, porfía, tesón, perseverancia, constancia.

FISONOMÍA. f. Fisionomía (cult.), rostro, faz, cara, aspecto, expresión, semblanza, perfil, facies.

FLACO, CA. adj. Delgado, enjuto, seco, chupado, delgaducho, demacrado, desmejorado, encanijado, escuálido, consumido, desmirriado, hecho un espárrago, escuchimizado, débil, delgado, raquítico, flojo, endeble.

FLAMANTE. adj. Brillante, lozano, despampanante, pimpante, resplandeciente, magnífico, reciente, nuevo, fresco.

FLAMEAR. intr. Despedir llamas, llamear, someter algo a una llama, soflamar. ‖ Ondear, ondular, tremolar, flotar, ondular, agitar, sacudir, mecer.

FLAUTA. f. Tibia (voz lat.), caña, caramillo, chirimía, flautín, gaita gallega, pífano, pipiritaña, zampoña, trompeta.

FLECHA. f. Arma arrojadiza, saeta, sagita, dardo, rehilete, saetón, venablo, viratón, astil, hierro.

FLEXIBLE. adj. Manejable, dócil, cimbreante, doblegable, cimbreño, blando, elástico, dúctil, deformable.

FLIRTEAR. tr. Conversar dos de distinto sexo, coquetear, enamorar, galantear, camelar, cortejar.

FLOJEAR. intr. Aflojar, debilitarse, decaer, disminuir, flaquear, ser menos eficaz, ceder, enervar.

FLOJO, JA. adj. No apretado, no seguro, relajado, suelto, no tirante, blando, débil, lazo, lacio, hueco, poco activo, inútil.

FLOR. f. Pimpollo, capullo, botón, cáliz, corola, guirnalda, bouquet, estambre, estigma, planta, néctar, pedúnculo, pétalo, polen.

FLORECER. intr. Dar flores las plantas. ‖ fig. Progresar, prosperar, engrandecerse, producir obras en una época determinada, medrar, brillar, incrementar, aumentar, desarrollarse. ‖ prnl. Enmohecerse.

FLOTA. f. Conjunto de barcos, escuadrilla, flotilla, escuadra, armada, barcos de guerra.

FLOTAR. intr. Nadar, sobrenadar, mantenerse en la superficie, ondear, flamear, ondular.

FLUCTUAR. intr. Oscilar, vacilar, experimentar variaciones entre situaciones opuestas. ‖ Ondear, flamear, tremolar, agitarse, columpiarse, estar en peligro de perderse o arruinarse.

FLUIR. intr. Correr, manar, sanar, gotear, destilar, afluir, brotar, salir, reasomar, deslizarse, discurrir, resbalar, caer, chorrear, mojar, pasar, atravesar.

FLUJO. m. Influjo, montante (de la marea), corriente, movimiento ascendente, reflujo. ‖ Abundancia.

FOGOSO, SA. adj. Ardiente, ardoroso, impetuoso, entusiasta, impaciente, brioso, violento, vehemente.

FOLLAJE. m. Fronda, conjunto de ramas, ramaje, verdor, enramada, espesura, ataurique, hojarasca, superabundancia de adornos, exceso de palabras, ortología, prosodia.

FONÉTICO, CA. adj. Fonología, africado, alveolar, aspirado, átano, bilabial, apical, atónico, labial, gutural, fricativo, dentolabial, consonante, intervocálico.

FONDO. m. Hondo, hondón, suelo, asiento, bajo, banco, cauce, tapa, témpano, cantil, lecho, caudal, capital, índole, condición, carácter.

FORMA. f. Figura, configuración, conformación, formato, molde. ‖ pl. Modales, conveniencias.

FORMAR. tr. Moldear, hacer, fabricar, constituir, instituir, organizar, educar, adiestrar, crecer.

FORMULAR. tr. Expresar algo, exponer, dar forma a algo, formular una petición, recetar.

FORRO. m. Viso, vista, vuelta, entretela, falso, refuerzo, funda, vaina, revestimiento, tapizado.

FORTALECER. tr. Robustecer, fortificar, reforzar, hacer fuerte, vigorizar, afianzar, tonificar, consolidar, reanimar, animar, reconfortar, remozar, rejuvenecer, vivificar, corroborar.

FORTALEZA. m. Fuerza, capacidad para resistir, intensidad, salud, vigor, buen estado, firmeza, fuerte, fortificación, recinto, fortificado, castillo.

FORTIFICAR. tr. Fortalecer, robustecer, vigorizar, hacer fuerte, abaluartar, almenar, amurallar. ‖ ANT. Desguarnecer, desmantelar.

FORTUITO, TA. adj. Impensado, casual, imprevisto, accidental, inopinado, inesperado, eventual.

FORTUNA. f. Azar, casualidad, destino, estrella, hado, sino, suerte, causa indeterminable, ventura, dicha, hacienda, capital, bienes, dinero. ‖ ANT. Pobreza, desgracia, infortunio.

FORZOSO, SA. adj. Necesario, indefectible, imprescindible, inevitable, obligado, obligatorio, preciso, inexcusable, fatal, irremediable.

FOSILIZARSE. prnl. Petrificarse, anquilosarse, envejecer, entorpecer, atrofiarse.

FOTOGRAFÍA. f. Retrato, paisaje, diapositiva, film, fotocopia, cinta, fotograbado, fotograma, fototipia, película, microfilm.

FRACASAR. intr. Malograrse, frustrarse, no conseguir su intento, abortar, devanecer, venirse abajo, irse a freír espárragos, fallar, venir con las manos vacías, hundirse.

FRACASO. m. Frustración, malogro, fiasco, derrota, chasco, desgracia, disgusto, desencanto, fallo, quiebra, bancarrota, ¡Adiós mi dinero!

FRACCIÓN. f. División, fraccionamiento, parte, porción, trozo, pedazo, fragmento, cacho, miaja.

FRAGANCIA. f. Aroma, perfume, esencia, olor, bálsamo, vaho, suavidad, olor delicioso y suave.

FRÁGIL. adj. Que se rompe fácilmente, quebradizo, rompedero, endeble, débil, perecedero, vidrioso, fácil de seducir, caduco, delicado, inconsciente.

FRAGOR. m. Estrépito, ruido grande, estruendo, trueno, retumbo, estallido, alboroto, alharaca.

FRAGOSO, SA. adj. Abrupto, áspero, quebrado, lleno de asperezas y maleza, escarpado, tortuoso.

FRAGUAR. tr. fig. Maquinar, idear, tramar, urdir, promover un lío, proyectar, imaginar. ‖ intr. Cuajarse endurecerse. ‖ tr. Forjar.

FRAILE. m. Fray (forma apocopada), religioso, monje, hermano, cenobita, ermitaño, asceta.

FRANCO, CA. adj. Sincero, abierto, liberal, sencillo, dadivoso, justo, honrado, veraz, natural, ingenuo, llano, despejado, libre, desembarazado, exento, gratuito, excepcionado, comunicativo, efusivo, expansivo, francote, cantaclaro, descarado, boca de verdades.

FRANQUEZA. f. Naturalidad, sinceridad, efusión, sencillez, honradez, expansión, exención, generosidad, liberalidad, llaneza, ingenuidad, lealtad, espontaneidad, candidez.

FRATERNAL. adj. Fraterno, entrañable, amistoso, cordial, íntimo, afectuoso, identificado.

FRAUDE. m. Engaño, estafa, defraudación, cambiazo, camelo, mentira, falsificación, contrabando, simulación, embolado, granujería, matute, petardo, trapacería, tongo, trampa, timo.

FRECUENTE. adj. Acostumbrado, corriente, ordinario, sólido, asiduo, reiterado, usual, común, reincidente, habitual.

FREGAR. tr. Frotar, friccionar, restregar, limpiar cacharros sucios. ‖ fig. Fastidiar, molestar, moderar, sujetar.

FREÍR. tr. Guisar, dorar, refreír, rehogar, saltear, sofreír, rebozar. ‖ fig. Exasperar, baquetear.

FRENAR. tr. Refrenar, reprimir, sofrenar, sujetar, contener, parar, domeñar, impedir.

FRENTE. amb. Fachada, frontis, frontispicio, entrada, entrante, testud, frontal, lucero.

FRESCO, CA. adj. Reciente, nuevo, lozano, puro, airoso, moderno, no ajado, no envejecido, no desecado. ‖ fig. Recien hecho, húmedo, espontáneo, natural, rollizo, sano, sereno, impasible, aprovechado, desaprensivo, descarado, tranquilo, desvergonzado, frescales, desahogado, desenfadado, sin perder la tranquilidad.

FRIALDAD. f. Frigidez (cult.). ‖ fig. Indiferencia, desapego, desafecto, insensibilidad, falta de apego, falta de energía, ausencia de apetito sensual, apatía, pereza, inutilidad, tontería, necedad, negligencia.

FRÍO, A. adj. Frígido (cult.), álgido, algente, helado, congelado, aterido, yerto, glacial, entumecido, paralizado, tieso. ‖ Indiferente, desafecto. ‖ m. Frigidez, frialdad.

FRÍVOLO, LA. adj. Ligero, superficial, veleidoso, fútil, insustancial, baladí, inconstante, inconsecuente, insustancial, trivial, novelero, vacuo, voluble, pueril.

FRONTERA. f. Límite, línea que separa un Estado, tapial, tablero con barrotes, raya, confín.

FRONTERIZO, ZA. adj. Rayano, limítrofe, confinante, lindante, frontero, divisorio, ladero.

FROTAR. tr. Restregar, estregar (intens.), refregar, fricar, fregar, ludir, rozar.

FRUCTIFICAR. intr. Producir, frutecer, granar, madurar, rendir, aprovechar, dar fruto, rentar.

FRUGALIDAD. f. Morigeración, templanza, mesura, sobriedad, parquedad, temperancia, parsimonia.

FRUSTRARSE. prnl. No dar el resultado apetecido, irse abajo, abortar, malograrse, fracasar, errar, hundirse, inutilizarse, irse a pique, venirse al suelo, fallar.

FRUTO. m. Producto, fruta (fruto comestible). ‖ fig. Utilidad, beneficio, provecho, rendimiento, lucro, ganancia.

FUEGO. m. Combustión, ahumada, fogaje, fogata, incendio, lumbre, pira, lumbrerada. ‖ fig. Vivacidad, ardor, pasión, arrebato, vehemencia.

FUENTE. f. Manantial, hontanar, fontanar, hervidero, pozo artesano, venero, surtidor, caño, pila. ‖ fig. Origen, inicio, principio, fundamento, comienzo.

FUERO. m. Privilegio, exención, ley especial. ‖ Soberbia, presunción, arrogancia, humos.

FUERTE. adj. Resistente, sólido, robusto, recio, vigoroso, forzudo, acérrimo, agudo, duradero, intenso, poderoso, potente, reforzado, tenaz, violento, incontenible, versado, perito. ‖ m. Castillo, fortaleza.

FUERZA. f. Energía, vigor, reciedumbre, poder, resistencia, robustez, firmeza, duración, ímpetu.

FUGA. f. Evasión, escapada, huida, acción de fugarse, escape, pérdida, salida, composición musical.

FUGAZ. adj. Huidizo, breve, efímero, fugitivo, pasajero, corto, limitado, rápido, perecedero.

FULANO, NA. m. y f. Mengano, se ignora quién es, zutano, perengano tal y tal, Perico el de los palotes.

FULGURAR. intr. Brillar, resplandecer, centellear, esplender, irradiar, relampaguear, fosforear. ‖ ANT. Oscurecer, entenebrar, enlobreguecer.

FULMINAR. tr. Lanzar un proyectil, herir, aniquilar, arrojar contra uno una sentencia, tronar, estallar.

FUNCIÓN. f. Oficio, servicio, actividad, cometido, ministerio, misión, quehacer, papel, postura, puesta, uso, utilidad, circulación, digestión, nutrición. ‖ Espectáculo, diversión, recreo.

FUNDAMENTO. m. Apoyo, base, soporte, lo que se funda en algo, cimiento, suelo firme, sostén. ‖ fig. Razón, motivo, causa, origen, principio, seriedad, formación, sensatez, juicio, formalidad, fondo, trama.

FUNESTO, TA. adj. Infortunado, aciago, fatal, desgraciado, desdichado, nefando, doloroso, triste.

FURIA. f. Furor, rabia, cólera, coraje, ira, acometividad, ensañamiento, violencia, ímpetu, saña, auge, impetuosidad. ‖ pl. Las Furias, los griegos las llamaron erinias y euménides.

FURIOSO, SA. adj. Colérico, enfurecido, furibundo, iracundo, poseído de furia, horrible, violento, frenético, impetuoso.

FUSIL. m. Arma de fuego manual, arcabuz, carabina, chopo (entre soldados), cuarterola, máuser, mosquete, remington, mosquetón, rifle, tercerola.

FUSTE. m. Caña, palo de la lanza, parte de la columna, vara, escapo, silla de caballo.

FUSTIGAR. tr. Golpear a las caballerías con la fusta, azotar, flagelar, hostigar, censurar, vituperar.

FUTESA. f. Bicoca, baratija, nonada, chuchería, insignificancia, pequeñez, friolera, fruslería, bagatela, nadería, nimiedad, futilidad, frivolidad.

FUTURO, RA. adj. Venidero, en adelante, pasado mañana, a partir de hoy, en lo sucesivo, expectante, eventual, ulterior, que sea lo que Dios quiera. ‖ m. Porvenir, mañana. ‖ m. f. Novio, prometido, compañero.

G

GABARRO. m. Haba, nódulo, tumor, pepita de las gallinas, pasta, falsedad en una cuenta, equivocación, malicia, obligación o carga. ‖ Abejón (Sal.).

GABELA. f. Gravamen, carga, pago, tributo, impuesto, contribución, mensualidad.

GACHAS. f. pl. Papillas, comida hecha con harina, papas, puches, poleadas, polenta (con harina de maíz).

GAFAS. f. pl. Anteojos, lentes, antiparras, espejuelos, impertinente, quevedos.

GAJE. m. Emolumento, sueldo, retribución, dietas, gratificación, obvención, paga, sobresueldo.

GALA. f. Adorno, ornato. ‖ pl. Flores silvestres. ‖ Regalos de boda, propina, regalo de una moneda. ·

GALÁN. adj. Obsequioso (apócope de galano), hermoso, de agradable aspecto, galanteador, lisonjeador, erótico, amatorio, amoroso, pecaminoso, verde.

GALANTEAR. tr. Enamorar, cortejar a una mujer, chicolear, coquetear, donear, flirtear, garzonear, mariposear, obsequiar, tontear, hacer el amor, hacer la corte, festejar, lisonjear, Entre los clásicos se decía servir.

GALANTERÍA. f. Cualidad de galante, amabilidad, gracia, elegancia, generosidad, obsequio, gentileza, flor, requiebro, lisonja, piropo, galanteo, finura, modales, gentileza, generosidad, cortesía, obsequiosidad, rendimiento.

GALARDÓN. m. Premio, recompensa, distinción, laurel, condecoración, compensación, medalla.

GALERA. f. Barco, antiguo, galeón, cómitre, cadena, cuerda, corbacho, rebenque, remo, castigo, carruaje, tabla, nave, cobertizo, carreta, carricoche, carcel, chirona, chistera, clac, hongo.

GALLARDÍA. f. Actitud gallarda, manera de enfrentarse, valentía, nobleza, galanura, gentileza, donosura, obsequio, guapeza, marcialidad, apostura, bizarría, valor, esbeltez, donaire, gracia, gala.

GALLARDO, DA. adj. Valiente, noble, apuesto, gentil, arrogante, bizarro, brioso, chulo, ciembreño, desembarazado, airoso, galán, flamenco, garboso, garrido. ‖ ANT. Torpe, cobarde, inepto. ‖ Lucido, arrojado, animoso. ‖ fig. Excelente, hermoso.

GALLETA. f. Bizcocho, pan sin levadura, bizcocho, maría, pasta, antracita, adorno, bofetada, cachete.

GALLINA. f. Tita, polla, gallineta, pollo, capón, clueca, llueca. ‖ fig. Medroso, cobarde.

GALLITO. m. Persona que gallea, ave zancuda. ‖ fig. Fanfarrón, presumido, alabancioso, marchoso.

GANA. f. Apetito, hambre, voracidad, deseo grato, voluntad, afán, ambición, anhelo, esperanza, pasión.

GANADO. m. Rebaño, conjunto de reses, hacienda, hato, cabaña, grey, haberío, manada, pegujal, bienes se movientes, lote, recua, piara, reala, caballar, cerdo, cordero, vacada, lanar, mular, res, mayoralía.

GANANCIA. f. Beneficio, utilidad, producto, paga, sueldo, rendimiento (términos de las personas cultas), retribución, regalía, sobresueldo, salario, granjería, lucro, logro, comisión.

GANAR. tr. Lograr, adquirir, tener un jornal, reunir, vencer, triunfar, superar, conquistar, dominar, alcanzar, llegar, adelantar, obtener, ponerse las botas, hincharse, ingresar, desbancar.

GANCHO. m. Garfio, varilla, corvo, abotonador, anzuelo, albardilla, arpón, garrancha, fiador.

GANDUL. adj. Holgazán, perezoso, haragán, remolón, tumbón, vagabundo, vago, apático.

GANGA. f. Momio, breva, ocasión, bicoca, canonjía, prebenda, sinecura.

GARANTÍA. f. Protección, seguridad, afianzamiento, arras, caución, fianza, prenda, rehén, seguro, señal, resguardo, salvaguardia, aval, precinto, sello, hipoteca, certificado, pignoración.

GARANTIZAR. tr. Garantir, responder, asegurar, proteger, avalar, dar la cara, fiar, salir garante, responder por, salir responsable, hipotecar, pignorar, legalizar, autenticar.

GARBO. m. Gallardía, gracia, agilidad, galanura, aire, buen porte, rumbo, salero, trapío, elegancia, largueza.

GARGANTA. f. Cañón, gaznate, gañote, garguero, garganchón, pasapán, gola, tragadero, tragaderas.

GARITO. m. Timba, lugar donde se juega, chirlata, gazapón, tablero, mandracho, antro, leonera.

GARRAFAL. adj. Exorbitante, mayúsculo, enorme, monumental, colosal, tremendo, disparatado.

GARROTE. m. Garrota, palo grueso que se usa como arma, macana, tranca, tormento, palanca.

GÁRRULO, LA. adj. Hablador, charlatán, parlero, vulgar, pedestre, ramplón, parlanchín, bocazas, cotorra.

GASTADOR, RA. adj. Despilfarrador, disipador, manirroto, malgastador. ‖ Batidor, soldado.

GASTAR. tr. Consumir, absorber, aflojar, dar aire, deteriorar, estropear, desembolsar, usar, carcomer, expender, desgastar, llevar.

GATO, TA. m. y f. Morrongo, micho, minino, morroño. ‖ Micha, miza, minina, morronga, morroña.

GATUPERIO. m. Chanchullo, enredo, intriga, tapujo, lío, enjuague, embrollo, revoltillo, maraña.

GAVILÁN. m. Esparver, esparvarán, galfarro, guarrilla, halcón, gerifalte, águila, ave de rapiña.

GAZAPO. m. Conejo, cría. ‖ fig. Error, mentira, embuste, descuido, lapsus, yerro, desliz, omisión.

GAZNATE. m. Garguero, garganta, caña, gañote, gola, pescuezo, masa frita, gollete.

GAZNÁPIRO, RA. adj. y m. Torpe, necio, paleto, palurdo, torpe, tonto, simple, patán, simplón, papanatas.

GENEALOGÍA. f. Origen, estirpe, raza, abolengo, linaje, mayorazgo, tronco, rama, árbol genealógico, nobilia.

GENEROSO, SA. adj. Dadivoso, desprendido, desinteresado, magnánimo, rumboso, dadivoso, liberal, altruista, munificente, próvido, espléndido.

GENTILEZA. f. Calidad de gentil, gracia, desenvoltura, amabilidad, cortesía, ostentación, gala, bizarría, urbanidad.

GENUINO, NA. adj. Auténtico, propio, legítimo, no falseado, no deformado, no mistificado, natural, verdadero, real, puro, original, fidedigno, legitimado, acreditado.

GERMEN. m. Embrión, semilla, rudimento, machuelo, origen, circunstancia, principio, inicio.

GESTACIÓN. f. Preñez, embarazo, germinación, maduración, elaboración, crecimiento, expansión.

GESTIONAR. tr. Agenciar, hacer antesalas, remover el cielo y la tierra, negociar, facilitar, empujar, diligenciar.

GESTO. m. Actitud, ademán, ceño, guiñada, visaje, manoteo, semblante, cara, aspecto, mohín, aire.

GIGANTESCO, CA. adj. Enorme, desmesurado, colosal, excesivo, muy grande, muy gigante.

GIRAR. intr. Andar, bailar, encaramarse, rodar, revolotear, volver, virar en redondo, remolinear, rutar, dar vueltas, orzar, escarabajear, torcer, rular, cambiar de dirección.

GIRO. m. Vuelta, baile, revoloteo, cambio, dirección de un asunto, evolución, movimiento, rotación, remolino, trinquete, ronda, evolución, peonza. ‖ Aspecto, cariz, curso. ‖ Letra de cambio, libranza, libramiento.

GITANO, NA. adj. y m. Calé, zíngaro, cañí, agitanado, bohemio, egiptano, flamenco, aduar, germanía, calo, cante flamenco.

GLÁNDULA. f. Órgano de secreción, adenia, adenopatía, salivar, sebácea, lacrimal, endocrina, mamaria, sexual, linfática, epífisis, hipófisis, amígdala, bazo, páncreas, riñón, tiroides.

GLOBO. m. Globo terráqueo, bomba, bombilla, aeronave, aeróstato, dirigible, montfolier, zéppelin, tierra, mundo, esfera.

GLORIA. f. Cielo, paraíso, bienaventuranza, grandeza, esplendor, magnificencia, horno de calefacción, espacio abovedado. ‖ Fama, honor, celebridad, majestad, renombre, gusto, placer, delicia. ‖ ANT. Vulgaridad, plebeyez, dolor.

GLORIARSE. prnl. Jactarse, preciarse, presumir, atribuirse algún mérito, alabarse, vanagloriarse, complacerse, alegrarse, ostentar un mérito, sentirse muy satisfecho.

GLOSA. f. Aclaración, comentario, explicación, nota añadida al texto, advertencia, anotación. ‖ S.E. La *glosa* se hace palabra por palabra, es menos literal el *comentario*.

GLOTÓN, NA. adj. Comilón, epulón, goliardo, tragón, heliogábalo, sibarita, tragaldabas, tragantón, troglodita, zampabodigos, zampabollos, zampatortas, zampón, voraz, goloso.

GOBERNAR. tr. Conducir, dirigir, señorear, empuñar las riendas, empuñar el timón, guiar, regir, administrar, manejar.

GOBIERNO. m. Gobernación, administración, dirección, mando, manejo, régimen, señor, rey, césar, cacique, alcalde, cónsul, emperador, consejo de ministros, comicios, diputación, poder moderador, poder legislativo, poder ejecutivo, timón, gobernalle, burocracia, departamento, gabinete.

GOCE. m. Placer, disfrute, posesión, placer sexual, fruición, disfrute, gusto, alegría, contento.

GOLOSINA. f. Gollería, cosa dulce, chocho, dulces, laminería, manjar, postre, bollo, bizcocho, bombón, budín, caramelo, confite, confitura, magdalena, macocha, mermelada, pastel, mazapán, pudinga, rosca, rosquilla, tarta, turrón, yema, pirulí, tocino de cielo, chocolatina.

GOLOSO, SA. adj. Laminero, lamerón, golimbo, glotón, delicado, lameplatos.

GOLFO, FA. m. y f. Abertura, abra, abrigo, senda, fiordo, cañeta, puerto, rada. ‖ Pilluelo, vagabundo, golfín, bribón, desharrapado, descarado, granuja, vicioso.

GOLONDRINA. f. Andolina, andorina, arandela, alidona, hirundinaria, salangana.

GOLPE. m. Topada, encuentro, percusión, porrazo, choque, caída, colisión, aldabazo, aldabonazo, cabezada, cachete, bofetada, botellazo, casquetazo, chinazo, escobazo, estacazo, espaldarazo, cosque, coscorrón, lapo, latigazo, cantazo, estacazo, guantazo, taconazo, revés, sopapo, tortazo, trancazo, tunda, paliza, ocurrencia.

GOLPEAR. tr. Castigar a golpes, pegar, percutir, descargar la mano, aporrear, zurrar la badana, cruzar la cara, maltratar, patear, dar para el pelo, descargar, sacudir, zumbar.

GORDO, DA. adj. Abotargado, abultado, craso, graso, mantecoso, voluminoso, corpulento, adiposo, ancho, de buen año, botijo, mofletudo, membrudo, tomo, tonel, fofo, fondón, grueso.

GORRÓN, ONA. adj. Parásito, aprovechado, gorrista, gorrero, magrollo, pegadizo, pegote. ‖ Importante, grande.

GOZAR. tr. Experimentar gozo, hacerse la boca agua, disfrutar, poseer, fluir, paladear. ‖ intr. Complacerse, deleitarse, alegrarse, recrearse, divertirse, regocijarse, disfrutar.

GOZO. m. Placer, gusto, goce, júbilo, complacencia, satisfacción, agrado, alegría, composición poética.

GRABAR. tr. Labrar, esculpir, cincelar, inscribir, burilar, tallar, entallar, estampar, ilustrar, fotografiar, litografiar, calcar.

GRACIA. f. Agrado, benevolencia, disposición, bienaventurado, predestinación, favor, concesión, merced, ayuda, sobrenatural.

GRACIOSO, SA. adj. Atrayente, bonito, gentil, encantador, primoroso, esbelto, elegante. ‖ Garboso, donairoso, ingenioso, chistoso, saleroso, decidor, cómico, agudo, ocurrente. ‖ Gratuito.

GRANDE. adj. Alto, largo, espacioso, profundo, extenso, voluminoso, agigantado, amplio, asombroso, de aúpa, bueno, bestial, de categoría, cumplido, crecido, descomunal, dilatado.

GRANDEZA. f. Cualidad de grande, grandor, tamaño, importancia, gloria, magnitud, majestad, consideración, grandiosidad, magnificencia, esplendidez, generosidad, nobleza, honor, poder, excelsitud,

dignidad, excelencia, magnanimidad. ‖ Extensión, vastedad, holgura, dimensión.

GRANERO. m. Hórreo, troje, alforiz, bodega, cilla, sibil, desván, panera, almiar, pajar.

GRANJEARSE. prnl. Conseguir, captar, atraer, captarse, atraerse, conciliarse, conquistarse.

GRANUJA. m. Pillo, bandido, bellaco, bergante, bribón, bigardo, canalla, charrán, cínico, desaprensivo, pillete, pillastre, rufián, sinvergüenza, mangante, pájaro de cuento, tramposo.

GRASA. f. Aceite, lardo, sebo, mantequilla, manteca, margarina, gordura, enjundia, tocino, unto, mugre.

GRATIS. adv. m. Sin esfuerzo, sin tener que pagar, de balde, de bóbilis bóbilis, gratuitamente, de mogollón, graciosamente, por nada, de gorra.

GRAVAMEN. m. Censo, canon, carga, gabela, hipoteca, obligación, servidumbre, tributo.

GRAVE. adj. Pesado, serio, importante, difícil, mortal, transcendental, respetable, solemne, de cuidado, elevado (estilo), poco agudo, enfermo, delicado, pachucho, formal, reservado, tranquilo, sesudo, sensato.

GRAVEDAD. f. Peso, pesadez, pesadumbre, gravitación. ‖ Recadencia, dolencia, reserva, dignidad, enfermedad, ataque, peligro, transtorno, inminencia, importancia, compromiso, formalidad.

GRIETA. f. Abertura, brecha, corte, escotadura, hendidura, quiebra, hueco, fisura, intersticio, raja, rendija, resquebradura, quebraja, quebraza, ranura, juntura, fractura, separación.

GRITAR. intr. Vociferar, vocear, dar voces, chillar, desgañitarse, abuchear, pregonar, rugir, despepitarse.

GRITO. m. Voz, clamor, chillido, alarido, exclamación, bramido, sonido inarticulado, vociferación, llamada.

GROTESCO, CA. adj. Ridículo, extravagante, bufo, chocante, burlesco, risible, chusco, estrambótico, jocoso, facha, fachoso, mamarracho. ‖ ANT. Normal, serio, sensato, severo.

GRUESO, SA. adj. Corpulento, grande, voluminoso, gordo. ‖ m. Espesor, masa, cuerpo, núcleo, grosor.

GRUPO. m. Conjunto de cosas, asociación, camarilla, capilla, caravana, cenáculo, corporación, equipo, panda, piña, promoción, sección, corro.

GUARDAR. tr. Cuidar, custodiar, almacenar, atesorar, coleccionar, archivar, poner a cubierto, vigilar, proteger, preservar, vigilar, estar a la vista, cumplir, observar, acatar, respetar, obedecer, retener, conservar. ‖ prnl. Cuidarse, reservarse, prevenirse, protegerse.

GUARNECER. tr. Adornar, dotar, amueblar, proveer, equipar, vestir, armar, amurallar. ‖ Embellecer, ornar, avituallar,

paramentar, revestir, colocar fuerzas en una plaza, defender, ocupar, disponer.

GUASA. f. Burla, chanza, broma, chunga, ironía, sorna, bullanga, choteo, zumba, chacota, pitorreo.

GUERRERO, RA. adj. Belicoso, aficionado a la guerra, marcial, militar, guerrillero, travieso, soldado.

GUIAR. tr. Indicar la guarida, conducir, encaminar, mostrar, orientar, encaminar, aconsejar, aleccionar, avisar, encarrilar, encauzar, capitanear, dirigir, enderezar, educar, tutelar. ‖ prnl. Guiarse, orientarse, regirse, conducirse, dejarse llevar, educarse, dirigirse.

GUIÓN. m. Estandarte, pendón, cruz que precede al prelado, nota, enseña, gallardete, sinopsis, asunto.

GUISAR. tr. Cocinar, aderezar, pasar por agua, adobar, churruscar, cocer, hervir, gratinar, empanar.

GUSTAR. tr. Probar, paladear, saborear, agradar, arrebatar, atraer, extasiar, fascinar, encantar, enamorar, seducir, privar, satisfacer, prendar, complacer.

GUSTO. m. Paladar, sabor, actitud favorable, voluntad, antojo, capricho, deseo arbitrario, afición, delicia, inclinación, gustazo, sensibilidad.

H

HABER. tr. Poseer, tener una cosa, apresar, conservar, mantener. ‖ prnl. Haberse, portarse bien o mal. ‖ Auxiliar: impers. Acaecer, ocurrir, efectuarse. ‖ m. Hacienda, caudal, haberes, honorarios, capital, rentas, fondos, paga, retribución, gratificación.

HÁBIL. adj. Diestro, perito, competente, idóneo, experto, capacitado, apañado, mañoso, manitas de plata, capaz, entendido, taimado, avisado, dispuesto, habilidoso, vividor, virtuoso, industrioso, inteligente.

HABILIDAD. f. Maestría, pericia, destreza, cualidad de hábil, ardid, engaño, astucia, picardía, ingenio, tacto, capacidad, competencia.

HABILITAR. tr. Declarar hábil a una persona o cosa, destinar, preparar, disponer, facultar, otorgar, conceder.

HABITAR. tr. Vivir, morar, residir, ocupar, alojarse, anidar, estar avecindado, tener su sede o domicilio, tener casa abierta, vivir habitualmente, poner casa, poblar, estar de asiento.

HÁBITO. m. Uso, costumbre, usanza, práctica, habilidad, facilidad, modo, moda, maña, vestidura, toga, uniforme, manto, sotana.

HABLADOR, ORA. adj. Charlatán, absorbente, bienhablado, boceras, cotorra, descosido, lenguaraz, fecundo, garrulo, indiscreto, deslenguado, locuaz, loro, palabrero, papagayo.

HABLAR. intr. Conversar, platicar, decir, departir, charlar, dirigir la palabra, tratar, manifestarse, expresarse, ocuparse de un asunto, aludir, hacer alusión, barbullar, chapurrear, chapurrar, balbucir, bisbisear, cotorrear, discutir, disertar.

HACER. tr. Formar, producir, crear, concebir, componer, inventar, armar, forjar, fabricar, construir, aderezar, componer, causar, ocasionar, ejecutar, practicar. ‖ intr. Importar, convenir, cometer, concluir, confeccionar, efectuar, ejercer. ‖ prnl. Habituarse, acostumbrarse, fingirse, simularse.

HACIENDA. f. Heredad, predio, finca, hato, patrimonio, pegujal, posesiones, propiedades, bienes, fortuna, caudal.

HACINARSE. prnl. Juntarse gente muy estrechamente, apretarse, amontonarse, agruparse, almacenarse.

HALAGAR. tr. Acariciar, lisonjear, adular, loar, camelar, incensar, requebrar, piropear, agasajar.

HALAGÜEÑO, ÑA. adj. Lisonjero, adulador, prometedor, sonriente, agradable, satisfactorio.

HALLAR. tr. Encontrar, averiguar, descubrir, inventar, observar, notar, ver, percibir, darse cuenta. ‖ prnl. Encontrarse. ‖ ANT. Perder, extraviar, traspapelarse.

HALLAZGO. m. Encuentro, descubrimiento, invención, observación, nota, averiguación, invento, creación, producto, resultado, trabajo.

HAMBRE. f. Apetito, gana, gazuza, carpanta (vulg.), necesidad, voracidad, buena boca, glotonería. ‖ S.E. Verbos más usados: Apaciguar, apagar, matar, saciar, satisfacer, engañar.

HAMBRIENTO, TA. adj. Desfallecido, desnutrido, famélico, muerto de hambre, hambrón, insaciable, malcomido, galdudo, trasijado.

HARINA. f. Sémola, mandioca, almidón, fécula, gluten.

HARAPIENTO, TA. adj. Andrajoso, vestido de harapos, haraposo, roto, pingajoso, descosido.

HARTAR. tr. Atiborrar, saciar, satisfacer, atracar con esceso, ahitar, cansar, fastidiar, molestar. ‖ prnl. Cansarse, empacharse, empapuciarse, empapuzarse, fastidiarse, atiborrarse.

HARTO, TA. adj. Repleto, lleno, ahito, saciado, atiborrado, satisfecho. ‖ fig. Fastidiado, cansado.

HASTIARSE. prnl. Cansarse, empalagarse, fastidiarse, aburrirse, irritarse.

HECATOMBE. f. Sacrificio, religioso, escabechina, mortandad, desastre, matanza, inmolación, carnicería.

HECHICERÍA. f. Adivinación, brujería, cábala, geomancia, heterómancia, magia, nigromancia, ocultismo, embrujo, sortilegio, encantamiento.

HECHICERO, RA. adj. Adivino, brujo, bruja, jorguín, mago, fascinador, seductor, cohen, hada, nigromante, pitonisa, zahorí.

HECHIZAR. tr. Encantar, conjurar, ensalmar, embrujar, seducir. ‖ fig. Cautivar, embelesar, fascinar.

HECHIZO. m. Brujería, hechicería, sortilegio, encantamiento, maleficio. ‖ fig. Atracción, seducción, fascinación, encanto.

HEDOR. m. Hediondez, fetidez, cosa hedionda, pestilencia, cochambre, peste, suciedad.

HELADO, DA. part. y adj. Entumecido, muy frío, glacial, gélido (lit.). ‖ m. Golosina o postre, sorbete. ‖ Frío, yerto, tieso, congelado. ‖ Tarta helada, granizado, mantecado de corte.

HELECHO. m. Culantrillo, calaguala, doradilla, escolopendra, lengua de ciervo, nito polipodio, fronda, soro.

HENCHIR. tr. Llenar, rellenar, colmar, saturar, repletar.

prnl. Llenarse, hartarse, saciarse.

HENDER. tr. prnl. Abrir, rajar, agrietar, cortar, partir, dividir en dos partes, surcar, atravesar. ‖ prnl. Rajarse, abrirse paso.

HENDIDURA. f. Hendedura, grieta, quiebra, abertura, rendija, resquebradura, resquebrajadura, mella, estría, ranura, surco, zanja.

HERALDO. m. Heraute, faraute, persona que llevaba los mensajes, mensajero, correo, enviado.

HEREDAD. f. Finca, hacienda, posesión, propiedad, heredamiento. ‖ ANT. Rancho, latifundio.

HEREDAR. tr. Recibir los bienes de otro, dejar, disponer, instituir heredero, mandar, testar.

HEREJE. m. Heterodoxo, herético, cismático, heresiarca, renegado, sectario, apóstata, disidente.

HERIR. tr. Lacerar, lesionar, vulnerar, acuchillar, apuñalar, terciar la cara, cortar, descalabrar, pegar, dar. ‖ fig. Lastimar, agraviar.

HERMANDAD. f. Fraternidad, hermanazgo, relación fraternal, agrupación, asociación, congregación, confraternidad, gremio, cofradía.

HERMOSO, SA. adj. Bello (cult.), guapo, apuesto, agraciado, majo, galán, lindo, gracioso, precioso, magnífico, venusto, estupendo, espléndido.

HÉROE. m. Adalid, campeón, triunfador, protagonista, paladín, vencedor, invicto, Cid, valiente, personaje principal.

HERVIR. tr. Bullir, cocer, borbollar, borbotar, recocer, borboritar, sancochar, dar un hervor.

HIDALGO, GA. adj. y m. Hijodalgo, caballeroso, infanzón, noble, generoso, distinguido.

HIEL. f. Bilis, atrabilis, secreción. ‖ Amargura, pena, aflicción, disgusto, desabrimiento.

HIERRO. m. Metal, acero, arrabio, lingote, barra, tocho, fundición, fragua, altos hornos.

HIJO. m. Descendencia, familia, retoño, vástago, descendiente, heredero, familiar, nacido, fruto, resultado, renuevo, rebrote.

HINCHAR. tr. Inflar, henchir, soplar, abombarse, abultarse, abotargarse, embotellarse, enconarse.

HIPOCRESÍA. f. Falsedad, doblez, disimulo, fingimiento, ficción, simulación, lágrimas de cocodrilo.

HIPÓCRITA. adj. m. Engañoso, disimulado, tartufo, falso, fariseo, farsante, histrión, mogigato, mosquita muerta.

HISTÓRICO, CA. adj. Cierto, averiguado, perteneciente a la historia, sucedido realmente, de gran importancia o trascendencia.

HISTRIÓN. m. Actor, representante, titiritero, prestidigitador, acróbata, payaso, bufón, farsante, efectista, cómico, comediante.

HITO. adj. y m. Fijo, firme. ‖ m. Mojón, poste, señal de piedra, coto, muga, muñeca, pilón, señal, término.

HOCICO. m. Morro, jeta, boca, bozal, cara (despect.), nariz. ‖ Frs. Meter los hocicos, caer de hocicos.

HOGAR. m. Domicilio, lar, casa,

fuego, hoguera, humo, fogón, vivienda, familia, llares.

HOGUERA. f. Fogata, fuego hecho en el suelo, almenara, falla, llama, pira, fogaje.

HOJA. f. Trébol, follaje, aguja, arista, bráctea, bractéola, cascabillo, vaina, zarzillo, nervio, lámina, folio, peciolo, penca, tallo, frasca, hojarasca, broza.

HOLGADO, DA. adj. Ancho, amplio, no apretado, espacioso, desahogado, descansado, sobrado, cumplido, desocupado, ocioso.

HOLGAZÁN, ANA. adj. Gandul, haragán, vago, perezoso, tumbón, mal trabajador, poltrón, pamposado, apático, desaplicado, blando, flojo, inactivo, indolente, pingo, remolón, mandria, negligente, ocioso, vagabundo, remiso. ‖ ANT. Activo, trabajador.

HOLGAZANERÍA. f. Cualidad de holgazán, apoltronamiento, pereza, desidia, ociosidad, haraganería, gandulería, faranga, flema, galbana, indolencia, haronía, vagancia, abandono.

HOLGURA. f. Anchura, desahogo, amplitud, situación de holgado, ancho, comodidad, bienestar económico, huelgo, vagación, diversión, regocijo.

HOLLAR. tr. Pisar, pisotear, conculcar (lit.). ‖ fig. Maltratar, estropear, profanar, humillar, abatir, menospreciar.

HOMBRE. M. Género humano, humanidad, especie humana, criatura, bípedo, macho, machín, individuo, padre, marido, sujeto, varón, caballero, cristiano, señor, mortal, nacido, adulto, anciano, adolescente, sexo fuerte, sexo feo, quídam,

gachó. ‖ S.E. Cuando decimos género humano aludimos a la porción más noble de la creación.

HOMENAJE. m. Ofrenda, testimonio, pleito homenaje, cumplido, dedicatoria, acatamiento, sumisión, veneración, respeto, fidelidad, obediencia, pleitesía, lauro, agasajo.

HONDO, DA. adj. y m. Profundo, insondable, íntimo, verdadero, no superficial, recóndito, misterioso, abstruso. ‖ m. Fondo, pozo, precipicio, caverna.

HONESTO, TA. adj. Decoroso, decente, honroso, recatado, pudoroso, casto, púdico, digno, pundonoroso, íntegro, honrado, razonable.

HONOR. m. Honra, estimación, reputación, pundonor, honradez, caballerosidad, fama, gloria, renombre, distinción, estima, prez, blasón, condecoración, florón, medalla, timbre, título, hombría, celebridad. ‖ pl. Ceremonial, agasajo. ‖ S.E. Verbos más usados: Conceder, conferir, dispensar, declinar, despreciar, ostentar, poseer, tener, rehusar, un h. ‖ Frs. En honor de, hacer honor, tener a mucho honor. ‖ ANT. Deshonra, deshonor.

HONRADEZ. f. Cualidad de honrado, lealtad, integridad, decencia, dignidad, fidelidad, honestidad, limpieza, manos limpias, probidad, rectitud, moralidad, hombría.

HONRADO, DA. adj. Probo, leal, recto, íntegro, decente, fiel, hombre de bien, escrupuloso, incapaz de engañar, cabal, claro, de confianza, delicado, cumplido, honesto, digno, estimable, justo, pundonoroso, intachable, de buena ley, apreciado, estimado, enaltecido, respetado.

HONROSO, SA. adj. Apreciado, respetado, singular, decoroso, decente, honrado, honesto, honorífico, distinguido, digno, recto, señalado, respetable, fiel, decoroso, apreciable. ‖ S.E. Lo *honorífico* da honra. La conducta *honrosa* se premia con distinciones honoríficas.

HORIZONTE. m. Límite, circunferencia que rodea la superficie visible, lejanía, confín, puntos cardinales, levante, poniente, mediodía, saliente, ocaso, septentrión.

HORMIGUEAR. intr. Bullir, pulular, gusanear, causar sensación de hormigueo, cosquillear, picar.

HORNO. m. Cocina, fogón, cubilote, atanor, estufa, crisol, parrilla, hornaje, tahona, mufla.

HORÓSCOPO. m. Pronóstico, predicción, adivinación, vaticinio, oráculo, profecía, predicción de la suerte. ‖ S.E. Horóscopo es el examen que hace del cielo el astrólogo para adivinar el porvenir de uno que nace.

HORRIBLE. adj. Horroroso, horrendo, horripilante, aterrador, espantoso, muy feo, deforme.

HORTALIZA. f. Legumbre, ensalada, verdura, raíz, tubérculo, hierba, planta, repollo, troncho, zanahoria.

HOSPEDAJE. m. Albergue, alojamiento, alberguería, fonda, figón, hotel, mesón, hospedería, hostal, parador, posada, pensión, refugio, venta.

HOSPEDARSE. prnl. Estar como huésped, guarecerse, alojarse, aposentarse, cobijarse, pernoctar, pasar la noche.

HOSPITAL. m. Clínica, dispensario, policlínico, enfermería, lazareto, leprosería, sanatorio.

HOSPITALARIO, RIA. adj. Acogedor, abrigado, generoso, noble, espléndido. ‖ ANT. Inhospitalario, inhóspito.

HOSTIA. f. Oblea, pan ácimo, barquillo. ‖ Forma. Cristo Sacramentado, sagrada forma, pan eucarístico, Eucaristía.

HOSTILIDAD. f. Actitud de hostil, adversión, ataque, acometida, animadversión, antipatía, animosidad, enemiga, enemistad, contralucha, rivalidad.

HOSTILIZAR. tr. Hostigar, fustigar, golpear, excitar, acosar, perseguir, molestar, acometer, atacar.

HOYO. m. Concavidad redonda, carcavón, fosado, gua, pozo, rehoya, rehundimiento, socava, socavón, tollo, toñil, vacío, cavidad, zanja.

HOZ. f. Segadera, falcario, dalle, falce doladera, segur, guadaña, podadera, podón, machete.

HUECO. adj. m. Esponjoso, vacío, ahuecado, horadado, huero, insustancial. ‖ m. Abertura, agujero, oquedad, ventana, puerta, horificio, excavación, cavidad, concavidad, hornazina, discontinuidad, laguna, interrupción. ‖ m. Vacante. ‖ adj. Hueco, pomposo, vano, afectado.

HUELLA. f. Señal, marca, pisada, carril, cicatriz, costurón, estela, impacto, impresión, rastro, reguero, indicio, marca, pisada, pista, cardenal, impronta, rodera, reliquia.

HUERTO. m. Huerta, granja, prado, canchón, carmen, cigarral, manzanar, naranjal, navazo, bancal, era, hortezuela, lindón, tabla, tablada, navazo, vergel, vega, plantación, sembrado, almuña.

HUESO. m. Esqueleto de los vertebrados, armazón, osamenta, rótula, choquezuela, canilla, alvéolo, apófisis, cartílago, cóndilo, epífisis, esquirla, periostio.

HUEVO. m. Óvulo, germen, embrión, cascarón, clara, yema, galladura, fárfara, célula, ovoide, nidal.

HUIR. intr. prnl. Desaparecer, escapar, evadirse, fugarse, salir, marcharse, largarse, excurrir el bulto, afufar, ahuyentar, ahuecar el ala, mudar de aires, rehuir, evitar, apartarse, eludir, esquivar. ‖ S.E. No siempre escapa el que huye. Frase popular: *tomar las de Villadiego*.

HUMANIDAD. f. Género humano, linaje humano, conjunto de los hombres, sociedad, seres, razas, individuos, colectividad, comunidad, familia humana, los demás, gente, mundo, prójimo, semejante, caridad, compasión, mole, corpulencia. ‖ pl. Humanidades, Buenas Letras, humanismo.

HÚMEDO, DA. adj. Mojado, acuoso, rociado, empapado,

salpicado, bañado, chorreante, aguanoso, fresco, humedecido, impregnado, remojado, jugoso, pastoso, cargado de vapor de agua.

HUMILDAD. f. Modestia, sumisión, docilidad, acatamiento, timidez. ‖ Frs. Humildad de garabato. ‖ ANT. Orgullo, engreimiento, altanería.

HUMILDE. adj. Sumiso, deferente, servicial, dócil, manejable, tímido, respetuoso, modoso, modesto, encogido, oscuro, pobre, vergonzoso. ‖ ANT. Arrogante, impertinente, servil.

HUMILLARSE. prnl. Someterse, abatirse, postrarse, posternarse, rebajarse, avergonzarse.

HUMOR. m. Gracia, agudeza, elación, alegría, euforía, optimismo, buen humor, buen talante, condición, genio, índole, carácter, temple. ‖ S.E. El hombre de humor, si tiene genio y carácter es sociable y correcto.

HUNDIRSE. prnl. Irse al fondo, frustrarse, perderse, destrozarse, arruinarse, caer en desgracia.

HURTAR. tr. Cometer un hurto, robar, substraer, sisar, quitar, esconder, apartar, estafar, afanar, malversar, latrocinar, limpiar.

HURTO. m. Ratería, substracción, rapacidad, rapiña, escamoteo, golfería, sisa, timo.

HUSMEAR. tr. Fisgonear, curiosear, escudriñar, olfatear, oler, oliscar, fisgar, huronear.

I

IDEA. f. Percepción, concepto, noción, reflexión, imagen, representación, opinión, intuición, juicio, doctrina, creencia, tema, manía, obsesión.

IDEAR. tr. Inventar, imaginar, concebir, crear, trazar, discurrir, proyectar, intuir, pensar, inspirarse, fantasear, sugerir, surgir, venir a las mientes, ocurrirse, conjeturar.

IDEARIO. m. Doctrina, teoría, convicción, credo, creencia, ideal, ideología, opinión, partido.

IDENTIDAD. f. Equivalencia, igualdad, exactitud, personalidad, armonía, consonancia, autenticidad, sinonimia.

IDEOSINCRASIA. f. Peculiaridad, particularidad, matiz, distintivo, índole, temperamento, carácter.

IDOLATRÍA. f. Adoración de ídolos, fetichismo, paganía, herejía, gentilismo, superstición.

IDÓNEO, A. adj. Apto, adecuado, capaz, hábil, competente, diestro, perito, dispuesto, suficiente, favorable.

IGLESIA. f. Templo, santuario, oratorio, catedral, seo, basílica, ermita, colegiata, congregación, comunidad, secta, abadía, convento.

IGNOMINIA. f. Infamia, deshonor, deshonra, mala acción, injusticia, canallada, jugada, vergüenza.

IGNORAR. tr. No saber una cosa, estar ajeno, no saber el abecé, no comprender, no entender, desconocer, desentenderse, encogerse de hombros, repudiar, desdeñar, rechazar.

IGUAL. adj. Exacto, idéntico, equivalente, homónimo, uno mismo, uniforme, constante, regular, invariable.

IGUALAR. tr. Alisar, allanar, hacer iguales, nivelar, ajustar, contratar, emparejar, equiparar. ‖ prnl. Conducirse, compararse, equiparse, asimilarse, identificarse, hermanarse.

IGUALDAD. f. Correspondencia, identidad, equivalencia, calidad de igual, equitad, justeza, ecuanimidad, objetividad, integridad, ecuación.

ILEGÍTIMO, MA. adj. Adulterino, espurio, bastardo, falso, indebido, falsificado, fraudulento, natural, postizo, ilegal.

ILÓGICO, CA. adj. Carente de

ilación lógica, contradictorio, incoherente, inconsecuente, disparatado, irrazonable.

ILUSIÓN. f. Imagen de algo inexistente, alucinación, aparición, capricho, entelequia, ensueño, castillos de naipes, espectro, espejismo, fantasía, fantasma, fantasmagoría, delirio, ficción, fingimiento, imaginación, ofuscación, quimera.

ILUSIONARSE. prnl. Creer, engañarse, seducirse, encandilarse, deslumbrarse, entusiasmarse, soñar, fiarse.

ILUSO, SA. adj. Idealista, loco, optimista, soñador, romántico, teorizante, visionario.

IMAGEN. f. Figura, retrato, cuadro, dibujo, efigie, escultura, estampa, fotografía, trasunto, representación, idea, símbolo, semejanza, sensación.

IMAGINACIÓN. f. Fantasía, inspiración, ilusión, figuración, invención, inventiva, magín, sueño, mito, capricho, fábula, fantasmagoría.

IMAGINARSE. prnl. Presumir, creer, forjarse, arbitrar, inventar, representarse, proyectar, pensar, ilusionarse.

IMBÉCIL. adj. Idiota, tonto, estúpido, alelado, majadero, bobo, retrasado, insensato, torpe.

IMBECILIDAD. f. Majadería, tontería, estulticia, idiotez, estado de imbécil, bobería, estupidez.

IMBUIR. tr. prnl. Infundir, inculcar, comunicar ciertas ideas, persuadir, infiltrar. || prnl. Asimilarse, embeberse, empaparse, dejarse influir, saturarse, hacer suyo, adquirir, aprender.

IMITAR. tr. Plagiar, calcar, copiar, remedar, contrahacer, emular, falsificar, fingir, seguir las huellas.

IMPACIENTARSE. prnl. Irritarse, quemarse, desesperarse, pudrirse, repudrirse (intens.). || ANT. Calmarse, tranquilizarse. || Ponerse inquieto, enfadado o nervioso, inquietarse, desasosegarse, desvelarse.

IMPACIENTE. adj. Agitado, malsufrido, ansioso, excitado, inquieto, fugillas, intranquilo, nervioso, súpito, vehemente.

IMPAR. adj. Sin par, sin igual, dispar, desigual, non, excepcional, extraordinario, único.

IMPARCIAL. adj. Recto, equitativo, justo, equilibrado, desapasionado, ecuánime, sereno, objetivo, neutral. || ANT. Apasionado, parcial.

IMPARTIR. tr. Distribuir, dar, repartir, compartir, ofrecer, comunicar, ceder, transmitir.

IMPASIBLE. adj. Inalterable, imperturbable, indiferente, insensible, impertérrito, impávido, inmutable, tranquilo, entero.

IMPECABLE. adj. Incapaz de pecar, pulcro, perfecto, limpio, intachable, elegante.

IMPEDIR. tr. Aprisonar, obstaculizar, estorbar, embarazar, atenazar, boicotear, coartar, dificultar, cohibir, constreñir, empachar, entorpecer, evitar, frenar.

IMPELER. tr. Impulsar, empujar, hacer fuerza contra algo, estimular, excitar.

IMPENETRABLE. adj. Hermético, inextricable, misterioso, ininteligible, macizo, fuerte, reservado.

IMPERFECTO, TA. adj. Defectuoso, incompleto, deficiente, desacertado, tosco, deforme, incorrecto, informe, sucio, tarado, chapucero, descuidado, embarullado, anormal, precipitado.

IMPERIOSO, SA. adj. Autoritario, dominante, autócrata, autocrático, imperativo, dominador.

IMPERSONAL. adj. Impreciso, indeterminado, vago, confuso, indistinto, ambiguo, indefinido.

IMPERTÉRRITO, TA. adj. Impasible, impávido, imperturbable, inalterable, inconmovible, denotado, inexpresivo.

IMPERTINENTE. adj. Indiscreto, falto de consideración, atrevido, descarado, insolente, presumido, despectivo, autoritario, cargante, cantaclaro, chulo, pesado, importuno, inoportuno, incoveniente, fastidioso, molesto, chinchorrero, chinchoso.

IMPERTURBABLE. adj. Impasible, impávido, tranquilo, sereno, impertérrito, inalterable, apático.

ÍMPETU. m. Brío, energía, fuerza, impulso, impetuosidad, vigor, violencia, fogosidad, frenesí.

IMPETUOSO, SA. adj. Vehemente, brioso, impulsivo, violento, fogoso, precipitado, iracundo, furioso, arrebatado.

IMPÍO, A. adj. Irreverente, irreligioso, falto de compasión, descreído, incrédulo, falto de fe religiosa, impiadoso, sacrílego. ‖ ANT. Espiritual, creyente, reverente.

IMPLACABLE. adj. Inexorable, desalmado, imposible, de suavizar, que no se deja ablandar,

violento, inhumano, brutal, déspota.

IMPLANTAR. tr. Establecer, determinar, instituir, instaurar, fundar, crear, introducir.

IMPLICAR. tr. Enredar, envolver, comprometer, entrañar, significar, connotar, comportar, encerrar, llevar implícito, indicar, significar.

IMPLORAR. tr. Suplicar, impetrar, rogar, invocar, deprecar, lamentarse, demandar.

IMPONENTE. adj. Terrible, espantoso, aterrador, terrorífico. ‖ Grandioso, impresionante, formidable, respetable, venerable, majestuoso, maravilloso, soberbio, solemne, impar.

IMPONER. tr. prnl. Obligar, forzar, cargar, exigir, gravar, impresionar, conmover, asignar, establecer, infundir respeto, instruir, adiestrar. ‖ prnl. Hacerse obedecer, situarse, enseñorearse, dominar, superar, triunfar.

IMPORTANCIA. f. Alcance, calidad, categoría, consideración, cuantía, envergadura, escala, fuste, grado, grandeza, jerarquía, magnitud, peso específico, relieve, significación.

IMPORTANTE. adj. Capital, cardinal, de categoría, culminante, destacado, crítico, de cuenta, valioso, sustancial, interesante, calificativo, conveniente, significativo, solemne, de talla, de valor, vital, supremo, de altos vuelos.

IMPORTE. m. Cuantía, valor, precio, total, suma, coste, cuenta, montón, valor en dinero.

IMPORTUNAR. tr. Molestar, cansar, fastidiar, enfadar. ‖ No dejar ni a sol ni a sombra, cargar, aburrir, acosar, asar, asediar, estar encima, hostigar, amohinar.

IMPOSIBILITAR. tr. Impedir, estorbar, embarazar, hacer imposible una cosa, dificultar, prohibir, ‖ prnl. Baldarse, tullirse, lisiarse.

IMPRACTICABLE. adj. Imposible, incómodo, difícil, irrealizable, no practicable, que no se puede realizar, intransitable, inaccesible, quebrado, escarpado.

IMPRECACIÓN. f. Maldición, execración, apóstrofe, invectiva, improperio.

IMPREGNAR. tr. Empapar, embeber, infiltrar, mojar, penetrar, pringar, remojar, bañar.

IMPRESCINDIBLE. adj. Ineludible, indispensable, obligatorio, forzoso, necesario, insustituible.

IMPRESIÓN. f. Acción de imprimir, huella, impronta, señal, signo, estampa, marca, tirada. ‖ Efecto, emoción, sensación, choque, golpe de efecto, sacudida, sobresalto, opinión.

IMPRESIONANTE. adj. Estupendo, extraordinario, grande, grandioso, magnífico, majestuoso, ostentoso, imponente, pasmoso, portentoso, sensacional, señorial, soberbio.

IMPRESIONAR. tr. prnl. Conmover, admirar, afectar, emocionar, agitar, alterar, asustar, asombrar, provocar, suscitar, confundir, consternar, latir de corazón, causar emoción, causar buen efecto. ‖ prnl. Alegrarse, admirarse, afectarse, alterarse, apenarse, aturdirse, aterrorizarse.

IMPROVISAR. tr. Repentizar, arbitrar, inventar, aprestar, afrontar, organizar, renovar, reparar.

IMPRUDENCIA. f. Precipitación, temeridad, ligereza, irreflexión, impremeditación, descuido.

IMPRUDENTE. adj. Irreflexivo, confiado, temerario, precipitado, atolondrado, aturdido, osado, arriesgado, alocado, desatinado, desaconsejado, incauto, loco, ligero, indiscreto. ‖ ANT. Confiado, prudente, atinado.

IMPUDOR. m. Libertinaje, lujuria, deshonestidad, descompostura, desenvoltura, impureza, desvergüenza, indecencia, inhonestidad, inmoralidad, impudencia, descoco.

IMPUGNAR. tr. Rebatir, refutar, contradecir, combatir, atacar, oponerse con razones, criticar, censurar, confutar.

IMPULSAR. tr. Impeler, empujar, dar un empujón, propulsar, forzar, animar, incitar, excitar, instigar.

IMPULSIVO, VA. adj. Vehemente, impetuoso, brusco, arrebatado, fogoso, movido, llevado, irreflexivo, ardoroso.

IMPULSO. m. Empujón, empuje, impulsión, aliento, ánimo, arrestos, brío, coraje, decisión, nervio, pujanza, vehemencia, vitalidad, arranque, acometida, pronto, rapto.

INALTERABLE. adj. Invariable, estable, seguro, permanente, impasible, impertérrito, imperturbable, inconmovible.

INANIMADO, DA. adj. Exánime, insensible, inmóvil, yerto, yacente, muerto, desmayado, inalterable.

INAPRECIABLE. adj. Inestimable, imponderable, precioso, valioso, insustituible, singular. || Imperceptible, insensible, indiscernible, insignificante, trivial.

INAUDITO, TA. adj. Insólito, increíble, inconcebible, fantástico, atroz, escandaloso, monstruoso.

INAUGURAR. tr. Estrenar, abrir, dar principio, iniciar, comenzar, establecer, fundar.

INCAPACIDAD. f. Estado de incapaz, causa que incapacita, inutilidad, ineptitud, inhabilidad, incompetencia, ignorancia, descalificación, torpeza, insuficiencia, invalidez.

INCAPAZ. adj. No capaz, incapacitado, inhábil, inepto, impotente, inútil, torpe, incompetente.

INCAUTO, TA. adj. Fácil de engañar, falto de malicia, crédulo, cándido, cuitado, menguado, inocente, inocentón, simple, simplote.

INCENDIARIO, RIA. adj. y m. Que provoca un incendio, revolucionario, subversivo, petrolero, pirómano.

INCENDIO. m. Quema, fuego, ignición, ustión, desastre, siniestro, abrasamiento, ruina.

INCIDENTE. m. Incidencia, ocurrencia, episodio, accidente. || Cuestión, litigio, disputa, riña, discusión, choque.

INCIERTO, TA. adj. No verdadero, inseguro, dudoso, problemático, contingente, eventual, perplejo, ignorado, ignoto, vacilante.

INCITAR. tr. Influir, achuchar, acicatear, acuciar, acosar, aguijar, servir de aguijón, catequizar, aguijonear, asediar, atacar, avivar, comprometer, cortejar, azuzar, espolear, insistir, instar, provocar, hacer presión, rondar.

INCLINACIÓN. f. Acción de inclinarse, afecto, cariño, inclinación amorosa, afición, gusto, vocación, propensión, tendencia, naturaleza, manera de ser.

INCLINAR. tr. Desviar, torcer, ladear, encorvar, bornear, vencer. || prnl. Parecerse, asemejarse, tender, propender.

ÍNCLITO, TA. adj. Insigne, ilustre, conspicuo, esclarecido, famoso, afamado, célebre, renombrado.

INCLUIR. tr. Comprender, abarcar, contener, encerrar, adjuntar, alistar, anotar, apuntar, injerir, tener en cuenta, contar, introducir, meter, poner, encantar, matricular, envolver.

INCOHERENTE. adj. Inconexo, incongruente, sin trabazón, descosido, ilógico, deshilvanado, insensato, disparatado, embrollado, discontinuo.

INCOMODAR. tr. Desagradar, causar incomodidad, molestar, estorbar, fustigar, mortificar, dificultar, extorsionar, entorpecer.

INCÓMODO, DA. adj. Molesto, violento, perjudicial, fatigoso, irritante, desagradable, enojoso.

INCOMPLETO, TA. adj. No completo, falto de una parte, truncado, deficiente, fragmentario, cojo, descabalado, desmochado, desparejado, desportillado, parcial, trasquilado, imperfecto, defectuoso.

INCOMUNICADO, DA. Aislado, tapada la puerta, bloqueado, retirado, recogido, encerrado, encarcelado, clausurado, relegado.

INCONCEBIBLE. adj. Inimaginable, increíble, absurdo, inaudito, incomprensible, sorprendente, extraño, inexplicable, insólito, inusitado.

INCONDICIONAL. adj. Absoluto, adepto, seguido, adicto, leal, obediente, amigo, simpatizante, secuaz.

INCONFESABLE. adj. Vergonzoso, deshonroso, infando, indecible, nefando, bochornoso, ignominioso.

INCONGRUENTE. adj. Incoherente, inconexo, falto de acuerdo o relación, desacordado, ilógico, desmerecedor, incompatible, feo.

INCONMOVIBLE. adj. Incapaz de derribarlo, firme, sólido, inconvencible, impasible, inflexible.

INCONSCIENTE. adj. Sin tener consciencia de ello, sin intervención de la voluntad, no deliberado, indeliberado, maquinal, automático, reflejo, mecánico, inestable, tornadizo.

INCONSECUENTE. adj. Voluble, inconstante, que no corresponde a sus ideas, veleidoso, veleta, ligero.

INCONSIDERADO, DA. adj. No meditado, precipitado, descomedido, irreflexivo, sin consideración, desconsiderado, descortés, irrespetuoso.

INCONSISTENTE. adj. Flojo, débil, endeble, frágil, fútil, falto de consistencia, quebradizo, blando, maleable, deleznable. ‖ ANT. Duro, consistente, firme.

INCONSTANTE. adj. Variable, falto de constancia, caprichoso, inestable, mudable, instable, vario, casquivano, catacaldos, inquieto, inconsecuente, inseguro, tornadizo, veleta, veleidoso, voltario, versátil. ‖ S.E. *constante* se refiere a los efectos; *voluble* más bien al carácter y la conducta. ‖ ANT. Firme, constante.

INCONTABLE. adj. Innúmero, innumerable, infinito, que no se puede contar, inmenso, ilimitado, incalculable, inagotable, muy numeroso, numerosísimo, inconveniente, deshonesto.

INCONTENIBLE. adj. Imposible de contener, incoercible, irreprimible, irrefrenable, sin poder aguantar o contener, irremediable.

INCONVENIENTE. adj. m. De mal resultado, desacertado, inoportuno, perjudicial, desfavorable, desagradable, grosero, de mal gusto, impertinente, incorrecto, imprudente, indiscreto, malsonante. ‖ m. Dificultad, impedimento, traba, obstáculo, daño, perjuicio, desventaja, falta, incorrección.

INCORPORARSE. prnl. Entrar a formar parte de un grupo, levantarse, presentarse, afiliarse, adherirse, agregarse, agruparse, alistarse, asociarse, encuadrarse, integrarse, hacerse socio.

INCORREGIBLE. adj. Que no se puede corregir o disuadir de sus faltas, contumaz, empedernido, cosa perdida, incontrito, protervo, obstinado, recalcitrante, empaquetado, relapso.

INCRÉDULO, LA. adj. Que no cree lo que otros dicen, descreído, impío, escéptico, desconfiado, escamón, receloso, irreligioso, ateo, nihilista, infiel, prevenido, sospechoso.

INCREMENTO. m. Aumento, crecimiento, acción de desarrollarse, fomento, desarrollo, engrandecimiento.

INCRUSTACIÓN. f. Adherencia, costra, corteza, capa, damasquinado, ataujía, esmalte, taracea, embutido, estofado, artesanía, marquetería, acción de incrustar, niel, incrustado.

INCUESTIONABLE. adj. Indiscutible, innegable, indudable, indisputable, irrebatible, incontrovertible.

INCULCAR. tr. Infundir, fijar firmemente, imbuir, infiltrar, estampar, grabar, dar.

INCULPAR. tr. Acusar, culpar, imputar, atribuir un delito, reprochar, tachar, incriminar.

INCULTO, TA. adj. Agreste, baldío, calvo, erial, yermo, salvaje. ‖ Ignorante, rústico, ineducado, analfabeto, atrasado, carente de instrucción, incivilizado.

INCUMBIR. intr. Estar a cargo de uno una cosa, competer, concernir, atañer, corresponder, ser de la jurisdicción, ser incumbencia de, ser de la obligación, ser obligación de.

INCURRIR. intr. Recaer, reincidir, caer en un error o culpa, incidir, cometer, deslizarse. ‖ S.E. Con culpa, error, castigo, pena o desaprobación, hacer algo indigno: *Ha incurrido en la desaprobación de su jefe.*

INDAGAR. tr. Inquirir, averiguar, buscar, investigar, hacer

lo necesario para conocer algo, enterarse de algo con indagaciones.

INDECENCIA. f. Deshonestidad, obscenidad, mala acción, cochinada, marranada, canallada, jugada.

INDECENTE. adj. Ascoso, hecho un asco, asqueroso, astroso, cochambroso, impresentable, hecho una porquería, repugnante, sucio, descuidado.

INDECISO, SA. adj. No decidido, no determinado, ambiguo, discutible, dudoso, impreciso, incierto, indeterminado, inestable, inseguro, problemático, perplejo, vacilante, irresoluto.

INDECOROSO, SA. adj. Indecente, grosero, insolente, impropio del decoro, deshonesto, inconveniente.

INDEFENSO, SA. adj. Inerme, desarmado, no defendido, desguarnecido, abandonado, desabrigado, desamparado, desvalido, descubierto, huérfano, a pecho descubierto, débil, impotente.

INDEFINIDO, DA. adj. No definido, indeterminado, borroso, desvaído, impreciso, desdibujado, vago, indiferente.

INDELEBLE. adj. Que no se puede borrar, imborrable, inextinguible, inalterable. ‖ S.E. *Indeleble* es que no se puede borrar; *inextinguible* lo que no se puede apagar. Lo primero pertenece a la inteligencia y lo inextinguible a la voluntad. ‖ ANT. Mudable, alterable.

INDEMNE. adj. Ileso, incólume, intacto, que no ha sufrido daño, inmune, sin mengua, salvo, sano.

INDEMNIZAR. tr. Reparar, compensar, resarcir, pagar, cobrarse, reembolsarse, reintegrarse.

INDEPENDIENTE. adj. Separado de otras cosas, libre, neutral, autónomo, árbitro, emancipado, soberano, que tiene opiniones propias.

INDESEABLE. adj. Peligroso, no grato, indigno, sospechoso, fichado, granuja, de cuidado, de abrigo.

INDETERMINADO, DA. adj. No determinado, impreciso, indefinido, vago, de cualquier manera, incierto, fulano, cualquier hijo de vecino.

INDICAR. tr. Mostrar, denotar, significar, acusar, atestiguar, connotar, demostrar, denunciar, descubrir, llevar envuelto, evidenciar, dar fe, implicar, manifestar, ser indicio, mostrar, probar, patentizar, revelar, ser señal, significar, suponer, testificar, traslucir.

INDICIO. m. Asomo, señal, evidencia, manifestación, síntoma, vestigio, rastro, huella, reliquia, atisbo.

INDIFERENTE. adj. Desinteresado, displicente, insensible, gris, igual, insípido, neutro, soso, despreocupado, insustancial, apático, descastado, desdeñoso, displicente, frío, estoico , impasible, inalterable, inconmovible, insensible, neutral. ‖ S.E. La voz «indiferente» expresa la carencia de preferencias por una u otra cosa, en que existe una posibilidad de selección alternativa.

INDIGENTE. adj. Menesteroso, necesitado, pobre, mísero, mendigo, pordiosero, misera-

ble, desdichado. ‖ ANT. Adinerado, propietario, rico.

INDIGESTARSE. prnl. Provocar una indigestión, empacharse, estar con indigestión, ahitarse, hartarse, atracarse, atiborrarse.

INDIGNARSE. prnl. Irritarse, enfadarse, ponerse indignado, encolerizarse, enfurecerse, enojarse.

INDIGNO, NA. adj. Abyecto, bajo, bellaco, malo, ruin, despreciable, sin escrúpulos, canallesco, inexplicable, impropio, inadecuado, incorrecto, vergonzoso, vil.

INDIRECTO, TA. adj. Lo que se dice con segunda intención, insinuante, alusivo, sinuoso, evasivo, tortuoso, ambiguo.

INDISCRETO, TA. adj. Falto de discreción, entrometido, fisgón, intruso, importuno, hablador, charlatán, boceras, chismoso, preguntón, imprudente, irreflexivo, impertinente.

INDISCUTIBLE. adj. Seguro, cierto, categórico, apodíctico, concluyente, contundente, incisivo, incontestable, indiscutible, indisputable, incontrovertible, inconcuso.

INDISPENSABLE. adj. Que no se puede prescindir, necesario, imprescindible, obligatorio, esencial, sine qua non, insustituible, preciso, vital, ineludible, forzoso, útil.

INDISPONERSE. prnl. Enemistarse, malquistarse, enfriarse en la amistad, ponerse indispuesto.

INDIVIDUO. m. Persona, hombre, sujeto, tipo, fulano, prójimo, espécimen, monada, miembro, quídam, personaje, ser, ente. ‖ S.E. Individuo es la persona o el hombre en cuanto forma parte de una colectividad; persona se funde en un grupo social.

INDOCTO, TA. adj. Inculto, ignorante, indocumentado, falto de cultura, iletrado, zoquete.

ÍNDOLE. f. Naturaleza, manera de ser, modo de proceder, condición, personalidad, carácter, temple, genio, comportamiento. ‖ S.E. *Genio* es la inclinación a cierto modo de obrar; *índole* es la inclinación natural de cada uno.

INDOLENTE. adj. Dícese de lo que no duele, perezoso, descuidado, dejado, abandonado, negligente. ‖ S.E. Es uno *indolente* por falta de sensibilidad y *perezoso* por falta de acción.

INDUCIR. tr. Incitar, mover, instigar, empujar, empeler, animar, azuzar, impulsar, convencer, soliviantar.

INDUDABLE. adj. Indubitable, claro, evidente, seguro, que no es posible dudar, innegable, incuestionable, inequívoco, irrefutable.

INDULGENTE. adj. Benévolo, benigno, tolerante, condescendiente, nada severo, transigente, contemporizador.

INDULTO. m. Perdón, amnistía, remisión, gracia, merced, favor, libertad, venia, exculpación.

INDUSTRIA. f. Destreza, habilidad, actividad, empresa, fábrica, explotación, manufactura, planta.

INEFABLE. adj. Indecible, infando, impronunciable, inenarrable, indescriptible, sublime, magnífico, insuperable.

INEFICAZ. adj. Incompetente, inútil, débil por demás, endeble, flojo, inactivo, inefectivo, ineficiente, inoperante, infructuoso.

INERCIA. f. Inacción, flojedad, inactividad, pereza, apatía, costumbre, rutina, indolencia.

INESPERADO, DA. adj. Impensado, imprevisto, inopinado, insospechado, súbito, repentino, fortuito.

INESTABLE. adj. Instable, fluctante, variable, mudable, inconstante, veleidoso, versatil, voltizo, tornadizo, vóluble.

INEVITABLE. adj. Ineludible, inapelable, inexcusable, forzoso, fatal, insoslayable, irremediable, necesario, obligado, por presión, por fuerza, indefectible.

INEXPERTO, TA. adj. Neófito, novato, novicio, candoroso, ingenuo, principiante, bisoño, colegial, ignorante, joven, tímido.

INEXPLICABLE. adj. Inconcebible, incomprensible, misterioso, extraño, enigmático, indescifrable, absurdo, extraordinario, imposible, raro, sorprendente, inexcrutable.

INEXPRESIVO, VA. adj. Falto de expresión, circunspecto, reservado, hermético, rígido, seco, soso, insípido, reprimido, inalterable, insensible, serio, impasible, flemático.

INEXPUNABLE. adj. Inconquistable, invulnerable, irreductible, imposible de convencer, obstinado.

INFALIBLE. ad. Indefectible, seguro, que no puede equivocarse, sin fallar, sin falta, sin remedio, cierto, de todas maneras.

INFAME. adj. Perverso, malvado,

carente de fama o prestigio, deshonrado, desacreditado, vil, indigno, ignominioso, despreciable, muy malo, canalla, inicuo, siniestro, nefando.

INFAMIA. f. Situación de persona despreciable, acción infame, canallada, perversidad, deshonra, vileza, indignidad, maldad, iniquidad, ultraje, oprobio, afrenta, humillación, descrédito. ‖ S.E. La infamia y la ignominia son efectos de una afrenta.

INFANTIL. adj. Pueril, aniñado, inocente, ingenuo, de niño, candoroso, pequeño.

INFASTUARSE. prnl. Ponerse fatuo, engreírse, envanecerse, pavonearse, inflarse, ahuecarse.

INFAUSTO, TA. adj. Aciago, desdichado, desgraciado, infortunado, molesto, nefasto, infeliz, malhadado. ‖ ANT. Feliz, venturoso, fausto, atinado.

INFECTAR. tr. Contagiar, contaminar, apestar, plagar, corromper, enconar, infestar, inficionar, malignar. ‖ prnl. Contagiarse, contaminarse, infectarse, infestarse, transmitirse.

INFELIZ. adj. Desdichado, desventurado, desgraciado, malhadado, malaventurado. ‖ Alma de Dios, buenazo, crédulo, cuitado, bendito de Dios, incauto, infelizote, ingenuo, pedazo de pan.

INFERIOR. adj. m. Dependiente, subalterno, subordinado, ínfimo, peor, raso, bajo, malo.

INFERIR. tr. Deducir, sacar, colegir, causar, infligir, producir. ‖ prnl. Deducirse, salir, desprenderse.

INFERNAL. adj. Endemoniado, satánico, diabólico, endiablado, mefistofélico, infame, perverso, maléfico, monstruoso, horrendo.

INFIEL. adj. Desleal, traidor, pérfido, perjuro, engañoso, ladrón, adúltero, alevoso. ‖ S.E. *Infiel* se dice de la persona que no guarda fidelidad. El infiel y el desleal faltan a la lealtad prometida; el *pérfido* y el *perjuro* suponen impostura y falsedad en los hechos o en su carácter.

INFIERNO. m. Averno, tártaro, báratro, abismo, orco, el profundo, calderas de Pedro Botero, tormento, condenación.

INFINITO, TA. adj. Sin fin, ilimitado, sin límites, inmenso, incomensurable, absoluto, eterno, incontable, innumerable.

INFLAMAR. tr. Encender, incendiar, hacer arder, irritar, producir inflamación, acalorar, avivar, enardecer. ‖ prnl. Prenderse fuego, incendiarse, irritarse, alterarse, acalorarse, enojarse.

INFLEXIBLE. adj. Inexorable, rígido, firme, tenaz, inquebrantable, inconmovible, inconquistable.

INFLUENCIA. f. Influjo, inspiración, acción, ascendiente, autoridad, mano, poder, predicamento, prestigio, vara alta. ‖ crédito, dominio.

INFLUIR. intr. Contribuir, actuar, predominar, intervenir, ayudar, participar, terciar, catequizar, persuadir, insistir, instar, manejar, mediatizar, hacer presión, presionar, sitiar.

INFORMACIÓN. f. Informe, noticia, dato, relato, dictamen, juicio, opinión, gestión, investigación, reseña, detalle, consejo, confidencia, comunicación, manifestación, periodismo, programa informativo.

INFORMAR. tr. Comunicar, noticiar, enterar, hacer saber, participar, declarar, afirmar, revelar, publicar.

INFORTUNADO, DA. adj. Desdichado, desgraciado, aciago, infausto, desafortunado, desventurado, infeliz, atribulado.

INFORTUNIO. m. Adversidad, desgracia, situación pérdida material de la salud, infelicidad, desdicha, pobreza, calamidad, tribulación, tragedia.

INFRINGIR. tr. Quebrantar, violar, atropellar, contravenir, desacatar, desobedecer, incumplir, pisotear, saltarse, transgredir, traspasar, vulnerar.

INFUNDADO, DA. adj. Arbitrario, injustificado, inmotivado, gratuito, sin ton ni son, inmerecido.

INFUNDIR. tr. Imbuir, inspirar, infiltrar, inculcar, grabar, comunicar, calcar, fijar.

INFUSIÓN. f. Cocimiento, cocción, tisana, acción de infundir (inspirar), brebaje, bebedizo.

INGENIO. m. Inventiva, habilidad, talento, inteligencia, chispa, idea, industria, maña, gracia, agudeza, donaire, ingeniosidad, sutileza, sombra, ocurrencia, traza.

INGENIOSO, SA. adj. Agudo, ocurrente, donoso, oportuno, decidor, chispeante, chistoso, saleroso.

INGENUIDAD. f. Sencillez, inocencia, sinceridad, franqueza, candor, candidez.

INGENUO, A. adj. Sencillo, candoroso, sincero, franco, cándido, inocente, crédulo, llano, inexperto.

INGERIR. tr. Introducir, meter, tomar, tragar, ingurgitar, beber, comer, incluir, inmiscuirse, mezclarse.

INGRATITUD. f. Desagradecimiento, comportamiento de un ingrato, olvido.

INGRATO, TA. adj. Desleal, egoísta, desagradecido, olvidadizo, infiel, descastado, apático, frío, desapacible.

INGRESAR. intr. Entrar, profesar, alistarse, reintegrarse, aprobar un examen, imponer, meter, entregar dinero.

INHÁBIL. adj. Falto de habilidad, desmañado, incapaz, patoso, nulo, torpe, desmanotado, descompetente, chapucero, inepto.

INICIADO, DA. adj. Afiliado, neófito, novicio, admitido, ingresado, novato, principiante.

INICIAR. tr. Comenzar, abrir, arrancar, abrir camino, inaugurar, preludiar, romper el fuego.

INJUSTO, TA. adj. Abusivo, arbitrario, atrabiliario, ilegal, escandaloso, inicuo, indebido, inmerecido, parcial, triste, apasionado.

INJUSTIFICADO, DA. adj. No justificado, inmotivado, absurdo, caprichoso, gratuito, infundado, innecesario, superfluo, vano.

INMACULADO, DA. adj. Libre de mancha, impoluto, limpísimo, sin la menor suciedad, impecable, sin mácula o mancilla, intachable, puro. ‖ La Inmaculada Concepción.

INMEDIATAMENTE. adv. m. De manera inmediata, en seguida, prontamente, urgentemente, seguidamente, luego, incontinenti, pronto, raudamente, rápidamente, al momento, en el acto.

INMEDIATO, TA. adj. Contiguo, seguido, próximo, consecutivo, inminente, presentáneo, subsiguiente, siguiente, cercano, vecino.

INMENSIDAD. f. Cualidad de inmenso, infinitud, multitud, gran muchedumbre, vastedad, grandiosidad, enormidad, gigantismo, grandeza.

INMENSO, SA. adj. Que no se puede medir o contar, muy grande, infinito, ilimitado, inconmensurable, incontable, innumerable, anchuroso, dilatado, inmedible, incalculable, muy acertado, oportuno o inspirado, muy gracioso.

INMERECIDO, DA. adj. No merecido, inmérito, por su cara bonita, de bóbilis bóbilis, injusto, por su linda cara, infundado.

INMINENTE. adj. Próximo, inmediato, cercano, pronto, perentorio, apremiante, urgente, inaplazable.

INMISCUIRSE. prnl. Entrometerse, mezclarse, intervenir, interponerse, fisgonear, cotillear.

INMORAL. adj. Amoral, antimoral, corrompido, atrevido, vergonzoso, deshonesto, desaprensivo, indecente, impúdico, inconfesable, escandaloso, obsceno, desvergonzado, inmodesto.

INMORALIDAD. f. Acción inmoral, cualidad de inmoral, impudicia, licencia, obscenidad, impureza, libertinaje, lujuria, depravación, desenfreno, garzonía, escándalo, indecorosidad, vicio.

INMORTAL. adj. Imperecedero, perdurable, eterno, sempiterno, perpetuo, inacabable.

INMÓVIL. adj. Quieto, fijo, inmoble, estacionario, estático, firme, inamovible, inactivo, pasivo, sedentario, estable. ‖ ANT. Activo, moble, variable, movido.

INMUNDICIA. f. Cualidad de inmundo, suciedad, porquería, basura, impureza, deshonestidad, impudicicia.

INMUNDO, DA. adj. Asqueroso, sucio, nauseabundo, puerco, repugnante, mugriento, cochambroso, impuro, corrompido, obsceno, depravado.

INMUTABLE. adj. Inalterable, invariable, constante, firme, persistente, inconmovible, estático, vigente, perdurable, inexpresivo, flemático.

INMUTARSE. prnl. Alterarse, turbarse, perturbarse, emocionarse, transtornarse, sonrojarse, desconcertarse.

INNATO, TA. adj. Congénito, ingénito, connatural, nativo, inherente, ínsito, esencial, propio.

INNEGABLE. adj. Que no se puede negar, indiscutible, evidente, incuestionable, indubitable, seguro, positivo, real, cierto, axiomático.

INNOBLE. adj. Cobarde, bajo, vil, falso, abyecto, despreciable, bellaco, cerdo, cochino, engañador, felón, feo, mal hecho, indigno, mezquino, mal nacido, plebeyo, rufián, servil, sucio, villano.

INNOVAR. tr. Introducir novedades, regular, renovar, cambiar, descubrir, inventar, reformar.

INOCENTE. adj. Falto de mala

intención, tener las manos limpias, honesto, infeliz, ingenuo, cándido, hermoso, puro, candoroso, casto, sencillo, honrado, crédulo, simple, inicuo.

INOPORTUNO, NA. adj. Falto de oportunidad, importuno, intempestivo, inconveniente, inadecuado, extemporáneo, impertinente, impolítico, imprudente, indiscreto, indelicado, en mal momento, sin ton ni son, sin venir a cuento, disonante, inútil, necio, desacertado.

INQUIETO, TA. adj. Agitado por su estado febril, que se mueve mucho, bullicioso, novedoso, agitado, alborotado, alborotador, alocado, azogado, bullebulle, intranquilo, impaciente, bullidor, danzante, desasosegado, nervioso, revoltoso, trasto, travieso, tumultuoso, zascandil.

INQUIRIR. tr. Buscar, pedir, procurar, investigar, indagar, averiguar, pesquisar, enterarse, informarse, adquirir cierta información.

INQUISICIÓN. f. Averiguación, acción de inquirir, indagación, pesquisa, Santo Oficio, información, investigación, tribunal, audiencia.

INSACIABLE. adj. Imposible de saciar, pozo sin fondo, que tiene hambre, sed, deseos.

INSCRIPCIÓN. f. Epígrafe, epigrama, epitafio, título, letrero, lema, filacteria, lista, lápida.

INSEGURO, RA. adj. Falto de seguridad, en el alero, en el aire, inestable, dudoso, eventual, incierto, indeterminado, irresoluto, perplejo, vacilante,

variante, verde, indeciso, dudoso.

INSENSATO, TA. adj. Falto de sensatez, alocado, cabeza llena de pájaros, ligero de cascos, fatuo, necio, sin sentido, absurdo, calamidad, desatinado, desquiciado, imprudente, irreflexivo, desenfrenado, ligero, mentecato, disparatado, descabellado.

INSENSIBLE. adj. Falto de sensibilidad, alma de cántaro, ceporro, absurdo, sin corazón, frío, inalterable, impasible, indiferente, mastuerzo, inconmovible, obtuso.

INSIGNE. adj. Famoso, célebre, ilustre, renombrado, notorio, preclaro, muy grande, glorioso.

INSIGNIA. f. Enseña, bandera, estandarte, emblema, distintivo, atributo, divisa, empresa, pendón, seña, señal, signo, símbolo, escudo, lema, pabellón, condecoración, cruz, banda.

INSIGNIFICANTE. Baladí, fútil, trivial, vulgar, irrisorio, invisible, obscuro, cualquiera, currinche, currutaco, pobre diablo, pobre hombre, quídam, Juan Lanas, pigmeo, monigote, mamarracho, pelanas, pelagatos.

INSINUAR. tr. prnl. Sugerir, apuntar, indicar, dejar adivinar, dar a entender, dejar entrever, dejar transparentar, aludir, dejar ver, esbozar, mencionar. || prnl. Entreverse, infiltrarse, ganar hábilmente el favor o la amistad, manifestarse, inspirar.

INSISTIR. intr. Persistir, porfiar, acosar, acuciar, apoyar, apremiar, machacar, machaconear, llamar la atención sin cansarse, remachar el clavo, empeñarse, hacer hincapié, dar realce, recalcar, instar, intimar, asar, rondar, reiterar.

INSOLENTE. adj. Descomedido, atrevido, arrogante, descarado, irrespetuoso, desvergonzado, procaz, descomedido, grosero, fanfarrón, impertinente, intemperante, cantaclaro, jarocho, libertino, zafado, insultante, injurioso, ofensivo.

INSPECCIÓN. f. Examen, reconocimiento, comprobación, registro, intervención, cacheo, cala, descubierta, requisa, revista, visita, revisión, sondeo, fiscalización.

INSPIRACIÓN. f. Acción de inspirarse o sugerir, numen, musa, vena, plectro, arpa, Espíritu Santo.

INSPIRARSE. prnl. Tomar inspiración, arrebatarse, iluminarse, sentir el numen, tener vena, aconsejarse, atraerse, captarse, coplar la musa, apoyarse.

INSTINTO. m. Reflejo, impulso, incentivo, intuición, olfato, inteligencia, tendencia innata, criterio.

INSTITUIR. tr. Establecer, fundar, crear, constituir, fundar un organismo, formar, instaurar. ‖ ANT. Abolir, abrigar, revocar.

INSTRUCCIÓN. f. Enseñanza, educación, iniciación, adiestramiento, lección, clase, cultura, sapiencia, sabiduría, doctrina, saber, ilustración, erudición. ‖ S.E. La *instrucción* se puede conseguir sin guía o maestro; la *enseñanza* supone la adquisición metódica y regulada de los conocimientos, con reglas y programas.

INSTRUIR. tr. Enseñar, aleccionar, adoctrinar, ilustrar, adiestrar, imponer, poner al corriente, iniciar, formar, documentar, proporcionar conocimientos.

INSTRUMENTO. m. Utensilio, herramienta, útil, aparato, apero, mecanismo, dispositivo, máquina, cosa que sirve para un fin, material, arma, aparejo, trebejo, documento público.

INSUFICIENCIA. f. Falta de suficiencia, transtorno, cortedad, deficiencia, pequeñez, mengua, poquedad, incapacidad, ineptitud, incompetencia, ignorancia, falta, penuria.

INSUFICIENTE. adj. Defectuoso, escaso, corto, deficiente, poco, incompleto, pequeño, falto, defectuoso, exiguo, inhábil, incapaz.

INSULSO, SA. adj. Insípido, insustancial, soso, desabrido, ñoño, vacío, vacuo, inexpresivo, simple, tonto, estúpido, necio, pueril, apático.

INSULTAR. tr. Ofender, injuriar, agraviar, acocear, atropellar, poner como chupa de dómine, denostar, desbocarse, deslenguarse, despotricar, herir, faltar, increpar, maltratar.

INSULTO. m. Agravio, censura, ultraje, dicterio, ofensa, burla, blasfemia, descaro, descortesía, brusquedad, calumnia.

INSUSTANCIAL. adj. Insípido, soso, desabrido, insulso, falto de gracia o interés, anodino, aburrido, bobo, baladí, desabrido, frívolo, fútil, gris, indiferente, lelo, ñoño, necio, trivial, vano, vacuo, simplón, mala sombra, patoso, ligero, superficial.

INTACTO, TA. adj. Completo, íntegro, entero, inviolado, indemne, nuevo, sano, virgen, ileso, incólume.

INTANGIBLE. adj. Que merece respeto, intocable, indiscutible, inviolable, respetable, sagrado, impalpable, inmaterial, incorpóreo. ‖ S.E. Lo *impalpable* no produce sensación al tacto; el dogma es *intangible* y el hierro candente, *intocable.*

ÍNTEGRO, GRA. adj. Entero, recto, leal, decente, honrado, integrante, integral, completo, cabal, incorruptible, justo, probo, exacto, puntual, escrupuloso, estricto, insobornable.

INTELIGENCIA. f. Entendimiento, intelecto, mente, razón, alcance, cacumen, caletre, juicio, lucidez, capacidad, chirumen, chola, clarividencia, mollera, meollo, perspicacia.

INTELIGENTE. adj. Agudo, astuto, sabio, instruido, docto, enterado, capacitado, avispado, cuerdo, clarividente, despabilado, despierto, listo, lince, lúcido, penetrante, perspicaz. ‖ ANT. Tonto, necio, sandio, estúpido.

INTENCIÓN. f. Intento, propósito, designio, idea, ánimo, pensamiento, espíritu, finalidad, mente, objetivo, proyecto, plan, fin, mira. ‖ S.E. *Intento* y *propósito* resultan un mismo acto de la voluntad hacia un objeto determinado; la intención es un movimiento del alma hacia un objetivo tal vez incierto. El designio supone meditación.

INTENSO, SA. adj. Intensivo, fuerte, grande, importante, vigoroso, vivo, impresionante, subido, violento, enérgico, activo, ardoroso, aumentado, hondo, profundo, recio.

INTENTO. m. Tentativa, conato, intentona, propósito, fin, finalidad, intención, designio.

INTERCEPTAR. tr. Atajar, interponer, interrumpir, impedir, detener, cerrar, tapar, obstruir.

INTERÉS. m. Provecho, utilidad, conveniencia, beneficio, inclinación, curiosidad, afán, ahínco, atención, celo, cuidado, esmero, solicitud, tensión, atractivo, encanto. ‖ pl. Bienes, ganancias, productos, fortuna, capital.

INTERIOR. adj. Interno, intestino, íntimo, intrínseco, hondo, oculto, profundo. ‖ m. Ánimo, alma, meollo, corazón, entrañas, interioridad, núcleo, médula, adentros, mente, intimidad, fuero interno.

INTERIORMENTE. adv. l. Internamente, íntimamente, profundamente, intrínsecamente, mentalmente.

INTERMEDIO. m. Intervalo, entreacto, descanso, interludio, claroscuro, alto, término medio, espera, tregua, hueco, medianía, mediocridad. ‖ adj. Ecléctico, mediano, mediador, intermediario, revendedor.

INTERNACIONAL. adj. Universal, mundial, difundido, interestatal, cosmopolita.

INTERPELAR. tr. Apelar, llamar a capítulo, pedir cuentas, requerir, preguntar, interviuvar, pedir satisfacciones o auxilio.

INTERPRETAR. tr. Descifrar, desentrañar, comentar, explicar, sacar, traducir, parafrasear, exponer, significar, entender, comprender, expresar, representar, ejecutar (B. Artes).

INTÉRPRETE. com. Exegeta, hermeneuta, comentarista, expositor, rabimo, escriba, escriturario, traductor, trujaman, dragoman, trujiman.

INTERROGAR. tr. Preguntar, rogar, inquirir, indagar, averiguar, consultar, investigar, informarse.

INTERRUMPIR. tr. Atajar, suspender, parar, cesar, cerrar, dar carpetazo, detenerse, descansar, interceptar, doblar la hoja, quebrar, romper, dejar en suspenso, terminar.

INTERVALO. m. Intermedio, pausa, espacio distante, descanso, entreacto, armisticio, claro, blanco, ínterim, interregno, paréntesis, laguna, tregua, fracción de tiempo.

INTERVENIR. intr. Tomar parte, meter baza, mezclarse, fiscalizar, mediar, interponerse, complicarse, tomar cartas en el asunto, meter mano, participar, pringarse.

INTIMIDAD. f. Familiaridad, confianza, interioridad, franqueza, adentros, fuero interno, privanza, interior.

INTIMIDAR. tr. Acobardar, temer, atemorizar, imponerse, inspirar temor. ‖ prnl. Achantarse, amedrentarse, achicarse, amilanarse, apocarse.

ÍNTIMO, MA. adj. Interior, familiar, confidente, profundo, a partir un piñón, privado, de casa, de familia; recóndito, entrañable. ‖ Fraternal, amigo incondicional.

INTOLERABLE. adj. Insoportable, inaguantable, acerbo, cruel, atroz, escandaloso, feroz, imperdonable, inadmisible, inhumano, inllevable, tremendo, vergonzoso, inconcebible.

INTRANQUILO, LA. adj. Desasosegado, nervioso, alarmado, agitado, apurado, angustiado, desazonado, desconfiado, revuelto, nervioso, impaciente, excitado.

INTRASCENDENTE. adj. Ligero, falto de transcendencia, frívolo, trivial, insignificante.

INTRATABLE. adj. Difícil de tratar, adusto, grosero, huraño, de mal carácter, áspero, insociable, incivil, inconversable.

INTREPIDEZ. f. Audacia, arrojo, osadía, valentía, valor, esfuerzo, denuedo, comportamiento intrépido.

INTRIGA. f. Complot, compradazgo, maquinación, maniobra, gatada, gatuperio, confabulación, cabildeos, trama, embrollo, trampa, trapicheo, habladuría, tejemaneje.

INTRIGAR. intr. Maniobrar, conspirar, tramar, enredar, cabildear, concertarse, confabularse, trapinsondear, maquinar, urdir, conjurarse, juramentarse, traerse.

INTRÍNSECO, CA. adj. Interior, íntimo, esencial, propio, interno, constitutivo, fundamental.

INTRODUCIR. tr. prnl. Meter, abrirse camino, importar, meter la cabeza, codearse, colarse, emboscarse, enchufarse, embutirse, insinuarse, situarse, relacionarse, mezclarse.

INTRUSO, SA. adj. m. Indiscreto, entrometido, extraño, que ocupa un puesto que no le corresponde. ‖ m. Curandero.

INTUICIÓN. f. Facultad de intuir, conocimiento por la sola percepción, acción de percatarse de una cosa sin razonamiento, instinto, olfato, inteligencia, vislumbre, clarividencia, perspicacia.

INUNDACIÓN. f. Calamidad, aluvión, avenida, correntía, desbordamiento, crecida, riada.

INUNDARSE. prnl. Encharcarse, anegarse, desbordarse, cubrirse un lugar de agua, aguazarse.

INÚTIL. adj. Baldío, estéril, desmañado, inservible, inválido, maula, holgazán, incapaz, desmañado, cataplasma, chancleta, chisgarabis.

INUTILIZAR. tr. Inhabilitar, incapacitar, anular, invalidar. ‖ S.E. Si se trata de cosas materiales: averiar, estropear, malograr.

INVADIR. tr. Irrumpir, entrar por la fuerza, acometer, apoderarse de algo, conquistar, entrar, acometer, inundar, dar, tomar.

INVASIÓN. f. Incursión, irrupción, acometida, ocupación, francesada, instalación, entrada.

INVECTIVA. f. Increpación, diatriba, dicterio, filípica, injuria, impugnación, ataque, censura violenta. ‖ S.E. La invectiva declama, la sátira ridiculiza.

INVENCIBLE. adj. Imposible de vencer, imposible de superar, invicto, invulnerable, victorioso.

INVENTAR. tr. Imaginar, fingir, descubrir, fantasear, hallar, improvisar, ingeniar, idear.

INVERTIR. tr. Trastornar, cambiar, volver. ‖ S.E. Si se refiere al dinero, gastar, emplear, colocar; si al tiempo, ocupar, emplear, dedicar.

INVESTIGAR. tr. Indagar, inquirir, pesquisar, averiguar, escudriñar, buscar, explorar, informarse, sondear.

INVITACIÓN. f. Convite, fiesta, incitación, agasajo, tarjeta, banquete, lunch, obsequio, convidada.

INVITAR. Convidar, agasajar, obsequiar, brindar, ofrecer, mover, inducir, exhortar, hospedar.

INVOCAR. tr. Implorar, rogar, orar, pedir ayuda o protección, recurrir, apelar, acogerse, pedir.

INVOLUNTARIO, RIA. adj. Automático, inconsciente, indeliberado, maquinal, distraído, impensado.

IR. intr. prnl. Andar, acudir a, aparecer, bajar, caer, dirigirse, entrar, marcharse.

IRA. f. Antífrasis, reticencia, sorna, guasa, burla. ‖ S.E. Ira: acre, agresiva, agria, aguda, áspera, cáustica, corrosiva, cruel, despiadada, incisiva.

IRONÍA. f. Burla, mofa, sarcasmo, mordacidad, sátira, retintín, causticidad, socarronería. ‖ S.E. Se expresa la ironía con frases interrogativas o exclamativas. ¿Tú esforzado...? ¡Como todo lo sabe...!

IRÓNICO, CA. adj. Burlón, punzante, humorista, cáustico, mordaz, despiadado, incisivo.

IRRACIONAL. adj. Irrazonable, bruto, bestia, no razonable, insensato, disparatado, absurdo, extraviado.

IRRADIAR. tr. Emitir rayos o radiaciones, hacer llegar su influencia, despedir, difundir, emitir, esparcir.

IRREBATIBLE. adj. Que no se puede discutir, indiscutible, incuestionable, indisputable, incontrovertible, incontrastable, irrefutable.

IRREFLEXIVO, VA. adj. Alocado, botarate, atolondrado, aturdido, ligero de cascos, descabezado, impulsivo, imprudente, inconsciente, insensato, tarambana, irresponsable.

IRREFUTABLE. adj. Incontestable, inconcuso, incontrastable, incontrovertible, irrebatible, incuestionable, sin vuelta de hoja, que se cae de su propio peso, irrecusable.

IRREGULAR. adj. Anormal, anómalo, asimétrico, informe, desproporcionado, excepcional, libertino, caprichoso, inconstante.

IRRELIGIOSO, SA. adj. Impío, descreído, ateo, incrédulo, despreocupado, escéptico, impiadoso, indiferente, tibio.

IRRESISTIBLE. adj. Incoercible, arrollador, incontenible, irrefrenable, irreprimible, inaguantable, insoportable.

IRRESPONSABLE. adj. Incapaz, incompetente, inconsciente, botarate, incapacitado, informal, insolvente, insensato.

IRREVERENTE. adj. Irrespetuoso, desatento, volteriano, hereje, insolente, sacrílego, desvergonzado. ‖ ANT. Respetuoso, reverente, venerado, piadoso, espiritual.

IRRISORIO, RIA. adj. Risible, ridículo, insignificante, despreciable, minúsculo.

IRRITABLE. adj. Irascible, de mal carácter, desapacible, destemplado, estridente, escitable, quisquilloso, regañón, rabioso.

IRRITAR. tr. Enojar, enfadar, sacar de sus casillas, encolerizar, exasperar, enfurecer, sulfurar, acalorar. ‖ prnl. Enojarse, enfadarse, enfurecerse, exasperarse.

ISLA. f. Porción de tierra rodeada de mar, columbrete, escollo, ínsula, isleta, islote.

IZQUIERDO, DA. adj. Zurdo, siniestro, torcido, combado, corvo, de la cáscara amarga, radical, izquierdista.

J

JABALÍ. m. Puerco montés, puerco salvaje, cochino montés, jabato, babirusa, cochastro.

JABÓN. m. Abstergente, detersivo, detergente, jaboncillo, bálago, burbuja, limpiador. ‖ fig. Lisonja, alabanza, adulación, halago, coba, palo de jabón, jabón de tocador, esteatita.

JACARANDOSO, SA. adj. Garboso, desenvuelto, alegre, jacarero, vanidoso, presumido, airoso.

JACTANCIA. f. Actitud jactanciosa, vanagloria, arrogancia, petulancia, presunción, fatuidad, vanalidad. ‖ S.E. La arrogancia es una alabanza presuntuosa; El hipócrita es jactancioso en tono humilde. ‖ ANT. Moderación, humildad, virtud, sumisión, obediencia.

JACTARSE. prnl. Vanagloriarse, presumir, fanfarronear, gloriarse, preciarse, alardear, ufanarse, farolear.

JAEZ. m. Guarnición, arreos, adorno de cintas. ‖ Clase, índole, calidad, ralea, calaña, estofa.

JALEO. m. Jarana, bulla, bullicio, escándalo, estrépito, alegría, diversión, fiesta, desorden, alboroto, algaraza, agitación.

JARANA. f. Reunión de gente bulliciosa, bulla, bullicio, fiesta, jaleo. ‖ Alboroto, juerga, engaño, trampa, burla, gresca, trifulca, ruido de la gente que riñe.

JARDÍN. m. Vergel, pensil, parque, ruzafa, hotel, quinta, carmen, arriate, pérgola, parterre.

JAULA. f. Caja, encierro, pajarera, canariera, gavia, gayola, trena, grillera, caponera.

JEFE. m. Adalid, alferez, caudillo, superior, patrono, presidente, rector, principal, cabeza, cabecilla, capitán, líder, gobernador, mandamás.

JERARQUÍA. f. Orden, organización, grado de una organización, subordinación, categoría, clase, personaje.

JERIGONZA. f. Jerga, argot, caló, coa, gringo, germanía, galimatías, algarabía, lunfardo.

JESUCRISTO. Segunda Persona de la Santísima Trinidad, Dios hijo, hijo de Dios, de la Virgen María, Jesús, Cristo, Hijo del hombre, Mesías, Redentor, el Nazareno, el buen Pastor, El Salvador, el Señor, nuestro Señor, Unigénito, Verbo, Navidad, Pasión, Resurrección.

JILGUERO. m. Cardelina, colorín, colorito, pintacilgo, pintadillo, silguero, sirguero, sietecolores.

JINETE. m. Caballero, jockey, amazona, charro, gaucho, maturrango, tongo, que va a caballo.

JIRÓN. m. Trozo desgarrado, andrajo, pedazo, parte, bandera o estandarte acabado en punta.

JOROBADO, DA. adj. m. Corcovado, cheposo, giboso, contrahecho, jorobeta. ‖ Molesto, fastidioso, importuno.

JOVEN. Adolescente, casadero, chavea, chaval, mancebo, zagal, pollo, chico, doncel, garzón, imberbe, mocoso, mocito, mozalbete, mozo, mozuelo, jovencito, jovenzuelo, pipiolo, mocoso, junior, impúber. ‖ S.E. Como adjetivo se aplica a cualquier ser vivo: caballo j.; como masc. se usa para personas y es equivalente a mozo o mancebo (si tiene pocos años).

JOVIAL. adj. Alegre, bromista, contento, dispuesto a gastar, festivo, divertido, gracioso, risueño. ‖ ANT. Amargo, aburrido, desanimado, triste.

JOYA. f. Alhaja, presea, joyel, aderezo, ajorca, arete, arracada, botonadura, brazalete, broche, gargantilla, pulsera, imperdible, pendiente.

JÚBILO. m. Gozo, alegría ostensible, contento, hilaridad, risa, diversión, jarana, animación, regocijo, jovialidad.

JUDÍA. f. Alubia, habichuela, legumbre, fréjol, faba, frisol, frisuelo, leguminosa, fásol, bajoca.

JUDÍO. adj. m. Hebreo, israelita, semita, sionista, sefardí, sefardita, hebraizante, judaizante. ‖ Avaro, explorador, usurero.

JUEGO. m. Acción de jugar, diversión, esparcimiento, solaz, pasatiempo. ‖ Frs. Juego de azar, j. de suerte, dar j., j. de palabras, juegos malabares, hacer j., descubrir el j.

JUERGA. f. Algazara, distracción, bullanga, diversión, francachela, jarana, parranda, cuchipanda.

JUEZ. m. Magistrado, definidor, árbitro, togado, mediador, arbitrante, dictaminador, regulador.

JUGAR. intr. Moverse alegremente, juguetear, echar la partida, divertirse, distraerse, entretenerse.

JUICIO. m. Razón, entendimiento, proceso, causa, querella, litigio, entendimiento, cordura, seso, prudencia, sensatez, madurez, opinión, dictamen, talento. ‖ ANT. Irreflexión, necedad, absurdo.

JUNCO. m. Junquera, junquillo, cayumbo, tule, chivaza, tallo, vara, bastón de paseo, tallo de planta.

JUNTA. f. Conjunto, reunión, asamblea, juntura, unión, conjuntura, articulación, consejo, grupo.

JUNTAR. tr. Unir, poner cosas que se toquen, carear, acomodar, reunir, acumular, acoplar, añadir, asociar, atar, congregar, empalmar, encontrarse, añadir, coincidir, concertarse.

JURAMENTO. m. Jura, promesa, compromiso, voto, ofrenda, salva, reniego, taco, blasfemia, maldición, irreverencia, palabra descompuesta, disparate, enormidad, palabrota.

JURAR. Renegar, votar, blasfemar, adjurar, soltar barbaridades o tacos, hablar mal, maldecir.

JUSTICIA. f. Equidad, rectitud, ecuanimidad, equilibrio, moralidad, imparcialidad, probidad, severidad. ‖ ANT. Injusticia, iniquidad, inmoralidad, mala fe, deslealtad.

JUSTIFICAR. tr. Probar, acreditar, excusar, disculpar, vindicar, defender, ajustar, arreglar, hacer justa una cosa.

JUZGAR. tr. Sentenciar, decidir, fallar, censurar, calificar, comparar, enjuiciar, discernir.

L

LABERINTO. m. Dédalo, confusión, enredo, jaleo, embrollo, lío, complicación, maraña.

LABIA. f. Parla, verbosidad, parlería, facundia, verbo. ‖ S.E. Facundia coincide con labia en su significado: «facilidad de palabra.» Elocuencia, locuocidad.

LABIO. m. Bezo (si es grueso), belfo (en las caballerías), labro, buz. ‖ (ANT.) Arista, ribete, hocico, jeta, morro, comisura, morrera, boca, reborde. ‖ (De mis labios no salió semejante cosa.)

LABOR. f. Acción de trabajar, trabajo, obra, pieza hecha, tarea, quehacer, ocupación, cuidado, tajo, costura, cada operación de remover la tierra, arada, cavada, labranza, laboreo, cultivo, bordado, punto, encaje. ‖ pl. Sus labores: bordar, coser, tejer.

LABORAR. tr. Laborear, trabajar la tierra, explotar una mina, trabajar, labrar, terciar, afanarse.

LABORIOSO, SA. adj. Diligente, aplicado, trabajador, cumplidor. ‖ Difícil, trabajoso, peliagudo.

LABRADOR, RA. m. y f. Campesino, agricultor, labriego, cultivador, labrantín, plantador, paisano, aldeano, rústico, sembrador, hacendado, colono, pegujalero, destripaterrones, pelantrín.

LACAYO. m. Servidor, palafranero, palafrés, mozo de espuelas, ballestero, sirviente, doméstico.

LACIO, CIA. adj. Flácido, ajado, marchito, caído, deslavazado, desmayado, flojo, laxo, mustio.

LACÓNICAMENTE. adv. m. Brevemente, sucintamente, resumidamente, concisamente, sobriamente.

LACÓNICO, CA. adj. Breve, conciso, sucinto, sobrio, resumido, escueto, compendioso, abreviado, sintético.

LACONISMO. m. Condición de lacónico, concisión, brevedad, sobriedad, sequedad, condensación.

LACRIMOSO, SA. adj. Lloroso, lagrimoso, lastimero, doloroso, plañidero, sentimental, conmovedor. ‖ ANT. Contento, satisfecho, gozoso.

LADO. m. Costado, banda, borde, cara, flanco, ala, anverso, babor, canto, chaflán, cuneta, estribor, perfil, reverso, ribazo, zona.

LADRIDO. m. Grito que emite el perro, gañido, aullido, aúllo, quejido, grito, chillido. ‖ fig. Insulto, difamación, calumnia, amenaza, aviso, impostura, imputación, escándalo.

LADRÓN, ONA. adj. m. Ratero, caco, sacre, carterista, apache, atajador de ganado, cleptómano, depredador, cuatrero, descuidero, desfalcador, ganster, malhechor, manilargo.

LAGARTO. m. Reptil, saurio, fardacho, chacón, camaleón. ‖ fig. Pícaro, astuto, aimado, sagaz.

LÁGRIMA. f. Lagrimón, fístula, rija, llanto, lloro. ‖ S.E. Verbos más usados: llorar, asomar, brotar, caer, correr, resbalar, bañarse en, derramar, verter, arrancar.

LAMENTABLE. adj. Lastimoso, penoso, sensible, deplorable, desastroso, calamitoso, desolador. ‖ ANT. Endulzado, aliviado, mejorado, animado, jubiloso.

LAMENTAR. tr. Deplorar, llorar, sentir, rectificar, desdecirse, aflijirse. ‖ prnl. Quejarse, gemir, afligirse, suspirar, planir.

LANA. f. Vellón, borra, churra, pelusa, estambre, peluzgón, vedija, vellocino, copo, mechón.

LANCE. m. Percance, acontecimiento, suceso, incidente, hecho, ocurrencia, suceso, ocasión, suerte (TAUR.), querella.

LANCHA. f. Laja, rastra, lámina, barca grande, bote, chalupa, canoa, esquife, gasolinera, lanchón.

LÁNGUIDO, DA. adj. Falto de fuerza o vigor, flaco, débil, lacio, mustio, fatigado, abatido, falto de ánimo.

LANZA. f. Pica, arma arrojadiza, alabarda, venablo, asta, rejón, garrocha, vara, pértiga, timón.

LANZAR. tr. Tirar, arrojar, echar, disparar, impeler, expeler, despedir, impulsar, emitir, embalarse, escupir, estampar, expulsar, estrellar, eyacular, fulminar, mantear, pelotear. ‖ prnl. Lanzarse al espacio, proferir, abalanzarse, arrojarse, precipitarse.

LÁPIZ. m. Lapicero, grafito, carboncillo, mina, bolígrafo. ‖ Frs. L. de los labios, a lápiz, estilográfico o de mina.

LAPSO-LAPSUS. m. Tracto, trecho, curso, duración, período. ‖ Error, tropiezo, caída, falta. ‖ S.E. Formas latinas: lapsus calami (error de pluma), lapsus linguae (error al hablar).

LARGAMENTE. adv. m. Prolongadamente, cumplidamente, detenidamente, dilatadamente, ampliamente, holgadamente, generosamente, esplendidamente.

LARGARSE. prnl. Marcharse bruscamente, escabullirse, irse, escurrirse, pirárselas, desaparecer.

LARGO, GA. adj. Luengo (ANT.), Amplio, prolongado, interminable, alargado, grande, holgado, extenso.

LARGUEZA. f. Longitud, largura. ‖ Generosidad, prodigalidad, esplendidez, liberalidad, desprendimiento, dadivosidad. ‖ ANT. Roñosería, mezquindad, miseria, tacañería.

LASCIVIA. f. Comportamiento lascivo, liviandad, lujuria, inmoralidad, indecencia, erotismo.

LASITUD. f. Falta de fuerza, desfallecimiento, flojedad, cansancio, debilidad, decaimiento, languidez, flojera, fatiga.

LÁSTIMA. f. Compasión, conmiseración, misericordia, piedad, cargo de conciencia, dolor, pena, sentimiento. ‖ pl. Padecimientos, penalidades.

LASTIMAR. tr. Causar sentimiento a alguien de algo, herir, mortificar, perjudicar, dañar. ‖ prnl. Compadecerse, lamentarse, quejarse.

LASTIMOSO, SA. adj. Lamentable, sensible, deplorable, destrozado, estropeado, maltrecho.

LATENTE. adj. Oculto, escondido, invisible, potencial, disimulado, subrepticio, solapado.

LÁTIGO. m. Fusta, arreador, fustazo, rebenque, tralla, vergajo, zurriago, azote, correa, disciplina.

LATIR. intr. Palpitar, pulsar, percutir, realizar el corazón sus movimientos, funcionar.

LAUDABLE. adj. Plausible, loable, alabable, digno de aplauso, encomiable, bueno, moral.

LAUREL. m. Lauro. ‖ fig. Galardón, recompensa, premio, triunfo, alabanza, palma, corona.

LAVAR. tr. Limpiar con agua. ‖ Purificar, lavotear, aclarar, restregar, enjabonar, enjuagar.

LAVATIVA. f. Ayuda, enema,

irrigación, jeringa, lavado, pera, bitoque, irrigador, clister.

LAXO, XA. adj. Flojo, distendido, relajado, caído, dejado, deslavazado, desmayado, mustio, blando, débil.

LAZO. m. Atadura, castañeta, lazada, moña, sígueme pollo, cordón apretado. ‖ Vínculo, unión, trampa, engaño, obligación.

LEAL. adj. Franco, honrado, de fiar, seguro, de confianza, noble, adicto.

LEALTAD. f. Fidelidad, rectitud, nobleza, franqueza, apego, devoción, observancia, seguridad.

LECHO. m. Cama, litera, catre, yacija, álveo, fondo. ‖ Cauce, madre, nidada, estrato, capa, hondura, profundidad.

LECHUZA. f. Bruja, curuca, curuja, estrige, oliva, buho, mochuelo, ave, autillo, nacurutú.

LEER. tr. Deletrear, descifrar, hojear, ojear, releer, repasar, adivinar.

LEGAL. adj. Lícito, legítimo, justo, permitido, reglamentario, válido. ‖ ANT. Ilegítimo, ilegal, ilícito, prohibido.

LEGO, GA. adj. m. Seglar, converso, confeso, donado, hermano, monigote, ignorante, profano.

LEJANO, NA. adj. Distante, en lontananza, alejado, apartado, retirado, separado, desviado.

LELO, LA. adj. Bobo, pasmado, tonto, simple, necio, pasmarote, atontado, chiflado.

LEMA. m. Empresa, letrero, divisa, mote, consigna, contraseña, epígrafe, inscripción, frase, plica.

LENGUAJE. m. Lengua, idioma,

habla, dialecto, frase, locución, jerga, germanía, tono, acento, jerigonza, parla. ‖ Facundia, gracejo, gracia, locuacidad, labia, dicho, discurso, elocución, entonación.

LENGUARAZ. adj. Descarado, insolente, atrevido, irrespetuoso, sin respeto, deslenguado, malhablado, maldiciente, desvergonzado, insolente. ‖ ANT. Amable, obsequioso, considerado.

LENTAMENTE. adv. m. Poco a poco, despaciosamente, despacio, pausadamente, paulatinamente.

LENTITUD. f. Morosidad, tardanza, apatía, cachaza, calma, pachorra, flema, espaciosidad, pereza, pausa, paciencia, pesadez, tranquilidad, porrería, premiosidad, sosiego, cuajo.

LEÑA. f. Conjunto de matas secas, tronco, astillas, tarugos, cepa, estepa, tizón, tea, hojarasca, ramaje, hornija, ramulla, sarmiento, seroja, tuero, rozo, despunte, ramojo, ramiza, chasca, chavasca, chámara, seroja, escarabajas, chamiza, chamarasca. ‖ fig. Paliza, tunda, vapuleo, azotaina, castigo.

LEPRA. f. Enfermedad crónica infecciosa, albarazo, gafedad, lacería, leonina, mal de S. Lázaro, malatía.

LERDO, DA. adj. Tardo, torpe, pesado, negado, obtuso, rudo, tarugo, lento, calmoso, apático. ‖ ANT. Listo, diligente, sagaz, astuto, inteligente.

LESIÓN. f. Herida, daño, perjuicio, erosión, magulladura, desolladura, lisiadura, detrimento, escaldadura, eseocido, llaga, dislocación, grieta, pupa, pústula. ‖ Injuria, mortificación.

LESIONAR. tr. Herir, lacerar, magullar, maltratar, dañar, rozar, arañar, mortificar, lastimar, perjudicar.

LETRERO. m. Anuncio, cabecera, cartel, encabezamiento, inscripción, etiqueta, membrete, muestra, pancarta, pasquín, marbete.

LEVANTAR. tr. prnl. Alzar, apalancar, aliviar, relevar, enderezar, erigir, edificar, construir, aupar, vigorizar, ensalzar, engrandecer, esforzar, sublevar, amotinar. ‖ prnl. Sublevarse, amotinarse, alzarse, soliviantarse, apoderarse.

LEVE. adj. Liviano, tenue, ligero, aéreo, delgado, etéreo, evanescente, impalpable, inasible, incorpóreo, inmaterial, sutil, suave, ingrávido, vaporoso. ‖ S.E. Ligero se refiere a la prontitud, leve a la ingravedad. ‖ Frs. El *humo* es leve, la *mariposa* es leve y ligera.

LÉXICO. m. Diccionario, vocabulario, glosario, repertorio, voces, terminología, lexicón.

LEY. f. Legislación, mandato, edicto, disposición, bando, estatuto, regla, providencia, fuero.

LEYENDA. f. Fábula, epopeya, narración, consejo, cuento de vieja, tradición, ficción, lema, divisa, mote.

LIARSE. prnl. Atarse, amarrarse, envolverse, enzarzarse, enredarse, mezclarse, amancebarse, aturdirse, embarullar, juntarse, ligarse.

LIBÉLULA. f. Caballito del diablo, insecto, chapul, gallito, matapiojos.

LIBERALIDAD. f. Generosidad, desprendimiento, esplendidez, guapeza, desinterés, largueza, hidalguía, munificencia, rumbo, tronío.

LIBERTAD. f. Autonomía, independencia, emancipación, autodeterminación, rescate, liberación, confianza, familiaridad, soltura, atrevimiento, osadía.

LIBRAR. tr. Salvar, liberar, libertar, soltar, rescatar, manumitir, eximir, redimir, girar, expedir.

LIBRE. adj. Emancipado, autónomo, manumiso, independiente, suelto, expedito, desembarazado, liberado, atrevido, licencioso.

LIBRO. m. Obra, publicación, librote, tomo, volumen, códice, compendio, ejemplar, texto, tratado, manual.

LICENCIA. f. Autorización, permiso, venia, aprobación, facultad, consentimiento, abuso, atrevimiento.

LÍCITO, TA. adj. Legal, justo, autorizado, razonable, legítimo, permitido. ‖ ANT. Ilícito, ilegal.

LID. f. Acción de luchar, combate, lucha, pelea, liza, contienda. ‖ Polémica, disputa, controversia, agarrada.

LIDIAR. intr. Batallar, combatir, pelear, luchar, contender. ‖ Torear, trastear, contrariar.

LIENZO. m. Tela, algodón, brabante, cañiza, pañuelo, percal, retor, lencería, cuadro, pintura.

LIGA. f. Federación, asociación, agrupación, pacto, convenio. ‖ Mezcla, ligazón, aleación, trabazón.

LIGAR. tr. Trabar, unir, liar, atar, amarrar, sujetar, aprisionar, conciliar. ‖ prnl. Confederarse, aliarse, asociarse, pactar.

LIGEREZA. f. Cualidad de ligero, velocidad, viveza, rapidez, agilidad, prontitud, levedad, inconsistencia, falta de carácter, irreflexión, inconstancia, inestabilidad.

LIMAR. tr. Alisar, pulir, desbastar, pulimentar, esmerilar. ‖ Avenir, conciliar, cercenar.

LIMITACIÓN. f. Delimitación, límite, raya, acotación, barrera, contorno, coto, demarcación, cerco, divisoria, término, tope, valla.

LIMITAR. tr. Delimitar, acotar, cercar, circunscribir, confinar, determinar, fijar, señalar, restringir, coartar, cercenar.

LÍMITE. m. Confín, término, final, frontera, coto, raya divisoria, delimitación, meta, culminación, remate.

LIMOSNA. f. Caridad, socorro, donativo, dádiva, ayuda, buena obra, bono, ofrenda, auxilio, beneficencia.

LIMPIAR. tr. Lavar, fregar, purificar, ducharse, asear, higienizar, depurar. ‖ fig. Hurtar, robar, quitar, apeñar, estafar.

LIMPIO, A. adj. Límpido (cult.), claro, nítido, como los chorros de oro, transparente, curioso, decente, impoluto, inmaculado, intachable, sin tacha, resplandeciente.

LINAJE. m. Estirpe, prosapia, ascendencia, alcurnia, abolengo, antepasados, mayores, casa, familia, casta, cepa, origen, tronco, genealogía, sangre, solar, raza, progenie.

LINDAR. intr. Confinar, colindar, limitar, rayar, alindar, rozarse, confrontar.

LÍNEA. f. Término, límite, raya, rasgo, tilde, trazo, perfil, guión, estría, surco, marca, señal, vírgula, cuerda, ringlero, serie, hilada, hilera, lista, renglón, filete, banda.

LÍO. m. Envoltorio, bulto, fardo, revoltijo, ovillo, bulto de ropas, paquete. ‖ Enredo, intriga, jaleo, confusión, apaño, amorío, arreglo.

LIQUIDAR. tr. Anular, destruir, eliminar, saldar una cuenta, licuar, fundir, derretir, diluir, pagar completamente, gastar, consumir, rematar, terminar, hacer el ajuste final, condensar, satisfacer.

LISIADO, DA. adj. Tullido, baldado, estropeado, mutilado, chiflado, privado de un miembro.

LISO, SA. adj. Plano, llano, fino, pulido, horizontal, igualado, igual, mondo, nivelado, suave, recto, continuo, parejo, entero, macizo. ‖ AMÉR. Desvergonzado, fresco, desahogado.

LISONJA. f. Adulación, incienso, arrumaco, pelotilla, alabanza, candonga, caroca, coba, cirigaña, flor, floreo, halago, garatusa, gatería, gitanada, jabón, lagotería, piropo, rendibú, requiebro, rosca, zalamería, zalema, embeleco.

LISONJEAR. tr. Adular, halagar, incensar, agradar, satisfacer el amor propio, agasajar, bailar el agua, atraer, catequizar, dar coba, conquistar, engatusar, lagotear.

LISTO, TA. adj. Diligente, pronto, astuto, agudo, despabilado, espabilado, fino, hurguilla, lince, ladino, vivo, sagaz, zahorí, perspicaz. ‖ ANT. Torpe, tonto, necio, simple.

LITERATO, TA. adj. Escritor, publicista, autor, lírico, épico, dramático, biógrafo, hablista, hombre de letras, estilista, ensayista, prosista, poeta, redactor, polígrafo.

LITERATURA. f. Bellas Letras, Letras humanas, buenas Letras, humanidades, conceptismo, culteranismo, clasicismo, romanticismo, impresionismo, naturalismo, realismo, creación, engendro, poesía, prosa, novela, drama.

LITIGIO. m. Contienda, pleito, disputa, altercado, querella, proceso, recurso, demanda, riña.

LITURGIA. f. Culto, rito, rito romano, rito oriental, ritual, ceremonial, solemnidad, Misa, celebración.

LIVIANO, NA. adj. Leve, ligero, etéreo, grácil, ingrávido. ‖ Lascivo, incontinente, deshonesto, impúdico, desfrenado, libertino, frívolo. ‖ ANT. Pesado, tardo, lento.

LÍVIDO, DA. adj. Amoratado, cárdeno, morado, acardenalado, pálido, exangüe, congestionado.

LIZA. f. Lid, palestra, palenque, campo, arena, estadio, lucha, combate, pugna, batalla, justa.

LOA. f. Acción de loar, elogio, loor, encomio, alabanza, panegírico, glorificación, introducción teatral.

LOABLE. adj. Elogiable, laudable, plausible, meritorio, ponderable.

LOAR. tr. Elogiar, alabar, glorificar, ensalzar, aclamar, celebrar, enaltecer, aplaudir, encarecer.

LOCALIDAD. f. Pueblo, población, punto, sitio, entrada, billete, butaca, anfiteatro, delantera, gallinero, palco, paraíso, boleto, contraseña, espectáculo, puesto.

LOCO, CA. adj. Orate, demente, alienado, anormal, chalado, como una cabra, chiflado, deficiente mental, desequilibrado, enajenado, destornillado, imprudente, atolondrado, insensato.

LOCUACIDAD. f. Verbosidad, verborrea, labia, garrulería, palabrería, cháchara, desparpajo.

LOCUCIÓN. f. Frase, expresión, giro, modo, manera, sentencia, dicho, enunciado, proverbio.

LOCURA. f. Demencia, anormalidad, alienación, chaladura, chifladura, vesania, enajenación, disparate, absurdo, aberración, extravagancia.

LOGRAR. tr. Conseguir, alcanzar, obtener, pescar, atrapar. ‖ S.E. Lograr es el término de un deseo, alcanzar el termino de un ruego. *Logra* una verdadera fortuna, *alcanza* el perdón de una falta.

LONGITUD. f. Largo, largor, largura, anchura, diagonal, distancia, extensión, eslora, legua, metro.

LOZANÍA. f. Aspecto de lozano, exuberancia, frondosidad, vigor, plenitud, ufanía, vicio.

LUCIR. intr. Brillar, resplandecer, aparentar, hacer buen papel, figurar, presumir, tener vista, quedar bien, bullir.

LUCHA. f. Acción de armas, pelea, combate, lid, altercado, batalla, bronca, camorra, cacao, duelo, reyerta, pelotera.

LUCHAR. intr. Batallar, pelear, contender, combatir, lidiar, andar a la brega, competir, enredarse.

LUEGO. adv. t. Prontamente, sin dilación, sin premura, en seguida, inmediatamente, tarde, después. ‖ c. consec. Por consiguiente, por lo tanto.

LUJO. m. Opulencia, ostentación, fausto, suntuosidad, boato, pompa, esplendor, magnificencia, apariencia, bambolla, empaque, lustre, fanfarria, fachada, regalo, riqueza, rumbo, señorío, oropel.

LUJOSO, SA. adj. Aparatoso, opulento, ostentoso, suntuoso, magnífico, espléndido, rumboso, fachendoso, fastuoso, rico, adornado, señor, pomposo, de mucho vestir, a lo grande.

LUJURIA. f. Deseo sexual, concupiscencia, bestialidad, erotomanía, furor uterino, incontinencia, lascivia, libídine, salacidad, ninfomanía, impudicicia, carnalidad.

LUMBRE. f. Fuego, luminaria, cerilla que enciende un cigarro, eslabón, yesca y pedernal, luz, utensilio como candelero, vela, fuego que produce el carbón, claridad, lucimiento, esplendor, vista, inteligencia, noticia, enseñanza, brillo, candela.

LUMINOSO, SA. adj. Brillante, resplandeciente, radioso, cenital, esplendente, florescente, fosforescente, radiante, claro, fúlgido, rutilante, fluorescente, coruscante, llameante.

LUSTRE. m. Brillo, luz reflejada, esplendor, renombre, fama, honor, nobleza, aristocracia.

LUSTROSO, SA. adj. Brillante, esplendoroso, resplandeciente, lúcido, de aspecto robusto, de aspecto sano, fulgurante, charolado, barnizado, coruscante, terso, esmaltado.

LUTO. m. Duelo, aflicción, pena, desconsuelo, soledad, vacío, atavíos negros. ‖ Alivio de luto.

LL

LLAGA. f. Úlcera, lesión, herida abierta, tumor, cincollagas, fístula, postilla, chancro, grieta.

LLAMADA. f. Voz, grito, reclamo, llamado, llamamiento, palabra, sonido, invocación, señal, aviso, noticia, oración, convocatoria, apelación, gesto, seña, toque, diana, carta.

LLAMAR. tr. Hacer saber, dar gritos, avisar, convocar, invocar, dar una voz, nombrar, designar, vocear, implorar, atraer, incitar, convidar. ‖ ANT. Callar, silenciar.

LLAMATIVO, VA. adj. Chillón, extravagante, excéntrico, aparatoso, brillante, estridente, exagerado, vistoso, imponente, impresionante, sugestivo, interesante, charro, barroco.

LLANO, NA. adj. Plano, liso, raso, igual, sin desniveles, no inclinado, abierto, asequible, campechano, campechanote, condescendiente, natural, sencillo, sociable, confianzudo, familiar.

LLANTO. m. Lloro, lloriqueo, sollozo, queja, plañido, acción de llorar, llantina, lágrimas, desconsuelo.

LLANURA. f. Llanada, llano, planicie, altiplanicie, explanada, meseta, alcarria, campaña, campo raso, campiña, cocha, descampado, desierto, era, espacio, landa, pampa, paramera, raso, erial, vastedad, pradera, páramo, plama, puna, rellano, sabana, valle, vega.

LLAVE. f. Llavín, ganzúa, punzón, diente, guarda, ojo, paletón, picaporte, grifo, espita, vávula, zancadilla, traspie, interruptor.

LLEGAR. intr. Venir, advenir, aparecer, presentarse, afluir, andar por, arribar, atracar, fondear, desembocar, echarse encima, aterrizar.

LLENAR. tr. Colmar, ocupar, atiborrar, abarrotar, henchir, satisfacer, contentar, cumplir, envasar, entonelar, saturar, meter, repletar, completar, cargar, insuflar, empapuzar.

LLENO, NA. adj. Repleto, pleno, pletórico, rebosante, colmado, harto, atestado, preñado, relleno, abarrotado, embutido, henchido, envasado.

LLEVAR. tr. Trasladar, transportar, acarrear, aportar, transferir, carretear, guiar, conducir, convoyar, esportear, escoltar, meter, pasar, sacar, subir, suministrar, traer, trajinar, transferir, trasbordar, enviar, inducir, trasplantar, aguantar.

LLORAR. intr. Lloriquear, sollozar, lagrimar, plañir, gemiquear, gemir, gemitear, condolerse, estar hecha una magdalena, verraquear, saltarse las lágrimas, lagrimear, afligirse.

LLOVER. intr. Gotear, diluviar, lloviznar, pintar, molliznar, chispear, caer chuzos, descargar el cielo, mojar, empapar, calar, chaparrear.

LLUVIA. f. Aguacero, aguanieve, aguarrada, chaparrón, chubasco, nubarrada, tromba, calabobos, chaparrada, cortina de agua, diluvio, nubada, sirimiri, temporal, tormenta, turbión, racha.

M

MACACO, CA. adj. m. AMÉR. Feo, deforme. ‖ Monicado, monigote, de poco valor, insignificante, mico, cuadrumano, mono, simio.

MACANA. f. AMÉR. Garrote grueso, porra, palo endurecido. ‖ Cosa que se dice en broma, mentira, marrullería, disparate, mercancía de difícil salida, equivocación, chanza, mercancía deteriorada.

MACETA. f. Tiesto, vasija, maza pequeña, herramienta de albañil, recipiente de barro, soporte de un ramo de flores.

MACILENTO, TA. adj. Flaco, demacrado, descolorido, mustio, decaído, de cara pálida, triste, ajado, marchito. ‖ ANT. Fuerte, grueso, ágil.

MACIZO, ZA. adj. Apretado, de carne consistente, sólido, lleno, firme, fuerte, duro, recio, compacto, trozo continuo de muro, macizo montañoso, pesado, denso, espeso, impenetrable, serranía.

MACUTO. m. Morral, mochila, saco o bolsa de lona, cesto cilíndrico para limosnas, zurrón, bolsa.

MACHACAR. tr. Majar, triturar, deshacer o aplastar, cascar, desmenuzar, cascamajar, desterronar, mascar, masticar, moler, pulverizar, quebrantar, apretar, comprimir, insistir, reiterar, partir, porfiar, importunar.

MACHACÓN, ONA. adj. Pesado, insistente, importuno, dícese de la persona que machaca, porfiado. ‖ Chile, machango.

MACHO. m. Varón, hombre animal, padre, semental, mulo, garañón, verraco, viril, robusto, masculino, marimacho, fuerte, resistente.

MADERA. f. Leña, astillas, parte fibrosa de las plantas, fuste, madero, tabla, tablón, listón, tronco, leño, poste, vigueta, toza, tarugo, jabalcón, traviesa, puntal, viga, maderamen, maderaje.

MADRE. f. Mujer con hijos, hembra, matrona, ama, señora, madrastra, dama, madona, madraza. ‖ Origen, causa, raíz, fundamento. ‖ Lecho, cauce, álveo, badén, sedimento, heces, religiosa, superiora, monja, hermana.

MADRUGADA. f. Alba, amanecer, aurora, primeras horas de la mañana, amanecida, albor, primeras luces.

MADRUGAR. intr. Mañanear, amanecer, levantarse, tomar la mañana, adelantarse, anticiparse a otro.

MADUREZ. f. Punto, sazón, fructificación, lozanía, desarrollo. ‖ Juicio, prudencia, sensatez, moderación, sabiduría. ‖ ANT. Aridez, insensatez, imprudencia.

MADURO, RA. adj. Sazonado, en sazón, lozano, hecho, formado, granado, desarrollado, cerollo, a punto, floreciente, rico, serondo, emoliente, blando. ‖ Sensato, juicioso, prudente, sabio, experimentado, sesudo, sosegado, reflexivo, adulto, entrado en años.

MAESTRÍA. f. Pericia, destreza, habilidad, maña, industria, capacidad, dominio, talento, título, dignidad, maestraje.

MAESTRO, A. adj. m. Educador, profesor, tutor, preceptor, pedagogo, ayo, guía, dómine, mentor, instructor, consejero, diestro, hábil, perito, ducho.

MAGIA. f. Brujería, nigromancia, ocultismo, hechicería, encantamiento, encanto, atractivo, seducción, fascinación, hechizo, embeleso.

MÁGICO, CA. adj. Mago, hechicero, nigromante, encantador, fascinador, seductor, brujo, sorprendente, maravilloso, arcano, recóndito, fantástico.

MAGNANIMIDAD. f. Grandeza de alma, nobleza, generosidad, altruismo, longanimidad, magnificencia, desinterés, caballerosidad.

MAGNATE. m. Primate, prócer,

prohombre, personaje, grande, poderoso, acaudalado, potentado.

MAGNÍFICO, CA. adj. Admirable, soberbio, espléndido, excelente, colosal, deslumbrante, a pedir de boca, de chipén, deslumbrado, estupendo, grande, grandioso, prodigioso, maravilloso, morrocotudo, de rechupete, sensacional, sublime, pistonudo, fenomenal.

MAGNITUD. f. Dimensión, tamaño, grandor, volumen, grandeza, importancia, alcance, trascendencia, influencia.

MAGNO, NA. adj. Grande, grandioso, excelso, ilustre, glorioso, extraordinario, egregio, amplio. ‖ S.E. Aplicado a las cosas materiales: *aula magna*; a las personas *Alejandro Magno*. ‖ ANT. Pequeño, escaso, mezquino.

MAJADERÍA. f. Estupidez, idiotez, imbecilidad, necedad, dicho, falta de inteligencia, hecho imprudente, importunidad, falta de discreción.

MAJADERO, RA. adj. m. Necio, pesado, porfiado, informal, insensato, molesto, indiscreto, botarate, estúpido, idiota, imbécil, mamarracho, fastidioso, mequetrefe, vaina, sandio.

MAJESTAD. f. Atributo de la Realeza, atributo a Dios, Eucaristía, grandeza, sublimidad, solemnidad.

MAJO, A. adj. m. Guapo, curro, hermoso, bonito, vistoso, cariñoso, simpático, inteligente, ataviado, adornado, lujoso, barbián, cañí, castizo, chispero, manolo, valentón, chulo, bravucón, pendenciero.

MAL. m. Desgracia, calamidad,

enfermedad, daño, dolencia, malignidad, perjuicio, ofensa, pérdida, menoscabo, morbo. ‖ adv. Indebidamente, injustamente, malamente, incorrectamente.

MALCRIADO, DA. adj. Grosero, descortés, consentido, incorrecto, incivil, mimado, mal acostumbrado.

MALDAD. f. Malicia, perversidad, abyección, bajeza, canallada, delito, depración, desfavor, dureza, ferocidad, granujada, granujería, faena, ignominia, improbidad, jugada, inmoralidad, infamia, protervia, malignidad, mezquindad, perversidad, picardía, ruindad, traición, vicio, sinvergüencería.

MALDECIR. tr. Condenar, echar a perder, estropear, increpar, aborrecer, barbarizar, imprecar, despotricar, deslenguarse, disparatar, hablar mal, soltar palabrotas, soltarse el pelo, blasfemar, desbocarse.

MALDITO, TA. adj. Endemoniado, perverso, malvado, endiablado, condenado, endino, indino, repajolero, maldecido.

MALEFICIO. m. Encantamiento, sortilegio, embrujamiento, embrujo, influencia, daños, aojamiento, bebedizo, hechicería, brujería, hechizo, mal de ojo.

MALESTAR. m. Angustia, ansiedad, congoja, desazón, desasosiego, mala gana, intranquilidad, inquietud, nerviosismo, nerviosidad, regomeyo, incomodidad, zozobra, pesadumbre.

MALGASTAR. tr. Derrochar, despilfarrar, disipar, malrotar, malbaratar, malmeter, desperdiciar. ‖ S.E. *Malbaratar* y *despilfarrar* son intensivos; *desperdiciar*, se dice del dinero.

MALHECHOR, RA. adj. m. Desgraciado, infortunado, desventurado, desdichado, funesto, malaventurado, aciago, desalmado, facineroso, criminal, forajido, ladrón, cuadrilla, guarida.

MALHUMORADO, DA. adj. Adusto, agriado, atrabiliario, brusco, cascarrabias, cojijunto, ceñudo, descontentadizo, desabrido, desapacible, destemplado, displicente, enfadadizo, huraño, gruñón, rabietas, quejica, insociable.

MALICIA. f. Perversidad, malignidad, intención dañosa, mal pensamiento, malevolencia, mala intención mental, sospecha, recelo, que no dice la verdad, palabra picante, frase satírica.

MALICIOSO, SA. adj. Maligno, malintencionado, desconfiado, cazurro, perverso, mal pensado, pícaro, picardeado, travieso, receloso, escabroso, picante, inmoral, obsceno, procaz.

MALMIRADO, DA. adj. Poco estimado, poco considerado, desacreditado, descortés, inconsiderado, desatento, malquisto.

MALO, A. adj. Abominable, abusivo, de abrigo, abyecto, alevoso, sin alma, aciago, poco afortunado, adverso, alevoso, de mal agüero, bandido, barrabás, sin corazón, culpable, dañoso, deficiente, depravado, desalmado, desleal, descaminado, desobediente, duro.

MALOGRARSE. prnl. Perderse, frustrarse, hundirse, irse abajo, irse al cuerno, desbaratarse, descomponer, desgraciarse, fracasar, reventar, irse al suelo, perderse, transtornarse.

MALSANO, NA. adj. Insano, insalubre, perjudicial, enfermizo, dañino, nocivo, pernicioso, malo.

MALTRATAR. tr. Tratar mal, atropellar, traer a la vaqueta, dañar, tratar con desconsideración, baquetear, fatigar, golpear, hollar, malparar, maltraer, mantear, moler, mortificar, pisotear, pisar, revolcar.

MAMARRACHO. m. Adefesio, facha, birria, buñuelo, emplasto, churro, desaguisado, desastre, esperpento, espantajo, espantapájaros, irrisión, paparrucha, zancocho, fachoso.

MANADA. f. Enjambre, bandada, ganado, piara, potrada, pavada, reata, rebaño, recua, torada, vacada.

MANCHA. f. Mácula, mancilla, tacha, deshonra, desdoro, borrón, chafarrinada, churretada, churrete, chafarrinón, chapón, herrumbre, manchurrón, mascarón, lámpara, lamparón, tiznajo, maca, defecto, esbozo.

MANCHAR. tr. Ensuciar, emporcar, pringar, tiznar, enfangar, enlodar. || prnl. Ponerse sucio, echarse manchas, deshonrarse, desdorarse, mancillarse.

MANDAR. tr. Ordenar, acaudillar, regir, gobernar, capitanear, ponerse los calzones, llevar la batuta, conducir, sojuzgar, comandar, llevar la dirección, disponer, decretar, fallar, enviar, remitir. || ANT. Desmandarse, desobedecer.

MANDATO. m. Disposición, orden, mandato, precepto, dictamen, decisión, imposición, prescripción, ley, poder, potestad, encargo, mandamiento (Sermón del mandato), lavatorio. || S.E. La *orden* deriva de una autoridad humana; el *precepto* de una divina.

MANDÍBULA. f. Quijada, maxilar, hueso, barbada, barbilla, carrillada, quijal. || Arco alveolar.

MANDIL. m. Delantal, faldar, zamarrón, bata, guardapolvo, trozo de bayeta, red de pescar con mallas.

MANEJABLE. adj. Dócil, portátil, manual, mañero, manuable, adaptable, cómodo, ligero, manso, sumiso, susceptible de ser manejado.

MANEJAR. tr. Manipular, usar, emplear, utilizar, tocar, coger, aplicar, conducir, barajar, mangonear, jugar, hacer funcionar, tener entre las manos, mover, servir, operar, meter, regir, gobernar, administrar. || prnl. Amañarse, llevar, conducirse, aviarse, bandearse, desenvolverse, industriarse.

MANEJO. m. Acción de manejarse, uso, empleo, soltura, desenvolvimiento, facilidad, aptitud, garbo, desparpajo, ligereza, agilidad. || Chanchullo, intriga. || pl. Manejos turbios (intriga).

MANERA. f. Modo, forma, procedimiento, acción, palabra, sistema, clase, estilo, factura, modalidad, aspecto, variante. || f. pl. Formas, modales, gestos, ademanes, movimientos, mo-

dos, buenas maneras. ‖ Frs.
Acabar de mala manera; de
cualquier manera; de la manera que sea; de todas maneras;
de una manera u otra; sobre
manera (mucho).

MANGA. f. Parte del vestido
que cubre el brazo, puño, sisa,
vuelillo, vuelta. ‖ METEOR. Tifón, trompa, torbellino, vorágine, turbión. ‖ Tubo de goma
para regar, red de pescar, armazón de aros, esparavel, co-
lador de líquidos, columna de
agua.

MANGONEAR. intr. Imponerse,
dirigir, mandar, entremeterse,
mandonear, cortar el bacalao,
decidir.

MANÍA. f. Transtorno mental,
obsesión, delirio, hincha, monomanía, idea fija, chifladura,
capricho, claustrofobia, erotomanía, grafomanía, fobia, extravagancia, misantropía, mi-
soginia, ojeriza, tirria, antipatía.

MANIÁTICO, CA. adj. Monoma-
niático, loco, guillado, chiflado, antojadizo, extravagante,
raro, obsesivo, venático, enajenado.

MANIFESTAR. tr. Declarar, exponer, revelar, decir, exteriorizar, expresar, descubrir, exhibir, preguntar, afirmar, aseverar, mostrar, presentar, establecer, asegurar. ‖ S.E. Se *ma-
nifiestan* las opiniones; se *de-
claran* las intenciones; se *ex-
ponen* las razones.

MANIFIESTO. adj. m. Patente,
notorio, evidente, ostensible,
visible, claro, descubierto.

MANILARGO, GA. adj. Aficionado al hurto, cleptómano descuidero. ‖ Generoso, espléndi-

do, derrochador, pródigo, malgastador, despilfarrador, dadivoso, manirroto, disipador.

MANIQUÍ. m. Modelo, figura,
muñeco, figura humana de
cartón, mujer que exhibe vestidos. ‖ Persona de poco carácter, pelele.

MANIRROTO, TA. adj. Derrochador, malgastador, gastador, pródigo, despilfarrador,
disipador.

MANJAR. m. Comida apetitosa,
alimento, golosina, fruslería,
gollería, regalo de paladar, alimento, comida.

MANO. f. Lado, banda, capa,
baño, poder, mando, habilidad, destreza, maestría, turno,
lance, tirada, privanza. ‖ Frs.
Mano de hierro, m. izquierda;
m. de santo; última mano; manos limpias; a mano, a manos
llenas; buenas manos, asentar
la mano, como mano de santo.

MANSIÓN. f. Detención, estancia en un sitio, vivienda, casa,
palacio vivienda señorial, esta-
da, estadía, albergue, residencia.

MANSO, SA. adj. Apacible, suave, quieto, tranquilo, reposado, sosegado, fiel, obediente,
benigno, domesticado.

MANTA. f. Cobertor, frazada,
cubrepiés, frezada, gualdrapa,
tapabocas, juego de cartas,
tunda.

MANTENER. tr. Sostener, sujetar, sustentar, conservar, apoyar, ayudar, defender, amparar. ‖ prnl. Plantearse, no dar
un paso atrás, obstinarse, te-
nerse firme, alimentarse, sustentarse, nutrirse.

MANTO. m. Túnica, veste, toga,
manteo, clámide, ropón, abri-

go, capa, capote, vestido, velo, veta, estrato, franja.

MANZANA. f. Poma, reineta, meladucha, fruto del manzano, bloque, isla. ‖ AMÉR. Cuadra, conjunto de viviendas.

MANZANILLA. f. Camomila, infusión, variedad de aceituna, remate de la barbilla, cocimiento, manzana, boliche, botón redondo forrado, vino blanco de Sanlúcar de B.

MAÑA. f. Habilidad, disposición, actitud, ardid, argucia. ‖ pl. Caprichos, resabios, vicios, ardides, artimañas, maneras.

MAÑANA. f. Madrugada, mañanita, amanecer, alba, entre la salida del sol y el mediodía, maitines, trasmañana, madrugada, primeras horas del día, tiempo que ha de venir, futuro, porvenir, temprano, al día siguiente.

MAÑOSO, SA. adj. Hábil, diestro, habilidoso, industrioso, esperto, artista, apagado, capaz.

MAPA. m. Carta, carta marina, atlas, mapamundi, planisferio, plano, línea isóbara, portulano, cartografía.

MÁQUINA. f. Mecanismo, aparato, artefacto, artilugio, autómata, automotor, automotriz, cacharro, ingenio, dispositivo, motor, relé, servomotor, utensilio, tramoya, tren.

MAQUINAR. tr. Urdir, tramar, maquinar, funcionar, intrigar, acoplar, conectar, desconectar, desembragar, engranar, engrasar, forjar, engañar, conjurarse, maniobrar, servir.

MAR. amb. Ponto, piélago, lo profundo (lit.), aguas jurisdiccionales, océano, líquido, ma-

remoto, marea, marejada, manga, corriente.

MARAÑA. f. Maleza, enredo, embrollo, lío, asunto intrincado, breña, aspereza, espesura. ‖ Cascoja.

MARAVILLA. f. Portento, prodigio, cosa admirable, milagro, divinidad, admiración, asombro, extrañeza.

MARAVILLOSO, SA. adj. Admirable, sorprendente, asombroso, extraordinario, prodigioso, estupendo, pasmoso.

MARCA. f. Señal, distintivo, contramarca, contraseña, huella, traza, cuño, timbre, nota, rúbrica, firma, estampilla, estigma, tatuaje, tejuelo, vitola, contraste, cruz. ‖ S.E. Marca de su pie en el barro, utensilio para medir la alzada de las caballerías. Hierro, es la marca hecha con hierro candente en el ganado; contraseña, es la marca de los fardos y ganado.

MARCO. m. Cuadro, cerco, armadura fija donde encaja la puerta, cabio, dintel, jamba, umbral, ambaje, quicio, fondo, paisaje, ambiente físico, armadura que guarnece los bordes de un espejo o cuadro, cartabón.

MARCHAR. intr. prnl. Andar, caminar, moverse avanzando, avanzar, funcionar, desplazarse, trasladarse, viajar, pasear, transitar, desarrollarse, desenvolverse. ‖ prnl. Irse, partir, mudar de aires, ausentarse, arrancar.

MARCHITARSE. prnl. Mustiarse, perder la lozanía, enflaquecer, decaer, ajarse, secarse, deslucirse.

MARCHITO, TA. adj. Mustio,

ajado, enmustiado, seco, deslucido, decaído, enflaquecido, envejecido. ‖ ANT. Fresco, lozano, frondoso, vigoroso.

MAREARSE. prnl. Estropearse las mercancías en el mar, sentir mareo, almadiarse, cambiar la peseta, estar a punto de desmayarse, irse la cabeza, irse la vista, turbarse, emborracharse ligeramente.

MAREO. m. Trastorno, malestar, angustia con vómitos, pérdida del equilibrio, perdida del conocimiento, sensación de turbulencia, desmayo, cansancio, aturdimiento mental, aturdimiento por un ruido.

MARGEN. m. Orilla, borde, ribera, espacio en blanco, ladillo, motivo, ocasión, pretexto, comercio, ganancia.

MARIDO. m. Esposo, hombre casado, consorte, cónyuge, compañero, contrayente. ‖ S.E. Esposo es un término menos frecuente que marido; hombre voz del pueblo: *es mi hombre*.

MARINA. f. Zona próxima al mar, náutica, navegación, flota, armada, escuadra, flotilla, buque, navío, costa, litoral, escala, baliza, bolina.

MARINO, NA. adj. Marítimo. ‖ m. Marinero, almirante, capitán, batalero, nauta, navegante, hombre de mar, lobo de mar, grumete, gondolero, tripulante, patrón, lanchero.

MARIPOSA. f. Lepidóptero, átropos, alevilla, bómbice, chapola, cerástide, caparina.

MARRAJO, JA. adj. Taimado, astuto, marrullero, tiburón, malicioso, traicionero.

MARTIRIO. m. Tortura, suplicio, tormento, sacrificio, padecimiento, palma, martirologio.

MÁSCARA. f. Antifaz, careta, disfraz, arlequín, mascarilla, mascarón, carátula, colombina, Pierrot, dominó, figura grotesca, mamarracho, carnaval, disimulo, tapujo, histrión.

MATANZA. f. Mortandad, degollina, hecatombe, carnicería, crimen, degüello, escabechina, matazón, muerte, sacrificio, cadalso, patíbulo, sarracina, riza, estrago, exterminio, golpe de gracia.

MATAR. tr. Ejecutar, inmolar, suprimir, liquidar, exterminar. Voces jergales: apiolar, despabilar, trincar, chinchar, despachar. ‖ Acabar, acogotar, ajusticiar, ahorcar, fusilar, apedrear, asesinar, colgar, crucificar, pasar a cuchillo, pegar cuatro tiros.

MATEMÁTICAS. f. pl. o **CA** f. sing. Ciencias exactas, cálculo, cómputo, dicción, extracción integral, resta, multiplicación, suma, potencia, álgebra, geometría, trigonometría, conjunto.

MATERIA. f. Cosa, cuerpo, elemento, esencia, substancia, principio, substrato, átomo, molécula, dimensión, magnitud, peso, masa, porosidad, relatividad, Física, Química, forma, inercia. ‖ Pus, asunto, tema, objeto.

MATERIAL. adj. Tangible, sensible, físico. ‖ S.E. Si afecta a los sentidos: interés, dolor, goce material. ‖ Materialista, utilitario, basto, sensual.

MATERNO, NA. adj. Maternal, cuidadoso, matronal, cariñoso, solícito, sacrificado, afanoso, diligente, afectuoso.

MATIZ. m. Gradación, carácter, tono, modalidad, matización, cariz, tinte, tonalidad.

MATRIMONIO. m. Nupcias, casorio, boda, casamiento, unión, enlace, vínculo, esposorio, himeneo, desposorio, connubio, bendición, unión de hombre y mujer, velación, sacramento del matrimonio, desposados, alianza, pareja, cónyuges. ‖ S.E. *Matrimonio* alude al sacramento, *boda* al acto del enlace; *himeneo* es término poético.

MÁXIMA. f. Adagio, aforismo, sentencia, precepto, norma, principio, norma moral, aforismo, consejo, apotegma, artículo de fe, axioma, fórmula, dicho, epifonema, moraleja, regla, sabiduría popular.

MAYOR. m. Más grande en cualquier aspecto, superior, jefe, principal, magno, importante, considerable, excesivo, mayúsculo, maduro, añoso, antañón, decano, longevo. ‖ m. pl. Abuelos, antecesores, ascendientes, antepasados, progenitores.

MAYORÍA. f. Mayoridad, mayor de edad, cualidad de mayor, generalidad, conjunto, diversidad, ventaja, quorum, ganancia, representación.

MAZO. m. Mallo, maza, cachiporra, porra de hierro, castaña. clava, macillo, mano de almirez, porra, pisón, almádena, malleto, martillo, macero, cetro, macho, marro, manojo, gavilla.

MECÁNICO, CA. adj. m. Hecho con máquina, maquinal, automático, centrífugo, centrípeto, dinámico, energético. ‖ Operario, experto.

MECANISMO. m. Dispositivo, instrumento, aparato, artilugio, adminículo, artefacto, ingenio, herramienta, máquina, utensilio, útil, arreglo.

MECER. tr. Columpiar, balancear, acunar, bambolear, cunar, cimbrear, hamaquear.

MECHA. f. Pabilo, cabo, filamento, cuerda, gasa, algodón, eje, espiga, pajuela, torcida.

MEDALLA. f. Placa metálica, distinción, premio, emblema, galardón, joya, honor, medallón, moneda.

MEDIADOR, RA. adj. m. Medianero, intercesor, intermediario, árbitro amigable, componedor, tercero, apaciguador, recomendador, conciliador, agente, juez, delegado, entremetido.

MEDIAR. intr. Intervenir, terciar, interceder, interponer, arbitrar, negociar, apaciguar, entremediar, presentarse, ocurrir.

MEDICACIÓN. f. Remedio, medicamento, receta, tratamiento, régimen, farmacia, fármaco.

MEDIDA. f. Distribución de las sílabas en el verso, disposición, adopción, comedimiento, compás, mesura, moderación, ponderación, pulso, ten con ten, tira y afloja, discreción, cordura, prudencia, reserva, decisión, bando, escala, marca, regla, sensatez.

MEDIR. tr. Mensurar (cult.), afinar, alambicar, apreciar, apurar, quilatar, calcular, cronometrar, contar, evaluar, apreciar, graduar, pesar, precisar, aquilatar.

MEDITAR. tr. Reflexionar, considerar, pensar, discurrir, orar, rumiar, profundizar, analizar, cavilar, calentarse la cabeza, estudiar, examinar, filosofar, quemarse las cejas.

MEDROSO, SA. adj. Miedoso, propenso a sentir miedo, asustado, asustadizo, meticuloso, minucioso, temeroso, tímido, pusilánime, apocado, cobarde, cagón, corto, espantoso, pavoroso, terrorífico, asustadizo. ‖ ANT. Valeroso, esforzado, audaz, denodado.

MEJORA. f. Aumento, medra, progreso, mejoramiento, acción de mejorar, puja, oferta que supera la anterior, porción de bienes mejorados, ascenso, progreso, prosperidad.

MEJORAR. tr. Aumentar, crecer, poner mejor a un enfermo, medrar, progresar, acrecentar, agrandar, heredar, pujar, dejar a uno mejorado, ponerse mejor. ‖ prnl. Aliviarse, mejorarse, sanarse, restablecerse, convalecer.

MELANCOLÍA. f. Tristeza, abatimiento, murria, propensión a la tristeza, añoranza, hipocondría, morriña, nostalgia, soledad, postración, pena, decaimiento.

MELINDRE. m. Dengue, remilgo, escrúpulo, ridículo, repulgo, ñoñez, afectación, aspaviento, aprensión, denguería, aparato, mimo, mojigatería, pamema, pamplina, tontería, tiquismiquis.

MELODÍA. f. Tema, motivo, frase, leitmotiv, sucesión de no-

tas, metopeya, melisma, dulzura, suavidad.

MELODIOSO, SA. adj. Melódico, dulce, suave, agradable, musical, armonioso, cadencioso, afinado.

MEMORABLE. adj. Digno de mención, recordable, célebre, famoso, glorioso, memorando, ilustre, inmemorable, aureolado.

MEMORIA. f. Recuerdo, retentiva, rememoración, facultad de recordar. ‖ pl. Anales, expresiones, recuerdos.

MENCIONAR. tr. Aludir, recordar, citar, nombrar, acordar, mentar, decir el nombre de una persona, sugerir, insinuar, señalar, rememorar, hacer mención, recordar.

MENDIGO, GA. adj. m. Pobre, pordiosero, mendigante, indigente, mísero, miserable, necesitado, sopista, sopón, vagabundo, que no tiene lo necesario, vago, gorrón, mangante.

MENGUA. f. Disminución, detrimento, falta, menoscabo, escasez, pobreza, merma, derroche, necesidad, menester, descrédito, desdoro, deshonra, baldón, afrenta, perjuicio, quebranto.

MENGUADO, DA. adj. Cobarde, disminuido, mermado, rebajado, empequeñecido, miserable, ruin, mezquino, tacaño. ‖ ANT. Resuelto, intrépito, valiente.

MENOR. adj. Pequeño, mínimo, exiguo, reducido, chico, inferior, escaso, corto. ‖ m. Chico, párvulo, niño, franciscano. ‖ Frs. Al pormenor, al menudeo, al detalle.

MENOSCABAR. tr. Mermar,

cercenar, dejar incompleto, desacreditar, disminuir, mutilar, trasquilar, dañar, deslucir, deteriorar, menguar.

MENOSCABO. m. Perjuicio, disminución, deterioro, detrimento, daño, mella, lesión, merma, quebranto, desdoro, descrédito, deshonor, quiebra, yactura, mutilación, deslucimiento.

MENOSPRECIAR. tr. Desestimar, despreciar, atribuir poca importancia a una cosa, subestimar, tener en menos, desdeñar, disminuir, considerar algo de poco valor, ignorar.

MENSAJE. m. Recado, aviso, misiva (si se escribe), embajada, legación, mandadería, noticia, comunicación, noticia por radio, anuncio, adhesión, billete, correo, tarjeta.

MENTE. f. Facultad con que se piensa, inteligencia, entendimiento, espíritu, ánima, ánimo, cerebro, cabeza, magín, caletre, disposición mental, alucinación, aberración.

MENTIR. intr. Faltar a la verdad, inventar, nivelar, urdir, zurzir, engañar, inventar, calumniar, falsear, errar.

MENTIRA. f. Bola, trola, bulo (rumor público falso), papucha, paparrucha, embuste, trápala, fraude, falsedad, superchería, mito, patraña, invención, sofisma. || S.E. El *fraude* y la *superchería* se aprovechan de la mentira, la *farsa* es un embuste prolongado.

MENUDO, DA. adj. Pequeño, diminuto, insignificante, minúsculo, baladí, chico, endeble. || A menudo, frase adv. muchas veces, con frecuencia; por menudo, con mucho detalle.

MEOLLO. m. Médula, sesos, miga, sustancia, contenido o interés de algo, base, entendimiento, juicio, razonamiento.

MEQUETREFE. m. Chisgarabís, zascandil, tarambana, muñeco, poca cosa, hombre falto de formalidad y de juicio, badulaque, boceras, botarate, chiquilicuatro, fantoche, gamberro. || Títere, pelele, tarambana, gaznápiro, mameluco, saltabancos, trasto.

MERCANCÍA. f. Mercadería, artículo, género, macana, existencias, partida, stock, merchandía, comercio.

MERCED. f. Don, gracia, cosa, honor, concesión, dádiva, donación, privilegio, regalo, beneficio, favor, servicio, galardón, indulgencia, piedad, misericordia.

MERECIDAMENTE. adv. m. Dignamente, con razón, justamente, apropiadamente, beneméritamente, debidamente.

MÉRITO. m. Estimación, estima, trabajo, merecimiento, valor de las cosas interesantes, habilidad, atractivo.

MERITORIO, RIA. adj. Digno, laudable, justo, plausible, loable. || m. Aprendiz, mancebo.

MERMAR. intr. prnl. Disminuir, desgastar, perder, quebrantar, decrecer, aminorarse. || tr. Quitar, menoscabar, rebajar.

MESA. f. Tablero horizontal sostenido por varios pies, aparador, banca, bufete, buró, camilla, escritorio, mostrador, consola, contador, coqueta, ménsula, rinconera, velador.

MESETA. f. Llanura alta, mesa, tablazo, descansillo, descanso, rellano, altiplanicie, sabana.

MESÍAS. n. p. Salvador, Redentor, Jesucristo, Jesús, Cristo, Persona divina en quien se cumplieron las profecías, Mesiazgo.

MESÓN. m. Venta, parador, posada, hostal, hostelería, hospedería, establecimiento donde se alojan huéspedes, figón, fonda.

MESURA. f. Medida, templanza, moderación, gravedad, ausencia de violencia, circunspección, comedimiento, cortesía, respeto, sensatez.

META. f. Fin, objeto, término, designio, propósito, finalidad, objetivo, cima, cumbre.

METER. tr. Introducir, encajar, incluir, colocar, penetrar, alojar, ahondar, embutir, atestar, embanastar, encajonar, engastar, ensartar. ‖ prnl. Introducirse, mezclarse, inmiscuirse, molestar, disputar.

MÉTODO. m. Procedimiento, orden, sistema, manera, modo, forma, costumbre, hábito, práctica, experiencia.

MEZCLA. f. Unión, agregación, mixtura, mixtión, amalgama, amasijo, argamasa, batiborrillo, batiburrillo, aleación, mortero, liga, coctel, emulsión, ensalada, macedonia, masa, menestra.

MEZCLAR. tr. Añadir, aunar, barajar, combinar, conjuntar, complicar, componer, confundir, diluir, incorporar, inmiscuir, templar, revolver, asociar, emulsionar. ‖ prnl. Inmiscuirse, injerirse, terciar, intervenir, entremeterse, enturbiarse, complicarse, curiosear.

MEZQUINO, NA. adj. Tacaño, excesivamente moderado, pobre, necesitado, avaro, miserable, sórdido, cicatero, diminuto, exiguo.

MIEDO. m. Temor, recelo, espanto, pavor, terror, cobardía, acoquinamiento, alarma, canguelo, aprensión, canguis, cerote, mieditis, pánico, respeto, susto, intimidación. ‖ S.E. Temor es un daño supuesto; jindama, espanto y terror suponen un miedo con señales exteriores; la cobardía es un efecto del miedo y temor es lo que hace huir de un peligro.

MIEDOSO, SA. adj. Medroso, temeroso, cobarde, pusilánime, receloso, asustado, acoquinado, alarmado, espantado, asustadizo, espantadizo, timorato, amilanado. ‖ ANT. Intrépido, valeroso, osado.

MIGA. f. Migaja, molledo, farallo, meaja, enjundia, meollo, sustancia, contenido interesante, núcleo, corazón, entidad, trocito, menudencia. ‖ pl. Guiso hecho con gachas de harina.

MILAGRO. Prodigio, portento, asombro, maravilla, bilocación, estigma, taumaturgo, auténtica.

MILAGROSO, SA. adj. Prodigioso, portentoso, dícese del santo que obra milagros, extraordinario, asombroso, sobrehumano, estupendo.

MILICIA. f. Tropa, hueste, ejército, fuerzas armadas, gente armada, instituto armado, cruzada, falange, guerrilla, legión, mesnada, malhada, mía, partida, somatén, tercio, línea, columna.

MIMAR. tr. Tratar a alguien con mimo, tratar con muchas consideraciones, acariciar, halagar, agasajar, estar mirando a la cara, chiquear, contemplar, consentir, lagotear, malcriar, resabiar, malacostumbrar, tratar con miramiento, llevar en palmas, preferir.

MIMO. m. Caricia, halago, palabra cariñosa, cariño, condescendencia excesiva, consentimiento, vicio, cuidado, delicadeza, carantoña, melindre, regalo, ternura, indulgencia. ‖ Zalamería, contemplación, miramientos, insinuación, obsequio.

MIMOSO, SA. adj. Zalagotero, regalón, melindroso, delicado, consentido, malacostumbrado, que hace mimos.

MINA. f. Excavación, pozo, galería, contramina, barreno, ganga, yacimiento, filón, veta, bocamina.

MINIATURA. f. Pintura, reducción, pintura muy pequeña, reproducción a tamaño pequeño, maqueta, pequeñez.

MINISTERIO. m. Departamento, gobierno, gabinete, cartera, mando, autoridad, consejo, empleo, oficio, ocupación, cargo.

MINUCIA. f. Menudencia, pequeñez, detalle, circunstancia, requisito, chinchorrería, nimiedad, insignificancia.

MINUCIOSO, SA. adj. Nimio, escrupuloso, meticuloso, detallista, chinchorrero, exacto, paciente, mirado, reparón.

MINUTA. f. Extracto, bosquejo, borrador, lista, catálogo, menú, anotación, nota.

MIRADA. f. Ojeada, vistazo, asomo, encaro, fijeza, intuito, mirador, terraza, observación.

MIRAR. tr. Ver, contemplar, observar, atender, atisbar, avizorar, acechar, ojear, echar una ojeada. ‖ prnl. Mirarse, tener mucho cuidado, reflexionar, defender, proteger.

MISA. f. Sacrificio del altar, sacrificio incruento, rito, liturgia, celebración, ofrenda, Eucaristía.

MISERABLE. adj. Desdichado, infeliz, desventurado, indigente, mísero, roñoso, avariento.

MISERIA. f. Pobreza extrema, falta de lo necesario, andrajos, suciedad, estrechez, indigencia, avaricia, mezquindad, desgracia, pena, parásito, pequeñez, cantidad muy pequeña.

MISERICORDIA. f. Lástima, conmiseración, miseración (lit.), caridad, piedad, clemencia, altruismo, perdón. ‖ ANT. Impiedad, burla, zahirimiento.

MÍSERO, RA. adj. Miserable, desgraciado, pobre, indigente, necesitado, menesteroso, infeliz, desdichado, infortunado, abatido, perverso, canalla, infame, abatido, avariento, roñoso, ruin, exiguo, escaso.

MISIÓN. f. Comisión, encargo, propaganda, catequesis, sesión, campaña organizada, cometido, gestión, tarea, encargo.

MISTERIOSO, SA. adj. Oculto, recóndito, secreto, oscuro, insondable, profundo, arcano, incomprensible.

MÍSTICO, CA. adj. Que envuelve misterio o razón oculta, escritor o poeta inspirado, literato de la espiritualidad, contemplativo, extático, arrobado, interior.

MITIGAR. tr. Moderar, aliviar,

aplacar, calmar, suavizar, templar, aminorar, dulcificar.

MODA. f. Uso, usanza, modo, estilo, boga, cualquier cosa de gusto, figurín, revolución, novedad.

MODALIDAD. f. Forma, variante, modo, manera, particularidad, característica, peculiaridad, tipo, clase.

MODELO. m. Muestra, ejemplar, prototipo, tipo, arquetipo, dechado, pauta, regla, espécimen, molde.

MODERACIÓN. f. Mesura, prudencia, morigeración, templanza, sobriedad, temperancia, cordura, comedimiento.

MODERARSE. prnl. Contenerse, dominarse, limitarse, ceñir, soportarse, refrenarse, atemperarse.

MODERNO, NA. adj. Reciente, actual, de ahora, contemporáneo, calentito, fresco, flamante, reciente.

MODESTIA. f. Calidad de modesto, humildad, falta de engreimiento, recato, pudor, vergüenza. ‖ S.E. La *humildad* es más intensa que la *modestia.* Puede uno llamarse *modesto* sin ser *humilde.* La humildad supone la *modestia.* ‖ ANT. Fatuidad, presunción, vanidad, engreimiento.

MODESTO, TA. adj. Recato, humilde, pudoroso, vergonzoso, púdico, decoroso, decente. ‖ Apocado, abatido, desconocido, insignificante, oscuro, sencillo, honesto, humilde.

MODIFICAR. tr. Moderar, variar, alterar, cambiar, reformar, hacer que una cosa sea diferente, restringir, transformar, trocar, innovar, permutar, enmendar, rectificar.

MODO. m. Manera, forma, método, esquema, costumbre, modelo, modismo, suerte, fórmula, tenor, guisa, táctica. ‖ pl. Maneras, modales, urbanidad, cortesía, talante.

MODORRA. f. Amodorramiento, somnolencia, pesadez, letargo, sopor, pereza, insensibilidad.

MODOSO, SA. adj. Mesurado, respetuoso, recatado, cortés, urbano, criado, de buenos modales.

MOFA. f. Befa, escarnio, lidibrio, desprecio, chufla, desdén, irrisión, menosprecio.

MOFLETUDO, DA. adj. Carrilludo, molletudo, gordinflón, cariampollado, gordo, rollizo, cachetudo.

MOHÍNO, NA. adj. Enfadado, cabizbajo, disgustado, melancólico, triste, resentido, enojado.

MOJADURA. F. Remojón, mojo, rociada, mojete, caladura, empapamiento, baño, chapuzón, rociadura.

MOJAR. tr. Bañar, bautizar, empapar, calar, recalar, regar, impregnar, humedecer, rociar, salpicar. ‖ prnl. Calarse, rociarse, impregnarse, bañarse, empaparse.

MOJIGATO, TA. adj. Timorato, gazmoño, melindroso, mogato, monjil, ñoño, pazguato, pudibundo, remilgado, insincero, hipócrita, beato, melindre, santurrón, cobarde, cursi.

MOJÓN. m. Hito, señal, modillón, poste, moto, muga, clavera, límite, rollo, mojanera, jalón, columna, cipo.

MOLDE. m. Troquel, matriz, adobera, cubilete, flanera, clavera, forma, hornilla, punzón, retiración.

MOLDURA. f. Saliente, resalto, perfil, bocel, friso, impronta, ángulo, archivolta, astrágalo, canutillo.

MOLER. tr. Triturar, molturar, desbriznar, desmenuzar, desintegrar, machacar, mascar, prensar. ‖ fig. Molestar, mortificar, fatigar, cansar, deslomar, zurrar.

MOLESTAR. tr. Incomodar, fastidiar, enojar, desagradar, mortificar, enfadar, marear, irritar.

MOLESTO, TA. adj. Paciente, desazonado, desacomodado, embarazoso, engorroso, incómodo, fastidioso, pesado, enojoso, descontento.

MOLICIE. Blandura, regalo, excesiva comodidad, refinamiento, delite, ocio, afeminación.

MOMENTÁNEO, A. adj. Fugaz, instantáneo, breve, efímero, transitorio, pasajero, rápido, crítico, culminante, oportuno, precario.

MONASTERIO. m. Convento, cenobio, abadiato, cartuja, priorato, noviciado, beaterio, casa profesa, residencia. ‖ S.E. *Convento* es denominación general, aplicada a las grandes casas religiosas; *cenobio* se dijo de las primitivas comunidades; *beaterio* es la casa en que viven beatas en comunidad. El convento o colegio tiene además las *casas de formación*.

MONÁSTICO, CA. adj. Monacal, conventual, cenobítico, abadengo, abacial, monasterial.

MONDAR. tr. Pelar, quitar la piel o cáscara, limpiar de cieno un río, podar, rapar, cortar el pelo, desvalijar, despojar.

MONEDA. f. Pieza, sello, medalla, numisma. ‖ Dinero, monis, calderilla, arras, cambio, cascajo, divisas, menudo, metálico, moneda de bellón, numerario, plata, suelto, vuelta.

MONIGOTE. m. Pelele, fantoche, hominicaco, monicaco, persona despreciable, muñeco, figura grotesca, mono, dibujo mal hecho o humorístico.

MONJE. m. Anacoreta, cenobita, fraile, religioso, hombre solitario, hermano, padre, eremita, derviche, ermitaño, misógino.

MONO, NA. adj. Bonito, gracioso, pulido, lindo, delicado. ‖ m. Simio, antropoide, cuadrumano, pitecántropo, primate, gorila, mico.

MONSTRUO. m. Engendro, feto, aborto, ser deforme, desvarío, endriago, fenómeno, leviatán, monstruosidad, aberración, animalía, ogro, quimera, anormalidad, deformidad, vestiglo.

MONSTRUOSO, SA. adj. Excesivamente grande, antinatural, teratológico, abominable, cruel, disparatado, hiperbólico, deforme, desproporcionado, feo, fenomenal, colosal, execrable, aborrecible, nefando.

MONTAÑA. f. Terreno montañoso, orogenia, orografía, altiplanicie, alcor, algaida, alto, altozano, monte, cadena, cordillera, macizo, cerro, colina, collado, promontorio, cabezo, cantón, duna, elevación, eminencia, contrafuerte, peñón, prominencia.

MONTAR. intr. prnl. Subirse, cabalgar, jinetear, auparse, colocarse. || intr. Importar, totalizar, sumar. || ANT. Bajar, descender, apearse.

MONTE. m. Montaña, cima, cresta, cumbre, fastigio, teso, abra, cañada, cañón, hoz, paso, tajo, soto, sotillo, carrascal, zarzal, fronda, floresta, calvero, collado, congosto, lentiscal, montículo, altozano, colina, otero, cerro, alcor.

MONTÓN. m. Rimero, cúmulo, pila, conjunto de cosas sin orden, acervo, acumulación, aglomeración, hacinamiento, apiñamiento, burujo, columna, congerie, haza, hacina, ovillo, parva, rima, rimero, tonga, tropel, legión, masa, multitud, infinidad, sinnúmero.

MONUMENTAL. adj. Magnífico, grandioso, soberbio, colosal, prodigioso, enorme, piramidal, fenomenal, ingente, ciclópeo, formidable, inmenso, titánico, majestuoso.

MONUMENTO. m. Monolito, obelisco, estatua, arco de triunfo, esfinge, puente, mausoleo, palacio, pirámide, bloque, vestigio, dolmen, menhir, estela, megalito.

MOÑA. f. Muñeca, juguete, maniquí, lazo del tocado femenino, adorno, cintas en la divisa de los toros, lazo de la coleta de los toreros, gorro. || Borrachera, cogorza, tablón, melopea, embriaguez.

MOÑO. m. Atado, rodete del cabello, lazo de cintas, castaña, copete, onda, bucle, penacho, espuma de la leche, chufo, co-

ca, rulo, papillote, grupo de plumas, lazo de adorno.

MORADA. f. Vivienda, casa, mansión, habitación, residencia, hogar, domicilio, estancia, estadía, permanencia.

MORAL. m. Conjunto de principios, normas de conducta, adagio, aforismo, apotegma, dicho, máxima, norma, parábola, pensamiento, precepto, conciencia, decencia, decoro, dignidad, buena fe, fuero, hombría, honestidad. || adj. Honesto, honrado, ejemplar, incorruptible, intachable, íntegro, de buena ley, limpio, puritano, bueno, justo, virtuoso, pudoroso, decente. || f. Ética, filosofía moral.

MORAR. intr. Habitar, residir, vivir, estar, dormir, comer. || S.E. Morar es término culto.

MORBOSO, SA. adj. Enfermizo, mórbido, malsano, patológico, muelle, flojo, laxo, suave, delicado.

MORDACIDAD. f. Causticidad, causticismo, zaherimiento, virulencia, pulla, indirecta, sátira.

MORDAZ. adj. Corrosivo, picante al paladar, cáustico, acre, dicaz, incisivo, mordedor, picante, sangriento, mordiente, penetrante, sarcástico. || ANT. Suave, dulce.

MORDER. tr. Mordicar, atarazar, dentellar, tarascar. || fig. Difamar, murmurar, criticar, desacreditar, satirizar. || Corroer.

MORIGERADO, DA. adj. Templado, circunspecto, moderado, mesurado, sobrio, comedido, prudente, juicioso.

MORIR. intr. Fallecer, fenecer, expirar, finar, extinguirse, entregar el alma (expr. religiosa), agonizar, espichar, palmar, irse, diñarla. ‖ Frs. equivalente: dormir en el Señor, pasar a mejor vida, subir al cielo, acabar sus días. ‖ Desvivirse, pirrarse, beberse los vientos. ‖ ANT. Vivir, durar, residir.

MOROSO, SA. adj. Lento, remiso, tardo, tardío, retrasado, en un pago, calmoso, informal.

MORROCOTUDO, DA. adj. Pasmoso, pistonudo, colosal, fenomenal, importante, formidable. ‖ S.E. Es un adjetivo ponderativo. Se aplica a diversas situaciones o problemas.

MORTAL. adj. Mortífero, funesto, letal. ‖ fig. Angustioso, abrumador, fatigoso, frágil, efímero, breve, precario, fugaz, transitorio, momentáneo, decisivo, concluyente. ‖ m. Individuo, persona, sujeto, hombre. ‖ Terreno, mundanal, mundano, humano.

MORTIFICAR. tr. Herir, lesionar, dañar, averiar, atormentar, molestar, humillar, meterse con, doler, afligir, refregar, pinchar, hacer rabiar, chinchar, ofender, irritar.

MOSCARDÓN. m. Avispón, moscón, estro, moscarrón, abejorro, mosquillón, hombre que molesta y se hace pesado.

MOSTRAR. tr. Enseñar, exhibir, designar, señalar, indicar, exponer, presentar, expresar, exteriorizar, denotar, denunciar, adivinarse, aflorarse, ofrecer, descubrir la oreja.

MOTE. m. Frase, sentencia de sentido oculto, empresa, frase de antiguos caballeros. ‖ Apodo, sobrenombre, divisa, semejanza, circunstancia, lema, seudónimo, remoquete, proverbio, dicho, refrán.

MOTEJAR. tr. Acusar, llamar, tachar, tildar, censurar, zaherir, mortificar, satirizar, criticar, reprobar.

MOVEDIZO, ZA. adj. Movible, inestable, móvil, inseguro, inconstante, velidoso, tornadizo.

MOVER. tr. Mudar, trasladar, reaccionar, agitar, acunar, ajetrear, bailar, balancear, batir, brincar, bullir, caer, cimbrearse, columpiarse, contonearse, correr, fluctuar, menear, remover. ‖ fig. Inducir, persuadir, incitar, suscitar, originar, ocasionar. ‖ prnl. Menearse, agitarse, traquetearse.

MOVIMIENTO. m. Actividad, circulación, ejercicio, abducción, ademán, cabriola, contorsión, convulsión, giro, marcha, meneo, quiebro, remolino, repente, respingo, triquitraque, tumbo, vaivén, vibración, vuelta. ‖ fig. Alteración, sublevación.

MOZO. m. Joven, mancebo, zagal, muchacho (si tiene poca edad), soltero, criado, sirviente.

MUCHEDUMBRE. f. Multitud, afluencia, aglomeración, agolpamiento, caravana, caterva, chiquillería, enjambre, embotellamiento, gente, grupo, gentío, gentada, masa, oleada, patrulla, pelotón, tropel.

MUDAR. tr. Cambiar, variar, poner una cosa distinta, alterar, innovar, desfigurar, trocar. ‖ prnl. Trasladarse, mudar de ropa, marcharse, instalarse, viajar, cambiarse.

MUEBLE. m. Mobiliario, moblaje, bártulos, efectos, menaje, enseres, aparador, armario, bargueño, buró, cómoda, consola, coqueta, costurero, fichero, guardarropa, repisa, rinconera.

MUJER. f. Hembra, doña, señora, señorita, matrona, ama, bello sexo, amante, amazona, maja, manola, marisabidilla, odalisca, pécora, guapa, hacendosa, linda, salada, embarazada.

MÚLTIPLE. adj. Verbo diverso, de muchas maneras, colegiado, distinto, diverso, sencillo, plural, conjunto, numeroso.

MULTIPLICAR. tr. Aumentar, reproducir, propagar, proliferar, reproducirse, triplicar, cuadruplicar, ventuplicar, operar, contar, difundir, retoñar, pulular.

MUNDO. m. Universo, cosmos, creación, globo terráqueo, esfera, planeta, tierra, infinitud, orbe, naturaleza.

MUNICIPIO. m. Ayuntamiento, cabildo, comuna, comunidad, concejo, consistorio, casa consistorial.

MUÑECO. m. fig. Mequetrefe, chisgarabís, dominguillo, espantajo, fantoche, maniquí, marioneta, monigote, moña, muñeca, pepona, polichinela, títere, siempretieso.

MURMURAR. intr. Susurrar, borbollar, rumorear, gruñir, hacer comentarios, decir, hin-char el diente, comentar, despellejar, hablar mal, censurar, difamar, intrigar.

MURO. m. Pared, tapia, muralla, antepecho, cerca, atajadizo, espigón, medianería, malecón, espaldera.

MURRIA. f. Abatimiento, melancolía, mal humor, postración, nostalgia, decaimiento.

MUSA. f. Deidad, diosa pagana, inspiración, numen, poesía, vena. ‖ pl. Deidades: Calíope, Clío, Euterpe, Melpómene, Talía, Urania, Erato, Terpsícore, Polimnia.

MÚSICA. f. Armonía, melodía, sinfonía, concierto, canción, canto, cantar, ritmo, recital, retreta, serenata, composición, pieza, fuga, himno, marcha, rapsodia, rondón, serenata, tocata, aria, coro, albada, nocturno, oratorio, alborada, gavota, opereta, ópera, zarzuela.

MUSTIO, TIA. adj. Ajado, consumido, chafado, deslucido, murrio, papucho, pocho, triste, viejo. ‖ ANT. Alegre, floreciente, lozano.

MUTUO, A. adj. Recíproco, mutual, correspondiente, correlativo, equitativo, alterno, bilateral. ‖ S.E. *Mutuo* expresa la influencia de dos personas, una en otra; *recíproco* añade cierta igualdad en dos sujetos que se comunican entre sí.

N

NACER. intr. Salir del seno de la madre, salir del huevo un animal, provenir de cierta familia o linaje, venir al mundo, brotar, aparecer al exterior, surgir, proceder, originarse, emanar.

NACIÓN. f. País, patria, pueblo, comunidad, ciudadanía, que vive en un territorio, estado, gente, metrópoli, potencia, región, señoría, comarca, raza, casta, linaje, clan, tribu. ‖ S.E. *País* apunta al territorio geográficamente, física y económicamente. *Ciudadanía*, a la idea política; la *nación* es un ser más compacto, más homogéneo, es el todo.

NADAR. intr. Bañarse, bucear, flotar, sobrenadar, zambullirse en el agua. ‖ S.E. El *nadar* supone actividad en el sujeto. Un hombre *nada,* un madero, *flota.*

NADIE. pron. indef. Ninguno, ninguna persona, nulidad, nulo, ni un alma, ni un bicho viviente, ni rey ni roque. ‖ Persona insignificante: Su suegro es un don nadie.

NALGAS. f. pl. Posaderas, asentaderas, posas, anchas, cachas, grupa (en las caballerías), tabalario, tafanario, popa, rule, culo, posterior, pompi, asiento, glúteo, fondón, traspuntín.

NARANJA. f. Mandarina, tangerina, cajel, navel, gajo, toronja, bergamota, morfa.

NARIGUDO, DA. adj. Narizón, narizotas, narigón, chato, naso, napias, respingada, respingona, romo.

NARRACIÓN. f. Cuento, descripción, relato, exposición, memorias, referencia, gesta, saga, novela, mito, noticia, murmuración, hablilla, historieta, relación, romance, odisea, informe.

NARRAR. tr. Contar, referir, relatar, describir, decir, hacer historia, historiar, exponer, detallar.

NATURAL. adj. Nativo, original, originario, congénito, oriundo, natal, nacido, sencillo, franco, habitual, común, frecuente, acostumbrado, vulgar, regular, llano. ‖ m. Índole, genio, condición, carácter. ‖ ANT. Antinatural, infrecuente.

NATURALIDAD. f. Cualidad de natural, falta de cohibimiento, confianza, desenvoltura, familiaridad, franqueza, ambiente, en su propia salsa, timidez, ceremonia.

NAVAJA. f. Faca, cuchillo, cortaplumas, chaira, charrasca, cuchilla, daga, relaje, virola.

NAVIDAD. f. Natividad, nacimiento de Cristo, nadal, venida del Señor, advenimiento, nochebuena, aguinaldo, epifanía.

NECESARIO, RIA. adj. Preciso, forzoso, imprescindible, inexcusable, indefectible, irremediable, imperioso.

NECESIDAD. f. Obligación, menester, requisito, exigencia, precisión, fatalidad, sino, pobreza, miseria, escasez, apuro, aprieto. ‖ ANT. Abundancia, hartura, hartazgo.

NECIO, CIA. adj. Tonto, sandio, simple, estúpido, incapaz, bobo, torpe, estulto, ignorante, mentecato, zoquete, inepto, idiota, fantoche, imbécil, imprudente, porfiado, terco.

NEGAR. tr. Denegar, desmentir, impugnar, prohibir, ocultar, refutar, rehusar, privar, prohibir, eludir, evitar.

NEGOCIAR. tr. Comerciar, tratar, vender, traficar, financiar, regatear, pactar, contratar.

NEGOCIO. m. Trato, asunto, finanzas, comercio, especulación, filón, jugada, empresa, razón social, beneficio, cotización, regateo, compra, venta, compromiso, negociación.

NEGRO, GRA. adj. Prieto, moreno, trigueño, atezado, endrino, quemado, tostado, negruzco. ‖ Triste, melancólico, aciago, infausto, sombrío, desventurado, infortunado, infausto.

NEOLOGISMO. m. Palabra recién introducida, término nuevo, vocablo o giro nuevo, derivación, raíz, etimología.

NERVIO. m. Nerviación, haz, fibroso, vena, nerviosidad, inquietud, neurona, ímpetu, energía, fuerza, brío, empuje, arranque, vitalidad, eficacia, poder, cerebro, encéfalo.

NERVIOSO, SA. adj. Inquieto, impresionable, excitable, agitado, alterado, excitado, neurótico, desasosegado, íntegro, vigoroso, vivo.

NETO, TA. adj. Limpio, puro, castizo, terso, transparente, inmaculado, claro. ‖ Líquido, limpio (si se refiere a peso, cantidad y precio), deducido, exacto. ‖ m. Saldo.

NIEBLA. f. Bruma, (en el mar), neblina (n. baja), calima, fosca (n. tenue), humazón (n. espesa y amplia), brumazón, boira, calígine, sabara, camanchaca. ‖ Confusión, velo, oscuridad, sombra.

NIEVE. f. Cellisca, chuzos, nevasca, nevisca, nevada, temporal, ventisca, ventisquero, copo.

NIMBO. m. Aureola, halo, capa de nubes, laureola, corona, diadema, fulgor, círculo, cerco.

NIMIEDAD. f. Prolijidad, cualidad de nimio, cosa mínima, minuciosidad, poquedad, cortedad, pequeñez, insignificancia, escrúpulo.

NIÑADA. f. Chiquillada, puerilidad, niñería, muchachada, rapazada, travesura, tontería, bobada, futilidad, vagatela, pamplina.

NIÑO, ÑA. adj. m. Chico, chavea (And.), párvulo, bebé, rorro, angelote, arrapiezo, cagoncillo, braguillas, chacho, chaval, chicarrón, chicazo, chicuelo, crío, impúber, gurrumino, chamaco, chicuelo, inocente, infante, nene, criatura, pituso, rapaz, pollito.

NÍTIDO, DA. adj. Neto, terso, claro, transparente, resplandeciente, limpio, bien definido, diáfano, inmaculado, pulido, brillante, sin sombra.

NIVELAR. tr. Igualar, proporcionar, equilibrar, enrasar, allanar, explanar.

NOBLE. adj. Preclaro, insigne, ilustre, generoso, linajudo, aristocrático, señorial, encopetado, principal, aventajado, de sangre azul, príncipe, aristócrata, caballero, grande, hidalgo, patricio, señor, título, grande.

NOCIVO, VA. adj. Perjudicial, pernicioso, dañino, dañoso, lesivo, funesto, malo.

NOCHE. f. Crepúsculo, tinieblas, anochecer, anochecida, sombra, vela, vigilia, sueño.

NOMBRE. m. Nombradía, denominación, renombre, fama, designación, reputación, notoriedad, celebridad, renombre.

NORMA. f. Regla, precepto, guía, método, pauta, criterio, ejemplo, fórmula, lema, línea, máxima, credencial, modelo, modo, módulo, plantilla, principio, régimen, rito, ritual, técnica, táctica.

NORMAL. adj. Natural, acostumbrado, usual, regular, sensato, juicioso, moderado, cabal.

NORMALIZAR. tr. Regularizar, ordenar, metodizar, encauzarse, ponerse en regla, regularizarse, enquiciar.

NOTA. f. Señal, característica, anotación, observación, fama, crédito, notoriedad, renombre, nombradía, apunte, apuntación, calificación.

NOTAR. tr. Reparar, señalar, observar, designar, elegir, comprobar, establecer, adivinar, despertarse, hacerse notar, percatarse, fijarse, mostrarse, manifestarse, reparar.

NOTICIA. f. Idea, noción, conocimiento, novedad, nueva, chisme, bulo, mensaje, novedad, gacetilla, alcance, confidencia, dato, declaración, detalle, informe, infundio, participación, reportaje, acto.

NOTICIAR. tr. Divulgar, anunciar, avisar, advertir, prevenir, notificar, hacer saber, comunicar, circular, correr, dar, enviar, extenderse, respirar, despachar, informar.

NOVEDAD. f. Cualidad de nuevo de las cosas recién aparecidas, suceso, moda, noticia, nueva, extrañeza, sorpresa, admiración, mudanza, cambio, variación, mutación.

NOVELERO, RA. adj. Chismoso, aficionado a habladurías, aficionado a leer novelas, aficionado a las novedades, caprichoso, antojadizo, versátil, informal, imaginativo.

NOVIO, A. m. y f. Persona que tiene relaciones amorosas, pretendiente al matrimonio, prometido, futuro, pareja, cortejador, enamorado, comprometido, recién casado.

NUDO. m. Empalme, lazada, lazo, ligadura, presilla, vínculo, lo que liga o sujeta, unión, dificultad, embrollo, enredo, intriga, motivo, origen, causa, nódulo.

NÚMERO. m. Par, pareja, cero, uno dos tres etc., cifra, guarismo, letra numeral, logaritmo, duplo, subduplo, plural, singular.

NUPCIAS. f. pl. Matrimonio, casamiento, boda, enlace, esponsales, himeneo, maridaje, coyunda.

NUTRIR. tr. prnl. Alimentar, mantener, sostener, sustentar, atiborrar, rellenar. ‖ prnl. Alimentarse, fortalecerse, sostenerse, desarrollarse. ‖ ANT. Desnutrirse, abstenerse, desmejorarse.

Ñ

ÑOÑERÍA. f. Tontería, melindre, ñoñez, afectación, remilgo, cortedad, dengue, necedad.

ÑOÑO, ÑA. adj. Remilgado, dengoso, melindroso, quejumbroso, apocado, chinchorrero, quisquilloso, mojigato, soso, excesivamente recatado, caduco, chocho, cobarde, pusilánime.

O

OBEDECER. tr. Acatar, someterse, ceder, cumplir, ejecutar, observar, responder. ‖ S.E. El que cumple ejecuta el precepto que es obedecer. El que cumple se somete a un mandato; el que cumple al callar, obedece.

OBEDIENCIA. f. Sumisión, cumplimiento de la ley, sometimiento, acatamiento, disciplina, observancia, docilidad, deber, actitud obediente, subordinación, sujeción.

OBISPO. m. Eclesiástico que gobierna una diócesis, capellán mayor del rey, pastor, sufragáneo, prelado, arzobispo, patriarca, primado, mitra, diócesis, metropolitano.

ÓBITO. m. Fallecimiento, muerte, defunción, obituario, tránsito, desaparición, agonía.

OBJETAR. tr. Contradecir, oponer, replicar, contestar, argumentar, impugnar, poner peros, sacar faltas, controvertir, poner reparos, criticar, hacer objeciones, rebatir, refutar.

OBJETO. m. Finalidad, preocupación, fin, intención, mira, propósitos, meta, tema, asunto, materia, blanco, objetivo, intento. ‖ S.E. *Objeto* es el término material de la acción, *fin* el término moral de la voluntad; éste es el fin que me propongo o sea el objeto. El *fin* es siempre voluntario.

OBLICUO, A. adj. Inclinado, ni vertical ni horizontal, soslayado, sesgado, atravesado, sesgo, transversal, al bies (galicismo), de costado, en diagonal, de refilón, de reojo, al sesgo, escorzo.

OBLIGACIÓN. f. Cargo, deber, responsabilidad, acción de obligar, competencia, exigencia, contrato, título, deuda. ‖ ANT. Poder, dominio, autoridad. ‖ S.E. A la obligación a que los obligan las leyes, deber es mandato de conciencia; la obligación a veces es forzada, el deber es voluntario; el hombre de honor atiende a su obligación; el deber mira como propios los intereses del estado.

OBLIGAR. tr. Apremiar, constreñir, ligar, forzar, exigir, imponer, precisar, compeler, intimar, impulsar. ‖ Comprometerse.

OBLIGATORIO, RIA. adj. Preciso, imprescindible, forzoso, coactivo, indispensable, imperativo, insoslayable, necesario, preceptivo, solidario, imperioso, exigible, inexcusable.

OBRA. f. Labor, realización, tarea, faena, trabajo, misión, actuación, resultado, poder, medio, acción.

OBRAR. tr. Hacer, actuar, operar, no estar parado, fabricar, construir, elaborar, edificar, proceder, comportarse, gestionar.

OBRERO, RA. m. f. Trabajador, operario, agostero, aprendiz, artesano, asalariado, bracero, jornalero. ‖ Destajista, menestral, productor, oficial, listero.

OBSCENO, NA. adj. Escabroso, indecente, sensual, impúdico, libertino, indecoroso, libre, licencioso, sicalíptico, pornográfico. ‖ ANT. Honesto, puro.

OBSCURO, RA. adj. Obscurecido, lóbrego, fosco, opaco, sombrío, tenebroso, negro, confuso, ininteligible, incomprensible, turbio, inexplicable, borroso, encapotado, nuboso.

OBSTÁCULO. m. Dificultad, estorbo, barrera, chorra, escollo, impedimento, inconveniente, torna, tropiezo, veto, traba, rémora, óbice, embarazo. ‖ S.E. Verbos más usados: Salvar, superar, vencer, encontrar, topar, tropezar, acumular, poner obstáculos.

OBSTINACIÓN. f. Acción de obstinarse, acción obstinada, terquedad, tenacidad, porfía, testarudez, cabezonada, capricho, tozudez, cerrilismo, cerrazón, contumacia, manía, ofuscación. ‖ S.E. La terquedad es

de mala educación; la obstinación puede derivar de un error.

OBSTINARSE. prnl. No dar su brazo a torcer, aferrarse, porfiar, emperrarse, encalabrinarse, encapricharse, insistir.

OBSTRUIR. tr. prnl. Atascarse, atrancarse, obturarse, cerrarse, cegarse, interceptarse, tabicarse, taponar, ocluir. ‖ ANT. Favorecer, desocupar.

OBTENER. tr. Alcanzar, lograr, conseguir, agarrar, atrapar, coger, cazar, ganar, conquistar.

OCASIÓN. f. Conyuntura, oportunidad, momento oportuno, tiempo justo, circunstancia, sazón, peligro, riesgo.

OCASIONAR. tr. Motivar, causar, producir, provocar, ser causa, arriesgar, poner en peligro.

OCASO. m. Puesta del sol, poniente, occidente, oeste, puesta, decadencia, declinación, atardecer, anochecer, declive.

OCIO. m. Descanso, asueto, desocupación, dolcefarniente, fiesta, festividad, holganza, inacción, inactividad, huelga, recreo, jubilación, pausa, retiro, vacación.

OCIOSO, SA. adj. Desocupado, inactivo, parado, cesante, haragán, holgazán, indolente, callejeador, galfarro, vagabundo, vago, mirón, perezoso, polizón, zángano, zangarullón.

OCIOSAMENTE. adv. m. Sin trabajar, inútilmente, innecesariamente, inactivamente, desocupadamente.

OCULTAMENTE. adv. m. Furtivamente, a escondidas, de tapadillo, encubiertamente, veladamente. ‖ ANT. Abiertamente, descaradamente.

OCULTAR. tr. Esconder, encubrir, tapar, velar, disimular, celar, cubrir, embozar, callar. ‖ prnl. Desaparecer, eclipsarse, hurtarse.

OCULTO, TA. adj. Escondido, encubierto, velado, cubierto, tapado, secreto, clandestino, desconocido, incógnito.

OCUPACIÓN. f. Posesión, apoderación, colaboracionismo, maquis, quisling, quehacer, actividad, empleo, labor, tarea, faena, cargo, responsabilidad, empleo, oficio.

OCUPAR. tr. Coger, apoderarse, posesionar, habitar, llenar, meter, desempeñar, emplear, adueñarse, apropiarse, vivir, trabajar.

OCURRENCIA. f. Cosa que sucede, acontecimiento, idea feliz, suceso, caso, cosa graciosa o ingeniosa, golpe, salida, lindeza, gracia, pronto, dicho, donaire, ocasión, conyuntura, contingencia, agudeza.

OCURRIR. intr. prnl. Acaecer, acontecer, suceder, pasar, producirse. ‖ prnl. Venirle a uno al pensamiento, antojarse, asaltar, caer en la cuenta, venir a la boca, acertar.

ODIAR. tr. Aborrecer, abominar, detestar, tener aversión, tener odio, execrar, tener rencor, no poder ver ni en pintura.

ODIO. m. Antipatía, aversión, abominación, aborrecimiento, execración, inquina, repulsión, rencor. ‖ S.E. La aversión y la antipatía son temperamentales; el aborrecimiento mira su objeto con disgusto y odio, con verdadera ira.

OFENDER. tr. Abochornar, afrentar, agraviar, dar una bofetada, denigrar, deshonrar, despreciar, faltar, herir, infamar, humillar, insolentarse, infamar, insultar, lastimar, maltratar.

OFENSA. f. Cosa que ofende, delito, crimen, afrenta, agravio, atrevimiento, blasfemia, bofetada, dicterio, burla, coz, demasía, denuesto, desalabanza, descortesía, grosería, insolencia.

OFERTA. f. Promesa, ofrecimiento, precio que se ofrece, voto, donativo, don, regalo, dádivo, propuesta, proposición.

OFICIO. m. Habilidad manual, arte, ocupación, puesto, profesión, cargo, empleo, misterio, función. ‖ Papel, trabajo, actividad, labor.

OFRECER. tr. Dar, regalar, presentar, alargar, brindar, convidar, invitar, ofrendar, rendir, sacar, inmolar, sacrificar, dedicar, consagrar, formar intención, mostrar, enseñar. ‖ prnl. Ocurrir, sobrevenir, presentarse, ocurrirse, avalar, respaldar.

OFRENDA. f. Donación, presente, regalo, don, oblación, cosa que se ofrece con amor, homenaje, sacrificio, testimonio, acto. ‖ S.E. Oblación es término litúrgico, ofrenda tiene significado más común.

OFUSCAR. tr. prnl. Impedir el exceso de luz, deslumbrar, alucinar, abobar, apasionar, atontar, confundir, cegar, turbar, oscurecer, sugestionar, trastornar, fascinar, pasmar.

OÍR. tr. Entreoír, escuchar, atender, prestar atención, hacerse cargo, percibir, trasoír, no perder ripio.

OJO. m. Globo ocular, vista, sentido, órgano visual, ocelo, lumbrera, córnea, cristalino, cuenca, ceja, conjuntiva, iris.

OLA. f. Onda, oleaje, marejada, escarceo, resaca, cabrillas, cleada, batiente, embate.

OLER. tr. Olfatear, oliscar, husmear, percibir, trascender, averiguar, indagar.

OLOR. m. Fragancia, aroma, perfume, bálsamo, esencia, edor, humo, tufo, sobaquina, fetor, fetidez, pestilencia, corrupción, sospecha, barrunto.

OLOROSO, SA. adj. Fragante, aromático, bienoliente, perfumado, balsámico, penetrante.

OLVIDAR. tr. prnl. Omitir, descuidar, postergar, preterir, negar. ‖ prnl. Abandonar, desentenderse, dejar, perder.

OLVIDO. m. Desmemoria, omisión, negligencia, descuido, pérdida, preterición, ingratitud, egoísmo. ‖ ANT. Recuerdo, mención, cuidado.

OMITIR. tr. Abandonar, dejar, pasar por alto, excluir, prescindir, suprimir, dejar de decir.

OMNIPOTENTE. adj. Todopoderoso, supremo, dominante, preponderante, influyente, Dios.

OMNIPRESENTE. adj. Que interviene en todos los asuntos, ubicuo, dinámico, Dios.

ONDA. f. Ondulación, vibración, oscilación, ondulado, ola, reflexión, distorsión, interferencia, fluctuación, movimiento vibratorio, lóbulo, meandro, rizo, tirabuzón, bucle.

ONDULAR. intr. Ondear, flamear, mecerse, flotar, fluctuar, serpear, serpentear, vibrar, rizar, tremolar, columpiarse, moverse.

ONEROSO, SA. adj. Costoso, pesado, caro, dispendioso, gravoso, molesto, engorroso.

OPACO, CA. adj. Sombrío, oscuro, poco brillante, turbio, deslucido, gris, triste, melancólico.

OPERAR. tr. Actuar, obrar, trabajar, negociar, realizar una compra venta, ejecutar una operación quirúrgica.

OPINIÓN. f. Parecer, juicio, dictamen, sentencia, encuesta, tendencia, tesis, valoración, voto, voz, plácito, sentir, informe, consejo. ‖ S.E. El *dictamen* es de carácter técnico; *informe* o exposición de un dictamen; se da un parecer o dictamen conforme a la opinión de uno; *opinión* es le juicio que se da sobre un asunto.

OPONERSE. prnl. Contradecir, afrontar, argüir, atacar, presentar batalla, argumentar, carearse, competir, impedir, contrapesar, dar coces contra el aguijón, frenar.

OPORTUNIDAD. f. Ocasión, conveniencia, oportunismo, congruencia, conyuntura, proporción, sazón, saldo, provecho, ganga, negocio. ‖ ANT. Impertinencia, despropósito, importunidad.

OPORTUNO, NA. adj. Acertado, adecuado, como anillo al dedo, conveniente, provechoso, pertinente, crítico, correspondiente, congruente, clavado, pintiparado, genial.

OPRIMIR. tr. Causar molestia, tiranizar, acogotar, apretar, aherrojar, apurar, avasallar, subyugar.

OPTAR. intr. Elegir, preferir, escoger, aspirar a una cosa, poder, tener derecho, seleccionar.

ÓPTICO, CA. adj. Oftálmico, visual, cromático, refrigente, técnico oculista.

ORACIÓN. f. Alocución, discurso, razonamiento, disertación, arenga, charla, locución, rezo, plática, tratado.

ORAR. intr. Invocar, suplicar, rogar, implorar, perorar, adorar, deprecar, agradecer, arengar, hablar, disertar, elevar plegarias.

ORATORIA. f. Retórica, dialéctica, elocuencia, apóstrofe, arenga, discurso, argumentación, catilinaria, proclama, sermón, soflama, declamación, verborrea, panegírico.

ORDEN. m. Método, armonía, euritmia, regla, tranquilidad, paz, disciplina, normalidad, disposición, colocación, concierto, serie, estructura, arreglo, situación, orientación, mandato, decreto, precepto, exigencia, dictamen, cofradía, comunidad, hermandad. ‖ S.E. *Método* o el modo de hacer con orden algo. Hay muchos métodos para ordenar una biblioteca. ‖ Frs. En orden de combate y método silogístico o de silogismo.

ORDENAR. tr. Poner una cosa en orden, organizar, arreglar, conferir, examinar, dirigir, acomodar, agrupar, ajustar, alfabetizar, alinear, aparear, aviar, clasificar, coordenar, concertar, disponer, distribuir, emparejar, formar, metodizar, unificar, uniformar.

ORDINARIO, RIA. adj. Común, corriente, habitual, usual, no especial, vulgar, diario, no sobrenatural, no extraordinario, frecuente, acostumbrado, rudo, regular, plebeyo, bajo, grosero, tosco, soez. ‖ Sesión, correo, despacho.

ORFANDAD. f. Desamparo, abandono, situación de huérfano, pensión, desvalimiento, carencia de ayuda.

ORGANIZACIÓN. f. Acción de organizar, cosa organizada, sociedad, sistema, manera, arreglo, estructura, ordenamiento, regularización.

ORGANIZAR. tr. Disponer, crear, constituir, estructurar, arreglar, armar, establecer, emprender, preparar, planear, juntar. ‖ prnl. Instalarse, constituirse, armarse, juntarse.

ORGULLO. m. Arrogancia, soberbia, engreimiento, vanidad, altivez, presunción, fatuidad. ‖ S.E. Orgullo o excesivo aprecio de si mismo; vanidad, ostentación que excita la envidia. ‖ ANT. Modestia, humildad, docilidad, sencillez.

ORIENTAR. tr. Disponer, alinear, colocar, ordenar, distribuir, encaminar, encauzar, determinar.

ORIFICIO. m. Agujero, boquete, ojo, taladro, abertura, cala, poro, esfínter, tronera, perforación, pozo, foramen, hoyo.

ORIGEN. m. Arranque, ascendencia, base, causa, cabeza, raíz, cimiento, cuna, embrión, empiece, semilla, semillero, seminario, venero, vivero, linaje, estirpe, germen, casta.

ORIGINAL. adj. Desusado, inusitado, propio, característico, primero, primogénito, prístino, primordial. ‖ m. Muestra, modelo, tipo.

ORIGINAR. tr. Motivar, obrar, producir, provocar, crear, causar, suscitar, engendrar, influir. ‖ prnl. Producirse, proceder, provenir, derivarse, engendrarse, seguirse, salir, brotar.

ORILLA. f. Costa, litoral, margen, riba, ribera, playa, borde, canto, faja estrecha, extremo, arista, franja, línea, esquina.

ORINAR. intr. prnl. Mear (vulg.), hacer pis o pipí (lengua infantil), hacer aguas menores, desbeber, expulsar.

ORNAMENTO. m. Ornato, ornamentación, adorno, atavío, gala, composición, aderezo, filigrana.

OSADÍA. f. Atrevimiento, audacia, valor, arrojo, intrepidez, valentía, coraje, brío, desvergüenza, insolencia, descaro, desfachatez, fanfarronería, imprudencia, frescura, aventura.

OSCILAR. intr. Fluctuar, balancearse, columpiarse, moverse, vibrar, titilar, temblar, bailar, pivotear, vacilar, titubear, cambiar alternativamente, bambolearse.

OSTENSIBLE. adj. Visible, manifiesto, patente, claro, público, notorio, abierto, ostensivo.

OSTENTAR. tr. Mostrar, exhibir, hacer alarde, hacer gala, lucir, poner de manifiesto, presumir, hacer ostentación, templar, poner a la vista.

OSTENTOSO, SA. adj. Que se muestra con empeño, lujoso, suntuoso, magnífico, pomposo, espléndido. ‖ S.E. Con sentido despectivo: retumbante, rimbombante.

OTORGAR. tr. Asentir, acceder a una cosa, consentir, dar, conceder, condescender. ‖ DER. Estipular, establecer, ofrecer, disponer.

P

PÁBULO. m. Alimento, pasto, comida, sustento, mantenimiento. ‖ Fomento, motivo, ocasión, pie, base.

PACATO, TA. adj. Timorato, tímido, asustadizo, moderado, pudoroso, modoso, apocado, encogido, pusilánime. ‖ ANT. Irritado, enojado, encolerizado.

PACIENCIA. f. Conformidad, tolerancia, sufrimiento, mansedumbre, resignación, aguante, calma, perseverancia, flema, pasividad.

PACIENTE. adj. Manso, tolerante, sufrido, resignado, estoico, conformista, humilde, llevable, llevadero, dócil.

PACIFICAR. tr. Apaciguar, poner paz, tranquilizar, amistar, desarmar, terciar, reconciliar, separar, darse la mano, desenconar, sosegar, hacer algo por la paz, parlamentar, aplacar.

PACÍFICO, CA. adj. Sosegado, tranquilo, que no fomenta las luchas o discusiones, apacible, reposado, afable, dócil, pactado, no alterado.

PACTAR. tr. Estipular, concertar, negociar, comprometerse, convenir, ajustar, asentar, conchabarse, conjurarse, obligarse.

PACTO. m. Trato, convenio, tratado, estipulación, ajuste, concierto, compromiso, conchabamiento, conchabanza.

PADECER. tr. Sufrir, soportar, tolerar, aguantar, pasar, acongojarse, aflijirse, pasarlo mal, penar.

PADECIMIENTO. m. Sentimiento, pena, tristeza, congoja, aflicción, sufrimiento, enfermedad, dolencia, achaque, mal.

PADRE. m. Autor de tus días, macho, cabeza de familia, procreador, progenitor. ‖ fig. Autor, inventor, creador, compositor, antepasado, ascendiente, abuelo, mayor, productor, religioso, cura, sacerdote.

PADRINO. m. Valedor, protector, patrocinador, responsable, bienhechor, favorecedor, que saca de pila, mecenas, acompañante.

PAGA. f. Sueldo, cantidad de dinero por trabajo realizado, acción de pagar, haberes, mensualidad, emolumento, jornal.

PAGANO, NA. adj. Infiel, gentil, idólatra, supersticioso, politeista, fetichista. ‖ m. Pagote.

PAGAR. tr. Abonar, satisfacer, costear, sufragar, retribuir, recompensar, remunerar, gratificar, subvencionar, costear. ‖ prnl. Ufanarse, jactarse, prendarse, envanecerse, fanfarronear, aficionarse.

PAÍS. m. Comarca, territorio, región, terruño, tierra, patria chica, provincia, estado, nación.

PAISAJE. m. Panorama, espectáculo, extensión de campo, horizonte, vista, mirador, terrazo, cuadro, pintura, dibujo.

PAJA. f. Tallo flexible, bálago, pajuz, granzones, tamo. ‖ fig. Deshecho, broza, sobrante, hojarasca.

PÁJARO. m. Ave, volátil, animal que vuela. Ejs. Abubilla, aguzanieves, alauda, alondra, andolina, arandillo, ave fría, ave moñuda, bengalí, calandria, canario, colibrí, chova, chirulí, estornino, filomena, cotorra, cuervo, golondrina, gorrión, hurraca, jilguero, mirlo, oropéndola, pájaro mosca, pardal, picaza, ruiseñor, tordo, tordancha, vencejo, etc.

PALA. f. Herramienta, utensilio, badil, badila, espátula, espumadera, rasera, palada, empella.

PALABRA. f. Término, vocablo, voz, dicción, expresión, adjetivo, adverbio, artículo, conjunción, interjección, nombre, preposición, pronombre, verbo, dicho, voquible, locución, lenguaje.

PALACIO. m. Casa real, alcázar, corte, mansión, palacete, casona, castillo, residencia real.

PALETO. m. Palurdo, cateto, aldeano, tosco, labriego, zafio, lugareño, pueblerino, cerril, rústico.

PALIAR. tr. Encubrir, disimular, aliviar, atenuar, mitigar, moderar, suavizar, calmar, disculpar, honestar.

PALIZA. f. Somanta, felpa, zurra, vapuleo, tollina, solfa, tunda, soba, azotaina, leña, apaleo.

PALMA. f. Palmera, cocotero, dátil, marfil, rafia. ‖ fig. Triunfo, gloria, fama, honra, honor, premio, laurel. ‖ pl. Palmadas, aplausos, vítores, aclamación, palmoteo. ‖ S.E. Verbos más usados: Ganar, alcanzar, obtener, tener, llevarse, conquistar.

PALO. m. Vara, bastón, garrote, tranca, cayado, barrote, cachiporra, pértiga, pilote, cachava, poste, clava, tirso, puntal. ‖ fig. Estacazo, garrotazo, bastonazo, golpe, trancazo, varazo. ‖ Mástil.

PALPABLE. adj. Concreto, perceptible, material, susceptible de ser tocado, claro, evidente, palmario, ostensible, patente.

PALPAR. tr. Tocar, tentar, tantear, percibir, experimentar, manosear, frotar, hurgar.

PALURDO, DA. adj. Tosco, ignorante, rústico, grosero, aldeano, paleto, zopenco, burdo, cateto.

PAMEMA. f. Ficción, fingimiento, dicho sin fundamento, tontería, simpleza, insignificancia, melindre, aspaviento.

PAMPLINA. f. Planta papaverácea, zapatilla de la Reina. ‖ fig. Pamema, tontería, lisonja, aspaviento, melindre, bagatela, futesa, nadería.

PAN. m. Bizcocho, borona, molleta, galleta, barra, colín, cuartal, cuerno, hogaza, libreta, rosca, trenza.

PANTALONES. m. pl. Calzones, pantalón, calzas, bombacha, calzón, greguescos, taparrabos, zaragüelles, zahones.

PANTANO. m. Laguna (si es natural), embalse (si es artificial), aguazal, almarjal, ciénaga, marisma, marjal, nava, pantanal, paúl, paular, lago, charco, pólder, tolla, tolladar, tremedal, chapatal, dique, presa.

PANTOMINA. f. Representación teatral, comedia, farsa, ficción, simulacro, mimesis, caricatura.

PAÑAL. m. Bragas, candonga, culero, empañadura, empapador, envoltura, fajero, sabanilla.

PAÑO. m. Lienzo, tela, alpaca, bayeta, castor, cheviot, contray, estambre, lana, lanilla, pañete, vellorí, vicuña.

PAPA. m. Obispo de Roma, Sumo Pontífice, Su Santidad, Beatitud, Beatísimo, Padre Santo, Cabeza de la Iglesia, Vicario, Santo Padre, Sucesor de San Pedro, Pastor universal, Sumo Pastor.

PAPANATAS. m. Mentecado, bobo, tonto, bobalicón, pánfilo, papamoscas, pazguato, zorzal, idiota.

PAPEL. m. Secante, albarán, billete, boleta, boletín, boleto, cédula, comunicación, cupón, documento, esquela, bono, pergamino, papiro, folio, impreso, manuscrito, papeleta, tarjeta, vale, volante, libro.

PAPELETA. f. Cédula, talón, cupón, resguardo, tarjeta, comprobante, ficha, cucurucho de papel.

PAQUETE. m. Envoltorio, lío, atadijo, petate, bulto, rebujo, fajo, mazo, bala, paca, saco, bloque.

PARABIÉN. m. Felicitación, pláceme, enhorabuena, cumplido, envío, agasajo, congratulación.

PARADERO. m. Final, término, fin, meta, apeadero, estación, situación, dirección, sitio, seña, remanso, fondeadero.

PARADOR. m. Mesón, posada, hostal, hostelería, fonda, venta, ventorrillo, hospedería, figón.

PARAÍSO. m. Edén, empíreo, gloria, cielo, elíseo, nirvana, olimpo, galería, gallinero, cazuela, anfiteatro.

PARALELO, LA. adj. Equidistante, afín, análogo, correspondiente, comparable, semejante. ‖ m. Comparación, semejanza.

PARALIZAR. tr. prnl. Tullir, lisiar, inmovilizar, agarrotar, atrofiar, inutilizar, baldar. ‖ fig. Detener, atajar, entorpecer, impedir, cortar, cerrar, interrumpir, parar.

PARAR. intr. prnl. tr. Detener, atajar, frenar, sujetar, estacionarse, paralizar, estorbar. ‖ prnl. Hospedarse, acampar, quedarse, vivir, alojarse. ‖ Cesar, concluir. ‖ Ponerse en pie.

PARCIAL. adj. Partidario, no ecuánime, no equitativo, no justo, arbitrario, apasionado, secuaz, allegado, atrabiliario, impresionable, favorecedor, rudimentario, fragmentario.

PARCIALIDAD. f. Bando, bandería, partido, arbitrariedad, apasionamiento, chovinismo, exclusivismo, injusticia, favoritismo, ley del embudo, nepotismo, preferencia, pasión, perjuicio, privilegio, injusticia, desigualdad.

PARCO, CA. adj. Escaso, corto, sobrio, moderado, insuficiente, templado, mesurado, frugal, ahorrativo, abstinente.

PARECER. m. intr. Juicio, dictamen, opinión, informe, sugerencia, voto, afirmación. ‖ intr. Dejarse ver, aparecer, presentarse, manifestarse, parecerse, semejarse, hallarse, encontrarse, asemejarse.

PARECIDO, DA. adj. Semejante, afín, análogo, aproximado, calaño, cercano, comparable, conexo, por el estilo, otro que tal, paralelo, próximo, propio, pintiparado, similar, parigual. ‖ m. Semejanza, similitud, analogía, afinidad, mimetismo, el vivo retrato, aire, imitación, imagen.

PARED. f. Muro, obra de albañilería, tabique, tapia, albarrada, horma, hormaza, cara o superficie, lateral.

PAREJA. f. Par, yunta, duplo, doble, dualidad, collera, compañero, partenaire (fr.), conjunto de dos guardias.

PARIENTE, TA. adj. Allegado, vástago, progenie, posteridad, antecesor, antepasado, ascendiente, cognado, deudo, descendiente, familiar, los míos, los nuestros, los tuyos.

PARIR. intr. tr. Dar a luz (eufemismo), alumbrar, echar al mundo, malparir, abortar, engendrar.

PARLAMENTO. m. Cámara, cortes, asamblea legislativa, tribunal de justicia (fr.), los lores, los comunes, teatro, recitado largo del actor.

PARLAR. tr. Hablar, parlotear, charlar, garlar, conversar, cascar, chacharear, predicar, sermonear.

PARLOTEO. m. Charla, parla, cháchara, palique, conversación, cotorreo, verbosidad, labia.

PARQUEDAD. f. Cualidad de parco, moderación en el gasto, parcidad, parsimonia, tacañería, sobriedad.

PARTE. m. Fracción, pedazo, fragmento, mitad, subduplo, tercio, cuarto, quinto, sexto séptimo, algo, algunos, brizna, cacho, contingente, compartimento, astilla, ápice, átomo, bocado, detalle, dosis, elemento, gota, gránulo, parcela, pastilla, porción, rescaño, sección, raja, trozo, viruta, lote.

PARTICIÓN. f. División, reparto, partija, separación, partimiento, rompimiento, parcelación, sección, distribución.

PARTICIPAR. intr. Tener parte, contribuir, colaborar, cooperar, coparticipar, coadyuvar, compartir, tomar parte, aportar, interesar, dar parte. ‖ tr. Noticiar, avisar, informar.

PARTICULAR. adj. Propio, privado, no oficial, peculiar, privativo, personal, especial, extraordinario, extraño, típico, único, inconfundible.

PARTICULARIDAD. f. Atributo, cachet (fr.), distintivo, carácter, característica, especialidad, peculiaridad, rasgo, sello, seña, tinte, singularidad, pormenor, circunstancia.

PARTIDARIO, RIA. adj. Adicto,

adepto, admirado, secuaz, prosélito, parcial, afiliado, allegado, amigo, apegado, banderizo, neófito, correlegionario, devoto, discípulo, fiel, incondicional, seguidor, solidario, sectario, afecto.

PARTIDO. m. Partido judicial, territorio, agrupación política, comunidad de la misma ideología, grupo de jugadores, bando, bandería, parcialidad, provecho, utilidad, favor, protección, popularidad.

PARTIR. tr. Dividir, agrietarse, apedazar, desmenbrar, resquebrajarse, cuartearse, cortar, fragmentar, fraccionar, separar, tronchar, desmenuzar, romper, abrir.

PARVEDAD. f. Cualidad de parvo, pequeña porción de alimento, parvidad, escasez, pequeñez, poquedad, cortedad.

PASABLE. adj. Pasadero, no demasiado malo o despreciable, tolerante, soportable, aceptable, admisible.

PASAJERO, RA. adj. Fugaz, accidental, breve, fugitivo, del momento, pasadero, transitorio, circunstancial, efímero, perecedero.

PASAR. intr. Transitar, trasladarse, cruzar, atravesar, desfilar, saltar, salvar. ‖ prnl. Pasarse, estropearse, transmitir, vadear, traspasar.

PASATIEMPO. m. Esparcimiento, entretenimiento, solaz, diversión, distracción, afición, devaneo.

PASEAR. intr. prnl. Estirar las piernas, tomar el aire, airearse, andar, orearse, oxigenarse, vagar, rondar, dar un paseo. ‖ prnl. Estar ocioso, tratar de

una cosa sin profundizar, pensar. ‖ Fr. Me pasa esta idea por la cabeza.

PASIÓN. f. Sufrimiento, padecimiento, emoción, ímpetu, calor, fiebre, ardor, delirio, fanatismo, vehemencia, entusiasmo, preferencia, querencia.

PASIVIDAD. f. Impasibilidad, inacción, indeferencia, indolencia, apatía, tibieza, insensibilidad.

PASMAR. tr. Embelesar, asombrar, maravillar, atontar, admirar, inmovilizar, tullir, helar, aterir.

PASMO. m. Embeleso, asombro, atontamiento, admiración, maravilla, suspensión, aturdimiento.

PASMOSO, SA. adj. Estupendo, sorprendente, prodigioso, maravilloso, formidable.

PASTEL. m. Golosina, bizcocho, hojaldre, aguja, bamba, cubilete, pitisú, milhojas, gloria, merengue, tarta, tartaleta, pasta, crema, nata.

PASTO. m. Pastura, hierba, prado, pastizal, herbaje, montanera, zacatón, forraje, pienso, grano.

PASTOR. m. Cabrero, ovejero, boyero, boyerizo, caporal, zagal, mayoral, porquerizo, pavero, rabadán, rehalero, dulero, albarrán, vaciero, sarruján. ‖ Clérigo, ministro, sacerdote, cura.

PATÁN. m. Paleto, palurdo, hombre rústico, hombre ignorante, aldeano. ‖ adj. Tosco, ignorante, zafio, grosero.

PATEAR. tr. Pisotear, maltratar, dar patadas en el suelo, patalear, mostrarse furioso, tratar con descomedimiento, agredir, golpear, aporrear.

PATENTIZAR. tr. Manifestar, mostrar, evidenciar, exteriorizar, aclarar, significar, hacer patente.

PATÉTICO, CA. adj. Conmovedor, emocionante, tierno, sentimental, enternecedor, impresionante.

PATO. m. Ave palmípeda, ánade, alavanco, anadón, ansar, sarón, canquén, parro, curro, lavanco.

PATOCHADA. f. Despropósito, tontería, acción carente de oportunidad, patosería, disparate, sandez, zafiedad, patanería, grosería, tochedad.

PATRIMONIO. m. Herencia, sucesión, hacienda, bienes, propiedades, fondos, fortuna, acervo, caudal.

PATROCINAR. tr. Ayudar, proteger, defender, auspiciar, amparar, apoyar, favorecer, apadrinar, tutelar, desarrollar.

PATROCINIO. m. Patronato, patronazgo, ayuda, protección, poder, influencia, padrinazgo, apoyo, tutela, respaldo.

PATRÓN, ONA. adj. m. Protector, ayuda, defensor, patrono, servidor, amo, señor, modelo, tipo, sistema, muestra, paradigma, rodrigón, dechado, tutor, pauta, hospedero, capitalista, jefe, molde, horma.

PAULATINO, NA. adj. Pausado, gradual, lento, calmoso, flemático, tardo, cachazudo, despacioso, moroso.

PAUSA. f. Alto, detención, interrupción, parada, intervalo, silencio, musical, lentitud, calma, tardanza, paro, cese.

PAUTA. f. Modelo, patrón, regla, dechado, guía, norma, rayado, falsilla, compás, raya.

PAVIMENTO. m. Adoquinado, alquitranado, asfaltado, piso, suelo, embaldosado, empedrado, encachado, entarimado, firme, parqué, plataforma, solado, tarima, tillado.

PAVO. m. Gallipavo, pavón (pavo real), chumpipe, guajolote, pavezno, pavipollo, guanajo.

PAVONEAR. intr. prnl. Mostrarse satisfecho, engallarse, entonarse, darse importancia, darse tono, presumir, engreírse, crecerse.

PAVOR. m. Espanto, terror, miedo grandísimo, intimidación, susto, pánico, temor.

PAVOROSO, SA. adj. Estantoso, terrible, terrorífico, aterrador, sobrecogedor, horrendo, trágico, apocalíptico.

PAZ. f. Tranquilidad, quietud, sosiego, calma, armonía, tregua, armisticio, concordia, neutralidad, pacto, pacción, acuerdo, amistad, rendición, bandera blanca, parlamento.

PECADOR, RA. adj. m. Relapso, culpable, infractor, deudor, violador, tentado, arrepentido, falible, contumaz, impenitente.

PECULIAR. adj. Propio, privativo, característico, particular, distintivo, representativo, típico.

PECULIARIDAD. f. Distintivo, detalle peculiar, cualidad, característica, singularidad, exclusividad.

PECULIO. m. Bienes, caudal, dinero, capital, bienes particulares, moneda, hacienda, patrimonio.

PECUNIARIO, RIA. adj. Monetario (de moneda acuñada), crematístico, fiduciario, dinerario.

PECHO. m. Torso, torax, seno, tetilla, mama, teta. ‖ fig. Interior, ánimo, intención, brío, fortaleza, coraje, valor, constancia. ‖ pl. Senos, escotes, ubres, tetas, mamas.

PEDANTE. adj. Fatuo, engolado, campanudo, dómine, hinchado, hueco, leído y escrito, redicho, sabelotodo, sabidillo, sabiondo, sentencioso, suficiente, jactancioso, estirado, enfático.

PEDAZO. m. Parte, porción, trozo, fragmento, fracción, sección, rodaja, partícula, muestra, miga, andrajo, retazo, trizas, gajo, cacho.

PEDESTAL. m. Peana, contrabase, apoyo, base, pie, podio, soporte, basamento, fundamento.

PEDESTRE. adj. Caminante, peatón, chabacano, adocenado, llano, vulgar, ordinario, ramplón.

PEDIR. tr. Requerir, solicitar, exigir, demandar, impetrar, insistir, importunar, postular, pordiosear, mendigar, suplicar.

PEGAR. tr. Adherir, aglutinar, aplicar, asentar, conglomerar, conglutinar, engomar, engrudar. ‖ Arrimar, juntar, adosar, comunicar, golpear, luchar, reñir, altercar, maltratar.

PEINAR. tr. Desenredar el cabello, componer, desenmarañar, atusar, repeinar, rizar, marcar, ondular.

PELÍCULA. m. Cutícula, cinta, film, cinta de celuloide, documental, nodo, noticiario. ‖

Membrana, nata, telilla, capa, lámina.

PELIGRO. m. Amenaza, exposición, apuro, aventura, contingencia, emergencia, inminencia, inseguridad, riesgo, nublado, trance, ventura, escollo.

PELO. m. Cabello, vello, pelusa, pendejo, pestaña, bigote, cabellera, pelaje, cerda, crin, bucle, patilla, filamento.

PELLIZCO. m. Pizco, repizco, torniscón, menudencia, pizca, poquito, porcionista, trozo, triza.

PENA. f. Tristeza, nostalgia, dolor, congoja, duelo, desazón, pesadumbre, inquietud, angustia, castigo, corrección, correctivo, sufrimiento, pesar, ansia, ansiedad, amargura, tribulación.

PENALIDAD. f. Adversidad, afán, azote, calamidad, desdicha, contratiempo, vida perra, golpe, infortunio, lacería, malandanza, malaventuranza, padecimiento, revés, sinsabor, trabajo, odisea.

PENDENCIA. f. Riña, contienda, altercado, pelea, cuestión, trifulca, acción de insultarse.

PENDENCIERO, RA. adj. Reñidor, buscarruidos, quimerista, camorrista, agresivo, alborotador, rencilloso, peleón, provocador, rijoso, bravucón.

PENDIENTE. m. Adorno de la mujer, arete, aro, zarcillo, arracada, perendengue, roseta. ‖ Cuesta, declive, descenso, desnivel, acantilado, terreno inclinado, inclinación, subida, repecho, costanilla, cotarro, capialzo, talud, terraplén, terraza, vertiente, escarpadura.

PENETRACIÓN. f. Acción de penetrar, agudeza, perspicacia, sagacidad, comprensión, sutileza, inteligencia.

PENETRAR. tr. intr. Introducirse, entrar, meterse, pasar, escurrise, invadir, calar, descifrar, profundizar, descubrir el sentido ahondar, enterrarse, empaparse, entender. ‖ prnl. Hacerse cargo, percatarse, deducir, adivinar.

PENITENCIA. f. Mortificación, disciplina, contrición, dolor, ayuno, azote, cilicio, disciplina, flagelo, pena, expiación, castigo, corrección, confesión, satisfacción.

PENSAMIENTO. m. Inteligencia, mentalidad, mente, abstracción, meditación, cálculo, deducción, idea, designio, síntesis, razonamiento, reflexión, intención, proyecto, dicho, máxima.

PENSAR. tr. intr. Cavilar, cogitar, razonar, discurrir, reflexionar, consultar con la almohada, considerar, examinar, fijar la atención, analizar, abstraerse, meditar, rumiar, abismarse, deducir. ‖ S.E. Para *pensar* ponemos en actividad las facultades mentales; *reflexionar* es examinar atentamente una cosa; *considerar* es pensar con detenimiento. La *reflexión* analiza, la *meditación* transforma las ideas y las sublima.

PENSIÓN. f. Pupilaje, casa de huéspedes, hospedaje, jubilación, orfandad, retiro, subsidio, renta vitalicia, viudedad, beca, asignación, gravamen, incongrua, encomienda.

PENURIA. f. Pobreza, escasez, estrechez, insuficiencia, necesidad, falta de lo necesario, carestía.

PEQUEÑEZ. f. Nimiedad, niñería, menudencia, bagatela, fruslería, minucia, parvedad, nonada, puerilidad, insignificancia, nadería, trivialidad, miseria, bajeza, cortedad.

PEQUEÑO, ÑA. adj. Corto, chico, escaso, exiguo, parvo, reducido, chingo, chiquito, imperceptible, ínfimo, inapreciable, infinitesimal, insignificante, irrisorio, limitado, menor, menudo mezquino. ‖ m. Niño, párvulo.

PERA. f. Fruto del peral, avugo, bergamota, caruja, cermeña, perojo, peruétano, donguindo, pero, ocal, , perilla.

PERCANCE. m. Contratiempo, accidente, cosa peyorativa, gaje, remuneración, evento, cosa de poca gravedad, contrariedad.

PERCATARSE. prnl. Darse cuenta, notar, advertir, reparar, apreciar, distinguir, percibir, observar, enterarse.

PERCIBIR. tr. Advertir, apreciar, notar, reparar, enterarse, cobrar, recibir una cantidad, ver, conocer, comprender, concebir. ‖ S.E. Se percibe por medio de los sentidos o por reflexión mental; se concibe hasta lo imposible. El que percibe aprende, el que concibe, crea y redacta.

PERDER. tr. Dejar de tener algo, no encontrar, olvidar, extraviar, disipar, malgastar, enajenar, dejar escapar, traspapelar, desatender, descuidar. ‖ prnl. Viciarse, corromperse, irse a pique, pervertirse, zozobrar.

PÉRDIDA. f. Daño, abandono,

olvido, descuido, omisión, merma, menoscabo, quebranto, perjuicio, extravío, privación, detrimento, derroche.

PERDÓN. m. Remisión, absolución, indulto, gracia, indulgencia, piedad, clemencia, amnistía, misericordia, compasión. ‖ S.E. El perdón se refiere a la persona que ha hecho la ofensa; la *remisión* se relaciona con la pena; la concede una persona principal; la absolución ataña al juez o al confesor y restablece en sus derechos al acusado o penitente.

PERDONAR. tr. Absolver, amnistiar, indultar, remitir, agraciar, indulgenciar, condenar, tolerar, rebajar, exculpar, dispensar.

PERDURABLE. adj. Eterno, perpetuo, que dura siempre, inmortal, inacabable, interminable, sempiterno, imperecedero, permanente.

PERDURAR. intr. Durar, permanecer, subsistir, mantenerse, perpetuarse, eternizarse, resistir.

PERECEDERO, RA. adj. Mortal, caduco, pasajero, carnal, humano, transitorio, breve, fugaz, precario, caduco, efímero, temporal.

PERECER. intr. Morir, fallecer, expirar, sucumbir, extinguirse, agonizar, irse, palmar. ‖ prnl. Morirse, sufrir un acceso violento, desvivirse, pirriarse, anhelar, ser muy aficionado, apetecer, ansiar.

PEREGRINO, NA. adj. Romero, palmero, penitente, andariego, aventurero, raro, extraño, insólito, singular, exótico, inaudito.

PERENNE. adj. Perpetuo, perdurable, perennal, incesante, continuo, permanente, perdurable, inacabable, vivaz.

PERENTORIO, RIA. adj. Concluyente, definitivo, terminante, urgente, apremiante, decisivo, apurado, tajante, inaplazable.

PEREZA. f. Holgazanería, apatía, abandono, abulia, blandeza, carpanta, dejadez, comodidad, flojedad, desidia, flojera, galvana, inactividad.

PEREZOSO, SA. adj. Holgazán, lento, flojo, indolente, gandul, poltrón, tumbón, vago, haragán, desidioso, remolón, pigre, ocioso.

PERFECTO, TA. adj. Acabado, cabal, clásico, completo, consumado, conseguido, correcto, cumplido, entero, ideal, impecable, inatacable, inimitable, íntegro, irreprochable.

PÉRFIDO, DA. adj. Fementido, desleal, infiel, falso, engañoso, felón, alevoso, perjuro, renegado, bellaco, marrullero.

PERFILARSE. prnl. Presentar una cosa su perfil, acicalarse, componerse, aderezarse, pulirse, retocarse, precisar.

PERFORAR. tr. Horadar, agujerear, taladrar, ahondar, hacer un agujero, extraer, excavar, trepanar.

PERFUME. m. Aroma, fragancia, bálsamo, efluvio, buen olor, esencia, sahumerio, loción, incienso, olor agradable, exhalación.

PERICIA. f. Habilidad, destreza, aptitud, capacidad, experiencia, práctica, suficiencia, competencia, arte, maña, maestría.

PERÍFRASIS. f. Circunlocución, rodeo, circunloquio, giro, ambigüedad, evasiva, digresión.

PERIÓDICO, CA. adj, Habitual, regular, asiduo, fijo, normal, repetido, constante. ‖ m. Diario, semanario, hoja, publicación, hebdomadario (cult.), quincenal, mensual, trimestral, semestral, gaceta, boletín, noticiero, informativo.

PERÍODO. m. Lapso, ciclo, etapa, fase, duración, división, época, momento, instante. ‖ Cláusula, frase, oración compuesta. ‖ Menstruación.

PERITO, TA. adj. Hábil, diestro, apto, capaz, experimentado, competente, experto, conocedor, idóneo, entendido, bien informado, fogueado, inteligente, técnico, mañoso, preparado.

PERJUDICAR. tr. Causar perjuicio, hacer desmerecer, desfavorecer, dañar, menoscabar, lesionar, damnificar, atropellar, vulnerar, lacerar, reventar, herir, lastimar, estropear. ‖ prnl. Fastidiarse, dañarse, menoscabarse, lesionarse, damnificarse, reventarse, herirse.

PERJUICIO. m. Detrimento, daño, quebranto, desfavor, desventaja, deterioro, disfavor, contratiempo, extorsión, lesión, extravío, menoscabo, mella, mengua, quiebra, revés.

PERLA. f. Concreción nacarada, margarita, esfera, aljófar, barrueco, engaste, rostrillo, madreperla.

PERMANECER. intr. Estar, conservarse, durar, mantenerse, estacionarse, seguir en pie, persistir, subsistir, continuar, quedarse, residir, resistir, seguir, eternizarse, arraigar.

PERMANENTE. adj. Arraigado, consistente, constante, continuado, durable, continuo, estable, fijo, inalterable, invariable, crónico, duradero, incesante, endémico, persistente, eterno, indisoluble, sostenido, estático, estacionario.

PERMISO. m. Autorización, anuencia, aquiescencia, asenso, licencia, venia, consentimiento, beneplácito, exequatur, conformidad, connivencia, fiat, pase, poder, carta blanca.

PERMITIR. tr. Aprobar, acceder, aguantar, sufrir, tolerar, dar atribuciones, autorizar, conceder, consentir, dejar correr, decir que sí, facultar, otorgar, pasar, dejar pasar, hacer la vista gorda.

PERMUTAR. tr. Cambiar, canjear, conmutar, trocar, cambiar entre sí, transferir, intercambiar, negociar.

PERNICIOSO, SA. adj. Dañoso, malo, nocivo, perjudicial, maligno, dañino, que causa daño.

PERORACIÓN. f. Acción de perorar, exposición doctrinal o polémica, discurso, oración, perorata, prédica. ‖ Tabarra, alocución, arenga, monserga, matraca.

PERPETUAR. tr. Hacer que una cosa sea perpetua, perseverar, mantener, perdurar, subsistir, eternizar.

PERPETUO, TUA. adj. Eterno, sempiterno, incesante, inmortal, vitalicio, imborrable, inacabable, indeleble, perdurable, interminable, perenne, duradero.

PERPLEJIDAD. f. Estado de perplejo, confusión, desorientación, hesitación, duda, vacilación, irresolución, indecisión, incertidumbre, indeterminación. ‖ S.E. La perplejidad reside en la inteligencia; irresolución e indecesión suponen cierta inmovilidad; el indeciso no resuelve nada.

PERPLEJO, JA. adj. Confuso, desorientado, sin saber que decir, dudoso, sorprendido, indeciso.

PERRO. m. Mamífero carnicero cánido, can, chucho, guau (habla infantil), cuzo, cárabo, gozque.

PERSEGUIR. tr. Acosar, seguir, buscar, estrechar, acorralar, arrinconar, encerrar, dar caza, cazar, seguir la pista, sitiar, pisar los talones, dar alcance, molestar, dañar, importunar.

PERSEVERANCIA. f. Tesón, firmeza, constancia, persistencia, tenacidad, voluntad.

PERSEVERAR. intr. Sostener, insistir, perdurar, permanecer, obstinarse, empeñarse, resistir.

PERSISTIR. intr. Seguir, continuar, permanecer, perdurar, pervivir, subsistir, durar, perseverar.

PERSONAJE. m. Personalidad, figura, figurón, eminencia, magnate, notable, primate, prócer, prohombre, señorón, gente gorda, ilustre, notabilidad, dignatario, lumbrera, héroe.

PERSPICACIA. f. Sutilidad, agudeza, perspicacidad, sagacidad, penetración, clarividencia, astucia, talento, intuición.

PERSUADIR. tr. Convencer, inducir, deducir, mover, conseguir algo con razones, tentar, inculcar, razonar, imbuir, inspirar, seducir, sugestionar, argumentar, captar.

PERSUASIÓN. f. Convencimiento, acción de persuadir, sugestión, captación, inspiración, convicción, consejo, fascinación.

PERSUASIVO, VA. adj. Sugestivo, convincente, suasorio, sutil, elocuente, facundo, locuaz.

PERTENECER. tr. Corresponder, atañer, referir, incumbir, relacionarse, competer, tocar, concernir.

PERTINAZ. adj. Persistente, prolongado, porfiado, terco, tozudo, recalcitrante, tenaz, testarudo, insistente, protervo, reincidente, propio.

PERTINENCIA. f. Obstinación, tenacidad, terquedad, tozudez, testarudez, porfía, empeño, resistencia.

PERTINENTE. adj. Perteneciente, adecuado, oportuno, referente, concerniente, apto, conforme, congruente, debido.

PERTURBACIÓN. f. Desorden, alteración, trastorno, variación, desarreglo, turbación, asonada, motín, conmoción.

PERTURBADO, DA. adj. Loco, enajenado, alienado, demente, insano, desequilibrado, tocado, ido, chiflado, neurótico, maniático, trastornado.

PERTURBAR. tr. Alterar, trastornar, desarreglar, turbar, desordenar, inquietar, alborotar, agitar, amotinar, intranquilizar.

PERVERSIDAD. f. Nequicia, maldad, malignidad, perfidia, malevolencia, villanía, inmoralidad, vicio.

PERVERSO, SA. adj. Malo, maligno, pérfido, malevolente, villano, inmoral, malvado, protervo, ruin, villano, infame, execrable, corrompido.

PERVERTIR. tr. Viciar, enviciar, corromper, depravar, malear, maliciar (estos sinónimos pertenecen a significados intensivos), seducir, descarriar, prostituir, degenerar (son sinónimos frecuentes).

PESADEZ. f. Gravedad, graveza, gravitación, masa, pesantez. ‖ Fastidio, lata, aburrimiento, pesadumbre, pertinencia, tedio, peso, rollo, matraca, molestia, chinchorrería, importunidad.

PESADO, DA. adj. Abrumado, agobiado, cargado, sopesado, molesto, tedioso, latoso, enfadoso, enojoso, dañoso, fastidioso, cargante, cachazudo.

PESAR. intr. Arrepentirse, remorder, apenarse, apenar, inquietar, acongojar. ‖ Reflexionar, considerar, pensar, examinar. ‖ m. Aflicción, dolor, arrepentimiento, pena, pesadumbre.

PESAROSO, SA. adj. Apesadumbrado, preocupado, disgustado, triste por haber hecho algo, arrepentido, dolido, apesarado.

PESCAR. tr. Capturar, extraer, arponear, calar, coclear, mariscar, rastrear. ‖ fig. Coger, lograr, conseguir, agarrar, atrapar, pillar.

PESQUIS. m. Perspicacia, cacumen, caletre, mollera, chirumen, penetración, clarividencia, agudeza, vista, disposición, ingenio.

PESTE. f. Plaga, azote, epidemia, epizootia, contagio, morbo, infección, panfemia, fetidez, mal olor.

PETICIÓN. f. Acción de pedir, súplica, solicitud, ruego, impetración, instancia, deprecación, imploración, pedido, encargo, demanda, exigencia, reclamación, pedimento.

PETULANCIA. f. Engreimiento, vanidad, presunción, envanecimiento, insolencia, fatuidad, jactancia, pedantería, atrevimiento, descaro, osadía, barrunto, humos.

PETULANTE. adj. Presumido, vano, vanidoso, fatuo, engreído, osado, insolente, postinero, pedante, presuntuoso.

PEZ. m. Pesca, pescado, peje, animal acuático, jaramugo, pizco. ‖ f. Brea, trementina, meconio, resina, alhorre.

PEZÓN. m. Pedúnculo, rabillo, botón, vértice de la mama, cabillo, pedículo, teta, punta.

PIADOSO, SA. adj. Inclinado a la piedad, misericordioso, compasivo, devoto, pío, caritativo, filántropo, altruista.

PIAR. intr. Piular, chirlear, chirriar, piolar, cantar, desvivirse, suspirar, desear mucho.

PICADURA. f. Pinchazo, perforación, picotazo, mordedura, punzón, picada, punzada, caries.

PICANTE. adj. Acre, agrio, intenso, avinagrado. ‖ fig. Satírico, mordaz, acerbo, punzante, cáustico.

PICAPORTE. m. Aldaba, llamador, aldabón, pestillo, pasador, falleba, resbalón, grapón, manivela.

PICAR. tr. Punzar, pinchar, agarrotar, garrochear, varear, picotear, escocer, perseguir, mover, incitar, estimular, aguijonear. ‖ prnl. Sentirse, resentirse, ofenderse, apolillarse.

PICARDÍA. f. Pillería, bajeza, maldad, malicia, ruindad, vileza, bribonada, bellaquería, astucia, sagacidad, hampa, tunería, perrería.

PÍCARO, RA. adj. Golfo, granuja, pillo, malicioso, astuto, bajo, ruin, doloso, vil, desvergonzado, tunante, tuno, taimado, enredador, canalla, disimulador, truhán, socarrón.

PICAZÓN. f. Hormiguillo, picor, comezón, prurito, quemazón, escozor, desazón.

PIEDAD. f. Religiosidad, devoción, amor, respeto a las cosas sagradas, compasión, misericordia, conmiseración, lástima, ternura, condolencia.

PIEL. f. Pellejo, cutis, tez, cuero, capa fina, cutícula, dermis, epidermis, epitelio, membrana, película, tegumento.

PIENSO. m. Ceba, cibera, alcacer, alfalfa, pastura, forraje, pajada, heno, herrén, hierba, salgue, pasto.

PIERNA. f. Pata, zanca, extremidad inferior, canilla, corva, espinilla, garrón, jarrete, muslo, pantorra, pantorrilla, rodilla, rótula, tarso.

PIEZA. f. Trozo, fragmento, parte, pedazo, fracción, segmento. ‖ Habitación, estancia, aposento.

PIFIA. f. Golpe en falso, error, descuido, desacierto, indiscreción, intervención desacertada.

PILA. f. Pilón, recipiente hondo, abrevadero, gamellón, lavadero, taza, fuente, artesa, acervo, amontonamiento, acopio, acumulador, batería.

PILLAJE. m. Rapiña, hurto, pillada, pillería, robo, saqueo, estafa, tunantada, bellaquería.

PILLAR. tr. Alcanzar, coger, agarrar, atropellar, revolcar, atrapar, sorprender, cazar, pescar, percatarse, escubrir, estafar, desfalcar, desvalijar, sustraer, escamotear.

PILLO, LLA. adj. Granuja, sinvergüenza, pillastre, engañador, taimado, pícaro, golfo, galopín, pillete.

PINCHAR. tr. Picar, punzar, aguijar, aguijonear, calar, clavar, mordicar, pungir, lancinar, chuzar, mortificar, provocar, zaherir, poner inyecciones.

PINCHAZO. m. Picadura, aguijonado, puya, picotazo, punzadura, punzada, pinchadura.

PINGAJO. m. Andrajo, harapo, trozo, desgarrado, pingo, harapo, guiñapo, arrapiezo, descosido, remiendo.

PINGÜE. adj. Grasoso, mantecoso, craso, gordo, fértil, copioso, abundante, provechoso, cuantioso.

PINTAR. tr. Barnizar, repintar, miniar, revocar, tatuar, darse colorete, maquillarse, repintarse, dar color, bosquejar, dibujar, ponderar, exagerar, emplastar, embozar, estilizar, entonar, trazar, perfilar, teñir, decorar, describir, representar.

PINTOR, RA. m. y f. Pintamonas (despect.), retratista, acuarelista, paisajista, miniaturista, decorador, escenógrafo, fresquista, templista, artista, creador.

PÍO, A. adj. Devoto, religioso, creyente, beato, espiritual, piadoso, caritativo, compasivo, misericordioso.

PIPA. f. Boquilla, utensilio para fumar, cachimba, calumet, narguile, chibuquí, espuma de mar. ‖ Cuba, tonel, barrica, bocoy, candiota. ‖ Semilla, simiente, pipote, pepita.

PIROPEAR. intr. Dirigir requiebros, requebrar, echar flores a una mujer, florear, alabar, lisonjear.

PIROPO. m. Requiebro dirigido a una mujer, lisonja, halago, alabanza, floreo, terneza, flor.

PIROTECNIA. f. Fuegos artificiales, cohete, bengala, buscapiés, carcasa, cargador, carretilla, castillo, traca, triquitraque, petardo.

PISAR. tr. Hollar, pisotear, pasar, calcar, taconear. ‖ Conculcar infringir, aplastar, quebrantar, atropellar.

PITAR. intr. Hacer sonar el pito, silbar, desaprobar, abroncar, abuchear, darle una pita o silba.

PIZARRA. f. Encerado, tablero, hule, enquisto, roca de color gris oscuro, carleta, mineral.

PIZCA. f. Partícula, miaja, pellizco, ostugo, menudencia, fracción, fragmento, triza, migaja, átomo, grano, gota, fruslería.

PLACA. f. Plancha, lámina, disco, hoja, laja, loncha, lata, lasca, tabla, planqueta, zarzo.

PLACER. m. Agrado, bienestar, contento, complacencia, delectación, goce, godeo, gozo, deleite, descanso, encanto, dicha, gusto, gustazo, manjar espiritual, orgasmo, regodeo, regalo, solaz. ‖ tr. Agradar, fruir, deleitarse, disfrutar, gustar, gozar, encontrar gusto, pala-

dear, recrearse, relamerse, tomar el gusto.

PLACIDEZ. f. Satisfacción, agrado, gusto, beatitud, sosiego, calma, tranquilidad, felicidad.

PLÁCIDO, DA. adj. Tranquilo, satisfecho, beatífico, sosegado, quieto, manso, agradable, exento de brusquedad, apacible, placentero, grato, afable, sereno, dulce, calmoso.

PLAGA. f. Calamidad, peste, flagelo, azote, infortunio, epidemia, pandemia, langosta, gorgojo, diluvio, filoxera, gangrena, tabardilla, rabia, procesonaria, quemadura, desastre, tragedia, ruina, multitud, cantidad.

PLAGIAR. tr. Copiar, calcar, apropiarse de un escrito literario, fusilar, reproducir, imitar.

PLAGIO. m. Apropiación de escritos ajenos, imitación, calco, copia, recorte, tijeras, refrito.

PLAN. m. Idea, proyecto, designio, intento, pensamiento, objetivo, esquema, programa, intriga, apunte, confabulación.

PLANICIE. f. Llano, llanura, explanada, descampado, tabla, meseta, llanada, páramo, altozano, erial, puna.

PLANO, NA. adj. Llano, liso, horizontal, chato, igualado, como la palma de la mano, nivelado, raso.

PLANTAR. tr. Asentar, colocar, poner, alojar, injertar, fundar, establecer, engastar, apoyar, depositar, formar, organizar, instituir, plantificar, cultivar, arraigar, asemillar, seminar, encepar, brotar, laborar, cavar, espigarse, crecer, darse, desarrollarse, nacer, otoñar, prender reverdecer. ‖ prnl. Detenerse, cuadrarse, quedarse quieto, mantenerse firme.

PLANTEAR. tr. Exponer un asunto, hacer surgir, suscitar, proponer, hacer cálculos, planear, establecer, implantar, trazar, programar.

PLÁSTICO, CA. adj. Flexible, dúctil, blando, moldeable, deformable. ‖ pl. Materiales sintéticos, baquelita, nailon, plexiglás.

PLATAFORMA. f. Parte superior plana, tablado, estrado, tarima, tribuna, andén, peana, púlpito, tablero, compartimento, trampolín.

PLÁTICA. f. Conversación, charla, coloquio, parlamento, diálogo, palique, conferencia.

PLAUSIBLE. adj. Loable, laudable, digno, merecedor, meritorio, ponderable, elogiable, admisible, aceptable.

PLAZA. f. Plazoleta, glorieta, mercado, abastos, ágora, explanada, sitio, lugar, empleo, ocupación, puesto, trabajo.

PLAZO. m. Término, época, tiempo, lapso, intervalo, tregua, dilación, curso, pago, vencimiento, cuota, moratoria.

PLEBEYO, YA. adj. Ordinario, vulgar, siervo, villano, advenedizo, grosero, soez, humilde, populachero.

PLEITO. m. Causa, litigio, juicio, demanda, proceso, controversia, diferencia, contienda, querella, disputa, altercado, discusión, riña.

PLENAMENTE. adv. m. Completamente, absolutamente, totalmente, enteramente, repletamente.

PLENO, NA. adj. Lleno, satura-

do, colmado, entero, completo, atestado, repleto. ‖ Junta, comité, sesión, congreso.

PLUMA. f. Plumón, flojel, pelo, cobija, cobertura, remera, timonera, rémige. ‖ fig. Péndola, péñola (para escribir) cálamo, palillo, palillero, estilográfica, bolígrafo, portaplumas.

POBLACIÓN. f. Vecindario, habitantes, ciudadanos, súbditos, pobladores, vecinos, moradores, burgo, aduar, aldea, aldeorro, cabeza de partido, caserón, anejo, centro urbano, ciudad, ciudadela, lugar, pueblo, villa, corte, emporio.

POBRE. adj. m. Pobrete, menesteroso, necesitado, indigente, pordiosero, mendigo, triste, mísero, mezquino, humilde, bajo, infortunado, desvalido.

POBREZA. f. Miseria, estrechez, necesidad, indigencia, penuria, miseria, hambre, carestía, ahogo, falta de medios, inopia, privación.

POCILGA. f. Zahurda, cuchitril, cochitil, chiquero, cochiquera, porqueriza, establo, cuadra, gorrinera.

POCO, CA. adj. y pron. Limitado, escaso, exiguo, parco, insuficiente, reducido, corto, relativo, tasado, justo, algo, adarme, brizna, gota, chispa, monada, partícula, migaja, jota, pobretería, piojería, poquedad, poquito, puñado, ribetes, algún tanto.

PODAR. tr. Cortar, talar, desmocharse, escamondar, mondar, chapodar, escamujar, limpiar, repodar, cercenar.

PODER. m. Dominio, poderío, potestad, mando, imperio, jurisdicción, autoridad, omnipotencia, prepotencia, jerarquía, potencia, soberanía, vigor, fuerza, poderío, pujanza, capacidad, permiso, licencia.

PODEROSO, SA. adj. Enérgico, pujante, recio, potente, fuerte, eficaz, activo, dinámico, rico, acaudalado, adinerado, pudiente.

POESÍA. f. Numen, inspiración, musa, arte, estro, gaya, ciencia, cuaderna vía, carmen, composición, poemas, rimas, trova, verso, lírica, encanto, atractivo, placidez, dulzura, cantiga, cántico, gesta, himeneo, himno, epigrama, idilio.

POLICÍA. f. Guardia, vigilante, agente, alguacil, cachimbo, corchete, detective, esbirro, gendarme, gris, guardia municipal, guardia de seguridad, guindilla, guardia civil, miguelete, polizonte, vigilante.

POLÍTICA. f. Gobierno, manejo, administración, tacto, circunscripción, táctica, habilidad, diplomacia, creencia, idea, partido, plebiscito, referéndum, programa, absolutismo, autonomismo, democracia, feudalismo, liberalismo, monarquismo, república.

POLÍTICO, CA. adj. m. Cortés, fino, correcto, urbano, atento, cumplido, gubernativo, estatal, social, ministerial. ‖ Hombre público, dirigente, estadista, astuto, apto, marrullero, cavernícola, conservador, extremista, derechista, izquierdista, centrista, radical, reaccionario.

POLLO. m. Polluelo, pollito, cría, capón, cigoñino, anadino, anadón, ansarón, palomino, pavezno, pavipollo, perdigón, pichón, tito, pollancón. ‖ Mozo,

adolescente, muchacho, jovenzuelo, chico.

POLLINO. m. Asno joven, burro, asno, borrico, jumento, rucio, onagro, garañón. ‖ Persona torpe, bruto, ignorante, tosco, bestia, inculto, negado, rudo, obtuso, zopenco, palurdo.

POMPOSO, SA. adj. Ostentoso, suntuoso, hinchado, ampuloso, grandielocuente, afectado, presuntuoso, inflado, vano, hueco, vanidoso, aparatoso, magnificente, magnífico, rimbombante.

PONDERACIÓN. f. Exageración, encarecimiento, elogio, loa, aplauso, alabanza, engrandecimiento, sensatez, reflexión, atención, circunspección, mesura, exactitud.

PONDERAR. tr. Encarecer, exagerar, abultar, enaltecer, aprobar, recargar, exagerar, contrapesar.

PONER tr. prnl. Colocar, situar, ubicar, depositar, acomodar, aplicar, sentar, componer, imponer, constituir, contraponer, dejar, depositar, abscribir, incluir, meter, instalar. ‖ prnl. Ocultarse, llenarse, hartarse, vestirse, ataviarse, trasladarse.

PONZOÑOSO, SA. adj. Que contiene ponzoña, perjudicial, venenoso, tóxico, envenenado, nocivo, dañoso.

PORCIÓN. f. Parte, trozo, pedazo, ración, fragmento, pieza, cacho, lote, migaja, partícula.

PORCHE. m. Cobertizo, soportal, alporchón, arcada, galería, pórtico, atrio, zaguan, portal.

PORDIOSEAR. intr. Mendigar, pedir limosna, limosnear, pedir con insistencia, pobretear.

PORFÍA. f. Empeño, insistencia, actitud, comportamiento, discusión, disputa, contienda, tesón, obstinación, terquedad.

PORMENOR. m. Conjunto de detalles, detalle, circunstancia, menudencia, particularidad.

PORRAZO. m. Golpazo, golpetazo, mamporro, morrada, morrón, porrada, trastazo, golpe.

PORTARSE. prnl. Comportarse, conducirse, proceder, lucirse, gobernarse.

PORTE. m. Transporte, acarreo, acción de transportar. ‖ Aire, apariencia, presencia, traza, aspecto.

PORTENTOSO, SA. adj. Prodigioso, milagroso, maravilloso, asombroso, estupendo, pasmoso.

POSADA. f. Fonda, mesón, hostería, hostal, parador, hospedería, hostelaje, venta, posadería, tambo, albergue, alojamiento, ventorrillo, ventorro, hotel, figón, pensión.

POSEER. tr. Tener, ser dueño de algo, disfrutar, conservar, contar con, gozar, disponer de, dominar, haber, ostentar, ser de, usufructuar, fornicar, cohabitar, forzar, copular.

POSESIÓN. f. Disfrute, goce, tendencia, condominio, coposesión, propiedad, copropiedad, hacienda, heredad, colonia, territorio, mandato.

POSESIONAR. tr. Dar posesión, investir, otorgar, tomar posesión. ‖ prnl. Posesionarse, apoderarse, adueñarse, adquirir.

POSIBILIDAD. f. Eventualidad, contigencia, probabilidad, potencia (filos.), medios, caudal, hacienda, fortuna, riquezas, renta.

POSIBLE. adj. Factible, hacedero, probable, realizable, verosímil, viable, fácil, potencial. ‖ m. prnl. Recursos, bienes, caudal, rentas, fortuna, hacienda, herencia.

POSICIÓN. f. Postura, actitud, disposición, estado, categoría, condición, lugar, sitio. ‖ Lance, golpe, vaivén, evento, eventualidad, salida, conyuntura, ademán.

POSITIVO, VA. adj. Efectivo, cierto, real, indudable, verdadero, seguro, eficaz, auténtico, práctico, utilitario, pragmático.

POSPONER. tr. Diferir, aplazar, postergar, prorrogar, retrasar, retardar, dilatar, atrasar, demorar.

POSTE. m. Madero, piedra, soporte, guarda, cantón, buzón, mijero, noray, palo, picota, pilar, pilote, mojón, puntal.

POSTERIOR. adj. Ulterior, extremo, zaguero, postrero, rezagado, siguiente, sibsiguiente.

POSTERIORMENTE. adv. ord. y t. Después, detrás, luego, ulteriormente, subsiguientemente, entonces.

POSTÍN. m. fam. Vanidad, elegancia, lujo, importancia, riqueza, distinción, ostentación, presunción.

POSTIZO, ZA. adj. Falso, sobrepuesto, ficticio, pegadizo, engañoso, añadido, agregado, artificial.

POSTRACIÓN. f. Decaimiento, abatimiento, languidez, desánimo, desaliento, debilidad, extenuación, humillación.

POSTRARSE. prnl. Rendirse, abatirse, aplanarse, extenuarse, humillarse, arrodillarse, prosternarse.

POSTRERO, RA. adj. Último, retrasado, zaguero, postremo, postrimero, posterior, extremo, terminal.

POSTRIMERÍA. f. Final, últimos tiempos, últimos momentos, fin, acabamiento, declinación, novísimo (Teol.).

POSTULAR. tr. Pedir, solicitar, demandar, pretender, colectar, aspirar, recaudar.

POSTURA. f. Posición, actitud, situación, porte, compostura, continente, modo, presencia, apuesta, envite.

POTE. m. Bote, vasija, puchero, tarro, recipiente, envase, maceta, cubilete.

POTENCIA. f. Robustez, vigor, fuerza, capacidad, energía, fortaleza, poderío, poder, posibilidad. ‖ S.E. *Posibilidad* es un significado filosófico; *potencia* significa la facultad de producir; *poder* es la facultad de obrar. El *gobierno* tiene poderío, la *fuerza* tiene poder.

POTENCIAL. m. Potencia, posibilidad, eventualidad, capacidad, actitud. ‖ adj. Posible, latente, encubierto.

POTENTE. adj. Fuerte, vigoroso, poderoso, enérgico, eficaz, pujante, robusto, recio, resistente, dinámico, dotado de mucha potencia, brioso, membrudo.

POTESTAD. f. Dominio, poder, autoridad, jurisdicción, facultad de mandar, espíritu celestial.

POZO. m. Hoyo, cacimba, excavación, pozal, noria, cenote, aguas artesianas, foso, mina, manantial.

PRÁCTICA. f. Praxis, destreza, pericia, ejercicio, pragmática, oposición, costumbre, rutina, maña, habilidad, uso, hábito, método, procedimiento.

PRACTICAR. tr. Realizar una actividad, ejercer, realizar un deporte, hacer, efectuar, ejercitarse, repetir un trabajo, ejercer, instruirse, curtirse.

PRÁCTICO, CA. adj. Experto, experimentado, efectivo, eficiente, pragmático, útil, provechoso, perito, versado, utilitario, positivista, conocedor, avezado, positivo, real, realista.

PREÁMBULO. m. Exordio, prefacio, proemio, introducción, prólogo, rodeo, digresión.

PRECAUCIÓN. f. Cautela, prevención, caución, garantía, reserva, cuidado, miramiento, circunspección, prudencia, previsión, recelo, reserva, sigilo, tacto, tiento, trastienda.

PRECAVIDO, DA. adj. Cauto, prudente, previsor, que obra con precaución, circunspecto, sagaz.

PRECEPTO. m. Mandato, disposición, regla, norma, orden, decálogo, instrucción, estatuto.

PRECEPTUAR. tr. Disponer, determinar, establecer, prescribir, decir lo que hay que hacer.

PRECIO. m. Valor, coste, arancel, comisión, costa, costo, derechos, importe, justiprecio, pitanza, premio, renta, sobreprecio, tanto alzado, tarifa, tasa, valía. ‖ fig. Estimación, importancia.

PRECIOSO, SA. adj. Valioso, de gran valor, apreciado, preciado, primoro, excelente, estimable, apreciable, costoso, bello, hermoso, encantador, muy lindo, gracioso, ingenioso.

PRECIPICIO. m. Despeñadero, derrumbadero, abismo, sima, voladero, barranco, talud, derrumbe, escarpa.

PRECIPITACIÓN. f. Aceleración, apresuramiento, prisa, atolondramiento, aturdimiento, inconsideración, celeridad, velocidad, prontitud, escarcha, granizo, lluvia, nieve, rocío.

PRECIPITARSE. prnl. Arrojarse, despeñarse, echarse, lanzarse, abalanzarse, tirarse, atropellarse, apresurarse, anticiparse, espantar la caza, aturdirse, atolondrarse.

PRECISAR. tr. Definir, determinar, fijar, afinar, alambicar, apurar, concretar, delimitar, detallar, especificar, hilar delgado, individualizar, perfilar, poner los puntos sobre las íes, puntualizar, sutilizar.

PRECISO, SA. adj. Exacto, claro, justo, no aproximado, mismo, mismísimo, puntual, riguroso, necesario, forzoso, indispensable, inexcusable, imprescindible, exacto, determinado, cierto, conciso, fijo, definido.

PRECLARO, RA. adj. Esclarecido, ilustre, insigne, sobresaliente, digno de admiración, famoso, afamado, célebre, notable, perínclito, principal.

PRECONIZAR. tr. Alabar públicamente, recomendar, defender, encomiar, elogiar, ensalzar, patrocinar.

PRECOZ. adj. Prematuro, que ocurre antes de lo acostumbrado, tierno, adelantado, anticipado.

PREDECESOR, RA. m. y f. Precursor, antecesor, ascendiente, antepasado, progenitor, mayor, padre.

PREDECIR. tr. Adivinar, agorar, anunciar, pronosticar, anticipar, augurar, avisar, profetizar.

PREDICAR. tr. Sermonear, misionar, evangelizar, platicar, amonestar, aconsejar, exhortar.

PREDICCIÓN. f. Pronóstico, profecía, vaticinio, augurio, presagio, presciencia, presentimiento, adivinación. ‖ S.E. La *predicción* se define como anuncio anticipado; *pronóstico* o *predicción* basada en las observaciones; *vaticinio* es la predicción fundada en una autoridad y *profecía* es la predicción que procede de Dios.

PREDILECCIÓN. f. Preferencia, prelación, acepción de personas, primacía, prioridad, cariño, favor.

PREDOMINIO. m. Superioridad, preeminencia, dominio, preponderancia, poder, imperio, autoridad, ascendencia, hegemonía.

PREFERIR. tr. Anteponer, aventajar, tener debilidad por, estar por, distinguir, escoger, elegir.

PREGONAR. tr. Divulgar, proclamar, publicar, hacer público, anunciar, notificar, avisar, vocear.

PREGUNTAR. tr. Inquirir, interrogar, consultar, demandar, examinar, interpelar, comunicar, interesarse, averiguar, curiosear, rogar.

PRELUDIO. m. Introducción, preámbulo, proemio, prólogo, exordio, principio, entrada, comienzo.

PREMIAR. tr. Recompensar, galardonar, laurear, remunerar, satisfacer, retribuir, homenajear.

PREMIO. m. Distinción, galardón, diploma, condecoración, corona, honor, matrícula de honor. ‖ S.E. Verbos más usados: Coger, conseguir, cosechar, ganar, llevarse, obtener, dar, adjudicar, conceder, discernir, otorgar. ‖ S.E. El *galardón* es cosa honorífica, la *remuneración* se traduce por paga, el *premio* considera sólo el mérito. Se *premia* al estudiante; la *recompensa* la obtienen los héroes y sabios.

PRENDER. tr. Asir, agarrar, coger, trabar, detener, capturar, encarcelar, aprisionar, enganchar, enredar. ‖ intr. Arraigar, encepar, iluminar.

PREOCUPACIÓN. f. Inquietud, cuidado, intranquilidad, cavilación, desazón, espina, losa, obsesión, pesadilla, pesadumbre, quebradero de cabeza, quimera, sombras, temor, prejuicio, prevención.

PREOCUPAR. tr. prnl. Absorber, angustiar, apurar, desasosegar, intranquilizar, acongojar, turbar, inquietar. ‖ prnl. Atormentarse, complicarse la existencia, torturarse, inquietarse.

PREPARACIÓN. f. Preparativo, cuestión previa, aparato, introducción, introito, parasceve, preámbulo, prefacio, preludio, preliminares, premisa, proemio, prólogo, ensayo, comienzo.

PREPARAR. tr. Disponer, prevenir, arreglar, aparejar, acomodar, acondicionar, aderezar, adobar, aliñar, alistar, amasar, anticiparse, apercibirse, aprestarse, afrontar, aviar, estar sobre aviso.

PREPARATIVOS. m. pl. Disposiciones, prevenciones, aprestos, planes, proyectos, trámites, aparejo, arreglos.

PREPONDERANCIA. f. Superioridad, premacía, supremacía, predominio, prestigio, hegemonía.

PRERROGATIVA. f. Privilegio, excelencia, superioridad, gracia, regalías, exención, ventaja.

PRESA. f. Captura, trofeo, botín, aprehensión, despojo, rehén. ‖ Pantano, dique, embalse, exclusa, represa, compuerta, trenque.

PRESAGIAR. tr. Predecir, agorar, augurar, adivinar, pronosticar, hacer calendarios, prometer, profetizar, vaticinar.

PRESAGIO. m. Agüero, anuncio, indicio, señal, augurio, auspicio, premonición, presagio, presentimiento, predicción, pronóstico, vaticinio.

PRESCINDIR. intr. Apartar, desechar, dar de baja, borrar, echar por la borda, dar de lado, mandar al cuerno, hacer caso omiso, descartar.

PRESCRIBIR. tr. Disponer, mandar, indicar, ordenar, caducar, vencer, anular, inutilizar, extinguirse.

PRESENCIA. f. Apariencia, traza, facha, aspecto físico, figura, talle, disposición, pinta.

PRESENTAR. tr. Ofrecer, mostrar, exhibir, enseñar, exponer, descubrir, regalar, ofrecer. ‖ prnl. Personarse, comparecer, introducirse.

PRESENTIMIENTO. m. Corazonada, presagio, augurio, barrunto, vislumbre, aviso, premonición, prenuncio.

PRESENTIR. tr. Barruntar, anunciar o dar el corazón, presagiar, sospechar, antever, intuir.

PRESERVAR. tr. Proteger, reservar, resguardar, amparar, salvaguardar, custodiar, garantizar.

PRESIDIO. m. Guarnición de soldados, castillo, fortaleza, prisión, penal, cárcel, penitenciaría. ‖ fig. Auxilio, ayuda, socorro, amparo, defensa, tutela. ‖ Reclusión, pena, confinamiento.

PRESO, SA. adj. m. Recluso, encarcelado, arrestado, detenido, cautivo, prisionero, penado, presidiario, esposado, forzado, galeote, internado, penitenciado, recluido, rehén.

PRÉSTAMO. m. Adelanto, anticipo, avío, empréstito, crédito, dita.

PRESTAR. tr. Dejar, dar dinero a uno, estirarse, destensarse, suministrar, facilitar. ‖ prnl. Avenirse, ofrecerse, brindarse, allanarse.

PRESTIGIO. m. Influencia, ascendiente, autoridad, categoría, crédito, estimación, buena fama, honor, honra, importancia, buen nombre, opinión, buena opinión, respeto, reputación.

PRESUMIDO, DA. adj. Vanidoso, fatuo, vano, presuntuoso, jactancioso, petulante, creído, orgulloso, fantoche, figurante, farolero, fanfarrón, fantasioso, estirado, pedante, petimetre, peripuesto, lechuguino, majo,

mico, postinero, gomoso, insolente, impertinente.

PRESUMIR. intr. Jactarse, alardear, alabarse, vanagloriarse, preciarse, creerse, fanfarronear. ‖ tr. Suponer, sospechar, conjeturar, farandulear, fantasear, barruntar, hombrear, darse importancia.

PRETENDER. tr. Tender, aspirar, andar detrás de, pedir, solicitar, tener ideado, pensar en, poner la proa a, proponerse, intentar, procurar, ansiar.

PRETENDIENTE. adj. m. Aspirante, solicitante, acompañante, cortejador, enamorado, galanteador, paseante, seguidor.

PRETENSIÓN. f. Ambición, deseo, exigencia, embajada, gollería, impertinencia, presunción, ínfulas, empeño, apetencia.

PRETEXTO. m. Achaque, excusa, agarradero, asidero, comodín, cuento, disculpa, socapa, rebozo, color, simulación, evasiva, garambaina, margen, motivo, ocasión, pie, razón, resquicio, fútil, salida, subterfugio. ‖ S.E. Verbos más usados: Alegrar, dar, tomar, valerse, venir con.

PREVALECER. intr. Predominar, preponderar, dominar, imponerse, arraigar, prender, aumentar.

PREVENIR. Disponer, preparar, precaver, tomar precauciones, evitar un daño, prever, evitar, avisar, informar, noticiar.

PREVER. tr. Percatarse por anticipado, ver, antever, predecir, vaticinar, conjeturar, imaginar.

PRIMACÍA. f. Cualidad de ser primero, prioridad, supremacía, superioridad, preeminencia, excelencia, ventaja, predominio.

PRIMERO, RA. adj. Inicial, primitivo, primario, original, originario, príncipe, prístino.

PRIMITIVO, VA. adj. Antiguo, de los primeros tiempos, original, originario, primigenio, salvaje, sin civilizar.

PRIMOR. m. Cuidado, delicadeza, esmero, finura, fineza, filigrana, maestría, habilidad, perfección.

PRIMORDIAL. adj. Básico, principal, primero, primitivo, primario, sustancial, fundamental.

PRIMOROSO, SA. adj. Hecho un primor, esmerado, refinado, elegante, excelente, perfecto, habiloso.

PRINCIPAL. adj. Importante, vital, primordial, caudal, esencial, fundamental, ilustre, esclarecido, noble. ‖ m. Jefe.

PRINCIPIANTE. adj. m. Aprendiz, babiponiente, bisoño, bozal, currinche, inexperto, novato, novicio, primerizo, neófito, aspirante, pipiolo, principiador, iniciador.

PRINCIPIAR. tr. Dar principio, acometer, comenzar, iniciar, empezar, alborear, amanecer, aparecer, apuntar, arrancar, brotar, abrir camino.

PRINCIPIO. m. Acción de principiar, comienzo, iniciación, inicio, preámbulo, entrada, umbral, origen, causa, primicia, preludio, inauguración, génesis, norma, máxima, precepto, encabezamiento, fundamento, base. ‖ S.E. Dios es el principio y la primera causa porque su existencia es anterior a todos; decimos *principio* del mundo y

origen de una nación; el principio da comienzo; el origen ocasiona y la causa produce. Dios es la causa eterna de las cosas, porque las creó todas.

PRINGARSE. prnl. Mancharse, ensuciarse, untarse, beneficiarse, infamarse, intervenir.

PRINGOSO, SA. adj. Sucio, pegajoso, empringado, grasiento, untado, mugriento, pesado, fastidioso.

PRIORIDAD. f. Anterioridad, primacía, preferencia, superioridad, precedencia, preeminencia.

PRISA. f. Rapidez, prontitud, presteza, celeridad, velocidad, premura, brevedad, urgencia, apremio, ansia. ‖ Frs. Andar de prisa, estar de prisa.

PRISIÓN. f. Aprehensión, prendimiento, detención, reclusión, cárcel, celda, calabozo, campo de concentración, encierro, captura, chirona, correccional, presidio, prevención.

PRIVACIÓN. f. Acción de privar o privarse, carencia, falta, necesidad. ‖ S.E. Verbos más usados: Despojar, quitar, dejar, prohibir, vedar a alguien cierta cosa.

PRIVAR. tr. Quitar, desposeer, despojar, prohibir, vedar, impedir. ‖ prnl. Abstenerse, renunciar.

PRIVILEGIO. m. Concesión, dispensa, bula, exención, distinción, prerrogativa, inmunidad, inviolabilidad, merced, excepción, regalía.

PROBAR. tr. Demostrar, evidenciar, hacer aparecer algo, ensayar, tantear, procurar, intentar, catar, comprobar, contrastar, experimentar, gustar, olfatear, saborear, acreditar, testimoniar, testificar, atestar, autorizar, documentar.

PROBIDAD. f. Honradez, integridad, honestidad, rectitud, hombría, de bien, honorabilidad, bondad, moralidad.

PROCACIDAD. f. Dicho o acción procaz, insolencia, atrevimiento, desvergüenza, descoco, cinismo, descaro, desfachatez.

PROCEDENCIA. f. Origen, cuna, oriundez, nacimiento, punto de partida, oportunidad, pertinencia, génesis, extracción, causa, naturaleza, derivación.

PROCEDER. m. Conducta, comportamiento, hábito, rutina, uso, actuación. ‖ intr. Venir, provenir, nacer, seguirse, originarse, emanar, dimanar, derivarse, conducirse, comportarse, obrar.

PROCEDIMIENTO. m. Método, manera, forma, marcha, actuación, tramitación, sistema, rito, regla.

PROCELOSO, SA. adj. Borrascoso, tormentoso, tempestuoso, inclemente, atemporalado.

PRÓCER. adj. Eminente, alto, insigne, elevado, egregio. ‖ Magnate, optimate, noble, inclito.

PROCESIÓN. f. Rogación, rogativa, romería, acompañamiento, culto, desfile, devoción, hilera, fila, teoría (etim.).

PROCLAMAR. Hacer saber, publicar, elegir, pregonar, divulgar, promulgar, aclamar, arengar.

PROCURAR. Tener cuidado de, esforzarse por, mirar, solicitar, elegir, nombrar, coronar, intentar, cuidar, trabajar por, facilitar, proporcionar. ‖ prnl. Proporcionarse.

PRODIGALIDAD. f. Derroche, despilfarro, profusión, liberalidad, largueza, dispendio, abundancia, gasto, dilapidación, exuberancia, copia, superabundancia.

PRODIGAR. tr. Malgastar, desperdiciar, derrochar, tirar, disipar. ‖ prnl. Excederse, esforzarse, aplicarse, superarse, empeñarse.

PRODIGIOSO, SA. adj. Maravilloso, milagroso, pasmoso, sobrenatural portentoso, asombroso, estupendo, admirable, increíble, fenomenal, primoroso, exquisito.

PRÓDIGO, GA. adj. Derrochador, despilfarrador, malgastador, manilargo, generoso, munífico, liberal.

PRODUCIR. tr. Hacer, fabricar, realizar, dar, crear, gestar, generar, dar lugar a, dar provecho, rendir, sacar, nacer, causar, engendrar, proporcionar, elaborar, rendir.

PRODUCTO. m. Provecho, provento, renta, producción, beneficio, manufactura, fruto, obra. ‖ Lucro, ganancia, utilidad, provecho, interés, rédito, rendimiento, resultado.

PROEZA. f. Acción heroica, hazaña, heroicidad, valor, valentía, osadía, heroísmo, hombrada.

PROFANO, NA. adj. Mundano, temporal, terreno, sacrílego, irreverente, irreligioso, libertino, deshonesto. ‖ Ignorante, lego, indocto, inculto.

PROFESIÓN. f. Facultad, carrera, cargo, empleo, oficio, ministerio, sacerdocio, vocación, inclinación.

PROFETIZAR. tr. Augurar, adivinar, presagiar, anunciar, pronosticar, intuir, prever, vaticinar, predecir, conjeturar, presentir, prefigurar, hadar.

PROFUNDO, DA. adj. Fondo, hondo, insondable, penetrante, hondable, recóndito, difícil, intenso, recio, vivo, agudo, insufrible.

PROGENIE. f. Linaje, familia, ascendencia, casta, progenitura, dinastía, prosapia, abolengo.

PROGRESO. m. Acción de progresar, acción de mejorar, avance, adelanto, proceso, adelantamiento, civilización, evolución, auge, éxito, perfeccionamiento, desarrollo.

PROHIBIR. tr. Abolir, condenar, privar, impedir, vedar, excomulgar, interdecir, proscribir.

PRÓJIMO. m. Pariente, semejante, individuo, sujeto, socio, los demás, los otros, afín, allegado.

PROMESA. f. Oferta, proposición, ofrecimiento, palabra, promisión, voto, señal, esperanza.

PROMETER. tr. Ofrendar, obligarse, ofrecer, pactar, convenir, anunciar, asegurar, comprometer, dar palabra, empeñar la palabra, tomar la palabra, cerciorar. ‖ prnl. Esperar, confiar.

PROMOVER. tr. Impulsar, suscitar, iniciar, mover, apoyar, organizar, procurar, elevar, ascender, consagrarse.

PRONÓSTICO. m. Augurio, predicción, vaticinio, anuncio, presagio, adivinación, profe-

cía, juicio, presciencia, profecía.

PRONUNCIAR. tr. Articular, decir, acentuar, balbucear, balbucir, deletrear, emitir, nasalizar, recalcar, sesear, tatajear, silabear, tartamudear.

PROPAGANDA. f. Anuncio, cebo, octavilla, panfleto, publicidad, reclamo, difusión. ‖ Bombos y platillos, mitín, discurso, misión, proselitismo.

PROPASARSE. prnl. Excederse, exagerar, pasar de la raya, extralimitarse, faltar, tomarse libertades.

PROPENSIÓN. f. Inclinación, tendencia, predisposición, afición, apego, capricho, preferencia.

PROPICIO, CIA. adj. Benévolo, benigno, favorable, benéfico, complaciente, bien dispuesto, inclinado.

PROPIEDAD. f. Pertenencia, posesión, bienes, hacienda, censo, dominio, feudo, juro, renta, usufructo.

PROPINA. f. Gratificación, dádiva, añadidura, plus, retribución, recompensa, prima, aguinaldo, regalo, extra.

PROPIO, PIA. adj. Peculiar, característico, típico, inconfundible, privativo, especial. ‖ Conveniente, adecuado, oportuno, pertinente, relacionado, referido, competente, enviado, natural, mensajero.

PROPONER. tr. Plantear, sugerir, presentar, aventurar, sentar, ofrecer, consultar. ‖ prnl. Aspirar, llevar idea de, tender, poner la proa a.

PROPORCIÓN. f. Correspondencia, canon, ley, escala, módulo, número, áureo, sección áurea, armonía, conformidad, sazón, oportunidad.

PROPORCIONAR. tr. Preparar, facilitar, abastecer, agenciar, poner al alcance, alcanzar, aprestar, afrontar, aprovisionar, conseguir, deparar, poner a disposición, proveer, servir, surtir, suministrar.

PROPOSICIÓN. f. Frase gramatical, anunciado, propuesta, ofrecimiento, oferta, sugerencia, consulta, expresión, frase, idea, concepto.

PROPÓSITO. m. Intención, proyecto, fin, intento, ánimo, empeño, finalidad, oferta, motivo.

PROPULSAR. tr. Impeler, impulsar, empujar, lanzar, desplazar, propugnar, navegar.

PRORROGAR. tr. Alargar, prolongar, dilatar, suspender, diferir, esperar, retardar, retrasar.

PROSCRIPCIÓN. f. Extrañamiento, destierro, ostracismo, exilio, confinamiento, expatriación.

PROSPERAR. intr. Proporcionar prosperidad, adelantar, progresar, medrar, mejorar, enriquecer, florecer, cuajar, abrirse camino, aventajar.

PRÓSPERO, RA. adj. Feliz, venturoso, propicio, favorable, boyante, floreciente, pujante, rico, opulento, triunfante.

PROSTITUIR. tr. Corromper, deshonrar, hacer un empleo deshonroso de un cargo, mancillar. ‖ prnl. Envilecerse, degradarse, corromperse, rebajarse, humillarse, enviciarse.

PROSTITUTA. f. Fulana, ramera, zorra, cortesana, puta, golfa, gorrona, capulina, churriana, hetaira, hetera, lumia, ma-

turranga, meretriz, moza, mujer de mala nota, pública, de la vida, ninfa, pecadora, suripanta, pelleja, pendanga, una tal, tusona, zurrona, alcahueta.

PROTECCIÓN. f. Amparo, auxilio, defensa, antepecho, apoyo, ayuda, baluarte, blindaje, barricada, capuchón, careta, casco, caperuza, capirote, chichonera, cortina, cubierta, custodia, delantal, dique, égida, empalizada, escudo, resguardo, salvaguardia, influencia, malecón, muralla, muro, tutela, sostén.

PROTECTOR, RA. adj. m. Amparador, defensor, bienhechor, favorecedor, abogado, padrino, mecenas, paladín, guardaespaldas, sostenedor, quijote, tutor, valedor.

PROTEGER. tr. Amparar, escudar, abroquelarse, acorazarse, acudir, albergar, tener buenas aldabas, atrincherarse, auxiliar, ayudar, cobijar, mirar por, guarecer, patrocinar.

PROTESTAR. intr. Manifestar oposición, quejarse, abroncar, abuchear, armar una bronca, gritar, patear, pitar, silvar, sisear, rebelarse, decir que no, rechazar, reclamar.

PROVECHO. m. Beneficio, fruto, ganancia, lucro, producto, utilidad, dinero, interés, pez, rédito, pro, rendición, rendimiento, renta, usufructo, dividendo, comisión, recompensa.

PROVECHOSO, SA. adj. Beneficioso, conveniente, útil, fructífero, bueno, carne sin hueso, fructuoso, lucrativo, mollar, limpio de polvo y paja, positivo, práctico, valioso.

PROVEER. tr. Suministrar, surtir, aprovisionar, abastecer, avituallar, dotar, equipar, fardar, guarnecer, habilitar, municionar, prevenir, pertrechar, proporcionar, suplir.

PROVERBIO. m. Adagio, refrán, sentencia, dicho, máxima, paremia (lit.), apotegma, pensamiento, aforismo.

PROVIDENCIA. f. Dios es la providencia suma, provisión, medida, prevención, resolución, precaución.

PROVISIONAL. adj. No definitivo, por ahora, hoy por hoy, para el momento, para salir del paso, por de pronto, accidental, eventual, interino, pasajero, efímero, temporal.

PROVOCAR. tr. Incitar, excitar, mover, estimular, azuzar, desafiar, retar, sacar de quicio, dar lugar, buscar las pulgas, insultar, irritar, enojar. ‖ Vomitar.

PRÓXIMO, MA. adj. Cercano, vecino, adyacente, afín, allegado, colindante, conexo, confinante, contiguo, convecino, citerior, finítimo, fronterizo, inmediato, limítrofe, paredaño, rayano, propincuo, junto.

PROYECTAR. tr. Arrojar, despedir, lanzar, exhibir una película, hacer visible, exhalar, rodar.

PROYECTO. m. Designio, idea, intención, maquinación, plan, ponencia, programa, propósito, propuesta, contraproyecto, minuta, apunte, boceto, borrador, croquis, bosquejo, programa, guía, trazado.

PRUDENCIA. f. Sensatez, cautela, comedimiento, circunspección, moderación, discreción, precaución, reserva, seso, medida, aplomo, buen sentido, parsimonia, previsión.

PRUEBA. f. Demostración, reprueba, acción de probar, probanza, muestra, cantidad pequeña, razón, argumento.

PSICOLOGÍA. f. Tratado de las funciones del alma, alma, instinto, mente, carácter, personalidad, naturaleza, temperamento, temple, tipo, psicosis, catarsis, psiquiatría.

PUBLICAR. tr. Difundir, divulgar, hacer pública una cosa, anunciar, echar un bando, esparcir, expandir, proclamar, promulgar, revelar, hacer saber, vocear, andar de boca en boca.

PUDOR. m. Modestia, recato, vergüenza, decencia, honestidad, decoro, miramiento, pudibundez, pudicia, recogimiento, compostura, moderación.

PUDRIRSE. prnl. Corromperse, descomponerse, empobrecerse, alterarse, dañarse, averiarse, fermentarse, agusanarse, echarse a perder, estropearse, ranciarse, picarse.

PUEBLO. m. Población, poblado, aldea, lugar, vecindario, vecinos, plebe, vulgo, tribu, clan, honda, nación, poblacho, caserío, villar, villarejo, villorio, corte, cortijo, realengo.

PUERIL. adj. Propio de los niños, aniñado, infantil, estúpido, iluso, ingenuo, irrazonable.

PUGNAR. intr. Contender, luchar, pelear, batallar, hacer esfuerzos por una cosa, porfiar, discrepar, oponerse, desafiar, afanarse.

PULCRITUD. f. Limpieza, aseo, cuidado, esmero, minuciosidad, atildamiento, delicadeza, detalle.

PULIR. tr. Pulimentar, bruñir, alisar, abrillantar, dar brillo, apomazar, esmerilar, lijar, repulir, suavizar, ultimar.

PULSAR. tr. Tocar, tañer, teclear, oprimir, apretar, presionar, tantear tomar el pulso, latir.

PUNTA. f. Ápice, cabo, cima, cogujón, aguijón, apéndice, cumbre, cúspide, picacho, pico, picota, puya, rejo, rehón, remate, saliente.

PUNTILLOSO, SA. adj. Puntoso, puntuoso, exagerado, susceptible, quisquilloso, picajoso, sentido.

PUNTO. m. Trazo, señal, marca, puntada, nudo, costura, lugar, sitio, puesto, puntuación, cuenta, centro, foco, bastilla, vértice, hilván, cadeneta, pespunte, intento, puntillo, amor propio, asunto, extremo, pundonor.

PUNTUAL. adj. Diligente, cumplidor, exacto, preciso, pronto, indudable, cierto, indubitable, seguro.

PUNZAR. tr. Pinchar, punchar, picar, causar punzadas, pungir, aguijonear, acribillar.

PUNZÓN. m. Aguja, estilo, buril, estilete, contrapunzón, utensilio del grabador, punta, aguijón.

PURAMENTE. adv. m. Simplemente, meramente, estrictamente, llanamente, pulcramente, con pureza.

PURGAR. tr. Depurar, limpiar, purificar, evacuar, eliminar, expiar, pagar, sufrir una pena, satisfacer.

PURIFICAR. tr. Hacer puro, depurar, borrar las huellas, cumplir, suprimir, sanear, refinar, alambicar, acrisolar.

PURO, RA. adj. Neto, simple, limpio, sencillo, mero, solo, casto, honesto, virginal, incorrupto, intacto, incólume, correcto, castizo, depurado, exento.

PUSILÁNIME. adj. Apocado, cohibido, corto, de poco ánimo, pobre de espíritu, pobre hombre, mandria, para poco, medroso, tímido, encogido, cobarde.

PUTREFACCIÓN. f. Podredumbre, cosa que pudre, acción de pudrirse, corrupción, carroña, gangrena, descomposición, pudrición.

Q

QUEBRADIZO, ZA. adj. Frágil, endeble, rompedero, vidrioso, inconsistente, caduco, delicado, enfermizo.

QUEBRANTAR. tr. prnl. Cascar, quebrar, romper con golpes, debilitar la resistencia, suavizar el rigor, causar quebranto, molestar, fatigar, causar pesadumbre, triturar, moler, machacar, profanar, violar, forzar. ‖ prnl. Deformarse.

QUEBRANTO. m. Perjuicio, daño, pérdida, abatimiento, detrimento, deterioro, menoscabo, molimiento, flojera, quebrantamiento, dolor, pena, desaliento, aflicción, ruina, fatiga, déficit.

QUEDAR. intr. Detenerse, sustituir, permanecer, pactar, avenirse, decidir, persistir, aguantar.

QUEHACER. m. Ocupación, negocio, trabajo, tarea, faena, asunto, actividad, labor, cuidado, afán.

QUEJA. f. Descontento, elegía, gemido, jeremiada, lamentación, lamento, plañido, quejido, clamor, quejumbre, querella, protesta, reproche, suspiro, treno, pena, gimoteo.

QUEJARSE. prnl. Lamentarse, gemir, dolerse, clamar, gimotear, doler, gruñir, implorar, impetrar, querellarse, reclamar.

QUEMARSE. prnl. Abrasarse, incinerarse, achicharrarse, chamuscarse, calcinarse. ‖ fig. Impacientarse, desazonarse, irritarse, enojarse, enfadarse.

QUERELLA. f. Queja, reclamación, discordia, discusión, riña, contienda, reyerta, litigio, pelea.

QUERER. tr. Tener voluntad, desear, apetecer, ansiar, ambicionar, pretender, resolver.

QUIEBRA. f. Hendidura, grieta, ruina, bancarrota, desastre, suspensión de pagos, apremio.

QUIETO, TA. adj. Parado, inmóvil, inerte, apacible, estacionario, fijo, firme, inactivo, ocioso, quedo, sedentario, tranquilo, inanimado, clavado, petrificado.

QUIETUD. f. Descanso, estatismo, fijeza, calma, dicha, inacción, inactividad, inercia, inmovilidad, serenidad, paz, reposo, bonanza, apacibilidad, sopor, sueño, pasividad.

QUIMERA. f. Visión, creación

de la mente, ilusión, ficción, fábula, delirio, fantasía, desvarío, contienda, pelotera.

QUITAR. tr. Librar, despuntar, despojar, descascarillar, limpiar, llevarse, remover, restar, privar, sacar, apartar, birlar, saquear.

QUIZÁ. adv. de duda. Tal vez, acaso, quizás, puede ser, es posible, probablemente. ‖ S.E. Posiblemente, indica la posibilidad de algo; *quizá* y *puede ser* significan duda y posibilidad; puede ser se ciñe más al sentido de posibilidad.

R

RABIA. f. Hidrofobia, roya. ‖ fig. Coraje, furia, furor, violencia, estado de enfado, ira, cólera, enojo, asco, frenesí, corajina, grima, antipatía, aversión, reconcomio, enfado, cólera.

RABIAR. intr. Enfurecerse, padecer rabia, estar rabioso, concomerse, encolerizarse, irritarse, exasperarse, indignarse, exaltarse, patalear, impacientarse, refregar por las narices.

RACIÓN. f. Parte, porción, cantidad, dosis, misión, toma, copa, cupo, tasa, cuota, asignación.

RADIANTE. adj. Irradiado, resplandeciente, irradiante, brillante, rutilante, radioso, refulgente.

RADIO. f. Radiodifusión, radiofonía, radiotelegrafía, telecomunicación, televisión, emisión, emisora, radioemisora, radiorreceptor.

RÁFAGA. f. Racha, jugada, afluencia súbita, destello, fugada, ramalazo, haces de luz, serie de disparos, nubecilla densa, mutación de tiempo.

RAÍZ. f. Cepa, cepón, cepellón, radícula, rejo, tepe, raigón, bulbo, rizoma. ‖ fig. Principio, fundamento, origen, razón, causa, cimiento, base, sostén.

RAJAR. tr. Partir, agrietarse, abrirse, quebrarse, resquebrajarse, saltar. ‖ prnl. Desdecirse, volverse atrás, desistir.

RAMPLÓN, ONA. adj. fig. Tosco, pedestre, vulgar, zafio, chabacano, desaliñado, rústico, chocarrero.

RANGO. m. Categoría social, clase, jerarquía, calidad, categoría, dignidad, generosidad, rumbo.

RAPIDEZ. f. Celeridad, velocidad, ligereza, prontitud, presteza, prisa, urgencia, ímpetu, agilidad.

RÁPIDO, DA. adj. Ligero, veloz, pronto, atropellado, apresurado, presuroso, raudo, precipitado, vertiginoso, violento.

RAPTO. m. Arrebato, impulso, arranque, secuestro, detención, retención, robo, engaño, arrobamiento, éxtasis, transporte, enajenamiento.

RAQUÍTICO, CA. adj. Enclenque, canijo, debilucho, desmedrado, desmirriado, endeble, enfermizo, escuálido, escuchimizado, esmirriado, feble, flaco, débil. ‖ fig. Exiguo, escaso, mezquino, corto, miserable.

RARO, RA. adj. Extraño, extraordinario, singular, extravagante, maniático, absurdo, anómalo, anormal, deforme, desacostumbrado, desusado, desconocido, inaudito, incomprensible.

RASGO. m. Trazo, línea, aspecto distintivo, impulso afectivo, gesto, arrebato, plumazo, facción, peculiaridad, cualidad, carácter, nota, atributo, característica.

RASO, SA. adj. Liso, llano, suave, lampiño, mondo, pelado, raído, roso, rasgado, sin título o categoría.

RASPAR. tr. Raer, apomazar, alisar, suavizar, arañar, desgastar, lijar, rascar, restregar, rasar, rozar.

RASTRERO, RA. adj. Reptante, rasante. ‖ fig. Innoble, mezquino, vil, despreciable, bajo, indigno, abyecto.

RATERO, RA. adj. m. Buscón, caco, carterista, cortabolsas, manilargo, largo de manos, mechera, randa, raquero, granuja, ladrón, ganzúa.

RAUDO, DA. adj. Veloz, raudal, rápido, precipitado, presto, vertiginoso, pronto, acelerado, activo.

RAYANO, NA. adj. Confinante, lindante, cercano, fronterizo, limítrofe, próximo, contiguo, vecino.

RAYAR. intr. Lindar, confinar, limitar, aproximarse, hacer raya, igualar, destacar, exceder, superar, descollar.

RAYO. m. Centella, ráfaga, radiación, difracción, interferen-

cia, chispa, exhalación, fulguración, culebrina, meteoro.

RAZA. f. Linaje, casta, abolengo, progenie, estirpe, alcurnia, ralea, generación, clan, tribu, grupo, ascendencia, origen.

RAZÓN. f. Raciocinio, discernimiento, entendimiento, comprensión, agudeza, facultad, perspicacia, capacidad, cacumen, argumento, prueba, discurso, motivo, causa, rectitud, verdad, derecho, cómputo, excusa, pretexto, acierto.

RAZONABLE. adj. Arreglado, justo, comprensible, legítimo, equitativo, procedente, bueno, prudente, sobrio, lícito, bastante, mediano, regular, moderado.

RAZONAMIENTO. Acción de razonar, serie de razones encadenadas, argumentación, concepto, explicación, arenga, deducción, demostración, consideración, secuela, discurso, oración. ‖ S.E. Razonamiento es un conjunto de razones, para probar un enunciado. Arenga es un discurso enaltecedor, alocución. Discurso igual a razonamiento sobre un tema científico, artístico, etc.

RAZONAR. intr. Raciocinar, argumentar, discurrir, discernir, enjuiciar, reflexionar, colegir.

REALIZAR. tr. Hacer, ejecutar, efectuar, llevar a cabo, convertir en cosa real, liquidar, elaborar, celebrar, formalizar.

REALZAR. tr. Levantar, enaltecer, elevar, relevar, engrandecer, ilustrar, encumbrar.

REANIMAR. tr. Confortar, reconfortar, tonificar, vigorizar, restablecer, fortalecer, animar, alentar, crear, vivificar.

REBAÑO. m. Hato, manada, grupo de reses lanares, vacada, torada, yeguada, pavada, tropel, piara, bandada, grupo, grey.

REBATIR. tr. Impugnar, refutar, discutir, rechazar, contrarrestar, oponerse, argumentar, argüir.

REBELIÓN. f. Alzamiento, conjura, subversión, conspiración, revolución, anarquía, insurrección.

REBOSAR. intr. prnl. Salirse, derramarse, reverter, trasverter. ‖ fig. Sobrar, abundar, redundar, sobreabundar.

REBOZO. m. Esbozo, recubrimiento, simulación, excusa, pretexto, fingimiento, disimulo.

REBUSCAR. tr. Escrutar, escudriñar, inquirir, investigar, conseguir, alcanzar, obtener, ganar.

RECABAR. tr. Obtener, lograr, conseguir, ganar, abjudicarse, percibir. ‖ S.E. A la idea de lograr algo, añade *recabar* el matiz de las súplicas con que consigue.

RECADO. m. Misiva, mensaje, encargo, agencia, encomienda, envío, botones, correveidile, aviso.

RECALCAR. tr. Apretar las cosas, abarrotar, atestar, atarugar, atiborrar, comprimir, embutir, acentuar, subrayar, resaltar, insistir.

RECAPACITAR. tr. Reflexionar, rememorar, recapitular, recordar, repasar, inventariar, evocar.

RECAPITULAR. tr. Compendiar, resumir, condensar, sintetizar, repasar, inventariar, repetir.

RECATO. m. Honestidad, modestia, pudor, cuidado, cautela, reserva, decoro, compostura, tiento.

RECAUDACIÓN. f. Cobro, colecta, cuestación, postulación, reembolso, tributo, fielato, cobranza.

RECAUDAR. tr. Cobrar, recabar, conseguir, percibir, conseguir, ingresar, embolsar, recolectar.

RECELAR. tr. intr. Sospechar, desconfiar, maliciar, barruntar, temer, escamarse, preocuparse.

RECELO. m. Desconfianza, actitud de temor, suspicacia, sospecha, escama, temor, miedo, barrunto, preocupación, duda, conjetura, reconcomio, prejuicio, desasosiego.

RECEPCIÓN. f. Recibimiento, recibo, acto de recibir, acogida, acogimiento, bienvenida, fiesta, convite, festejo, baile.

RECETA. f. Fórmula, confección, mezcla, récipe, recetario, orden, nota, apunte, procedimiento.

RECIBIR. tr. Aceptar, acoger, tomar, admitir, percibir, cobrar, hacerse cargo, cosechar, coger, recoger, llevarse, obtener, entregarse, readmitir, tolerar, absorber, incluir, llegar.

RECIO, CIA. adj. Robusto, grueso, fuerte, vigoroso, intenso, violento, rápido, impetuoso, gordo, corpulento, abultado.

RECIPIENTE. m. adj. Vasija, utensilio concávo, dulcera, lechera, azucarero, cacharro, vajilla, pote, bote, cazoleta, cristalería, aceitera, aguamanil, ampolla, ánfora.

RECITAR. tr. Declamar, entonar, pronunciar, repetir, decir versos en alta voz, referir, narrar.

RECLAMO. m. Llamada, señuelo, voz, grito, propaganda, aviso, anuncio, publicidad, aliciente, incentivo.

RECLUSIÓN. f. Encierro, prisión, aislamiento, secuestro, alejamiento, retención, estado de recluido.

RECLUTAR. tr. Alistar, enganchar, buscar, reunir, levar, incorporar, enrollar.

RECOGER. tr. Cosechar, reunir, levantar, juntar, congregar, recolectar, coger, dar asilo. ‖ prnl. Acogerse, encerrarse, ensimismarse, abstraerse.

RECOMENDAR. tr. Aconsejar, indicar, advertir, confiar, encargar, encomendar, hablar, influir, mediar.

RECOMPENSAR. tr. Compensar, retribuir, remunerar, rehacer, galardonar, premiar, gratificar, pagar, estimular, satisfacer, beneficiar, indemnizar, condecorar, laurear.

RECÓNDITO, TA. adj. Escondido, profundo, reservado, hondo, oculto, disimulado, encubierto.

RECONOCIMIENTO. m. Investigación, examen, estudio, registro, tanteo, mirada, búsqueda, exploración, gratitud, inspección, registro.

RECONVENCIÓN. f. Admonición, queja, reproche, regañina, recriminación.

RECONVENIR. tr. Reprender, reñir, reprochar, regañar, censurar, amonestar.

RECOPILACIÓN. f. Acción de recopilar, resumen, sumario, compendio, colección, tratado, antología, epítome, extracto, repertorio.

RECOPILAR. tr. Reunir cosas distintas, compilar, resumir, compendiar, antologizar, seleccionar, coleccionar, extractar.

RECORDAR. tr. Rememorar, acordarse, evocar, caer en la cuenta, dar en, exhumar, inmortalizar, traer a la memoria, traer a las mientes, ocurrirse, acudir al pensamiento, pensar.

RECTO, TA. adj. Derecho, rectilíneo, tieso, tirante, erguido, empinado, justo, imparcial, íntegro, honesto, severo, justiciero, ecuánime, digno, razonable, neutral, imparcial, frío, consciente, incorruptible.

RECUBRIR. tr. Acorazar, aforrar, alicatar, almibarar, azulejar, blindar, bañar, chapar, confitar, cubrir, dorar, empapelar, emperaminar, enlucir, envolver, platear, niquelar.

RECUERDO. m. Memoria, conmemoración, reminiscencia, cosa recordada, acuerdo, evocación, nostalgia, remembranza, reminiscencia, regalo, presente. ‖ pl. Saludos, expresiones, memorias.

RECURRIR. intr. Acudir, apelar, acogerse, buscar ayuda, invocar, llamar, echar mano de, tocar un registro, hacer uso de, llamar a la puerta, reclamar, entablar.

RECURSO. m. Procedimiento, medio, expediente arbitrario, reclamación, apelación, casación, revisión. ‖ m. pl. Bienes, medios, ahorros, posibles, fortuna, capital, posesiones.

RED. f. Malla, redecilla, retículo, urdimbre, trama, retícula, sarria, tela, trampa, lazo, engaño, sistema, servicio, organización, estratagema.

REDIMIR. tr. Rescatar, librar, libertar, liberar, salvar, recuperar, emancipar, manumitir, emancipar, remediar, reconquistar, personar.

REDOBLAR. tr. prnl. Doblar, duplicar, reduplicar, aumentar, agrandar, reiterar, repetir, tocar, golpear, tamborilear.

REDONDO, DA. adj. Rotundo, sin rodeo, abultado, circular, esférico, orbicular, redondeado, torneado, claro, evidente, manifiesto, palpable, evidente.

REDUCIDO, DA. adj. Pequeño, estrecho, corto, escaso, holgado, limitado, circunscrito, ceñido, suficiente.

REDUCIR. tr. Aminorar, disminuir, menguar, decrecer, achicar, acortar, comprender, incluir, ceñir, compendiar, sujetar, dominar, domeñar, convertir.

REDUNDANCIA. f. Sobra, énfasis, demasía, exceso, superficialidad, reiteración, inutilidad, plétora.

REDUNDAR. intr. Exceder, rebosar, sobrar, derramarse, salirse de sus límites, resultar, refluir.

REEMPLAZAR. tr. Suplir, sustituir, ocupar el lugar dejado, suplantar, representar, restituir.

REFACCIÓN. f. Comida ligera, colación, refección, tentempié, piscolabis, refrigerio, arreglo, compostura, reparación.

REFERIR. tr. Contar, narrar, relatar, decir o escribir algo, relacionar, enlazar, encadenar. ‖ prnl. Referirse, aludir, citar, mencionar, sugerir, insinuar, manifestar, apuntar, nombrar.

REFLEJAR. tr. Irradiar, reflectar, reberberar, repercutir, espejear, demostrar, mostrar, emitir, verse, traducirse.

REFLEXIONAR. tr. Considerar, contar, hacer su composición de lugar, contemplar, tener en cuenta, pensar, cuidar, deliberar, tener cuidado, examinar, estudiar, esperar, meditar.

REFORMAR. tr. Cambiar, rectificar, transformar, alterar, modificar, variar, enmendar, evolucionar, revisar, reparar, metamorfosear. ‖ prnl. Rehabilitarse, corregirse, mejorarse.

REFORZAR. tr. Consolidar, robustecer, acrecentar, engrosar, aumentar, afirmar, afianzar, apuntalar, asentar, asegurar, componer, avivar, animar, reanimar, alentar, intensificar.

REFRÁN. Adagio, proverbio, dicho, aforismo, apotegma, sentencia, máxima, locución, pensamiento, moraleja, regla. ‖ S.E. En el *refrán* importa mucho su sentido popular y tradicional. *Proverbio* es una frase sentenciosa. El *aforismo* se aplica a una ciencia o arte. *Máxima* es el dicho sentencioso norma de conducta.

REFRIGERIO. m. Tentempié, comida ligera, aperitivo, copetín, las once, bocadillo, piscolabis, refresco, vermut, invitación, agasajo, refacción, colación, alivio, consuelo.

REFUGIO. m. Abrigo, cobijo, amparo, protección, albergue, alojamiento, asilo, posada, cobertizo, guarida, madriguera, puerto, receptáculo, cotarro, cuartel, escondite, regazo, retiro.

REFULGENTE. adj. Resplandeciente, brillante, fulgurante, luminoso, rutilante, esplendoroso, coruscante, irradiante, chispeante.

REFULGIR. intr. Relumbrar, rutilar, resplandecer, brillar, esplender, relucir, deslumbrar.

REFUTAR. tr. Impugnar, confutar, rebatir, argumentar, desmentir, oponerse, objetar, llevar la contraria, rectificar, replicar.

REGALAR. tr. Dar, ofrecer, entregar, halagar, obsequiar, agasajar, festejar. ‖ Gratificar, contribuir. ‖ prnl. Recrearse, confortarse, gozar, deleitarse.

REGALO. m. Fineza, obsequio, don, donación, ofrenda, ayuda, agasajo, entrega, aguinaldo, beneficio, mejora, deleite, placer, comodidad.

REGAÑAR. tr. Censurar, reprender, reñir, reconvenir, amonestar, corregir, sermonear, reprochar, enemistarse, enfadarse, pelearse.

RÉGIMEN. m. Conjunto de normas, modo habitual, sistema, norma, reglamento, gobierno, administración. ‖ Dieta, tratamiento, medicación, ayuno, cura.

REGIR. tr. Dirigir, guiar, gobernar, conducir, administrar, gobernar, mandar, requerir, determinar.

REGLA. f. Manera, norma, pauta, moderación, canon, máxima, compás, divisa, política, método, técnica, precepto, mandato, ordenación, código, derecho, ley. ‖ Tablilla, cartabón, falsilla, escuadra. ‖ Menstruación, período, mes, acha-

que. ‖ Modelo, ejemplo, paradigma.

REGOCIJO. m. Júbilo, alegría, gozo, alborozo, contentamiento, contento, celebración, fiesta, festejo, regodeo, jolgorio, optimismo.

REGULAR. tr. Ordenar, reglamentar, moderar, modificar, establecer, legalizar, formular, medir, mandar, regularizar, sistematizar, reformar. ‖ adj. Regulado, metódico, ajustado, mediano, mediocre, moderado, usual, normal.

REHUSAR. tr. Rechazar, no aceptar, negar, denegar, dar calabazas, desechar, desairar, desestimar.

RELACIÓN. f. Relato, narración, informe, memoria, reseña, descripción, testimonio, afirmación, lazo, afinidad, conexión, amistad, trato, vínculo, parentesco, concomitancia, correspondencia, correlación, analogía, reciprocidad, semejanza.

RELAJAR. tr. Ablandar, aflojar, debilitarse, desgastarse, resquebrajarse, claudicar, aflojar las riendas.

RELATIVO, VA. adj. Referente, tocante, concerniente, accidental, concreto, limitado, material, real, temporal, restringido, comparativo, circunscrito, indeterminado, contingente.

RELIGIÓN. f. Creencia, fe, confianza, Sabiduría divina, misericordia infinita, ley de Dios, credo, doctrina, dogma, teología, mística, piedad, devoción, observancia, mandamientos, religiosidad.

RELLENAR. tr. Volver a llenar, meter dentro, atarugar, atascar, atochar, cegar, colmar, colmatar, henchir, hormigonar, mechar, rehenchir.

REMATAR. tr. Acabar por completo, asegurar, afianzar, fenecer, agotar, consumir, vender más barato, dar por terminada la puja, ultimar, finalizar.

REMATE. m. Término, extremidad, punta, fin, cabo, acrótera, cabete, cerramiento, capitel, contera, copete, coronación, coronamiento, frontispicio.

REMEDIAR. tr. Dejar sin efecto un daño, evitar, poner remedio, enmendar, corregir, rehacer, mejorar, enderezar, socorrer, ayudar.

REMEDIO. m. Acción de remediar, posibilidad de remediar, farmacia, medicamento, alivio, arreglo, ayuda, compensación, medio, panacea, receta, recurso, salida, socorro, solución, ungüento.

REMEDO. m. Imitación, caricatura, parodia, fingimiento, simulación, simulacro, facsímil.

REMENDAR. tr. Componer, reparar, zurcir, arreglar, apedazar, corcusir, estañar, recomponer, recoser.

REMIENDO. m. Compostura, zurcido, pieza, culera, corcusido, entrepiernas, fondillos, parche, plantilla, puntera, refuerzo, rodillera, talonera, codera, apaño, trozo, añadido.

REMITIR. tr. Enviar, mandar, expedir, remesar, dirigir, facturar, despachar, exportar, tramitar. ‖ Ceder, aflojar, mermar, decrecer, indultar, perdonar, eximir, diferir, aplazar. ‖ prnl. Atenerse, sujetarse, referirse, someterse, aludir.

REMOLÓN. adj. Perezoso, flojo, tumbón, indolente, remiso, holgazán, reacio, renuente, maula, cachazudo, apático, refractario.

REMOTO, TA. adj. Distante, apartado, alejado, añejo, arcaico, dudoso, inverosímil.

REMOVER. tr. Revolver, mover, escarbar, agitar, quitar, estirar, destituir, activar, investigar.

REMUNERACIÓN. f. Sueldo, gratificación, recompensa, retribución, dieta, compensación, honorarios, jornal, paga, salario, haberes.

REMUNERAR. tr. Pagar, retribuir, recompensar, gratificar, dar dinero, producir un trabajo.

RENCOR. m. Resentimiento, sentimiento de hostilidad, ofensa, humillación, rancura, encono, rabia.

RENDIDO, DA. adj. Sumiso, obsequioso, galante, fatigado, cansado, molido, extenuado, postrado, jadeante.

RENEGAR. tr. Detestar, abominar, abujurar, abandonar. ‖ intr. Jurar, insultar, maldecir.

RENOVAR. tr. Renovar el juramento, reanudar, reemprender, desempolvar, desoxidar, reanimarse, refrescarse, reavivarse, reflorecer, renacer, reproducir.

RENTA. f. Cantidad de dinero por una finca arrendada, alquiler, anualidad, arrendamiento, censo, diezmo, prebenda, interés, jubilación, tanto por ciento.

REPARACIÓN. Acción de reparar, satisfacción, remiendo, arreglo, desagravio, indemnización, compensación, renovación, aderezo, remedio, corrección, ajuste, restitución.

REPARAR. tr. Componer, arreglar, remendar, rehacer, enmendar, restaurar, dejar en buen estado, retocar, compensar, remediar, hacer un alto, corregir, subsanar, satisfacer, resarcir, vigorizar, notar, mirar, percatarse, considerar, observar. ‖ S.E. Reparar y componer llevan complemento; se remienda una prenda vieja; se rehace lo deshecho o descompuesto; se enmienda lo espiritual o moral.

REPARTIR. tr. Partir, distribuir, hacer de una cosa varias partes, pagarse, recibirse entre varios, adjudicar, asignar, compartir, impartir, echar, prorratear, donar, dosificar, clasificar, dispensar, otorgar.

REPARTO. m. Lote, parte, participación, donación, dosificación, distribución, prorrateo, pago, asignación.

REPELER. tr. Rechazar, apartar, repudiar, arrojar, repugnar, contradecir.

REPETIR. tr. Rehacer, reiterar, renovar, continuar, alternar, binar, alternarse, confirmar, preguntar, reproducir, iterar, segundar, reincidir, instar, machacar, recalcar, reproducir.

REPLETO, TA. adj. Lleno, relleno, colmado, atestado, saciado, harto, ahíto, pletórico, abundante.

REPLICAR. Plegar, contestar, argüir, argumentar, objetar, contradecir, impugnar, alegar, testimoniar, llevar la contraria, rezar, rezongar, negar, indicar, revelar, contradecir, impugnar.

REPONER. tr. Restaurar, restablecer, contenerse, renovar, consolidar, colocar, replicar. ‖ pnrl. Reponerse, restablecerse, recobrar la salud, rehacerse, convalecer, animarse, serenarse.

REPOSAR. intr. Descansar, dormir, echarse, yacer, acostarse, tumbarse, tenderse, sosegarse, aquietarse, aplacarse, estar enterrado.

REPOSO. m. Descanso, paz, calma, serenidad, tranquilidad, siesta, ocio, sueño, quietud, sosiego. ‖ S.E. El sosiego presupone la moderación y serenidad del espíritu. El sosiego, sin alterar el reposo de los sentidos, ofrece la tranquilidad de un espíritu.

REPRENDER. tr. Reconvenir, amonestar, corregir, regañar, reñir, vituperar, increpar.

REPRENSIÓN. f. Admonición, amonestación, afeamiento, animadversión, apercibimiento, aviso, bronca, bufido, capítulo de culpas, catilinaria, correctivo, corrección, filípica, exabrupto, increpación, indicación, palmetazo.

REPRESENTAR. tr. prnl. Figurarse, imaginar, encarnar, figurar, fingir, personificar, simbolizar, reproducir, trazar, patentizar, significar, mostrar, manifestar, sustituir, reemplazar.

REPRIMIR. tr. Contener, dominar, sostener, refrenar, comprimir, sujetar, templar, moderar, reducir, aplacar, cohibir, impedir, paralizar, oponerse. ‖ prnl. Reportarse, contenerse.

REPROBAR. tr. Desaprobar, criticar, tachar, vituperar, censurar, rechazar, condenar, reconvenir, anatematizar, expresar un juicio desfavorable, reprochar, suspender, eliminar.

REPRODUCCIÓN. f. Multiplicación, proliferación, diseminación, incremento, difusión, estaca, partenogénesis, desarrollo, expansión, cría, fecundación. ‖ Copia, imitación, calco, duplicado, extracto, facsímil, trasunto, plagio, generación, periandro, germen, semilla.

REPRODUCIR. tr. prnl. Multiplicarse, copiar, representar, imitar, repetir, reiterar.

REPUGNANCIA. f. Aversión, animadversión, fastidio, prevención, repulsa, resistencia, violencia, incompatibilidad, oposición, contradicción, antipatía, repulsión, asco, renitencia, renuencia.

REPUTACIÓN. f. Nombre, fama, prestigio, notoriedad, honra, nombradía, aureola, lustre, crédito. ‖ S.E. Verbos y adjetivos más usados: Disfrutar, gozar, tener; mala, excelente, pésima fama o reputación.

REQUEBRAR. tr. Quebrar o romper en trozos pequeños, dirigir lisonjas a una mujer, piropear, galantear, halagar, florear, mimar, adular, agasajar, lisonjear, decir flores.

REQUERIR. tr. Ordenar, notificar, intimar, mandar, avisar, examinar, invitar, hacer saber, pedir.

RESALTAR. intr. Sobresalir, destacar, dominar, descollar, predominar, aventajar.

RESARCIR. tr. Compensar, indemnizar, devolver, enmendar, desagraviar, subsanar, restituir. ‖ prnl. Recobrar, esquitarse, recuperar, vengarse.

RESBALAR. intr. prnl. Irse los pies, deslizarse, escurrirse, irse, rodar. ‖ prnl. Equivocarse, moverse una cosa, confundirse, engañarse.

RESENTIRSE. prnl. Sentir dolor o molestia, debilitarse, molestarse, dolerse, picarse, ofenderse, requemarse, darse por sentido.

RESERVA. f. Acción de reservar, actitud de no prestar asentimiento, previsión, guarda, provisión, circunspección, prevención, cautela, prudencia, secreto, sigilo, restricción, prenda.

RESERVAR. tr. Apartar, retener, guardar, no soltar palabra, no soltar prenda, dispensar, exceptuar, ocultar, encubrir, reservarse.

RESGUARDARSE. prnl. Preservarse, defenderse, protegerse, obrar con cautela, ampararse, ocultarse, cubrirse, taparse.

RESGUARDO. m. Amparo, protección, defensa, custodia, vigilancia, puesto, aduana, abrigo, cobijo, descargo, boleto, contraseña, vale, cupón, talón, bono, documento, justificante.

RESIGNARSE. prnl. Avenirse, conformarse, allanarse, prestarse, sufrir, aguantar, someterse, condescender.

RESISTIR. intr. prnl. Aguantar, tolerar, sufrir, soportar, mantenerse, hacer frente, desafiar, no dar su brazo a torcer, aguantar a pie firme, rebelarse, oponer resistencia, tenerlas tiesas, plantar cara. ‖ Echarse para atrás, gandulear, dar largas, ir a remolque, hacerse el remolón.

RESOLVER. tr. Solver, encontrar la solución, solucionar, arreglar, averiguar, abrir camino, resolverlas, desatar, componérselas, desenredar, despejar, solucionar, solventar.

RESONANCIA. f. Sonido producido por reflexión, eco, expansión, repercusión, tornavoz, difusión, fama, importancia, sonoridad, retintín, influencia.

RESPALDARSE. prnl. Apoyar la espalda, apoyarse, asegurarse, ampararse, escudarse, favorecerse.

RESPALDO. m. Espaldar, respaldar, espaldera, envés, vuelta, sostén, apoyo, dorso, muro de protección, poder, valimiento, auxilio, patrocinio, sustentáculo.

RESPETABLE. adj. Serio, digno, grave, íntegro, respetado, venerable, autorizado, augusto, honrado, compuesto. ‖ ANT. Indigno, deshonrado, ligero.

RESPETAR. tr. Venerar, acatar, presentar armas, reverenciar, honrar, rendir honores, quitarse el sombrero. ‖ ANT. Desacatar, deshonrar, insultar, rebelarse.

RESPETO. m. Acatamiento, acato, consideración, compostura, veneración, honra, culto, devoción, honor, homenaje, rendibú, sometimiento, sumisión, saludo.

RESPIRAR. intr. Resollar, aspirar y espirar el aire, inhalar, absorber, alentar, jadear, roncar.

RESPLANDECER. intr. Lucir, relucir, refulgir, fulgurar, brillar (serie intensiva), relumbrar, despedir mucha luz, centellear, iluminar, rielar, cabrillear, rutilar, espejear, chispear.

RESPONDER. tr. Contestar, ar-

güir, argumentar, replicar, declarar, afirmar, objetar, protestar, certificar, avalar, retrucar, impugnar, comprometerse.

RESPONSABILIDAD. f. Solvencia, garantía, sentido del deber, deber, compromiso, incumbencia, competencia, fianza, empeño, juicio, sensatez. ‖ S.E. Verbos más usados: Afrontar, declinar, rechazar, atribuir, exigir, alcanzar, incumbir, tener, pasar.

RESPUESTA. f. Contestación, réplica, declaración, refutación, argumento, corroboración, censura.

RESQUICIO. m. Abertura estrecha, grieta, hendidura, ocasión, pretexto, posibilidad, salida, solución.

RESTO. m. Residuo, diferencia, resta, remanente, sobrante, bagazo, basura, carbonilla, ceniza, desecho, desperdicio, despojos, migajas, rebañaduras, sobras.

RESTRINGIR. tr. Circunscribir, reducir, ceñir, limitar, reducir los gastos, astringir, restriñir, cercenar, coartar, delimitar, acotar.

RESUCITAR. intr. Devolver la vida, volver a vivir, resurgir, revivir, restaurar, reponer, revivificar.

RESUELTO, TA. adj. Decidido, que no se detiene o duda, determinado, atrevido, audaz, arrojado, dispuesto, intrépido. ‖ ANT. Apocado, temeroso, miedoso, pusilánime.

RESULTAR. intr. Ocurrir una cosa, originarse, salir, traer cola, deducirse, responder, sacar, seguirse, traducirse.

RESUMEN. m. Cifra, compendio, argumento, extracto, guión, minuta, recapitulación, síntesis, sumario, suma, sinopsis, trasunto.

RESUMIR. tr. Abreviar, compendiar, acortar, ceñirse, cifrar, concretar, reducir, recopilar, encerrar.

RESURGIR. intr. Reaparecer, reanudar, rebrotar, resucitar, revivir, aparecer, reanimarse, vivificarse.

RETARDAR. tr. Atrasar, retrasar, detener, difundir, frenar, aplazar, dilatar, prorrogar, demorar.

RETENER. tr. Acaparar, conservar, guardar, bloquear, reservar, inmovilizar, decomisar, quedarse.

RETICENCIA. f. Acción de insinuar una cosa, equívoco, insidia, insinuación, retintín, tonillo, tono, mala intención, ambigüedad, rodeo, evasiva.

RETIRARSE. prnl. Cortarse la coleta, recogerse, retraerse, jubilarse, echarse atrás, apartarse, alejarse, recluirse, desviarse, aislarse, acostarse, retroceder, desbandarse, separarse, desaparecer.

RETIRO. m. Apartamiento, retraimiento, soledad, incomunicación, reclusión, encierro, jubilación, recogimiento, misantropía.

RETOÑAR. intr. Rebrotar, reproducirse, florecer, revivir, retallecer, serpollar. ‖ ANT. Marchitar, secarse, agostarse.

RETORCERSE. prnl. Contraerse, contorsionarse, emburujarse, crisparse, convulsionarse, retortijarse. ‖ ANT. Enderezarse, alargarse.

RETORNAR. intr. Regresar, vol-

ver, tornar, devolver, restituir, llegar, repatriarse, reanudar, rebotar, reembolsar, tornar.

RETRAERSE. prnl. Retirarse encogiéndose, refugiarse, acogerse, guarecerse, aislarse, rectificar, denegar, incumplir, desvincularse. ‖ ANT. Unirse, enlazarse, comunicarse.

RETRAÍDO, DA. adj. Insociable, recoleto, recogido, abstraído, solitario, retirado, abandonado.

RETRAIMIENTO. m. Retiro, apartamiento, refugio, alejamiento, timidez, reserva, cortedad. ‖ ANT. Expresividad, gozo, alegría.

RETRASAR. tr. prnl. Aplazar, demorar, detener, dilatar, diferir, prorrogar, eternizarse, trasladar, rezagarse, remolonear.

RETRASO. m. Atraso, demora, detención, dilación, dilatoria, espera, largas, retardo, remisión.

RETRIBUCIÓN. f. Remuneración, recompensa, paga, pago, premio, gratificación, estipendio, compensación, honorarios, galardón.

RETROCEDER. intr. Marchar hacia atrás, desandar, desdecirse, remontarse, refluir, retraerse, retornar, revocar, tejer, recoger velas, volverse atrás, recejar, rebotar, retrechar. ‖ ANT. Avanzar, progresar, adelantar.

RETROCESO. m. Retorno, marcha atrás, rebrote, vuelta, regreso, reculada, retrogradación, salto atrás. ‖ S.E. Se dice rechazo y rebote si se producen por choque.

REUNIR. tr. Juntar, volver a unir, adicionar, acaparar, adunar, aglomerar, añadir, agregar, acopiar, acumular, agrupar, recoger, compilar, congregar, ayuntar. ‖ ANT. Apartarse, separar.

REVENTAR. intr. Estallar, romper, romperse las olas, hacer fracasar, estallar, explotar. ‖ Molestar, cansar, fastidiar, deshacerse, crepitar. ‖ prnl. Extenuarse, agotarse, debilitarse.

REVENTÓN. m. Acción de reventarse, reventadero, cuesta, trabajo intenso, marcha dura, apuro.

REVÉS. m. Reverso, dorso, envés. ‖ Contratiempo, desgracia, infortunio, percance, desastre.

REVIVIR. intr. Renovar, resucitar, resurgir, reanimar, vivificar, reavivarse, evocar, invocar.

REVOCAR. tr. Abolir, abrogar, invalidar, derogar, disuadir, volver a llamar, desvirtuar, prohibir, cesar. ‖ Enjalbegar.

REVOLTOSO, SA. adj. Enredador, travieso, revesado, vuelto, alborotado, sedioso, revolucionario, turbulento.

REVOLUCIÓN. f. Sublevación, rebelión, levantamiento, convulsión, sacudida, disturbio conjura, alboroto, conspiración, conmoción.

REVOLVER. tr. Agitar, menear, mezclar, desordenar, desorganizar, soliviantar, inquietar, enemistar, remover, mover, dar vuelta, girar, alterar, indisponer, irritar, indignar.

REVUELTO, TA. adj. y part. Agitado, mezclado, turbio, desordenado, transtornado, variable, inquieto, alborotado, perturbado, tumultuoso.

REYERTA. f. Escaramuza, contienda, pelea, altercado, disputa, riña, lucha.

REY. m. Monarca, soberano, emperador, emir, faraón, inca, margrave, negus, reyezuelo, sha, zar, regente.

REZAGARSE. prnl. Atrasarse, retardarse, retrasarse, quedarse atrás, quedarse retrasado, quedarse a la zaga. ‖ ANT. Adelantarse, anticiparse, aventajar, exceder.

REZAR. tr. Orar, hacer oración, adorar, pedir, rogar, suplicar, recomendar el alma, ponerse de rodillas.

REZUMAR. intr. prnl. Exudar, resudar, trazumar, transpirar, infiltrarse, calar, trasvenarse.

RIADA. f. Inundación, avenida, crecida, llegada, desbordamiento, torrentera, aluvión, torrente, diluvio.

RIBERA. f. Borde, margen, orilla, faja de tierra, huerta, vega, riba, ribazo, ribero, quinta, playa.

RICO, CA. adj. Adinerado, acaudalado, acomodado, archimillonario, capitalista, burgués, mecenas, gente gorda, potentado, pudiente, opulento, abundante, pingüe, copioso, exquisito, apetitoso. ‖ ANT. Pobre, pobretón, pobrete.

RIDÍCULO, LA. adj. Estrafalario, extravagante, estrambótico, grotesco, fachoso, irrisorio, melindroso, dengoso, ñoño, nimio, pazguato, desairado, despreciable, extraño, fantoche.

RIENDA. f. Brida, correa, cincha, bridón, cabestro, camal, ramal, sobrerrienda, freno, cucarda. ‖ fig. Sujeción, freno, moderación, gobierno, dirección, tutela, guía, mando.

RIESGO. m. Exposición, peligro, azar, evento, contingencia, fatalidad, sino, albur, acaso, apuro.

RIGIDEZ. f. Inflexibilidad, endurecimiento, tiesura, agarrotamiento, tensión, rigor, austeridad. || ANT. Blandura, condescendencia, amabilidad.

RIGOR. m. Reciura, dureza, crudeza, inclemencia, aspereza, rigurosidad, severidad, intransigencia.

RIGUROSO, SA. adj. Difícil de doblar, duro, consistente, endurecido, erguido, envarado, inflexible, inmóvil, paralizado. || ANT. Flexible, amable, quebradizo, suave.

RIÑA. f. Pendencia, reyerta, acción de reñir, altercado, alboroto, bronca, bochinche, cisco, choque, cacao, camorra, combate, contienda, desafío, escaramuza, gresca, escurribanda, liza, lío.

RÍO. m. Arroyo, arroyuelo, riachuelo, torrente, corriente, regato, torrentera, afluente, zubia.

RIQUEZA. f. Abundancia de bienes, lujo, esplendor, bienestar, opulencia, profusión, copia, fortuna, capital, patrimonio.

RISA. Sonrisa, carcajada, hilaridad, rictus, cosquilleo, risotada, alegría, jolgorio, risita, donaire.

RISUEÑO, ÑA. adj. Alegre, reidor, carialegre, riente, jovial, hilarante, festivo, jocoso, divertido.

RITO. m. Ceremonia, ritual, liturgia, culto, función, etiqueta, costumbre, ceremonial, solemnidad, regla, protocolo. || S.E. Rito es el conjunto de reglas para el culto.

RIVAL. adj. Adversario, antagonista, contendiente, competidor, contrincante, contrario, émulo.

RIVALIDAD. f. Antagonismo, emulación, celos, concurrencia, competencia, envidia, pique, rivalidad.

ROBAR. tr. Afanar, apañar, asaltar, hurtar, atracar, birlar, bolsear, salir al camino, desvalijar, distraer, estafar, desplumar, pringarse.

ROBUSTO, TA. adj. Corpulento, fornido, de buen año, apretado, borricote, fortachón, frescachón, vigoroso, sano, saludable, grueso, de hierro, hombrachón, hombretón, jayán, mozallón, mocetón, morocho, como un roble, rollizo, torete, zagalón.

ROCIADA. f. Rocío, rociadura, aspersión, mojadura, irrigación, serie de reproches, reprensión, regañina, riña, siembra, diseminación, reconvención, desbandada, suelta.

RODAR. intr. Dar vueltas, girar, moverse sobre ruedas, rotar, virar, deslizarse, vagar, merodear.

RODEAR. tr. Abarcar, abrazar, acorralar, acordonar, ceñir, cercar, envolver, contornear, festonear.

RODEO. m. Circunlocución, circunloquio, digresión, embozo, perífrasis, pretexto, preámbulo, digresión, tapujo, requilorio, efugio, evasiva, subterfugio, vaguedad, ambages, indirecta, alusión.

ROER. tr. Mordisquear, ratonar,

desgastar, corroer, carcomer, apolillar. ‖ fig. Inquietar, molestar, perturbar, atosigar.

ROGAR. tr. Pedir, solicitar, implorar, suplicar, apelar, clamar, orar, rezar, impetrar, demandar, exhortar. ‖ ANT. Conceder, otorgar.

ROJO, JA. adj. Escarlata, encarnado, colorado, carmesí, bermejo, granate, púrpura, sonrosado, tinto.

ROLLIZO, ZA. adj. De forma redonda, gordo, robusto, grueso, cilíndrico, fornido, gordinflón, orondo.

ROMANCE. adj. m. Románico, neolatino. ‖ Amorío, noviazgo, composición poética, novela, poema. ‖ pl. Romances, evasivas, pretextos, excusas, historias, cuentos.

ROMPER. tr. Quebrar, partir, quebrantar, destrozar, desbaratar, fracturar, deteriorar, descuartizar.

RONCO, CA. adj. Bronco, afónico, rauco, áspero, rudo, bajo, profundo, destemplado, carrasposo.

RONDAR. intr. Merodear, hacer la ronda, cortejar, galantear, dar vueltas, cazar de noche, recorrer.

ROÑOSO, SA. adj. Que padece roña, sucio de aspecto, viejo, miserable, tacaño, oxidado, mugriento.

ROPA. f. Tela, vestido, ropaje, traje, indumento, indumentaria, atavío, vestidura.

ROSARIO. m. Rezo dedicado a la Virgen, oración, Avemaría, letanía, dieces, gloria Patri, sarta.

RÓTULO. m. Escudo compen-

diado, título, encabezamiento, letrero, inscripción, marbete, etiqueta.

ROTUNDO, DA. adj. Claro, terminante, preciso, determinante, específico, concluyente, decisivo, definitivo.

ROZAMIENTO. m. Rozadura, rocefrote, desolladura, despellejadura, erosión, escocido, escorchón, raspadura, refregón, excoriación.

RUBOR. m. Bochorno, coloración, erubescencia, llamarada, soflama, sonrojo, fogaje, vergüenza.

RUDIMENTOS. m. pl. Elementos, principios, nociones, nociones elementales, compendio, epítome.

RUDO, DA. adj. Basto, tosco, áspero, bruto, grosero, duro, descortés, brusco, torpe, romo, violento, inculto, zote.

RUEDA. f. Arandela, disco, garrucha, polea, rodaja, roldana, tambor, volante, círculo, loncha, rodaja.

RUIDO. m. Estrépito, rumor, sonido, fragor, eco, zumbido, chirrido, susurro, crujido, mugido, griterío, bullicio, palmoteo.

RUIN. adj. Malo, perverso, vil, bajo, indigno, miserable, tacaño, avaro, mezquino, roñoso, pequeño, desmedrado, insignificante, enclenque.

RUINDAD. f. Vileza, maldad, perversidad, malignidad, tacañería, avaricia, riñería, pequeñez, desmedro, insignificancia, despreciable.

RUMBOSO, SA. adj. Generoso, desprendido, liberal, dadivoso, desinteresado, magnífico, pomposo, ostentoso.

RUMOR. m. Runrún, tolle tolle, runruneo, voz, difusión, eco, repercusión, resonancia.

RÚSTICO, CA. adj. Aldeano, rural, campesino, basto, tosco, grosero, babazorro, capipardo, zafio. ‖ m. Labrador, labriego, villano, cateto, paleto.

RUTINA. f. Costumbre, hábito, la fuerza de la costumbre, usanza, uso, modo, práctica, regla, estilo.

S

SABER. tr. Conocer, entender, discernir, penetrar, comprender, interpretar, enterarse, pensar, instruir, juzgar, tener conocimiento. ‖ m. Sabiduría, cordura, ciencia, sapiencia, erudición, cultura, pericia, omnisciencia, instrucción, doctrina. ‖ ANT. Ignorar.

SABIO, BIA. adj. Cuerdo, inteligente, juicioso, entendido, erudito, docto, enterado, resabido, documentado, instruido, sabiondo, sabelotodo, sensato, prudente, ilustrado, redicho, sesudo.

SABLAZO. m. Golpe dado con el sable, mandoble, corte, herida, cintarazo. ‖ Gorronería, petardo, ruego, pretensión, requerimiento, guante, abuso, parchazo. ‖ Frs. Pegar un parche o un parchazo, pegar un petardo, dar un banderillazo.

SABOR. m. Bouquet, deje, dejillo, regosto, gusto, gustillo, sapidez, paladar, embocadura (vinos), regusto, resabio, saborcillo, sazón.

SABOREAR. intr. Catar, gustar, librar, paladear, probar, degustar, tastar, percibir.

SABROSO, SA. adj. Apetitoso, sazonado, gustoso, exquisito, rico, riquísimo, delicioso, delicado, divino, suculento, deleitable, sápido.

SACAR. tr. Extraer, quitar, abrir, vaciar, hurtar, tomar, arrebatar, ganar, obtener, conseguir, lograr, excluir, restar, exceptuar, inferir, deducir.

SACIARSE. prnl. Atracarse, atiborrarse, empacharse, hartarse, satisfacer el hambre, hincharse, atarugarse, tupirse, saturarse. ‖ ANT. Carecer, desconocer, vaciar.

SACRIFICAR. tr. Inmolar, ofrendar, ofrecer a Dios algo, matar las reses. ‖ prnl. Consagrarse, inmolarse, conformarse, resignarse, aguantarse, renunciar.

SACRIFICIO. m. Acción de sacrificar, Lustración, oblación, ofrenda, Misa, propiciación, víctima, holocausto, inmolación, martirio, expiación, pago, sufrimiento, abnegación, privación, renuncia, eucaristía, hostia, libamen, hecatombe.

SACUDIR. tr. Agitar, estremecer, menear, mover, zarandear, oscilar, temblar, abofetear, golpear, apartar, rechazar, arrojar, esquivar.

SAGACIDAD. f. Perspicacia, astucia, olfato, agudeza, inteligencia, cacumen, lucidez, previsión, viveza, penetración, vista.

SAGAZ. adj. Avisado, astuto, agudo, clarividente, lúcido, largo, lince, vivo, sutil, profundo.

SAGRADO, DA. adj. Sacro, sacratísimo, santo, sacrosanto, hierático, divino, consagrado, elegido, canonizado, puro, inmaculado, inviolable, bienaventurado. ‖ ANT. Profano, irreverente, maldito.

SAGRARIO. m. Tabernáculo, santuario, eucaristía, Sagrados ministerios del altar, altar.

SAL. f. Salobridad, salmuera, salazón, cloruro de sodio, salero, gracia, donaire, garbo, donosura.

SALADO, DA. adj. Salino, salobre, salobreño, ocurrente, ingenioso, gracioso, agudo, chistoso, saleroso, simpático, agudo.

SALARIO. m. Paga, jornal, retribución, soldada, sueldo, gratificación, estipendio.

SALEROSO, SA. adj. Garboso, gracioso, chistoso, chispeante, donoso, sandunguero, ocurrente.

SALIDA. f. Acción de salir, puerta, nacimiento, orto, sitio, abertura, arrancada, saliente, recurso.

SALIR. intr. Cesar, partir, marchar, desembarazar, desembocar, aparecer, brotar, manar, nacer o manifestarse, mostrarse, surgir, descubrirse, alejarse, zarpar, levar anclas, hacerse a la mar, resultar, arrancar, descubrirse. ‖ prnl. Derramar-

se, verterse, desbordarse, desaguar, inundar.

SALPICAR. tr. Esparcir, mojar, chapotear, rociar, bañar, llover, regar, asperjar, manchar.

SALTAR. intr. Brincar, levantarse, retozar, danzar, girar, tomar carrera, tomar carrerilla, triscar, pingar, bailar, arrojarse de un sitio, levantarse, dar saltos, botar.

SALTO. m. Brinco, remate, bote, cabriola, pirueta, danza, rebote, giro, jugueteo, corcovo, respingo, respiro, tranca, cascada, despeñadero, derrumbadero, precipicio, omisión, caída, catarata.

SALUBRE. adj. Higiénico, sano, benéfico, favorable, inmune, salutífero, lozano, fuerte, brioso, provechoso, saludable, conveniente, beneficioso, eufórico.

SALUDAR. tr. Cumplimentar, descubrirse, dar los buenos días, felicitar, encomendarse, dar la mano, agitar el pañuelo, presentar sus respetos, quitarse el sombrero, entrevistarse.

SALUDO. m. Apretón de manos, cabezada, ceremonia, cortesía, despedida, felicitación, expresiones, homenaje, inclinación de cabeza, recuerdos, reverencia, salva, zalema.

SALVAGUARDIA. f. Custodia, guarda, amparo, garantía, escolta, vigilancia, protección, resguardo, pase, salvoconducto, desvelo, pasaporte, aseguramiento, seguro.

SALVAJE. adj. Silvestre, montés, cerril, montaraz, bravío, inculto, selvático, agreste, montuoso.

SALVAR. tr. Liberar, librar, evitar, sacar, escapar, salvar el pellejo, vencer, superar, exceptuar, socorrer, recuperar, ayudar, auxiliar, acoger, ocultar, favorecer. ‖ prnl. Librarse, subir al cielo, recuperarse, mejorarse, rehabilitarse.

SALVO, VA. adj. Ileso, libre, indemne, sano y salvo, entero, campante, íntegro.

SANAR. tr. intr. Curarse, restablecerse, mejorar, convalecer, aliviarse, regenerarse.

SANDIO, A adj. Necio, simple, bobo, tonto, majadero, estúpido, estulto, zopenco, mentecato.

SANGRIENTO, TA. adj. Sanguinolento, cruento, inhumano, atroz, sanguinario, salvaje, bestia, ofensivo, insultante, injurioso, feroz.

SANO, NA. adj. Saludable, bueno, entero, saneado, sin malas pasiones, inmune, frescachón, vigoroso, incólume, vital, salutífero, ileso, recto, sincero, bienintencionado.

SANTO, TA. adj. Almo, bendito, beato, celestial, bienaventurado, glorioso, sagrado, seráfico, venerable.

SAÑA. f. Furia, furor, ira, cólera, rabia, encono, rencor, fobia, hincha, ojeriza, antipatía, aborrecimiento.

SATÁNICO, CA. adj. Malo, demoníaco, perverso, malvado, propio de Satanás, orgulloso, soberbio, luciferino, endiablado, horrendo.

SATISFACCIÓN. f. Placer, contento, alegría, felicidad, gusto, buen humor, contentamiento.

SATISFECHO, CHA. adj. Alegre, complacido, contento, hala-

güeño, lisonjero, favorable, saciado, harto.

SAZÓN. f. Madurez, punto, perfección, tempero, granazón, fructificación, oportunidad, ocasión, coyuntura, sabor, gusto, regusto.

SAZONARSE. prnl. Adquirir sazón, fructificar, granar, perfeccionarse, rematarse, granarse, desarrollarse, madurarse, florecerse.

SECAR. tr. Desecar, resecar, enjugar, escurrir, torcer, tender, orear, ventear, marchitarse, agotarse, amojamarse.

SECO, CA. adj. Desecado, despojado de su jugo, árido, enjuto, hidrófugo, reseco, escurrido, marchito, amarillo, abochornado, acartonado, desabrido, antipático, huraño.

SECRETO, TA. adj. Escondido, oculto, ignorado, clandestino, callado, reservado, sigiloso. ‖ m. Arcano, incógnita, enigma, cifra, clave, adivinanza, misterio, laberinto, tapujo.

SECTOR. m. División, parte, fragmento, medio, nivel, sección, zona, fase, emplazamiento.

SECUAZ. adj. Parcial, partidario, adepto, adipto, esbirro, seguidor, paniguado, lacayo.

SEDICIÓN. f. Acción de declarar en contra, sublevación, alzamiento, rebelión, insurrección, levantamiento, tumulto, insubordinación, alboroto, asonada, cuartelada, conspiración.

SEDICIOSO, SA. adj. Insubordinado, sublevado, rebelde, conspirador, tumultuoso, turbulento.

SEDUCIR. tr. Cautivar, atraer, fascinar, encandilar, halagar, hipnotizar, ilusionar, enamorar, arrastrar, galantear, absorber, tentar.

SEGUIR. tr. Venir detrás, ir después, suceder, acosar, perseguir, subseguir, buscar, rastrear, acompañar, hostigar, acechar, continuar, proseguir, escoltar, simpatizar, encadenarse, eslabonarse, estudiar, practicar, profesar. ‖ prnl. Deducirse, proferirse, inferirse, originarse, establecerse.

SEGUNDO, DA. adj. Secundario, ayudante, suplente, lugarteniente, segundón, subalterno, accesorio.

SEGURIDAD. f. Certidumbre, certeza, confianza, firmeza, estabilidad, caución, garantía, fijeza, pulso, lastre, equilibrio, inmunidad, salvaguarda. ‖ ANT. Inseguridad, desconfianza, intranquilidad.

SEGURO, RA. adj. Firme, fijo, estable, recio, abrigado, inamovible, cierto, indudable, indubitable, protegido, invulnerable, indemne, inviolable, de confianza.

SELLO. m. Timbre, señal, marca, precinto, plomo, plica, signo rodado, estampilla, fechador, carácter, distinción, peculiaridad.

SEMBRAR. tr. Semillar, sementar (lit.), diseminar, esparcir, arrojar, desparramar, plantar, extender, propalar, divulgar, publicar, difundir, propagar.

SEMEJANTE. adj. Parecido, afín, casi igual, idéntico, análogo, imitado. ‖ m. Prójimo, pariente. ‖ S.E. *Parecido* y *semejante* se aplican a personas; *análogo* a cosas.

SEMEJANZA. f. Cualidad de semejante, similitud, analogía, afinidad, imitación, conformidad, copia, aproximación, calco.

SENCILLO, LLA. adj. Fácil, llano, sin artificio, corriente, sin ceremonias, liso, natural, ingenuo, incauto.

SENDA. f. Vereda, camino, sendero, vía, modo, método, ramal, trocha, atajo, carril, cruce.

SENO. m. Hueco, concavidad, oquedad, sinuosidad, pecho, teta, claustro materno, matriz, amparo, regazo, protección, hoyo.

SENSATEZ. f. Moderación, prudencia, cordura, discreción, juicio, seso, reflexión, cautela.

SENSIBLE. adj. Emotivo, delicado, impresionable, sensitivo, apreciable, perceptible, manifiesto, patente, ostensible, doloroso, lamentable.

SENTARSE. prnl. Aclocarse, arrellenarse, repanchingarse, tomar asiento, dejarse caer, retreparse.

SENTENCIA. f. Dicho, máxima, refrán, aforismo, proverbio, resolución, decisión, fallo, juicio.

SENTIDO. m. Conocimiento, juicio, discernimiento, percepción, sensibilidad, sensación, capacidad, gusto, vista, oído, olfato, alcance, extensión, rumbo, dirección, marcha, curso. ‖ Significación, acepción, sana razón. ‖ adj. Resentido, delicado, afectuoso.

SENTIR. tr. Percibir, advertir, experimentar, reparar, percatarse, lamentar, afligirse, deplorar, dolerse, conmoverse, compadecerse, lastimarse, presentir, barruntar, opinar, juzgar, agraviarse, requemarse. ‖ m. Dictamen, opinión, juicio, parecer. ‖ ANT. Despasionarse, desinteresarse.

SEÑAL. f. Acotación, asterisco, contraste, flecha, marca, sello, signo, cruz, raya, punto, imagen, representación, mojón, prenda, garantía, seña, aviso, indicio, vestigio, huella.

SEÑALAR. tr. Significar, determinar, marcar, dejar señalado, hacer señales, apuntar, mostrar, poner, amagar, advertir, estipular, anotar, rubricar. ‖ prnl. Destacarse, distinguirse, significarse, hacerse notar.

SEÑOR. m. Amo, dueño, boyardo, burgrave, caballero, cacique, propietario, noble, rico, hombre.

SEPARAR. tr. prnl. Desunir, alejar, ahuyentar, aislar, apartar, dejar aparte, bifurcarse, destituir, deponer, diferenciar, descartar, descarriarse.

SEPULTURA. f. Sepulcro, cementerio, catacumbas, cenotafio, tumba, enterramiento, fosa, huesa, sarcófago, túmulo, mausoleo, cripta.

SEQUEDAD. f. Desecación, deshidratación, sequía, estiaje, agostamiento, sed, aridez, resecamiento. ‖ fig. Aspereza, dureza, antipatía, desabrimiento, rudeza.

SERENARSE. prnl. Mejorar, despejarse, aclararse, reportarse, reponerse, abrir, desencapotarse. ‖ ANT. Obscurecerse, aborrascarse, alterarse.

SERENO, NA. adj. Calmoso, tranquilo, reposado, sosegado, aplomado, dueño de sí, impasible.

SERIO, RIA. adj. Grave, formal, sensato, mesurado, juicioso, reposado, compuesto, respetuoso, maduro, reservado, prudente, importante, reflexivo, apacible, impávido, cumplidor, exacto, recto, minucioso, escrupuloso, arduo, espinoso, principal, adusto, ceñudo, real, efectivo, positivo. ‖ Vigilante, prudente.

SERMÓN. m. Plática, prédica, fervorín, conferencia, alocución, perorata, arenga, homilía. ‖ Represión, admonición, reprimenda, crítica, filípica, reproche, invectiva.

SERVICIO. m. Acción de servir, ayuda, favor, gracia, beneficio, obsequio, auxilio, dádiva, servidumbre, misa, culto, ceremonia, criados, fámulos. ‖ Retrete, excusado, lavabo, urinario, evacuatorio, baño, red, distribución, vajilla, cubiertos, rendimiento, provecho.

SERVIR. intr. Asistir, ayudar, andar de coronilla, aprovechar, sacar de apuros, encargar, emplearse, trabajar, contratarse, valer, ser apto o apropiado, distribuir, ofrecer, colocar, dosificar. ‖ prnl. Dignarse, consentir, acceder, valerse, utilizar, aprovecharse, explotar.

SESUDO, DA. adj. Prudente, sensato, cuerdo, maduro, juicioso, moderado, reflexivo, discreto, laborioso, talentudo, aplicado, estudioso.

SEVERIDAD. f. Austeridad, intransigencia, inflexibilidad, intolerancia, rigor, rigidez, seriedad, adustez, aspereza, exigencia, sequedad, exactitud, minuciosidad, gravedad, puritanismo. ‖ S.E. La severidad se alcanza con los principios y los usos. El hombre *riguroso* es más exigente que el severo; el hombre *rígido* es intolerante. ‖ ANT. Flexible, blandura, condescendencia.

SEXO. m. Genital, genitales, partes pudendas, intimidades, vergüenza, amor sexual, celo, deseo, libídine, líbido, sexualidad, apetito genésico.

SIEMPRE. adv. t. Perennemente, continuamente, invariablemente, eternamente, constantemente, insistentemente, imperecederamente, persistentemente, perpetuamente, de siempre. ‖ S.E. Siempre y perpetuamente aluden a la existencia; continuamente a la acción. ‖ ANT. Nunca, jamás, temporalmente.

SIGNIFICACIÓN. f. Sentido, acepción, significado, alcance, valor, motivo, coherencia, importancia, trascendencia, popularidad. ‖ adj. Señalado, ilustre, considerado. ‖ S.E. Se llama acepción a cada significado de la palabra; el sentido se aplica más a las frases.

SIGNIFICAR. tr. Representar un siglo, querer decir, connotar, entrañar, encerrar, equivaler, envolver, ser lo mismo que, mostrar, señalar, expresar, indicar, implicar, traslucir.

SIGNO. m. Señal, seña, relación natural, carácter, cifra, grafía, fonema, guarismo, letra, número. ‖ S.E. El signo es siempre condicional, la señal se hace a veces necesaria.

SIGUIENTE. adj. Posterior, ulterior, sucesivo, que está inmediatamente después, interior, continuador, próximo, vecino, subsecuente, subsiguiente.

SILENCIOSO, SA. adj. Callado, reservado, taciturno, mudo, cauteloso, discreto, hosco, hermético, manso, sepulcral, huraño, misterioso, quieto, introvertido, tranquilo.

SILVESTRE. adj. Criado en el bosque o en el campo, sin cultivo, salvaje, jíbaro, asilvestrado, arisco, rústico.

SÍMBOLO. m. Emblema, alegoría, signo, efigie, representación, apólogo, fábula, parábola, atributo, distintivo, enseña, letra, inicial, ejemplo, modelo, dechado.

SIMILITUD. f. Semejanza, símil, sinonimia, afinidad, parentesco, analogía, parecido, aire, sombra.

SIMPATÍA. f. Inclinación, apego, atractivo, ángel, don de gentes, encanto, gracia, coincidencia, afinidad, donaire, agrado, amabilidad, hechizo, seducción, gancho. ‖ S.E. Verbos más usados: Sentir, tener, despertar, ganarse, granjearse, inspirar, enajenar. ‖ ANT. Antipatía, desencanto, desagrado.

SIMPLE. adj. Sencillo, solo, único, tonto, bobo, pazguato, paparote, elemental, llano, humilde, estricto, fácil, ingenuo, necio, torpe, inepto, zoquete.

SIMULAR. tr. Fingir, aparentar, afectar, guardar las apariencias, hacer como que, guardar las formas, hacer paripé, engañar, desfigurar, imitar, disimular, falsear, falsificar.

SINCERO, RA. adj. Franco, abierto, verídico, candoroso, comunicativo, de buena fe, veraz, verdadero, cordial, explícito, espontáneo, expansivo, ingenuo, llano, natural, sencillo. ‖ S.E. *Verídico* o de buena fe, que procede con verdad; *ingenuo* el que fácilmente se deja engañar, *franco* que dice secamente la verdad. ‖ ANT. Hipócrita, simulado, insincero, desleal.

SINGULAR. adj. Único, solo, extravagante, especial, particular, sorprendente, extraordinario, extraño, raro, excepcionalmente bueno.

SINIESTRO, TRA. adj. Avieso, funesto, zurdo, izquierdo, malo, desgraciado, perverso, malintencionado, aciago, infausto, infeliz, trágico, aterrador, maligno, espeluznante, desdichado. ‖ ANT. Diestro, gozoso, feliz.

SINÓNIMO. adj. Semejante, igual, similar, parecido, equivalente, parejo, homólogo. ‖ ANT. Antónimo, diferente, desigual.

SINRAZÓN. f. Atropello, desafuero, injusticia, acción injusta, arbitrariedad, abuso, ilegalidad.

SINVERGÜENZA. adj. m. Desvergonzado, poca vergüenza, descarado, desaprensivo, fresco, granuja, bribón, pícaro, tunante, perillán.

SISTEMA. m. Conjunto ordenado de normas, procedimiento, método, plan, normas, manera, medio, empleo, uso, teoría, doctrina, usanza, rumbo, costumbre.

SITUACIÓN. f. Sitio, lugar, colocación, disposición, estado, posición, postura, orientación, emplazamiento, paradero, lado, curso, fase.

SOBAR. tr. Manosear, mover, apretujar, trastear, tomarla con, tentar, manipular, zarandear, zurrar.

SOBERANO, NA. m. y f. Rey, monarca, emperador, príncipe, jefe, autócrata, califa, cacique, caudillo, césar, zar, emir, exarca, regente, rajá, sha, sultán, tetrarca. ‖ adj. Excelente, supremo, elevado, grande, egregio, insuperable, espléndido, magnífico, noble.

SOBERBIA. f. Orgullo, arrogancia, engreimiento, altivez, altanería, vanidad, jactancia, fatuidad.

SOBERBIO, A. adj. Altanero, altivo, orgulloso, engreído, arrogante, estirado, ensoberbecido, insolente, intolerante, presumido, pedante, vanidoso. ‖ Magnífico, grandioso, espléndido, admirable, fogoso, arrebatado.

SOBORNAR. tr. Comprar, corromper, cohechar, conseguir algo con dádivas, tapar la boca, apelar, untar el carro, adular, engatusar, linsonjear.

SOBRANTE. adj. m. Excelente, sobras, sobrero, demasía, exceso, gollería, desecho, desperdicios. ‖ adj. Superfluo, innecesario, demasiado.

SOBRAR. tr. Exceder, sobrepujar, superar, quedar, restar, pasar. ‖ intr. Holgar, estar de más.

SOBRENOMBRE. m. Apodo, alias, mote, agnombre, dictado, renombre, remoquete, seudónimo, apelativo.

SOBREPRECIO. m. Aumento, recargo, prima, premio, encarecimiento, alza, incremento, gravamen.

SOBRESALIR. intr. Campar, dominar, campear, despuntar, descollar, aventajar, destacar, distinguirse, eclipsar, empinarse, exceder, gallear, lucir, hacerse ver, predominar, rebasar, resplandecer, señalarse, señorearse, significarse, salir.

SOBRIEDAD. f. Templanza, moderación, mesura, temperancia, frugalidad, parquedad, parsimonia, discreción, morigeración, concisión, laconismo, sensatez, ponderación.

SOBRIO, BRIA. adj. Moderado, morigerado, mensurado, frugal, parco, conciso, breve, ponderado, abstinente, parsimonioso, temperante, sencillo, serio, juicioso, prudente.

SOCARRÓN. adj. Bellaco, astuto, marrullero, ladino, irónico, disimulado, taimado, solapado. ‖ Burlón, guasón, tramposo, artero, pícaro, cínico, camandulero, socarra.

SOCIEDAD. f. Colectividad, asosiación, agrupación, comunidad, familia, clase, pueblo. ‖ Empresa, ateneo, sindicato, colegio, círculo, casino, entidad, corporación, cooperativa, consorcio, peña, tertulia, club, liceo, centro, aristocracia, democracia.

SOCORRER. tr. Auxiliar, ayudar, asistir, amparar, remediar, sufragar, favorecer.

SOFOCAR. tr. Ahogar, apagar, extinguir, asfixiar, dominar. ‖ prnl. Asfixiarse, ahogarse, jadear, resollar, avergonzarse, dominarse, extinguirse, abochornarse, soflamarse.

SOLAR. m. Suelo, lugar que se pisa. ‖ intr. Revestir el suelo, pavimentar. ‖ m. Linaje, estirpe, casa, descendencia, noble-

za, abolengo, origen, sangre, casta, cuna, honra, parcela, terreno.

SOLEMNE. adj. Altisonante, campanudo, ceremonioso, declamatorio, doctoral, grandilocuente, grave, gravedoso, hueco, hinchado, impresionante, retumbante, sentencioso, rimbombante.

SOLICITAR. tr. Pedir, pretender, demandar, aspirar, rogar, instar, requerir, atraer, tentar, invitar, gestionar, buscar, exigir.

SOLICITUD. f. Cuidado, diligencia, esmero, prontitud, instancia, petición, memorial, súplica, ruego, demanda, reclamación.

SÓLIDO, DA. adj. Firme, estable, profundo, consistente, resistente, fuerte, macizo, denso.

SOLITARIO, RIA. adj. Desamparado, desierto, deshabitado, abandonado, silencioso, despoblado, insociable, vacío, desguarnecido. ‖ m. Anacoreta, ermitaño, ermita, asceta.

SOLTAR. tr. prnl. Desligar, desatar, dejar, desabotonar, desasirse, desenlazarse, desenganchar, largar, redimir, liberar, manumitir, licenciar.

SOLTURA. f. Agilidad, prontitud, expedición, destreza, desenvoltura, facilidad, pericia, maestría, desembarazo, lucidez, despejo, ingenio, elocuencia.

SOLUCIÓN. f. Desenlace, conclusión, final, término, terminación, arreglo, efugio, escapada, escapatoria, escape, evasiva, recurso, modus vivendi, salida.

SOMBRÍO, A. adj. Sombreado, umbrío, sombroso, umbrátil,

umbroso, oscuro, lóbrego, tétrico, triste, melancólico, entoldado, nebuloso, mustio, taciturno, mohino, penado.

SOMETER. tr. prnl. Dominar,
sojuzgar, imponer la autoridad, acatar, rendir armas, pasar por el aro, rendir, avasallar,
subyugar. ‖ Encomendar, encargar, confiar. ‖ prnl. Rendirse, humillarse, entregarse,
darse, agacharse, capitular,
aguantar, doblegarse, claudicar.

SONAR. intr. Resonar, atronar,
mugir, repiquetear, chirriar,
tascar, restallar, doblar, chasquear, detonar, golpear, retumbar, tronar, vibrar, rehilar,
tañer, pulsar, tocar. ‖ fig. Divulgarse, mencionarse, citarse. ‖
impers. prnl. Susurrarse, ru-
morearse, quitarse, destruirse.
‖ ANT. Callar, silenciar, sigilar.

SONIDO. m. Ruido, sonoridad,
rumor, tañido, sonsonete, eco,
bullicio, cadencia, chancleteo,
detonación, estallido, estampido, estrépito, estruendo, explosión.

SONORO, RA. adj. Sonante, vi-
brante, sonoroso, resonante,
ruidoso, disonante, grave, chillón, armonioso, cadencioso,
melodioso, penetrante, profundo, ronco, chirriante, eufó-
nico.

SOÑAR. tr. Ensoñar, vislumbrar, imaginar, trasoñar, ilusionarse, desear vivamente,
fantasear.

SOPA. f. Sopicaldo, aguachirle,
caldo, gachas, gazpacho, papas, papilla, potaje, puré, con-
somé.

SOPLAR. intr. Despedir aire por
la boca, espirar, exhalar, aven-

tar, bufar, inhalar, insuflar. ‖
fig. Hurtar, quitar, birlar, robar,
timar, desvalijar, soplonear,
chivarse, sugerir, inspirar, acusar, delatar, beber, empinar el
codo.

SOPORTAR. tr. Sostener, llevar,
aguantar, resistir, sufrir, pasar
sin quejarse, transigir, resignarse.

SÓRDIDO, DA. adj. ʼSucio, impuro, indecente, ruin, vil, deshonesto. ‖ fig. Mezquino, avaro, miserable, tacaño, despreciable, usurero, egoísta, indigente, escandaloso, roñoso.

SORDO, DA. adj. Duro de oído,
teniente, tardo, como una tapia, sordomudo, imposibilitado, indiferente, insensible,
opaco, apagado, insonoro, áspero, callado, silencioso.

SORPRENDER. tr. Admirar, hacerse de nuevas, asombrar,
maravillar, pasmar, salir con,
saltar con, descubrir, atrapar,
pillar, cazar, pescar, apresar,
desconcertarse, sobrecogerse.

SORPRESA. f. Impresión de alegría, extrañeza, pasmo, asombro, turbación, estupor, alarma, susto.

SORTEAR. tr. Jugar, rifar, intervenir, distribuir, eludir, evitar,
soslayar, rehuir, esquivar.

SOSIEGO. m. Tranquilidad, reposo, serenidad, quietud, calma, descanso, paz, moderación, placidez.

SOSO, SA. adj. Desabrido, desaborido, insustancial, sin sustancia, falto de gracia, insípido, insulso, ñoño, necio, pueril, desangelado, inexpresivo,
simple, simplón, sosaina, mala sombra, patarroso, pasmado.

SOSPECHA. f. Desconfianza, recelo, suspicacia, aprensión, barrunto, celos, figuración, creencia, fantasía, escama, duda. || ANT. Confianza, fe, ingenuidad.

SOSPECHAR. tr. Barruntar, remusgar, figurarse, escamarse, dar mala espina, forjarse, maliciarse, tener la mosca en la oreja, pensar mal, recelarse.

SOSTENER. tr. Aguantar, apuntalar, entibar, escorar, estribar, mantener, sustentar, recibir, soportar, tener, defender, proteger, apoyar, respaldar, equilibrar, aseverar, ratificar, insistir, proclamar, alimentar, mantener. || prnl. Mantenerse, perdurar, permanecer.

SOSTENIMIENTO. m. Apoyo, sostén, soporte, armazón, arrimadero, arrimo, asiento, báculo, atril, barandilla, atlante, base, fundamento, bastón, bordón, sustento, manutención, mantenimiento.

SUAVE. adj. Liso, fino, pulido, terso, sedoso, raso, parejo, delicado, llano, mordido, como la palma de la mano, plano, raspado, bonancible, sosegado, blando, muelle, quieto, manso, tranquilo, dócil, apacible, templado, aterciopelado, dulce, fácil, llevadero, lento, moderado. || ANT. Intratable, irritable.

SUAVIZAR. tr. Afinar, alisar, pulir, pulimentar, desbastar, esmerar, esmerilar, gastar, lijar, limar, acepillar, allanar, igualar, abrillantar, mitigar, apaciguar, atemperar, templar, mitigar, calmar, moderar.

SUBASTA. f. Licitación, almoneda, concurso, venduta, oferta, puja, remate, mejora, encante, ocasión.

SUBIDA. f. Ascensión, promición, mejora, elevación, crecimiento, incremento, progresión, carestía, encarecimiento, cuesta, pendiente, repecho, alza, costana, desnivel.

SUBIR. intr. Elevarse, ascender, alzarse, empingorotar, encaramarse, escalar, trepar, volar, montar.

SUBLEVACIÓN. f. Sublevamiento, levantamiento, alzamiento, motín, tumulto, asonada, algaraza, revuelta, cuartelada, insubordinación, revolución, alcaldada, alboroto, pronunciamiento.

SUBLEVARSE. prnl. Alzarse, negarse a obedecer, amotinarse, echarse a la calle, desmandarse, enfrentarse, indisciplinarse, insurgir, insurreccionarse, enojarse.

SUBRAYAR. tr. Trazar una raya, acentuar, llamar la atención, destacar, poner énfasis, hacer hincapié, dar importancia, recalcar, realzar, dar relieve, remachar, trazar, hacer resaltar.

SUBSISTIR. intr. Durar, permanecer, conservarse, persistir, perdurar, preservarse, sustentarse, vivir, existir.

SUCIO, A. adj. Manchado, puerco, sórdido, impuro, cochino, pringado, mugriento, cochambroso, inmundo, obsceno, deshonesto, asqueroso, contaminado, indecente, tramposo, pornográfico.

SUCUMBIR. intr. Perecer, morir, fenecer, palmar, expirar, ceder, abandonar, rendirse, someterse, arruinarse, caer, desaparecer, hundirse, claudicar, flaquear, desistir.

SUDAR. intr. Transpirar, resudar, trasudar, empaparse, bañarse, excretar, expeler, rezumar, exudar, trabajar, afanarse.

SUELDO. m. Salario, paga, retribución, nominal, asignación, plus, honorarios, haberes, jornal, soldada, dieta, estipendio, emolumentos.

SUELTO, TA. adj. Ligero, veloz, desenganchado, desatado, desabotonado, desabrochado, descosido, desprendido, despegado, flojo, libre, expedito, ágil, desembarazo, atrevido. ‖ m. Calderilla, cambio, artículo, gacetilla.

SUEÑO. m. Dormida, somnolencia, adormecimiento, soñorrera, sopor, coma, letargo, modorra, siesta. ‖ fig. Ensueño, quimera, fantasía, ilusión, ficción, alucinamiento. ‖ S.E. Verbos más usados: Acometer, apoderarse, entrar, invadir, rondar, coger, conciliar, entregarse al, espantar.

SUERTE. f. Ventura, hado, sino, azar, estrella, providencia, eventualidad, forma, modo, estilo.

SUFRIR. tr. Padecer, aguantar, soportar, tolerar, conformarse, resignarse, permitir, consentir, transigir, doblegarse, amolarse.

SUGERIR. tr. Insinuar, evocar, apuntar, indicar, inspirar, proponer, dar a entender, entrever, suscitar, aludir, dictar.

SUJETAR. tr. Dominar, someter, subyugar, avasallar, amansar, pegar, adherir, asir, trabar.

SUMAR. tr. Adicionar, resumir, añadir, agregar, importar, totalizar, reunir, recopilar. ‖ prnl. Adherirse, agregarse, incorporarse, unirse a una acción, juntarse.

SUMIR. tr. Hundir, sumergir, meter algo bajo el agua, abismar. ‖ prnl. Ensimismarse, reflexionar, concentrarse, rumiar.

SUMISO, SA. adj. Dócil, obediente, subordinado, buenecito, como una malva, humilde, manejable, reverente, suave, bienamado, subyugado, avasallado.

SUNTUOSIDAD. f. Esplendor, lujo, esplendidez, magnificencia, fausto, exhibición, riqueza, grandiosidad, elegancia, solemnidad, grandeza.

SUPERAR. tr. Alcanzar, ser algo, ser amo del cotarro, confundir, culminar, coger la delantera, ganar, mandar, imponerse, dominar, sobrepasar, sobreponerse, llevar ventaja, valer más, dar cien vueltas, vencer, sobrepujar, ascender.

SUPERFICIE. f. Área, extensión, plano, perímetro, zona, cara, medida, haz, fachada, menisco, página, pavimento, piel, recubrimiento, sobrehaz, suelo, parcela, terreno, muro, exterior.

SUPERFLUO, A. adj. Innecesario, sobrante, excusado, expletivo, inútil, ocioso, excesivo, redundante.

SUPERIOR, A. m. y f. Prior, priora, abad, prelado, maestre, prelada, abadesa. ‖ adj. Alto, soberano, sobresaliente, preeminente, sumo, supremo, conspicuo, eminente, principal, aventajado, primacial, destacado, excelente, gigante, óptimo.

SUPERIORIDAD. f. Ventaja, excelencia, preeminencia, supremacía, preponderancia, dirección, jefatura. ‖ ANT. Inferioridad, desventaja. ‖ S.E. *Supremacía* es la más alta de una serie de dignidades.

SUPLICAR. tr. Rogar, instar, implorar, clamar, solicitar, aspirar, demandar, conjurar, rezar.

SUPLIR. tr. Suplementar, reemplazar, completar, sustituir, añadir, cambiar, renovar.

SUPONER. tr. Conjeturar, imaginar, presumir, inferir, atribuir, calcular, echar cifras, contar con, forjarse, presuponer, presumir, estimar, intuir, entrever, vaticinar, admitir.

SUPRIMIR. tr. Abolir, amortizar, anular, aniquilar, quitar, callar, omitir, pasar por alto.

SURGIR. intr. Elevarse, salir, brotar, aparecer agua, presentarse, manar, surtir, fondear.

SUSCEPTIBLE. adj. Picajoso, puntilloso, quisquilloso, delicado, desconfiado, enfadadizo.

SUSPENDER. tr. Colgar, interrumpir, detener, parar, atajar, reprimir, frenar, reprobar, catear.

SUSPENSO, SA. adj. Colgado, suspendido, desconcertado, indeciso, enajenado, absorto.

SUSPICACIA. f. Desconfianza, escama, actitud suspicaz, recelo, sospecha, tergiversación, malicia, susceptibilidad, melindrez, perjuicio, prevención.

SUSPICAZ. adj. Susceptible, receloso, desconfiado, melindroso, malicioso, mal pensado, mosqueado, cascarrabias, celoso, fastidiado, escamón, escamado. ‖ ANT. Confiado, crédulo, sincero.

SUSTENTAR. tr. prnl. Mantener, sostener, soportar, servir de apoyo, proporcionar, defender una idea, aguantar, amparar, apoyar, proporcionar lo necesario, apuntalar, respaldar, propugnar, alimentar, nutrir.

SUSTENTO. m. Alimento, comida, mantenimiento, manutención, pitanza, manduca, manducatoria.

SUSTO. m. Sobresalto, alarma, espanto, estremecimiento, angustia, cobardía, espantada, respingo, aldabada, confusión, zalagarda, alerta.

SUTIL. adj. Delicado, tenue, fino, agudo, perspicaz, ingenioso, lince, ladino, lúcido.

SUTILEZA. f. Perspicacia, agudeza, ingeniosidad, salida, agudeza, ingenio, penetración, argucia, sutilidad, retintín, socarronería, exquisitez.

T

TABERNA. f. Tasca, bodega, cantina, bar, vinatería, pulpería, figón, buchinche, pub, chingana.

TABLA. f. Plancha, anaquel, tablilla, tablón, lámina, plúteo, tablero, larguero. ‖ pl. Tablas, empate, escenario, barrera, pariedad, igualdad.

TABLADO. m. Estrado, entarimado, plataforma, tribuna, tinglado, cadalso, palco, patíbulo, armazón.

TACAÑERÍA. f. Cicatería, mezquindad, ruindad, sordidez, avaricia, miseria, usura, interés, roñosería, roñería, estrechez, egoísmo.

TACITURNO, NA. adj. Callado, retraído, reservado, silencioso, huraño, triste, melancólico, hosco, tétrico, ceñudo. ‖ ANT. Alegre, locuaz, parlero.

TACTO. m. Contacto, percepción, sentido, piel, toque, tiento, rozamiento, manoseo, pulso, táctica, habiliadad, tino, acierto, delicadeza, discreción, medida, prudencia, miramiento, mesura, diplomacia.

TAIMADO, DA. adj. Artero, bellaco, marrajo, cazurro, lagarto, lagartón, matarlas callando, mosquita muerta, zorrastrón, zorro, pérfido, perillán, bribón, artero.

TALENTO. m. Entendimiento, inteligencia, capacidad, aptitud, habilidad, cacumen, juicio, sutileza, mente, sagacidad, genio, meollo, tino.

TALLO. m. Tronco, vástago, renuevo, mugrón, pecíolo, dúnculo, pimpollo, pitón, pitaco, retoño, sarmiento, troncho, vara, tubérculo.

TAMBOR. m. Parche, caja, timbal, atabal, tamborino, tamboril, bombo, rollo, cilindro, aro, marimba, tamborón, redoblante, ran cataplán.

TANGIBLE. adj. Tocable (lo material), palpable (lo figurado), material, no ilusorio, real, sensible, palmario, asequible, positivo. ‖ ANT. Intocable, impalpable, aéreo.

TAPAR. tr. Cubrir, ocultar, cerrar, obstruir, abrigarse, arrebozarse, encenizar, liar, arropar, abrigar, resguardar, entoldar, recatar, vestir, velar.

TARAMBANA. com. adj. Imprudente, aturdido, ligero, alocado, irreflexivo, frívolo, calavera, bala perdida.

TARDANZA. f. Dilación, demora, prórroga, retraso, detención, lentitud, rodeo, a las tantas, el día del juicio. ‖ ANT. Presteza, ligereza, prontitud.

TARDAR. intr. prnl. Emplear mucho tiempo, dejar pasar el tiempo, demorar, eternizarse, emplear, retrasar, dilatar, aplazar, diferir, atrasar. ‖ prnl. Detenerse, retrasarse, demorarse, rezagarse, durar, invertir.

TAREA. f. Trabajo, faena, labor, obra, ocupación, misión, afán, tajo, destajo, tonga, peonada, quehacer, cometido, operación.

TARIMA. f. Estrado, entarimado, grada, entablado, peana, tribuna, plataforma, pedestal, tablado.

TASA. f. Precio máximo o mínimo, tarifa, canon, arancel, tasación, valoración, derechos, valor, tanteo.

TASAR. tr. Evaluar, valorar, estimar, apreciar, tantear, justipreciar, distribuir, repartir, graduar, regular, medir, limitar, economizar, regatear, quitar, ahorrar.

TEATRO. m. Arte dramático, arte teatral, poesía dramática, tablas, pieza, astracanada, coliseo, sala, escena, escenario, candilejas, teatralidad, dramaturgia, guiñol, marionetas, farsa, fin de fiesta, género chico, mimo, melodrama, pantomima, drama, sainete, comedia, acción, variedades.

TECHO. m. Techumbre, techado, tejado, cielo raso, cubierta, cobertizo, bóveda, cúpula. ‖ Hogar, casa, habitación, domicilio, morada, protección, cobijo.

TEDIO. m. Fastidio, desgana, aburrimiento, hastío, molestia, cansancio, malhumor, rutina. ‖ ANT. Diversión, distracción, recreo.

TEJER. tr. Formar la tela con trama, entrelazar hilos para formar trencillas, trenzar, entrelazar, abatanar, agramar, cardar, aprestar, mercerizar, tundi:., mallar, plegar, urdir, perchar.

TEMA. m. Asunto, cuestión, materia, motivo, tesis, programa, texto, expediente, porfía, obstinación, idea fija, manía, tozudez.

TEMBLAR. intr. Tremer, trepidar, extremecerse, agitarse, bailar, castañetear, palpitar, ondular, estremecerse, flamear, menearse, agitarse, temer, asustarse, sobrecogerse.

TEMER. tr. Recelar, acobardarse, acoquinarse, sospechar. ‖ ANT. Tener fe, confiar, esperar. ‖ S.E. *Temer* es creer en la posibilidad de un mal, *recelar* es temer el engaño, *sospechar* es formar un mal juicio sólo por suposiciones.

TEMERIDAD. f. Imprudencia, inconsideración, osadía, irreflexión, desasosiego, desazón, escrúpulo, monomanía, figuración, fantasía, obsesión, prejuicio.

TEMPESTAD. f. Perturbación violenta, tormenta, borrasca, cerrazón, galerna, huracán, manga, temporal, tromba, tronada, vendaval.

TEMPLADO, DA. adj. Continente, sereno, morigerado, moderado, tibio, algo caliente, valiente, decidido, dotado de entereza, listo, activo, cálido, bravo.

TEMPLANZA. f. Temperancia, actitud de templado o moderado, benignidad de clima, suave temperatura, moderación, frugalidad, morigeración.

TEMPLAR. tr. Calentar, atenuar, morigerar, quitar el frío, entibiar, tibiar, caldear, suavizar, adecuar, dulcificar, sofrenar, afinar, encender, aplacar, atenuar, mitigar.

TEMPRANO, NA. adj. Precoz, prematuro, adelantado, anticipado, inmaduro. ‖ adv. t. Pronto, tempranamente, prematuramente, precozmente.

TENACIDAD. f. Constancia, fuerza, firmeza, resistencia, obstinación, porfía, persistencia, tozudez, inflexibilidad, lealtad.

TENDER. tr. Extender, orear, colgar, solear, secar, desdoblar, despegar, esparcir, propender, desplegar, desarrollar, alargar. ‖ prnl. Tenderse, acostarse, tumbarse, descansar, yacer, echarse.

TENER. tr. Poseer, contener, comprender, asir, mantener, beneficiarse, detener, parar, suspender, estirarse, considerar, juzgar, apreciar, estimar.

TENTAR. tr. Palpar, tocar, sobar, manosear, instigar, incitar, inducir, provocar, probar, tantear.

TEÑIR. tr. Colorear, pigmentar, tintar, entintar, azumar, reteñir, tinturar, purpurar, pintarrajear, matizar, oscurecer.

TERCO, CA. adj. Tenaz, obstinado, tozudo, testarudo, voluntarioso, constante, cabezudo, cabezota, terne, duro, difícil, im-

pertinente, obcecado, contumaz, cabezón, pertinaz, corregible, caprichoso.

TERMINACIÓN. f. Extremo, final, conclusión, consumación, término, coronamiento, clausura, ocaso, remate, punta, borde, fin, límite, linde, demarcación.

TERNURA. f. Terneza, dulzura, delicadeza, apego, cariño, afecto, requiebro, flor, piropo, amistad, cordialidad, amor, predilección, simpatía, floreo, adulación.

TERQUEDAD. f. Tenacidad, obstinación, testarudez, dureza, obcecación, contumacia, cabezonada, impertinencia, tozudería, porfía.

TERRESTRE. adj. Terrenal, terreno, terrícola, geológico, mundial, material, real, tangible.

TERRIBLE. adj. Espantoso, horrible, horroroso, apocalíptico, imponente, monstruoso, repelente, aterrador, terrorífico, áspero, intratable, repulsivo, espantable, temible, atroz.

TERRITORIO. m. Término, circunscripción, jurisdicción, contorno, comarca, zona, demarcación, colonia, enclave, estado, país, nación, ayuntamiento, municipio, departamento.

TERROR. m. Miedo, espanto, horror, susto, pánico, sorpresa, pavor, recelo, atrocidad.

TERSO, SA. adj. Bruñido, limpio, pulimentado, pulido, liso, suave, homogéneo, puro, fluido, limado, abrillantado, reluciente, plano, uniforme, lustroso, puro, fácil.

TESÓN. m. Decisión, perseverancia, tenacidad, firmeza, empeño, constancia, voluntad, lealtad. ‖ ANT. Inconstancia, flojedad, inestabilidad.

TESTARUDO, DA. adj. Terco, tozudo, voluntarioso, firme, obstinado, obcecado, porfiado, pertinaz, cabezudo, machacón, tenaz.

TESTIFICAR. tr. Testimoniar, atestiguar, aseverar, declarar, probar, alegrar, legitimar.

TESTIMONIO. m. Aseveración, prueba, evidencia, atestación, justificación, certificación, palabra, afirmación.

TIEMPO. m. Duración, período, época, lapso, plazo, etapa, momento, cielo, fase, espacio, oportunidad, coyuntura, ocasión, temporada, estación, era, edad, vida, existencia.

TIENDA. f. Almacén, despacho, baratillo, barato, bazar, comercio, establecimiento, economato, expendeduría, barraca, casera, carpa, choza.

TIENTO. m. Acción de tentar, tacto, tentáculo, pulso, seguridad, cautela, precaución, prudencia, cordura.

TIERNO, NA. adj. Blando, sensible, propenso al llanto, flexible, muelle, flojo, delicado, patético, sentimental, joven, novicio, novato.

TIERRA. f. Planeta, globo terráqueo, orbe, universo, mundo, territorio, comarca, región, suelo, terreno, greda, gleba, terruño. ‖ pl. Hacienda, posesión, ganadería, finca, granja.

TÍMIDO, DA. adj. Apocado, cohibido, corto, encogido, pusilánime, colegial, desdichado, desventurado, pobre hombre,

infeliz, menguado, medroso, irresoluto, vacilante.

TIMÓN. m. Lanza, pértiga, gobernalle, madero, caña, mando, gobierno, dirección, guía, rumbo, riendas, tambor, pagaya, pinzote.

TINTA. f. Tinte, color, colorante, anilina, tintura, tonalidad, agalla, glicerina, tampón.

TIPO. m. Arquetipo, prototipo, ejemplar, modelo, espécimen, clase, modalidad, complexión, carácter, natural, índole, constitución, contextura, personalidad, temperamento, físico.

TIRANÍA. f. Autocracia, dictadura, despotismo, opresión, caciquismo, yugo, esclavitud, crueldad, abuso, arbitrariedad, poder, dominio, feudalismo, totalitarismo.

TIRAR. intr. Lanzar, arrojar, estirar, remolcar, dar un estirón, halar, derribar, derrochar, disparar, echar abajo, desperdiciar, malbaratar, dilapidar, despilfarrar, trazar, marcar. ‖ prnl. Imprimir, estampar, asemejarse, parecerse.

TIRANTE. adj. Tenso, estirado, tieso, rígido, erecto, grave, difícil, embarazoso, penoso. ‖ m. Resistencia, tensión, tirantez, madero, viga, soporte, traviesa, entibo, fuste, palo, cinto, correa, banda.

TITÁNICO, CA. adj. Ciclópeo, gigantesco, colosal, enorme, desmesurado, descomunal, supremo, desmedido, monumental, inmenso, monstruoso.

TITUBEAR. intr. Oscilar, tambalearse, no tener estabilidad, balbucir, balbucear. ‖ fig. Dudar, estar perplejo, fluctuar, turbarse, tropezar, oscilar, tantear.

TITULAR. intr. Intitular, rotular, nombrar, denominar, licenciar, doctorar, marcar. ‖ adj. Válido, seguro, nominal, reconocido, titulado. ‖ m. Encabezamiento, letrero, título, inscripción, epígrafe, rótulo.

TÍTULO. m. Rótulo, letrero, titular, nombre, epígrafe, derecho, razón, etiqueta, cartel, diploma, motivo, fundamento, rúbrica.

TOCADO. m. Peinado, adorno, toca, bonetillo, arreglo del pelo, arreglo del cabello, perifollo, trenzas, postizo. ‖ adj. Chalado, chiflado, perturbado, guillado.

TOCAR. tr. Palpar, tañer, acariciar, manosear, hurgar, pulsar, tentar, toquetear, importar, pertenecer, atañer, concernir.

TOLDO. m. Cubierta de lona, tendal, vela, pabellón, cobertizo, sombra, techo, entalamadura, engreimiento, vanidad, carpa, cayán, entoldado, cubierta, sombrajo, colgadura, tienda, tendal, tapiz, colgadura. ‖ Engreimiento, vanidad.

TOLERAR. tr. Admitir, aguantar, sufrir, soportar, avenirse, compadecer, resignarse, apencar, apechugar, sentarse, en el banco de la paciencia, conllevar, consentir, disculpar, absolver, disimular, dispensar, excusar, exculpar, quitar importancia, pasar, resistir, sobrellevar.

TOMAR. tr. Coger, asir, aceptar, adoptar, adquirir, apoderarse, asumir, apresar, birlar, despojar, quitar, recibir. ‖ intr. Ocupar, adueñarse, pringarse. ‖

prnl. Oxidarse, enmohecerse.

TONEL. m. Barril, cuba, pipa, recipiente, barrilete, barrica, belasa, bocoy, candiota, casco, bodega, pipería, cubería.

TONO. m. Altura musical, altura de sonido, voz, elevación, inflexión, tonillo, dejo, tonada, tonalidad, acento, matiz, expresión, tonacidad, tensión, vanagloria, jactancia, energía, vigor.

TONTO, TA. adj. Necio, bobo, simple, estúpido, torpe, idiota, imbécil, sandio, estólido, zopenco, mentecato, botarate, fantoche, borrico, soso, bobalicón, bestia, boceras, porro, tardo, lelo. ‖ ANT. Agudo, sagaz, listo.

TORCER. tr. prnl. Retorcer, encorvar, doblar, inclinar, desviar, alabearse, arquearse, corvarse, curvarse, inclinarse, viciarse. ‖ prnl. Desviarse, torcerse, avinagrarse, picarse, frustrarse, pervertirse.

TORMENTA. f. Galerna, temporal, borrasca, tempestad, alteración violenta, tromba, turbión, inclemencia, cerrazón, tronada, huracán, tifón, lluvia. ‖ Discusión, altercado, riña.

TORMENTO. m. Martirio, suplicio, tortura, padecimiento físico, dolor, persecución, fastidio, pena, molestia, angustia, aflicción.

TORPE. adj. Tosco, rudo, desmañado, ignorante, bruto, bodoque, cerrado, calamidad, ceporro, ininteligente, inhábil, lerdo, obtuso, mostrenco, patoso.

TORTURAR. tr. Martirizar, atormentar, lacerar, matar, hostigar, crucificar. ‖ Acongojar, afligir, angustiar, apenar, apesadumbrar. || ANT. Acariciar, obsequiar.

TOSCO, CA. adj. Rudo, basto, grosero, vulgar, ordinario, inculto, abrutado, agreste, babazorro, cerril, brusco, ineducado, gañán, jayán, zafio, zamborondón, mondrego, villano.

TOSTARSE. prnl. Achicharrarse, curtirse, calcinarse, requemarse, dorarse, rustir, sobreasarse.

TOTALMENTE. adv. m. Completamente, del todo, enteramente, absolutamente, íntegramente.

TRABA. f. Maniota, ligadura, atadizo, travesaño que liga, maneota, manija suelta. || fig. Estorbo, impedimento, rémora, engorro, obstáculo, dificultad.

TRABAJADOR, RA. adj. m. Activo, cuidado, diligente, aplicado, laborioso, esmerado, asiduo, estudioso, solícito, tenaz, celoso, enérgico, afanoso, incansable, hacendoso. || m. Operario, jornalero, obrero, asalariado, productor, peón, menestral, gañán, empleado.

TRABAJAR. intr. Laborar, elaborar, bregar, producir, fabricar, hacer, obrar, afanarse, estudiar, investigar, escribir, perseverar, cultivar.

TRABAR. tr. Unir, enlazar, juntar, prender, agarrar, coordinar, asir, dar principio, comenzar, inaugurar, acometer, condensar, aglomerar, concentrar.

TRADUCIR. tr. Verter, interpretar, trasladar, glosar, romancear, retraducir.

TRAFICANTE. adj. m. Negociante, comerciante, tratante, mercader, tendero, especulador, importardor.

TRAIDOR, RA. adj. Pérfido, desleal, traicionero, alevoso, perjuro, intrigante, felón, ingrato, delator, taimado, falso, resabido, adúltero, impío, insidioso.

TRAMA. f. Urdimbre, malla, tejido, red, enredo, intriga, confabulación, conspiración, argumento, asunto, texto, artificio, plan, idea, motivo.

TRANQUILIZAR. tr. Apaciguar, calmar, pacificar, sosegar, aquietar, enfriar, moderar, silenciar, reanimar, consolar. || S.E. Pacificar y aquietar suponen una acción más suave que calmar, y este último verbo, una acción más suave que apaciguar.

TRANSCURRIR. intr. Deslizarse, pasar, correr, sucederse, marchar, espaciarse, durar.

TRANSFORMAR. tr. Cambiar, metamorfosear, mudar, dar otra forma o aspecto, convertir, dar distinto uso, elaborar, modificar, alterar, variar, transmutar.

TRANSGREDIR. intr. Infringir, quebrantar, violar, vulnerar, desobedecer, pisotear, atropellar.

TRANSIGENCIA. f. Tolerancia, consentimiento, condescendencia, cesión, concesión, otorgamiento, acomodo, conformidad, anuencia.

TRANSIGIR. intr. Condescender, complacer, tolerar, conceder, otorgar, allanarse, ceder, conciliar, consentir, contemporizar, pastelear, temporizar, partir la diferencia. || ANT. Excusarse, negarse, rehusar.

TRANSITAR. intr. Circular, pasar, viajar, recorrer, andar, caminar, deambular, entresalir.

TRANSMITIR. tr. Comunicar, difundir, emitir, contagiar, transferir, traspasar, ceder, infectar.

TRANSPARENTE. adj. Diáfano, claro, limpio, límpido, cristalino, luminoso, translúcido.

TRANSPORTAR. tr. Llevar, acarrear, portar, traer, trasladar, conducir, portear. ‖ prnl. Enajenarse, extasiarse, pasmarse, embelesarse, arrebatarse.

TRAPISONDISTA. com. Enredador, intrigante, embrollón, lioso, embaucador, falso, marrullero, astuto, engañoso, pícaro.

TRASLADAR. tr. prnl. Transportar, llevar, cambiar, mudar, diferir, trasponer, salvar, pasar, atravesar.

TRASTADA. f. Faena, jugarreta, mala pasada, pillada, picardía, brabonada, canallada, tunantada, bribonería.

TRASTORNAR. tr. Trastocar, desordenar, revolver, cambiar, alterar, embrollar, traspapelar.

TRATABLE. adj. Accesible, amable, afable, cortés, sociable, correcto, educado, atento, servicial.

TRATADO. m. Ajuste, pacto, convenio, trato, contrato. ‖ Obra, escrito, texto, libro, manual.

TRATAR. tr. Alterar, relacionarse, intimar, frecuentar, negociar, versar, procurarse, pretender, ensayar, capitular, estipular.

TRAVESURA. f. Chiquillada, picardía, jugada, diablura, trastada, inquietud, retozo, bullicio.

TRAVIESO, SA. adj. Inquieto,

bullicioso, revoltoso, retozón, diablillo, barrabás, pícaro, enrevesado, vivaracho, bribón. ‖ fig. Sutil, agudo, sagaz, ingenioso.

TRAZAR. tr. Dibujar, hacer líneas, delinear, hacer un diseño, diseñar, describir, tirar, bosquejar, esbozar, reproducir. ‖ Explicar, relacionar, disponer, discurrir, maquinar, forjar, imaginar, planear, proyectar.

TREGUA. f. Suspensión de la lucha, no beligerancia, suspensión, descanso, pausa, intervalo.

TREMENDO, DA. adj. Terrible, espantoso, espantable, tremebundo, horrible, horrendo, pavoroso, colosal, gigantesco, titánico, ciclópeo, formidable.

TRIBULACIÓN. f. Pena, congoja, aflicción, dolor, tristeza, tormento, desgracia, adversidad, sufrimiento, mortificación, amargura, zozobra.

TRIBUTO. m. Contribución, impuesto, exacción, gabela, renta, repartimiento, alcabala, carga, gravamen, deber, exigencia, imposición, pechería.

TRINAR. intr. Gorjearse, cantar los pájaros. ‖ fig. Rabiar, estar muy enfadado, irritarse, encolerizarse.

TRIPA. f. Intestino, barriga, vientre, abdomen, andorga, panza, estómago, mondongo, bandullo.

TRISTE. adj. Afligido, apenado, melancólico, apesadumbrado, abatido, acongojado, atribulado, funesto, aciago, enojoso, doloroso, mísero, ineficaz, insignificante.

TRISTEZA. f. Pena, desconsuelo, sentimiento, aflicción, amargura, tribulación, pesadumbre, luto, pesar, congoja, abatimiento, sinsabor. ‖ ANT. Gozo, alivio, satisfacción.

TRIUNFAR. intr. Vencer con gloria, ganar, conseguir la victoria, derrotar al enemigo, conquistar, arrollar, hundir, avasallar, dominar, achicar.

TRIVIAL. adj. Vulgar, frívolo, ligero, superficial, sin importancia, anodino, baladí, pueril.

TROPEZAR. intr. Dar, topar, trompicar, titubear, vacilar, percutir, encontrarse, golpear, hallar, encontrar, equivocarse, errar, faltar, mentir.

TRUHÁN, NA. adj. Granuja, bufón, chicarrero, estafador, perillán, golfo, bellaco, tramposo.

TUGURIO. m. Choza, tabuco, cabaña, chamizo, cuchitril, cuartucho, zahurda, antro.

TULLIDO, DA. adj. Lisiado, paralítico, baldado, parapléjico, mutilado, imposibilitado, manco, cojo.

TUMULTUOSO, SA. adj. Desordenado, alborotado, agitado, tumultuario, atropellado, escandaloso, embrollado.

TUNO, NA. adj. Tunante, pícaro, pillo, taimado, bribón, truhán, granuja, pillastre, golfo, canalla.

TURBACIÓN. f. Alteración, perturbación, aturdimiento, azoramiento, desarreglo, trastorno, desconcierto, ofuscación, embarazo, perplejidad.

TURBAR. tr. prnl. Perturbar, confundir, azorar, desorientar, trastornar, desordenar, avergonzar, aturdir. ‖ prnl. Cortarse, emocionarse.

TURBULENTO, TA. adj. Turbio, tumultuoso, ruidoso, escandaloso, agitado, alborotado, revuelto.

TUTOR, RA. m. y f. Guardador, defensor, guía, protector, amparador, guardián, velador.

U

UFANARSE. prnl. Engreírse, envanecerse, vanagloriarse, jactarse, gloriarse, presumir, alardear.

ÚLTIMAMENTE. adv. Finalmente, en conclusión, recientemente, hace poco, antes, en suma, en resolución, ayer.

ÚLTIMO, MA. adj. Posterior, final, postrero, postrimero, postremo, terminal, lejano, concluyente.

ULTRAJAR. tr. Insultar, agraviar, vejar, mancillar, afrentar, agraviar, humillar, injuriar, provocar.

UMBRAL. m. Limen, tranquilo, paso, entrada, acceso, origen, comienzo, inicio, principio.

UNÁNIME. adj. Acorde, conforme, coincidente, concordante, de acuerdo, unísono, por aclamación.

ÚNICAMENTE. adv. m. Solamente, precisamente, exclusivamente, meramente, justamente, tan sólo.

UNIFORME. adj. Ecuable, homogéneo, igual, invariable, liso, monótono, parejo, regular, equilibrado, llano, idéntico.

UNIÓN. f. Unidad, concordia, inteligencia, consonancia, liga, alianza, amistad, acuerdo, adhesión, amalgama, anastomosis, asociación, anexión, bloque.

UNIVERSAL. adj. General, común, cósmico, cosmopolita, mundial, católico, internacional, total, espacial, astral.

UNIVERSIDAD. f. Facultad, establecimiento de enseñanza superior, claustro, colegio mayor, colegio, alma mater, cátedra, graduado.

UNTAR. tr. Ungir, engrasar, pringar, embrear, aceitar, sobornar, atraer, embetunar.

UNTUOSIDAD. f. fig. Remilgo, afectación, servilismo, viscosidad, adulación, cortesía.

URBANIDAD. f. Modales, cortesía, afabilidad, educación, cultura, discreción, civilidad, corrección, tacto, diplomacia, política, respeto, gentileza, crianza.

URGIR. intr. Apremiar, correr prisa, ser urgente, exigir una cosa bien hecha, acuciar, aguijar, apurar, apretar, apresurar, acuciar.

USAR. tr. Emplear, gastar, utilizar, manejar, acostumbrar, estilar, practicar, valerse, acostumbrar, abusar, remediar.

USO. m. Empleo, manejo, gasto, usanza, práctica, estilo, costumbre, moda.

USURA. f. Logro, beneficio, interés, ventaja, ganancia, granjería, abuso, exceso, estafa, botín.

USURPAR. tr. Arrebatar, apoderarse, expoliar, despojar, apropiarse, subtraer, abusar, timar.

ÚTIL. adj. Apto, buena, adecuado, eficaz, conveniente, eficiente, fructífero, fructuoso, provechoso, servible, valioso, utilizable.

UTILIDAD. f. Ganancia, provecho, beneficio, fruto, lucro, aptitud. ‖ pl. Útiles, herramientas, aparatos.

UTILIZAR. tr. Usar, emplear, valerse, servirse, manejar, aprovechar, recurrir, adoptar, dedicar, manipular, beneficiarse, gozar.

V

VACANTE. adj. m. Vacío, vacuo, alquilado, desembarazado, deshabitado, desocupado, desierto, libre, limpio, huero, expedito. ‖ m. Puesto, cargo, destino, empleo.

VACÍO, CÍA. adj. Cfr. VACANTE.

VACIAR. tr. Verter, desaguar, despejar, desvalijar, evacuar, expulsar, sacar, ahuecar, absorber.

VAGAR. intr. Errar, divagar, andar como un fantasma, pasear, pendonear, moverse, pindonguear, golfear, zanganear, zangotear, zascandilear.

VAGO, GA. adj. Callejeador, tumbón, errante, golfo, vagabundo, peregrino, nómada, pícaro, remolón, zángano, venturero, sobrancero, polizón. ‖ ANT. Diligente, listo, activo.

VAGÓN. m. Coche, batea, coche-restaurante, coche-cama, container, departamento, vagoneta, pasillo, plataforma.

VAHÍDO. m. Vértigo, desmayo, desvanecimiento, colapso, mareo, descompostura, lipotimia, síncope, indisposición.

VALEDOR, RA. m. y f. Padrino, protector, favorecedor, abogado, tutor, patrono, mecenas.

VALENTÍA. f. Valor, esfuerzo, vigor, aliento, coraje, majeza, bizarría, heroicidad.

VALER. intr. No tener precio, ser útil, servir, significar, representar, suponer. ‖ Costar, importar, desembolsar, totalizar, sumar, apreciar, elevarse, ascender, autorizar, calcular, clasificar, legitimar, enjuiciar, evaluar, valorar.

VALEROSO, SA. adj. Esforzado, valiente, alentado, resuelto, arrojado, animoso, poderoso, eficaz, osado.

VALOR. m. Aprecio, estimación, mérito, importancia, significación, costo, importe, evaluación, cotización, dispendio, atractivo, provecho, utilidad.

VALORAR. tr. Tasar, valuar, evaluar, justificar, estimar, cotizar, subir, tantear, ajustar.

VANAGLORIA. adj. Engreimiento, jactancia, presunción, fatuidad, orgullo, soberbia, fanfarronería, bravuconería, inmodestia, postín.

VANO, NA. adj. Vanidoso, infructuoso, insustancial, irreal, inútil, estéril, improductivo, insuficiente, huero, engreído, fatuo, trivial, infecundo. ‖ Arco, arcada, lumbre, luz, derrame, intercolumnio. ‖ ANT. Eficaz, humilde.

VAPOROSO, SA. adj. Muy fino, transparente, ligero, sutil, tenue, etéreo, delgado, fluido, volatil.

VARIABLE. adj. Susceptible de variar, alterable, cambiable, alternable, diferible, inestable, inconstante, mudable, voluble, versátil, veleidoso.

VARIACIÓN. f. Modificación, mudanza, alteración, cambio, variedad, vicisitud, trastrueque, permuta, transformación, evolución.

VARIAR. tr. intr. Cambiar, mudar, alterar, modificar, entrever, mezclar, innovar, reformar, diferenciar, transformar, permutar.

VARIEDAD. f. Cualidad de vario, pluralidad, multiplicidad, diferencia, diversidad, desemejanza, complejidad, plétora, variabilidad, variación, variante, mudanza, alteración.

VARONIL. adj. Viril, propio de hombre, masculino, esforzado, enérgico, valiente, hombruno, resuelto, fuerte.

VARONILMENTE. adv. m. Virilmente, vigorosamente, esforzadamente, firmemente, resueltamente.

VASALLO, LLA. m. y f. Cliente, siervo, servidor, esclavo, feudatario, solariego, tributario, súbdito, collazo, pechero, criado.

VÁSTAGO. m. Tallo, cogollo, brote, sierpe, vestugo, pella, tronco, barra, transmisión, eje, renuevo, retoño, rebrote, hijuelo. ‖ Hijo, descendiente, familiar, sucesor.

VASTO, TA. adj. Extenso, extendido, espacioso, amplio, dilatado, grandioso, inmenso, anchuroso, despejado, desolado, enorme.

VATICINAR. tr. Presagiar, predecir, pronosticar, adivinar, profetizar, augurar, agorar, descifrar, acertar, interpretar.

VECINDAD. f. Contigüedad, proximidad, vecindario, conjunto de vecinos, alrededores, contorno, cercanía, inmediaciones, aledaños, afueras.

VEHEMENCIA. f. Impetuosidad, fogosidad, pasión, ímpetu, entusiasmo, irreflexión, fuego, ardor. ‖ Viveza, eficacia, intensidad, violencia.

VEJEZ. f. Estado de viejo, ancianidad, senectud, vetustez, longevidad, decrepitud, chochez.

VELA. f. Velación, velada, guardia, vigilancia, vigilia, candela, cirio, bujía, hachón.

VELEIDOSO, SA. adj. Inconstante, voluble, ligero, versátil, caprichoso, inestable, tornadizo, variable, antojadizo, inconsecuente, frívolo.

VELOZ. adj. Rápido, acelerado, raudo, vertiginoso, apresurado, súbito, impetuoso, presuroso.

VENAL. adj. Venable, vendible, sobornable, corrompido, desaprensivo, negociable.

VENCER. tr. Derrotar, triunfar, hacer morder el polvo, reducir, superar, someter, dar un revolcón, triturar, dejar hecho trizas, trizar, vapulear, zurrar. ‖ ANT. Ser derrotado.

VENDER. tr. Ceder, traspasar, enajenar, adjudicar, alienar, revender, regatear, liquidar, expender, comerciar, despachar, malvender, realizar. ‖ prnl. Descubrirse, entregarse, denunciarse.

VENENOSO, SA. adj. Capaz de envenenar, envenenado, ponzoñoso, tóxico, letal, deletéreo.

VENERABLE. adj. Honorable, respetable, venerando, solemne, majestuoso, virtuoso, patriarcal.

VENGARSE. prnl. Desagraviarse, vindicarse, represaliarse, sartisfacerse, tomar venganza.

VENIR. intr. Llegar, volver, regresar, arribar, retornar, acudir, afluir, presentarse, provenir, proceder, dimanar, ajustarse, comparecer. ‖ S.E. *Llegar* y *venir* son sinónimos puros, pero *llegar* significa el último término de la venida y suele ser más distante que venir; *llegó de Londres.*

VENTA. f. Actividad de vender, cantidad de cosas que se venden, despacho, expedición, salida, entrega, negocio, acuerdo, pacto. ‖ Posada, mesón, parador, hospedería, hostería.

VENTILAR. tr. Airear, orear, refrescar, renovar, purificar. ‖ fig. Discutir, aclarar, examinar.

VENTUROSO, SA. adj. Feliz, dichoso, afortunado, causante de ventura, placentero.

VERBOSIDAD. f. Locuacidad, verborrea, charlatanería, pico, desenvoltura, labia, parla, parlería.

VERDAD. f. Certeza, certidumbre, prueba, sinceridad, conformidad, evidencia, exactitud, demostración, perogrullada, dogma. ‖ ANT. Mentira, embuste, trola.

VERDOR. m. Verdura, hierba,

pasto, fronda, espesura. ‖ fig. Lozanía, vigor, mocedad, juventud.

VERGONZOSO, SA. adj. Tímido, apocado, sincero, veraz, modesto, encogido, ruboroso, corto, verecundo, ñoño, cobarde, escrupuloso, pusilánime, indecente.

VERGÜENZA. f. Timidez, modestia, pudor, cortedad, encogimiento, escrúpulo, vacilación, deshonor, oprobio, ñoñería, sonrojo, confusión, ignominia, torpeza, escándalo, cuita.

VERIFICAR. tr. Comprobar, demostrar, cotejar, investigar, confrontar, evidenciar. ‖ prnl. Realizar, ejecutar, efectuar, resultar, ocurrir, producirse.

VEROSÍMIL y VERISÍMIL. adj. Posible, aceptable, creíble, verídico, plausible, probable. ‖ ANT. Insostenible, increíble.

VERSADO, DA. adj. Instruido, competente, ducho, entendido, diestro, conocedor, práctico, experimentado, perito, hábil, docto.

VERSÁTIL. adj. Veleidoso, inestable, voluble, inconstante, novelero, caprichoso, antojadizo.

VERSIÓN. f. Acción de verter o traducir, traducción, interpretación, explicación, referencia. ‖ Traslación, composición, relato.

VERTER. tr. Derramar, dejar caer, vaciar, volcar, esparcir, echar, abocar. ‖ fig. Traducir, interpretar, componer. ‖ prnl. Salirse, derramarse, irse, desaguar, afluir.

VESTÍBULO. m. Pieza inmediata a la puerta, hall, zaguán, recibidor, recibimiento, portal, atrio, entrada, ingreso, porche.

VESTIDO. m. Vestimenta, prenda, traje, atuendo, atavío, ropaje, terno, trapitos, indumento, hábito, sayo, ropa, perifollos.

VESTIGIO. m. Huella, señal, rastro, pisada, reliquia, remanencia, resto, indicio, recuerdo, memoria, evocación.

VESTIRSE. prnl. Componerse, cubrirse, taparse, acicalarse, arreglarse, arroparse, ataviarse, cambiarse, engalanarse, endomingarse, disfrazarse, tocarse, trajearse, mudarse.

VIBRACIÓN. f. Onda, ondulación, oscilación, trepitación, temblor, vacilación, sacudida, agitación.

VICIAR. tr. Dañar, corromper, hacer viciosas las costumbres, pervertir, perjudicar, extraviar, consentir. ‖ prnl. Enviciarse, torcerse.

VICTORIOSO, SA. adj. Vencedor, invicto, triunfante, ganador, conquistador, triunfador, heróico, campeón, arrollador, dominador.

VID. f. Cepa, parra, cepón, parriza, vid americana (salvaje), planta, trepadora, pámpano, veduño, labrusca, uva, vino.

VIDA. f. Existencia, subsistencia, vidorra, supervivencia, fuerza, principio vital, jornada, aliento vital, savia, actividad, conducta. ‖ Proceder, actuación, biografía, historia, relato, sucesos.

VIDENCIA. f. Clarividencia, penetración, perspicacia, nigromancia, hechicería, astrología.

VIDRIO. m. Cristal, vidriado, vitrificación, fibra de vidrio, guardabrisa, lente, luna, marquesina, viril, cristalino, espejo.

VIEJO, JA. adj. Anciano, antaño, entrado en años, hecho un cascajo, achacoso, avejentado. ‖ Anticuado, antiguo, añoso, arcaico, rancio, inveterado.

VIENTO. m. Aire, airecillo, ábrego, aura, austro, aquilón, huracán, ciclón, boreas, brisa, céfiro, cierzo.

VIENTRE. m. Abdomen, barriga, panza, tripa, andorga, entrañas, intestino, mondongo, bandullo.

VIGOR. m. Energía, fuerza, fortaleza, robustez, buen desarrollo, vitalidad, ánimo, brío, pujanza, empuje, nervio, vehemencia, firmeza, tenacidad.

VIGOROSO, SA. adj. Enérgico, fuerte, animoso, robusto, fornido, forzudo, musculoso, hercúleo.

VIGILAR. tr. Acechar, estar alerta, atalayar, celar, custodiar, cuidar, estar de centinela, no descuidarse, fijarse, alertar, patrullar, rondar.

VIL. adj. Abyecto, alevoso, bajo, bellaco, canalla, canallesco, mezquino, infame, rastrero.

VILIPENDIAR. tr. Despreciar, denigrar, menospreciar, insultar, denostar, desdeñar, desprestigiar, injuriar, infamar, ofender, difamar, envilecer, afrentar, maldecir.

VILLANO, NA. adj. Lugareño, aldeano, falto de buena crianza, grosero, granuja, ruin, vergonzoso, descortés, basto, bajo, traidor, desleal, infame, indigno.

VIOLAR. tr. Infringir, desflorar, profanar, quebrantar, conculcar, violentar, forzar, deshonrar, mancillar, atentar, atropellar.

VIOLENTO, TA. adj. Brusco, impetuoso, vehemente, fogoso, arrebatado, iracundo, impulsivo, torcido, tergiversado, salvaje, sañudo, bárbaro, irascible.

VIRGEN. m. y f. Doncel, doncella, doncellez, imagen de la Madre de Dios, adolescente impúber, moza, zagala, muchacha, virginal, puro, inocente, Inmaculada, Purísima.

VIRTUD. f. Buena calidad, prenda, abstinencia, ascetismo, austeridad, caridad, castidad, conciencia, entereza, generosidad, honestidad, humildad, moderación, longanimidad, prudencia, sobriedad, paciencia, probidad.

VISIBLE. adj. Preceptible, evidente, manifiesto, claro, sensible, observar, ostensible, importante, notorio, notable, sobresaliente, cierto.

VISLUMBRAR. tr. Entrever, columbrar, atisbar, ver, divisar, otear, sospechar, conjeturar.

VISTOSO, SA. adj. Lúcido, brillante, atractivo, sugestivo, hermoso, seductor, bonito, llamativo, espectacular, fascinador.

VIVACIDAD. f. Vigor, eficacia, viveza, bullicio, dinamismo, prontitud, rapidez, impetuosidad, ardimiento, agudeza, esplendor, brillo.

VIVIFICAR. tr. Revivificar, avivar, reavivar, reconfortar, confortar, alentar, reanimar.

VIVIR. intr. Existir, durar, coexistir, perdurar, pasar, morar, residir, habitar.

VOCABLO. m. Palabra, voz, término, dicción, conjunto de sonidos rítmicos, expresión, dicho, representación, voquible, conjunto de signos, léxico.

VOCACIÓN. f. Llamamiento, inclinación, propensión, afición, advocación, llamada de Dios.

VOLAR. intr. Batir las alas, remontarse, planear, elevarse, circunvolar, deslizarse, revolotear, cernerse, alzar, surcar, levantar el vuelo.

VOLUBLE. adj. Frívolo, inestable, versátil, inconsecuente, mudable, variable, caprichoso, antojadizo. ‖ ANT. Constante, firme, estable.

VOLUMEN. m. Masa, bulto, corpulento, corpulencia, magnitud, tamaño, tomo, capacidad, porte, libro, sección, ejemplar, parte, aforo, arqueo.

VOLUNTAD. f. Ansia, anhelo, albedrío, ánimo, espíritu, deseo, intención, afán, prurito, consentimiento, anuencia, aquiesciencia, afecto, benevolencia, cariño.

VOLVER. tr. Devolver, restituir, tornar, regresar, retornar, llegar, venir, repatriar, recular. ‖ Girar, virar. ‖ prnl. Volverse, agriarse, acedarse, avinagrarse.

VORAZ. adj. Ávido, devorador, glotón, comedor, comilón. ‖ fig. Violento, activo, tragaldabas. ‖ Insaciable, egoísta, codicioso, heliogábalo.

VOTO. m. Promesa, ofrecimiento, petición, obligación, ruego, juramento, fe, voluntad, sufragio, parecer, opinión, dictamen, acuerdo, sugerencia.

VOZ. f. Sonido, fonación, fonética, grito. ‖ Vocablo, palabra, dicción, término, expresión.

VUELTA. f. Giro, aro, curva, curvatura, espiral, retorno, hélice, molinete, salto de campana, volteo, laberinto, remolino, revolución, círculo, viraje, movimiento, cantón, dorso, reverso, cambio, mudanza, salto, renovación, metamorfosis.

VULGAR. adj. Ordinario, plebeyo, chabacano, ramplón, adocenado, un cualquiera, cursi, común, inelegante, de poco más o menos, no refinado, de pacotilla, trivial, popular.

VULNERAR. tr. Dañar, causar daño, causar perjuicio, perjudicar, lastimar, herir, lacerar, menoscabar, violar, quebrantar, infringir, contravenir, conculcar.

Y

YACER. intr. Reposar, descansar, tumbarse, tenderse, estirarse, fornicar, juntarse.

YANQUI. adj. m. Norteamericano, estadounidense, americano, gringo, yanki.

YERMO, MA. adj. Inhabitado, infecundo, valdío, despoblado, desierto, solidario, inhóspito, herial, no cultivable, páramo.

YESCA. f. Materia seca, chisquero, lumbre, fuego, eslabón, pajuela, pedernal.

YUGO. m. Yunta, timón del arado, coyunta, frontalera, cornal, cincha. ‖ fig. Sumisión, servidumbre, esclavitud, despotismo, tiranía, carga, atadura, sujección.

Z

ZAFARSE. prnl. Desembarazarse, escaparse, huir, esconderse, excusarse, despegarse, eludir, escurrir el bulto, negarse, evitar, rehuir, escapar.

ZAFIO, A. adj. Tosco, grosero, falto de tacto, de mal comportamiento, cerril, patán, rudo, paleto, cafre, zote, chabacano, bronco, rústico, inculto, palurdo.

ZAHERIR. tr. Herir el amor propio, vejar, escanecer, humillar, agraviar, maltratar, mortificar, pinchar, molestar, morder, ofender.

ZAHÚRDA. f. Pocilga, choza, de cerdos, tugurio, vivienda miserable y sucia, buhardilla, cochitril, cuadra, tabuco, antro zaquizamí, cuchitril, cochiquera, porqueriza.

ZALAMERÍA. f. Mimo, coba, caroca, cucamonas, arrumaco, gitanada, lagotería, monada, monería, putería, roncería, tontería, zalema.

ZAMPAR. tr. Engullir, tragar, devorar, zampuzar, comer apresuradamente. ‖ prnl. Dejarse hacer, meterse en algún sitio sin cuidado, plantarse, embaular, entrar sin pedir permiso.

ZÁNGANO. m. Macho de la abeja, abejorro, abejorrón, moscón, moscardón. ‖ adj. Gandul, perezoso, gorrón, haragán, vago, poltrón, remolón, ocioso, maula.

ZANJAR. tr. Resolver, solventar, dirimir, poner fin a desacuerdos o discordias, obviar, solucionar.

ZASCANDIL. m. Chisgarabís, mequetrefe, danzante, tarambana, chiquilicuatro, charlatán, títere.

ZOTE. m. Zoquete, ignorante, rudo, zafio, patán, zopenco, bruto, tosco, lerdo, obtuso, marmolillo, bobo, cernícalo, basto, mendrugo, tarugo.

ZOZOBRA. f. Acción de zozobrar, estado del que teme algo, desasosiego, ansiedad, angustia, congoja, alarma, desazón, nerviosidad, sobresalto, inquietud.

ZOZOBRAR. intr. Peligrar, fracasar, frustrarse algo, correr riesgo, perderse, encallar, anegarse, irse a pique, naufragar, embarrancar, hundirse.

ZURCIR. intr. Coser, arreglar el tejido de un roto, remendar, juntar, componer, combinar hábilmente mentiras.

ZURRAR. intr. Cascar, sacudir, solfear, tostar, azotar, dar una paliza, propinar, enjaretar, fustigar, flagelar, aporrear. ‖ prnl. Zurrarse, reñir, disputar, batallar, pegarse, pelearse.

Obras de Martín Alonso

LIBROS DE CONSULTA Y ENSEÑANZA

1. *Ciencia del Lenguaje y Arte del Estilo.*
   1.ª ed., 1.400 págs., Madrid, 1947; 2.ª
   ed., 1.836 págs., Madrid, 1949; 3.ª ed.,
   1.400 págs., Madrid, 1953; 4.ª ed. (reimpresión), 1.500 págs., Madrid, 1958; 5.ª
   ed., 1.620 págs., Madrid, 1960; 6.ª ed.,
   1.670 págs., Madrid, 1964; 7.ª ed.,
   1.670 págs., Madrid, 1966; 8.ª ed., 1.670
   págs., Madrid, 1967; 9.ª ed., 1.670
   págs., Madrid, 1970; 10 ed., 1.670
   págs., Madrid, 1971; 11 ed., 1.670
   págs., Madrid, 1973; 12 ed. (2 vols.),
   Madrid, 1975; 12 ed. (1.ª reimpresión),
   1978; 12 ed. (2.ª reimpresión), 1979; 12
   ed. (3.ª reimpresión), 1980. Ed. Aguilar;
   12 ed. (4.ª reimpresión, 1982. Ed. Aguilar.
2. *Evolución Sintáctica del Español.* 1.ª
   ed., Madrid, 1962; 2.ª ed., Madrid,
   1964; 3.ª ed., Madrid, 1972. Ed. Aguilar.
3. *Redacción, Análisis y Ortografía.* 1.ª
   ed., Madrid, 1949; 2.ª ed., Madrid,
   1957; 3.ª ed., Madrid, 1961; 4.ª ed., Madrid, 1962; 5.ª ed., Madrid, 1965; 6.ª ed.,
   Madrid, 1966; 7.ª ed., Madrid, 1969; 8.ª
   ed., Madrid, 1972; 9.ª ed., Madrid, 1974.
   Ed. Aguilar.
4. *Español para extranjeros.* 1.ª ed., 1950;
   2.ª ed., 1957; 3.ª ed., 1962; 4.ª ed., Madrid, 1965; 5.ª ed., 1968. Ed. Aguilar.
5. *La Ilíada.* Traducción del original griego y adaptación moderna. 1.ª ed., Madrid, 1965. Ed. Aguilar.
6. *Seis textos de Lengua y Literatura* (para
   Bachillerato). Con seis ediciones cada
   uno.
7. *Gramática del Español Contemporáneo.* (Actualizada con autoridades de
   escritores españoles e hispanoameri-
   canos, laboratorio de Fonética y aplicación del ordenador electrónico al lenguaje.) 1.ª ed., Madrid, 1968; 2.ª ed.,
   576 págs., Madrid, 1974. Ed. Guadarrama.
8. *Historia de la Literatura Mundial* (dos
   volúmenes). I. *Mundo clásico, medieval y renacentista.* 1.ª ed., Madrid,
   1969; 2.ª ed., 1.554 págs., Madrid, 1973
   Ed. Edaf. II. *Mundo neoclásico, román
   tico y contemporáneo.* 1.ª ed., Madrid,
   1969; 2.ª ed., 1.248 págs., Madrid,
   1973; 3.ª ed., 1.248 págs., Madrid, 1979.
   Ed. Edaf.
9. *Lengua Española*, I, Madrid, 1968.
10. *Lengua Española*, II, Madrid, 1968.
11. *Lengua Española*, III, Madrid, 1969. Ed.
    Bibliográfica española.

Obra literaria. (I) *Nosotros los escritores y
otros ensayos.* Madrid, 1977. Colección
Joya. Aguilar.

Obra literaria. (II) *Libro de horas y otros en
sayos.* Madrid, 1978. Colección Joya.
Aguilar.

CICLO DE DICCIONARIOS

1. *Enciclopedia del Idioma* (tres volúmenes), 1.500 págs. cada uno. 1.ª ed., Madrid, 1958; 2.ª ed., Madrid, 1968. (Etimo-
   lógico, medieval, renacentista, moderno, técnico, regional e hispanoamerica-
   no.) Ed. Aguilar.
2. *Diccionario del Español Moderno.* 1.ª
   ed., Madrid, 1960; 2.ª ed., Madrid, 1966;
   3.ª ed., Madrid, 1969; 4.ª ed., Madrid,
   1972; 5.ª ed., Madrid, 1975; 5.ª ed. (1.ª
   reimpresión), 1978; 6.ª ed., 1979.
   115.000 términos. Más de 34.000 palabras nuevas y frases no contenidas en
   los diccionarios usuales. 6.ª ed. (1.ª reimpresión), 1981. Ed. Aguilar.
3. *Diccionario Escolar del Idioma Español.*
   1.ª ed., Madrid, 1961; 2.ª ed., Madrid,
   1963; 3.ª ed., Madrid, 1969. Ed. Aguilar.
4. *Diccionario Ortográfico.* 1.ª ed., Madrid,
   1963; 3.ª ed., Madrid, 1966; 3.ª ed., Madrid, 1968. Ed. Aguilar.
5. *Diccionario de sinónimos explicados.*
   Madrid, 1984. Ed. Edaf.

POESÍA

Piedras de Romancero, Madrid, 1939 (agotada).

Rumor de Boda. Barcelona, 1942 (agotada).
Amor ronda la casa. Crisol núm. 380. Madrid, 1953, (agotada). Ed. Aguilar.
Raíces y Alas. Madrid, 1958. Ed. Aguilar.

Manual del escritor. 561 págs. Madrid, 1981. Ed. Aguilar.

Francisca Javiera (una mujer de extraordinaria vida interior). Biografía de un alma. 1982, 168 págs. Ed. Rialp. Madrid.

OTRAS OBRAS

Libro de buen andar. 1.ª ed., 220 págs., Madrid, 1953. Editora Nacional.
Vacaciones en España (ed. bilingüe) (Holidays in Spain). 1.ª ed., 550 págs., Madrid, 1966. Ed. Edaf.
Tercera frontera del idioma (Ensayos). Puerto Rico, 1969.
Segundo estilo de Bécquer. 1.ª ed., 572 págs., Madrid, 1972. Ed. Guadarrama.

EN VÍAS DE PUBLICACIÓN

1. *Diccionario medieval español* (dos volúmenes).
2. *Silencios de Dios y camino del Sagrario.*
3. *Teresa Enríquez.* «La Loca del Sacramento. Biografía de la hija de un almirante.»
4. *Los cuatro Evangelios analizados en el original griego.* (Tres volúmenes).